JN430259

1초 만에 정답 찾는 비법을 알려주는

G-TELP

모두의
지텔프
보카

1초 비법 알려주는
지텔프의 신 김소라

용감한어학연구소
소장 송승환

대한민국 최고의 지텔프 전문가가 모두지와 함께합니다!

모두의지텔프 보카

저자	용감한어학연구소 김소라, 송승환
출판책임	(주)유패스에듀테크
출판사	용감한북스
북디자인	디자인마루
초판1쇄	**2021년 4월 1일**
초판3쇄	**2025년 1월 10일**
주소	경기도 광주시 곤지암읍 경충대로 **135-26**
등록번호	제**2016-000098**호
도서구입문의	**1661-9577**(용감한컴퍼니 고객센터)
ISBN	**979-11-91009-81-1 [13740]**

본 교재가 반드시 필요한 이유?
"지텔프 구문독해 1,100개 훈련과, 문법패턴 400개 훈련 동시학습"

누구든지 10시간 안에, 극단적인 점수향상을 체감하게 해주는 가장 완벽한 교재!
진짜 실제 시험에 나오는 문제들의 모든 출제패턴을 알려주는 지텔프 필독서!
최근 5년간 120회 출제된 진짜 문제를 분석해서 도출한 풀이비법을 알려주는 비법서!
지텔프를 준비하거나 가르치는 사람이라면 반드시 사용해야 하는 지텔프 시리즈!

토익보다 5배 쉬운, 지금은 지텔프의 시대! 1986년 국내에 도입된 **G-TELP**는 ITSC 에서 주관하는 국제공인 영어시험으로, 최근 토익 다음으로 가장 많은 수험생들이 준비하는 국제공인 영어시험입니다. 지텔프는 특정 비즈니스에 특화된 상황이 아닌 일반적인 영어능력을 평가하며, 토익과는 다르게 지나치게 세부적인 유형분석에 의존하지 않아도 기본적이고 실질적인 영어능력을 갖추고 있다면 무난하게 점수를 획득할 수 있는 합리적인 시험이기에 토익보다 5배 더 준비하기 쉬워 최근 응시생이 급증하고 있는 시험입니다.

용감한컴퍼니가 만든 진짜 지텔프 보카! 본 교재는 지텔프의 시대를 맞이하여 급증하는 응시생들과 새롭게 지텔프 분야에서 강의를 시작하는 예비 지텔프 전문 강사들을 위해 용감한 컴퍼니가 만든 대한민국 최고의 지텔프 보카 단어장입니다.

수험생의 입장에서 지텔프는 토익보다 5배 더 쉬우며, 가르치는 입장에선 50배 더 쉽다! 그러나 『가르치는 입장에서 50배 더 쉽다!』라고 말할 수 있기 위해서는 본 시리즈를 통해 국제공인 영어시험인 지텔프를 정확히 알아야 합니다. 실제 한국에서는 아직도 현대 영문법과 하나도 맞지 않는 일제식 콩글리시 영문법의 이론들이 학교(일반적인 대부분의 중·고등학교)나 학원(특히 노량진과 같은 공무원영어 학원이나 대다수의 내신 및 수능영어 교습의 보습학원 및 수능영어 인강 사이트 강좌)의 교육현장에서 잘못 교수되고 있습니다. 지텔프는 국제공인 영어시험으로 이러한 105년 전 엉터리 일본 영어교재들을 베껴 만든 쓰레기 콩글리시 영문법 책들의 잘못된 치부들을 아주 가감 없이 드러내 보이게 하는 문법 영역들도 출제하기 때문에, 콩글리시 엉터리 영문법 책에서 잘못 설명하는 이론들을 아주 예리하게 도려낼 수 있는 강사의 영어능력이 필수적입니다.

본 지텔프 시리즈는 지텔프 준비의 가장 효율적이고 효과적인 방법을 제시해 드립니다.

여러분의 쉽고 빠른 목표달성을 기원합니다!
용감한어학연구소 김소라, 송승환

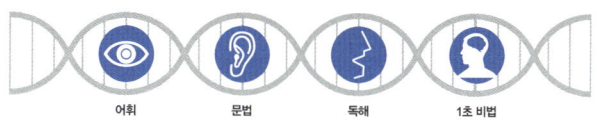

| 어휘 | 문법 | 독해 | 1초 비법 |

7 steps

사이트를 통해 여러분의 목표달성에 필요한 모든 것이 제공됩니다!

대한민국 **540**만 학생들을 위한 교육혁명! 기존 인강의 틀을 깨고 학생들의 공부 습관과 생활 습관까지 잡아주고 이끌어 주는 혁신적이고 획기적인 신개념 인강이 제공됩니다. 이것은 생각만해도 가슴 뿌듯해지는 지금까지 없던 세상의 교육 혁신입니다.

교재 구입

온라인 서점에서
구입해도 됩니다.

대학교 구내서점과 주요
오프라인 대형서점 어학코너에서
구입하셔도 됩니다.

#1

무조건 사이트 방문하기

- 모두지
- 모두공
- 모두경
- 모두군

#2

어학전문가들에게 바로 질문

공부하는 영어책이다 보니
혼자 보시다가 궁금한 점이 생길 때가 많습니다.
편하게 질문하시면 본 교재의 저자가
바로 바로 답변해 드립니다.

#3

세상에 없던 재미나는 스터디

책만 보고 혼자 공부하는 거 재미없죠?

강제 아닙니다. 희망하는 사람들만 신청하시면 됩니다.
같은 교재, 같은 목표를 가지고 목표달성을 위해
공부하는 친구들과 함께 공부할 수 있습니다.
지금 만나 보세요!

#4

Daily 이미지 연상 영단어 암기 동영상

매일 매일 **Daily** 영단어 암기 동영상 자료를
100% 무료로 보실 수 있습니다!

20일간 **60**단어씩 동영상을 보면서 원어민 음성에 따라
큰 소리로 따라만 읽어도 영단어가 암기되는
기적을 느낄 수 있습니다.

#5

지텔프 학습 자료
100% 무료 다운로드

귀찮게 컴퓨터로 다운로드 받아
휴대폰으로 옮겨 담고 하실 필요가 없습니다.

본 학습자료는
모두 모바일을 통해 배포되고
휴대폰에 자동 저장됩니다.

#6

경찰 · 공무원 · 군무원 · PSAT ·
한능검 인강 할인권 이벤트

교육 **IT** 기술을 선도하는 용감한컴퍼니의
인강 사이트들에서 사용하실 수 있는 할인권을 한 달에 한 번
제공합니다.

#7

기존 단어장과는 완전 다른 **책의 특징**

표제어

지텔프 최중요 **1,500** 단어로, 공무원영어 단어처럼 평생 쓰이지도 않는 어려운 단어들을 고통스럽게 암기하실 필요가 없습니다.

REVIEW 1 2 3 4 5

469 tide
[taid]

= flow
= stream

🔈 조수, 조류

의미 암기용 표현과 문장
• **Is the tide coming in or going out?** 지금 조류가 들어오고 있나요 나가고 있나요?

G-TELP 구문독해훈련
The tide has obliterated the footprints on the sand.

주요 의미

실제 지텔프 시험에 가장 많이 나오는 의미 순서에 기초해 표제어의 의미를 간결하게 정리했습니다.

---

470 master
[mǽstər]

= grasp

GRAMMAR POINT
지텔프에서 가장많이 과거완료의 짝짝기는 매회 가장 많이 출제되는 챕터 별을 문법패턴입니다.

🔈 석사 학위, 교장(교사), 대가, 달인 🔈 완전히 숙달하다

의미 암기용 표현과 문장
• **He has a Master's in Business Administration.** 그는 경영학 석사 학위 소지자이다.
• **a master of disguise** 변장의 달인
• **French was a language he had never mastered.** 프랑스어는 그가 끝내 완전히 익히지 못한 언어였다.

G-TELP 문법패턴훈련
If only I had used German regularly in my conversations with friends, I _____ it.
(a) would have mastered   (b) will have mastered

동의어

이것이 바로 지텔프 시험에 매회 **8문제**씩 출제되는 유의어 문제의 족보정리입니다.

---

471 column
[kάləm]

= article
= commentary

🔈 기고란[문], 칼럼, 기둥, 세로단

의미 암기용 표현과 문장
• **the gossip[financial] column** 흥밋거리[경제 칼럼]
• **The temple is supported by marble columns.** 그 사원은 대리석 기둥들이 떠받치고 있다.
• **a dictionary with two columns per page** 한 페이지가 두 세로단으로 되어 있는 사전

G-TELP 구문독해훈련
Use this page to edit a column of this document library.

의미 암기용 표현과 문장

구문독해훈련와 문법패턴훈련이 아직 어려우신 분들은 먼저 의미 암기용 표현과 문장을 집중적으로 공부하시면 됩니다.

---

472 feature
[fíːtʃər]

= star

GRAMMAR POINT
지텔프에서 가장많이 과거완료의 짝짝기는 무조건 맞혀야 하는 5초짜리 문제입니다.

🔈 특종[주연]으로 나오다 🔈 특징, 특색, 특종

의미 암기용 표현과 문장
• **The film features Cary Grant as a professor.** 그 영화에는 특히 캐리 그랜트가 교수로 나온다.
• **Which features do you look for when choosing a car?** 당신은 승용차를 고를 때 어떤 특성을 찾나요?

G-TELP 문법패턴훈련
If the movie _____ exciting visual effects, more moviegoers would have watched it.
(a) had featured   (b) featured

해석과 정답

독해능력과 문법문제 풀이능력의 배양을 위해 해석과 정답을 맨 하단에 위치시켰습니다.

---

469. 조수가 모래 위의 발자국을 지워 버렸다. **470. (a)** 만약 내가 친구들과의 대화에서만이라도 정기적으로 독일어를 사용했었다면, 나는 독일어에 숙달시킬 수 있었을 것이다. **471.** 이 페이지를 사용하여 본 문서 라이브러리의 열을 편집하면 됩니다. **472. (a)** 만약 그 영화가 흥미진진한 시각 효과를 주로 사용했었다면, 더 많은 영화 관람자가 그 영화를 보았었을 것이다.

어휘·문법·독해까지 한꺼번에 끝내는 **ALL-IN-ONE** 구조

473 regard
[rigɑ́ːrd]

= respect
= consider

관심, 존경, 평가   여기다, 평가하다

의미 암기용 표현과 문장
• He was driving without regard to speed limits. 그는 제한 속도를 고려하지 않고[무시하고] 운전을 하고 있었다.
• Capital punishment was regarded as inhuman and immoral. 사형은 비인간적이고 비도덕적인 것으로 여겨졌다.

G-TELP 구문독해훈련
Mr. Wilson in accounting department will respond to all inquiries regarding the recently changed wage polices.

474 revolution
[rèvəlúːʃən]

= coup

혁명, 회전, 공전

의미 암기용 표현과 문장
• the outbreak of the French Revolution in 1789 1789년의 프랑스 혁명 발발
• the revolution of the earth around the sun 태양의 주위를 도는 지구의 공전

G-TELP 구문독해훈련
He was an Argentine doctor who started a revolution in Cuba.

475 risk
[risk]

= danger

위험   위험[목숨]을 걸다

의미 암기용 표현과 문장
• Smoking can increase the risk of developing heart disease. 흡연은 심장병 발병 위험을 증가시킬 수 있다.
• He risked his life to save her. 그는 그녀를 구하기 위해 자기 목숨을 걸었다.

GRAMMAR POINT
지텔프에서 risk는 to부정사 대신 동명사를 목적어로 보는 동사로 출제됩니다.

G-TELP 문법패턴훈련
She'll need some time to move on, and probably an extraordinary guy for her to risk _____ in love again.
(a) to fall   (b) falling

476 collect
[kəlékt]

= gather

모으다, 수집하다

의미 암기용 표현과 문장
• to collect data[evidence/information] 자료[증거/정보]를 모으기 위해서

G-TELP 구문독해훈련
People who are fond of berries collect the fruits during summer to preserve them for winter.

COLLECT-A-CAN

G-TELP 구문독해훈련
단순 어휘의 암기를 뛰어넘어 독해력과 문법문제 풀이능력까지 생기게 해주는 이것이 진짜 지텔프의 최신경향 핵심구문입니다.

G-TELP 문법패턴훈련
이 책의 하이라이트 부분으로 최신 지텔프 **20회** 분량의 문법 모의고사 문제입니다.

GRAMMAR POINT
실제 지텔프 문법에서 물어보는 핵심 포인트의 정리로 이 부분만 반복해도 지텔프 문법의 정복이 가능합니다.

이미지 연상카드
인공지능 **AI**가 엄선한 표제어 암기에 도움이 되는 이미지 연상 카드입니다.

---

473. 회계 부서의 윌슨씨가 최근에 변경된 임금 정책에 관련된 모든 문의에 답변할 것입니다.   474. 그는 쿠바에서 혁명을 일으킨 아르헨티나인 의사였습니다.
475. (b) 그녀에게는 앞으로 견디낼 약간의 시간이 필요할 것이고, 아마도 그녀가 위험을 감수하고서라도 다시 사랑에 빠질만한 특별한 남자가 있을 것입니다.
476. 딸기류를 좋아하는 사람들은 겨울에 대해 과실을 보존하기 위해 여름동안 과실류을 모읍니다.

지텔프 안내

G-TELP 소개

G-TELP(General Tests of English Language Proficiency)는 ITSC(International Testing Services Center)에서 주관하고, 국제적으로 시행되는 국제공인 영어능력 평가 시험입니다. 국내에서는 **1986**년 도입 이후 **G-TELP KOREA**가 시험을 주관하고 있습니다. **G-TELP**는 국제공인 영어시험이 가지는 신뢰성(**Reliability**), 타당성(**Validity**), 실용성 (**Practicality**)을 갖춘 시험으로 토익처럼 어떤 특정한 비즈니스 분야에 치중된 내용이 아닌, 일상생활과 관련된 일반적인 성격의 영어의사소통능력을 종합적으로 평가하며, 수험자의 영어능력을 객관적으로 분석하고 진단하여 수험자가 자신의 영어언어능력으로 무슨 일을 어느 정도로 잘해낼 수 있는지를 알려주는 시험입니다.

G-TELP 시험에는 **Level 1**부터 **Level 5**까지 다섯 종류의 등급시험(**Level Test**)이 있습니다. 이 중 **G-TELP Level 2** 시험은 우리나라 국가고시인 외무 · 행정 · 기술 · 입법 · 법원행정처 등의 공무원 선발 영어대체시험과 변리사 · 노무사 · 회계사 · 세무사 · 감정평가사 등 각종 자격시험의 영어대체시험으로 활용되고 있으며, **주요 공기업과 대기업의 신입사원 선발 및 기존사원들의 영어대체시험으로 활용되고 있습니다. 또한 대학교의 졸업자격 영어대체시험과 초 · 중 · 고등학교 영어교육자료로 활용되고 있습니다.**

본 지텔프 교재와 인강을 포함해 시중에서 판매되는 지텔프 교재와 인강은 모두 공인영어능력 평가시험으로 인정되는 **G-TELP Level 2** 시험을 준비하기 위한 교재와 인강이며, 매달 **2**회씩 치러지는 지텔프 시험도 지텔프 레벨 **2** 시험입니다.

**G-TELP Level 2
시험 구성**

시험	구성	풀이시간	점수 비율	평균점수 계산	간단한 문항 당 점수
G-TELP Level 2	문법 **26**문항	**20**분	**100**점	(맞은 점수÷**300**) ×**100**	문항 당 **1.25**점 (실제 독해 문항은 점수가 더 낮음)
	듣기 **26**문항	약 **30**분	**100**점		
	독해와 어휘 **28**문항	**40**분	**100**점		
	전체 **80**문항	총 **1**시간 **30**분	총점 **300**점	평균 **100**점	**80**문항/**100**점 평균

*2018년부터 **G-TELP** 시험감독 규정이 공식적으로 바뀌어, 듣기 문제를 풀어야 할 때 그냥 다 찍고 듣기를 풀어야 할 **30**분 동안 앞부분 문법이나 뒷부분 독해 문제를 풀어도 됨!

지텔프 레벨 2 성적의 활용현황

지텔프 활용현황

활용	지텔프 레벨 2 시험 기준점수	토익 시험 기준점수
5급 외교관 후보생	G-TELP Level 2 88점	TOEIC 870점
변리사	G-TELP Level 2 77점	TOEIC 775점
7급 외무영사직 공무원	G-TELP Level 2 77점	TOEIC 790점
경찰(순경) 가산점 4점	G-TELP Level 2 75점	TOEIC 800점
병무청 카투사 입대	G-TELP Level 2 73점	TOEIC 780점
5급 국가 및 지방직 공무원	G-TELP Level 2 65점	TOEIC 700점
법원 행정고시	G-TELP Level 2 65점	TOEIC 700점
입법고시	G-TELP Level 2 65점	TOEIC 700점
군무원 5급	G-TELP Level 2 65점	TOEIC 700점
7급 국가 및 지방직 공무원	G-TELP Level 2 65점	TOEIC 700점
공인회계사	G-TELP Level 2 65점	TOEIC 700점
세무사	G-TELP Level 2 65점	TOEIC 700점
공인노무사	G-TELP Level 2 65점	TOEIC 700점
감정평가사	G-TELP Level 2 65점	TOEIC 700점
경찰간부 후보생	G-TELP Level 2 50점	TOEIC 625점
소방간부 후보생	G-TELP Level 2 50점	TOEIC 625점
경찰(순경) 가산점 2점	G-TELP Level 2 48점	TOEIC 600점
군무원 7급	G-TELP Level 2 47점	TOEIC 570점
경찰(순경) 2022년 개편과목	G-TELP Level 2 43점	TOEIC 550점
군무원 9급	G-TELP Level 2 32점	TOEIC 470점
주요 대기업	G-TELP Level 2 75점	TOEIC 800점
주요 공기업	G-TELP Level 2 75점	TOEIC 800점

*최종적으로 목표점수 도달까지 지텔프가 5배 더 돈도 적게 들고, 교재비도 싸고, 학원비도 싸고, 응시 횟수도 적게 됨!

*공기업 및 대기업 준비생들은 토익, 텝스, 토플 대신 지텔프로 공부량을 1/5로 줄이고 그 시간에 오픽이나 토스 고득점 달성에 집중하는 방법이 좋음!

지텔프 접수와 응시

시험 접수 방법

www.g-telp.co.kr을 통해 온라인 접수를 하거나 수험 본부와 협의된 지정접수처에서 접수를 합니다.

시험장과 실시 횟수

서울, 인천, 부산, 대전, 대구, 광주, 수원, 전주, 춘천, 제주도 등에서 월 **2**회, 연 **24**회 실시됩니다. 시험 실시 지역과 횟수는 변동될 수 있으니 시험 접수 시 신청을 정확히 하셔야 합니다.

응시료

정기시험 응시료는 **2021**년 기준 **60,300**원이며, 졸업인증 할인 및 군인 할인 등이 있습니다.

시험 준비물

수험표는 별도로 출력할 필요가 없으며, 시험장에는 신분증(주민등록증, 운전면허증, 여권, 공무원증, 군인신분증, 중고등학교 학생의 경우 학교장 직인이 철인된 학생증)과 필기도구(연필, 지우개, 컴퓨터용 사인펜, 수정테이프)를 준비하시고 가셔야 합니다. 대학생의 경우 학생증을 신분증으로 사용할 수 없습니다. 답안의 마킹 실수 시 수정액은 사용할 수 없으나 수정테이프는 사용할 수 있으며, 마킹 실수가 많을 시 답안지 교체를 요청하시면 됩니다.

시험장 입실

지텔프는 토익처럼 이른 오전에 치르지 않고, 대부분의 경우 점심 이후 **3**시에 실시됩니다. 지텔프 위원회는 **2**시 **20**분까지 입실 완료를 규정으로 하고 있으나, 시험이 시작되기 **10**분전인 **2**시 **50**분까지는 입실이 허용됩니다. 시험시작 **10**분 전부터는 입실이 불가능하며, 시험시작 후 입실은 절대 불가능합니다.

OMR 카드의 작성

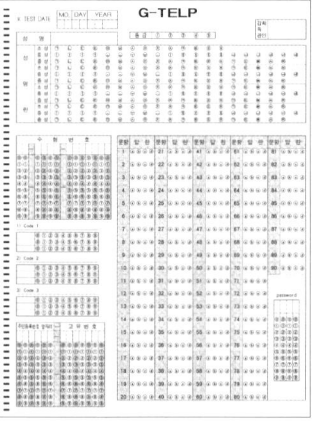

① 수험번호, **Code 1, Code 2, Code 3** 난에는 **OMR** 카드 뒷면을 참조하여 본인이 해당하는 숫자를 기입합니다.

② **Grammar Section**을 풀고 나서 바로 **Reading & Vocabulary Section**을 푸셔도 됩니다. 시험의 시작 이후 마치는 시간 안에 마킹을 끝낸 답안지를 제출하면 되며, **Listening Section** 풀이 시간에 다른 **Section**을 풀어도 부정행위가 아닙니다.

③ 답안지는 시험 시작 전 **OMR** 답안지 작성요령 안내방송을 듣고 작성하며, 시험 후 답란의 별도 마킹 시간은 주어지지 않습니다.

④ **OMR** 카드의 오른쪽 맨 아래 비밀번호 **4**자리 칸은 온라인상에서 성적을 확인할 때 사용하는 용도입니다.

⑤ 모든 성적처리는 전산으로 처리되며, 시험 문제와 정답은 비공개입니다. 문제의 부정공개 시 형사처벌 됩니다.

⑥ 답안지는 **90**문제가 출제되는 레벨 **1** 시험과 공용으로 사용하므로 **80**번까지 답안을 마킹한 후 이후 **10**개의 답란은 비워 둡니다.

지텔프 성적표와 유효기간

성적확인

시험일로부터 **5일** 후 성적 확인이 가능합니다.

성적표 출력 및 발송

성적표는 **www.g-telp.co.kr**에서 확인 후 출력 가능하며, 성적표 우편발송은 성적발표 후 다음 주 화요일에 우편발송 됩니다.

성적유효기간

시험일로부터 **2년간**을 원칙으로 합니다.

성적표에서 자기 점수 확인하는 법

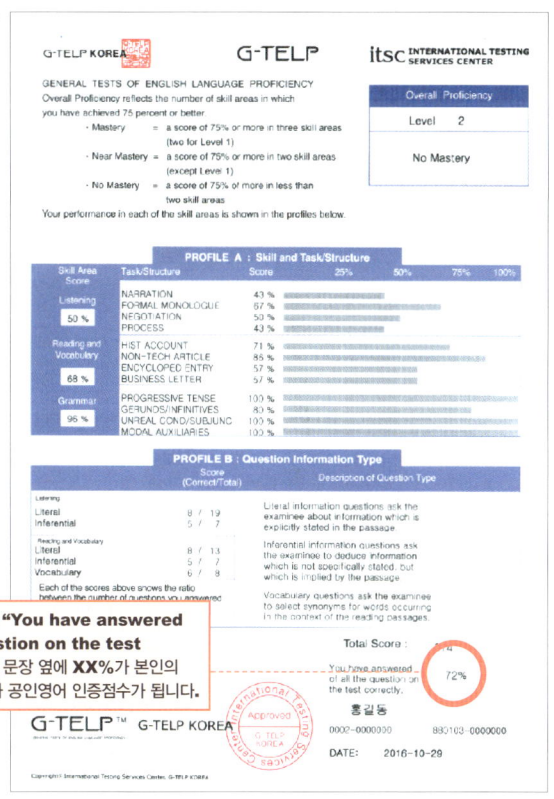

성적표의 오른쪽 맨 하단 **"You have answered 00% of all the question on the test correctly."** 라고 쓰인 문장 옆에 **XX%**가 본인의 평균 점수이며, 이 점수가 공인영어 인증점수가 됩니다.

지텔프와 토익의 비교

지텔프와 토익의 비교

비교	지텔프 레벨 2	토익	
시험구성	문법 / 듣기 / 독해와 어휘	**LC / RC**	
문항수	**80**문항	**200**문항	
시험시간	**1**시간 **30**분	**2**시간	
체감 시험시간	기본 실력이 부족해도 시간의 압박이 없음	**830**점 정도의 수준이 될 때 시간 내에 모든 문제를 풀 수 있으며 **600**점대 수험생의 경우 뒷부분 **40**문제 정도를 풀지 못하는 시간의 압박이 있음	
시험횟수	**1**년 **24**회	**1**년 **24**회	
성적발표	시험 후 **5**일	시험 후 **15**일	
시험구성	절대평가	상대평가	
출제문법	관계사 동명사 시제 **to**부정사 **should** 생략 동사원형 가정법 조동사 접속사 접속부사 총 **9**개 함정이 거의 없는 정해진 쉬운 패턴	명사 한정사 대명사 동사의 수 동사외 시제 동사의 용법 동사의 태 조동사 **to**부정사 동명사 분사 총 **22**개 광범위한 범위와 답이 안 보이는 논란문제 그리고 한국식 문법책이 설명을 못하는 세부적 지식과 함정 패턴	형용사 부사 전치사 접속사 관계사 의문사 강조문 도치문 비교문 명령문 가정문
듣기내용	일상적인 대화와 담화	비즈니스에 특화된 대화와 담화	
독해내용	일상적인 지문	비즈니스에 특화된 지문	
어휘범위	수능보다 쉬운 일상단어	비즈니스에 특화된 단어	

무조건 지텔프

결론	- 토익, 텝스, 토플 등과 비교해 볼 때 수능을 경험한 대한민국 수험생들에게 지텔프가 가장 이질감이 적기 때문에, 평균 **5**배 정도 더 준비하기가 쉽다. - 공무원 및 전문직 시험대비 영어대체시험은 무조건 지텔프를 선택하면 된다. - 공기업 및 대기업 준비생들은 토익, 텝스, 토플 대신 지텔프로 공부량을 **1/5**로 줄이고 그 시간에 오픽이나 토스 고득점 달성에 집중하는 방법이 좋다.

지텔프의 출제형태

문법 26문제	특징	- 지텔프는 언어 발달과 활용의 정도에 따라, **5**가지 레벨별로 시험에서 물어보는 문법적 분야가 각각 다르게 설정되어져 있다.

문법 26문제

특징
- 지텔프는 언어 발달과 활용의 정도에 따라, **5**가지 레벨별로 시험에서 물어보는 문법적 분야가 각각 다르게 설정되어져 있다.
- **is**와 **are**의 구별처럼 기초적인 수일치는 가장 쉬운 난이도인 레벨 **5**에서 출제하며, 일반적인 영어 시험에 흔하게 출제되는 명사, 한정사, 대명사, 수동태 등의 문제는 지텔프 레벨 2가 아닌 다른 레벨 시험에서 출제한다. **현재, 과거, 미래 시제와 같은 단순 시제나 현재완료, 과거완료, 미래완료 시제와 같은 완료시제는 레벨 3에서 출제하고, 레벨 2에서는 현재진행, 과거진행, 미래진행과 같은 진행시제와 현재완료진행, 과거완료진행, 미래완료진행과 같은 완료진행시제를 출제한다.**
- 지텔프 레벨 2 시험의 문법 문제는 패턴화 되어 정해져 있기 때문에 **26**개의 문법 문제 중 조동사, 접속사, 접속부사 **4**문제를 제외한 **22**문제는 문제를 완전히 해석하지 못해도, 문제에 주어진 힌트를 중심으로 해석 없이 풀 수 있다.

지텔프 레벨 **2** 출제영역	해석이 필요 없는 문제 **22**문항		해석이 필요한 문제 **4**문항
	관계사	**to**부정사	조동사
	동명사	**should** 생략 당위절	접속사
	시제	가정법	접속부사

난이도
공무원 영어 > 토익 > 수능 > 지텔프

듣기 26문제

특징
- 리스닝 섹션은 총 **4**개의 파트로 구성된다. 각 파트는 긴 대화 또는 긴 담화로 구성되며 한 개의 대본에 **6**개에서 **7**개의 문제가 짝을 이루는 토플식 구성이다.
- 시험지에 문제의 질문이 없고 선택문만 인쇄되어 있으며, 문제의 질문을 대화나 담화가 시작되기 전에 한 번 대화나 담화를 다 듣고 실제 정답을 골라야 할 때 한 번 총 두 번 성우가 읽어 준다.
- **듣기가 다소 어려운 편이지만 문제의 순서가 99% 대본의 흐름대로 배정되어 있고, 일부러 꼬거나 난해하게 출제하지 않아 기대 이상의 성적을 낼 수도 있다.**
- 지텔프 **50**점을 목표로 하는 수험생이라면 듣기를 모두 찍고, 그 시간에 문법과 독해에 집중하는 방법을 써도 좋으며, **65**점 이상을 목표로 하는 수험생들도 다 알아들을 필요까지는 없고, 무엇을 묻는지 키워드만 듣고 답을 선택해도 예상외의 성적이 나온다.

난이도
지텔프 ≥ 토익 > 수능

독해와 어휘 26문제

특징
- 독해 섹션은 **4**개의 파트로 구성되며, 각 파트는 **7**개의 문제가 하나의 지문 옆에 붙어 있는 구조이다. 그러나 이 **7**개의 문제 중 **2**문제씩은 동의어를 물어보는 단순 어휘문제이기 때문에, 독해 문제라고 분류되는 문제는 총 **20**문제이다.
- **지문이 길지만, 지문의 흐름과 문제의 순서가 99% 동일하다.**
- 완전한 독해를 하지 못했어도, 같은 그림 찾기처럼 문제에 나온 단어와 지문의 단어를 비교해 가면서 하나씩 소거해 나가면 단어 독해를 하는 수험생들도 상당히 높은 점수를 받을 수 있다.
- 어휘는 독해 각 파트의 마지막에 **2**문제씩 총 **8**문제가 출제된다. 선택문에 밑줄 친 어휘와 같은 의미를 가지는 것처럼 보이는 어휘가 **2**개 출제되어 오답을 유도할 때가 있는데, 이런 경우엔 반드시 문맥의 의미에 따라, 다의어의 의미를 파악해야 한다.

난이도
수능 > 공무원 영어 > 토익 ≥ 지텔프

어휘·문법·독해까지 한꺼번에 끝내는
ALL-IN-ONE 우선순위 G-TELP

DAY 01

20 days

VOCABULARY LEVEL 기본

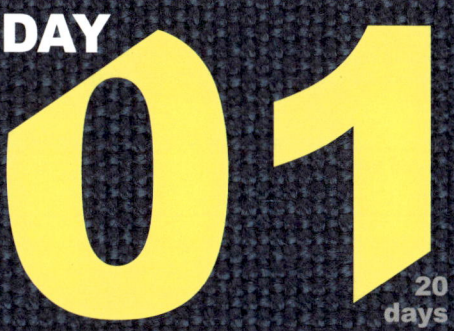

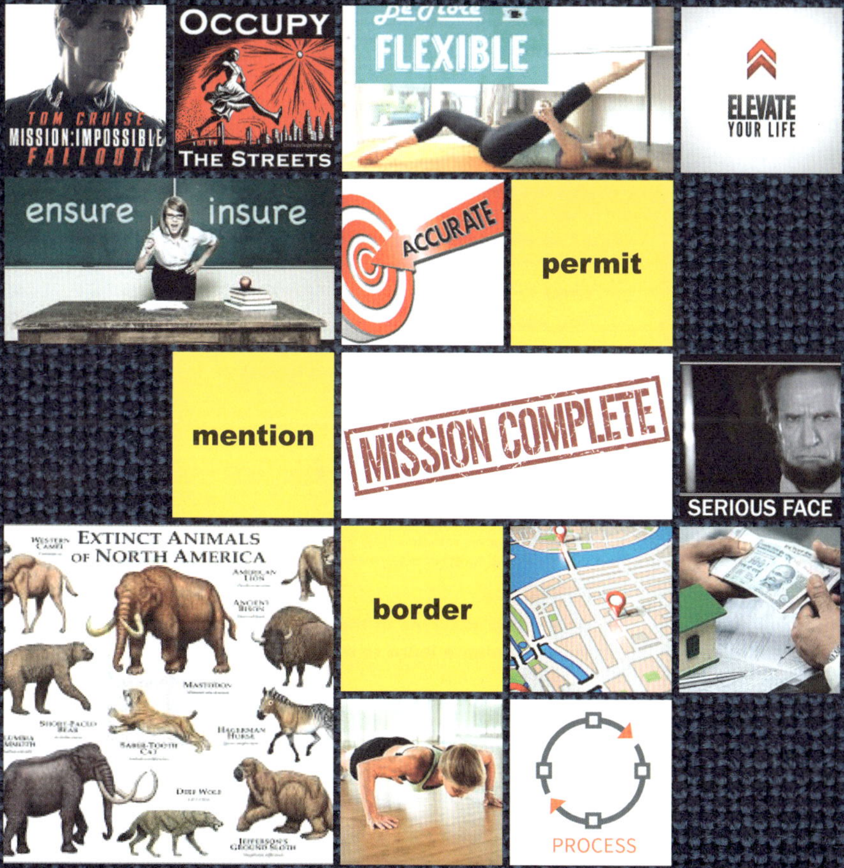

01 consider
[kənsídər]

= regard
= think

GRAMMAR POINT

지텔프에서 consider는 to부정사 대신 동명사를 목적어로 쓰는 동사로 진짜 자주 출제됩니다.

V 고려하다, 여기다

의미 암기용 표현과 문장
- **We're considering buying a new car.** 우리는 차를 새로 한 대 살까 고려중이다.
- **He considers himself an expert on the subject.** 그는 자신을 그 주제의 전문가로 여긴다.

G-TELP 문법패턴훈련

He is considering _____ to New York City, and recently hired a realtor to sell his house.
(a) to move   **(b) moving**

02 keep
[kíːp]

= prevent

GRAMMAR POINT

지텔프에서 keep은 go + ~ing(~하러 가다)처럼 keep + ~ing 형태(계속 ~하다)로 진짜 자주 출제됩니다.

V 유지하다, 지키다

의미 암기용 표현과 문장
- **Keep smiling!** 계속 웃어!
- **Can you keep a secret?** 너 비밀 지킬 수 있어?

G-TELP 문법패턴훈련

Deadlines may sound negative at first, but they actually motivate you to keep _____ action.
(a) taking   **(b) to take**

03 decide
[disáid]

= determine

GRAMMAR POINT

지텔프에서 decide는 동명사 대신 to부정사를 목적어로 쓰는 동사로 진짜 자주 출제됩니다.

V 결정하다, 결심하다

의미 암기용 표현과 문장
- **We've decided not to go away after all.** 우리는 결국 가지 않기로 결정했다.
- **They offered me free accommodation for a year, and that decided me.** 그들이 내게 1년간 무료로 숙소를 제공한다고 했어. 그래서 결심을 한 거야.

G-TELP 문법패턴훈련

You should decide _____ the fitness center before June to receive a new member discount.
(a) to join   **(b) joining**

04 mission
[míʃən]

= task
= job

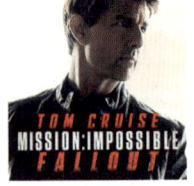

n 임무, 전도[포교](단)   **a** 전도(단)의

의미 암기용 표현과 문장
- **carry out one's mission** 임무를 수행하다
- **a mission school** 전도 학교, 선교사 양성소

G-TELP 구문독해훈련

One of the missions of the Literacy Foundation is to help young students learn to read by themselves.

---

01. (b) 그는 뉴욕시로 이사 갈 것을 고려하고 있다, 그래서 최근에 그의 집을 팔기위해 부동산 업자를 고용했다.   **02. (a)** 마감기한들은 처음엔 부정적으로 들릴지 모른다, 그러나 그것들은 실제로 당신이 계속 행동을 하도록 동기를 부여한다.   **03. (a)** 신규 멤버 할인을 받기 위해서는 6월 전에 피트니스 센터에 등록할 것을 결정해야 합니다.   **04.** 문맹퇴치 재단의 임무들 중 하나는 젊은 학생들이 스스로 읽을 수 있는 방법을 배우도록 돕는 것이다.

05 **bill**
[bil]

= check
= note

GRAMMAR POINT

지텔프에서 가정법 과거완료의 짝찾기는 매회 가장 많이 출제되는 최다 빈출 문법패턴입니다.

🔟 청구서, 계산서, 법안, 지폐

의미 암기용 표현과 문장

- **the telephone[electricity/gas] bill** 전화비[전기요금/가스요금] 고지서
- **introduce[approve/reject] a bill** 법안을 제출하다[승인하다/거부하다]
- **a ten-dollar bill** 10달러짜리 지폐

G-TELP 문법패턴훈련

If the bill had been passed, it _____ new job opportunities in all sectors, including agriculture and technology.

(a) would have created   **(b) had created**

06 **recommend**
[rèkəménd]

= advise
= suggest

GRAMMAR POINT

recommend나 advise는 목적어로는 동명사를 쓰지만 목적격보어로는 to부정사를 쓰는 동사로 출제되거나 ARSID that절 속에 동사원형을 붙어보는 문제로 진짜 자주 출제됩니다.

☑ 권고[권장]하다, 추천하다

의미 암기용 표현과 문장

- **I recommend that he see a lawyer.** 저는 그가 변호사를 만나 봐야 한다고 권합니다.
- **Can you recommend a good hotel?** 좋은 호텔을 좀 추천해 주실 수 있으세요?

G-TELP 문법패턴훈련

Tourists and travel writers recommend _____ its cruises because of its outstanding service and well-maintained facilities.

(a) to book   **(b) booking**

07 **specific**
[spisifík]

= particular

GRAMMAR POINT

지텔프에서 allow는 목적어로는 동명사를 쓰지만 목적격보어로는 to부정사를 쓰는 동사로 주로 출제됩니다.

🔟 구체적인, 특정한

의미 암기용 표현과 문장

- **I gave you specific instructions.** 내가 당신에게 명확한 지시를 내렸었다.

G-TELP 문법패턴훈련

The useful functions on this Web site allow readers _____ for specific information more quickly.

(a) searching   **(b) to search**

08 **flexible**
[fléksəbl]

= elastic

🔟 신축성이 있는, 유연한

의미 암기용 표현과 문장

- **flexible working hours** 신축성 있는 근무 시간
- **flexible plastic tubing** 유연한 플라스틱 배관

G-TELP 구문독해훈련

Additionally, flexible financing allows you to choose a monthly payment plan that will fit your budget.

---

05. (a) 만약 그 법안이 통과되었더라면, 농업과 기술을 포함해 모든 영역에서 새로운 일자리 기회를 창출했었을 것이다.   **06. (b)** 관광객들과 여행 작가들은 뛰어난 서비스와 잘 관리된 시설들 때문에 이 크루즈 여행에 예약을 할 것을 권장한다.   **07. (b)** 이 웹 사이트의 유용한 기능들은 독자들이 특정 정보를 더욱 빠르게 검색할 수 있도록 해 줍니다.   **08.** 추가적으로, 융통성 있는 자금 조달을 통해 예산에 맞는 월별 지불 계획도 선택할 수 있습니다.

09 countless

[káuntlis]

= numerous
= innumerable

GRAMMAR POINT

지텔프 레벨 2 시험에서 nowadays 가 보이면 현재진행시제가 답이 됩니다.

🔲 무수히 많은

의미 암기용 표현과 문장

- **I've warned her countless times.** 내가 그녀에게 (지금까지) 무수히 경고를 했다.
- **countless people** 무수한 사람들

G-TELP 문법패턴훈련

With countless websites allowing readers to make posts and comments on issues, "armchair activism" _____ useless nowadays.
(a) is getting　　　　　　(b) was getting

---

10 attach

[ətǽtʃ]

= add

🔽 붙이다, 첨부하다

의미 암기용 표현과 문장

- **attach a price tag on each article** 각 상품에 가격표를 달다
- **They have attached a number of conditions to the agreement.** 그들은 그 합의안에 여러 조건을 첨부했다.

G-TELP 구문독해훈련

I have attached copies of my daughter's previous report cards along with a recommendation letter from the principal of Anne's former school.

---

11 fulfill

[fulfíl]

= complete
= achieve

GRAMMAR POINT

love는 to부정사와 동명사를 모두 목적어로 쓸 수 있는 동사이지만, 보통 단순동명사가 답이 되는 문제를 출제합니다. 이런 문제에서는 선택문항에 단순to부정사는 나타나지 않습니다.

🔽 채우다, 이행하다, 실행하다

의미 암기용 표현과 문장

- **fulfill one's duties[promise/obligations]** 임무를 수행하다[약속을 이행하다/의무를 이행하다]
- **fulfill requirements** 조건을 만족시키다

G-TELP 문법패턴훈련

Because he loves _____ so much, he works extremely hard to fulfill his dream.
(a) to have acted　　　　　　(b) acting

---

12 outperform

[àutpərfɔ́rm]

= exceed

🔽 능가하다

의미 암기용 표현과 문장

- **Already, Iceland has started to outperform Ireland.** 이미 아이슬란드는 아일랜드를 능가하기 시작했습니다.

G-TELP 구문독해훈련

Companies that effectively use information routinely outperform their competitors by a wide margin.

---

09. (a) 많은 웹사이트들을 통해 독자들이 문제에 대한 글을 올리고 댓글을 달 수 있게 되면서, "안락의자 행동주의"는 요즘 더욱 더 쓸모가 없어지고 있다. **10.** 저는 제 딸의 이전 성적표 사본과 앤의 전 학교 교장 선생님의 추천서를 첨부했습니다. **11. (b)** 그는 연기를 너무나 사랑하기 때문에, 자신의 꿈을 이루기 위해 열심히 노력하고 있다. **12.** 효과적으로 정보를 사용하는 회사들은 일반적으로 경쟁사들을 큰 차이로 능가한다.

13 extinct
[ikstíŋkt]

= endangered

🔲 멸종된

의미 암기용 표현과 문장
- **an extinct species** 멸종된 종
- **become extinct** 멸종되다

G-TELP 구문독해훈련
The Megalodon is an extinct giant shark that left fossilized teeth of incredibly great size.

---

14 prevent
[privént]

= stop
= avoid

GRAMMAR POINT
주어로 쓰일 수 있는 동명사 문제도 가끔 출제됩니다.

🔳 막다, 예방하다

의미 암기용 표현과 문장
- **Nothing would prevent him from speaking out against injustice.** 그 무엇도 그가 소리 높여 부정에 반대하는 것을 막지 못할 것이다.
- **prevent flu from spreading** 유행성 감기의 만연을 예방하다

G-TELP 문법패턴훈련
_____ the oven **is** important because this will prevent the food that you bake from either becoming overcooked or undercooked.
(a) Preheated   (b) Preheating

---

15 quick
[kwik]

= fast
= rapid

🔲 빠른 🔳 빨리

의미 암기용 표현과 문장
- **The doctor said she'd make a quick recovery.** 그녀는 신속히 회복될 거라고 의사가 말했다.
- **Let's see who can get there quickest.** 누가 거기 가장 빨리 가는지 한번 보자.

G-TELP 구문독해훈련
The abundance of the quality electronics available in stores or online makes it difficult to make quick purchase decisions.

---

16 harvest
[háːrvist]

= yield

🔲 수확[기/물/량] 🔳 수확하다

의미 암기용 표현과 문장
- **harvest time** 수확기
- **harvest crops[the fields]** 작물[밭의 작물]을 수확하다

G-TELP 구문독해훈련
The unusually dry weather so close to harvest is expected to reduce the crop yield by almost 30 percent.

---

13. 메갈로돈은 믿을 수 없을 정도로 큰 화석화된 이빨을 남긴 멸종된 거대 상어이다. **14. (b)** 오븐을 예열하는 것은 당신이 조리하는 음식이 너무 과도하게 익거나 또는 덜 익는 것을 막아 줄 것이기 때문에 중요합니다. **15.** 매장이나 온라인에서 볼 수 있는 품질 좋은 전자제품들의 풍부함이 신속한 구매 결정을 내리기 어렵게 하고 있다. **16.** 수확기를 얼마 남기지 않은 시기에 이런 이상 건조 기후는 농작물의 생산량을 대략 **30%** 정도 줄이게 될 것이다.

17 widen
[wáidn]

= expand

GRAMMAR POINT
"~하기 위하여"나 "~하기 위한"의 의미로 쓰이는 to부정사 문제는 1~2회에 한 문제 정도 출제됩니다.

v 넓히다, 넓어지다

의미 암기용 표현과 문장

- **We plan to widen the scope of our existing activities by offering more language courses.** 우리는 더 많은 어학 강좌를 제공하여 기존의 활동 범위를 확대할 계획이다.
- **Her eyes widened in surprise.** 그녀의 두 눈이 놀라서 휘둥그레졌다.

G-TELP 문법패턴훈련

Many of the older buildings in this area have been torn down ________ room for the widening of the highway.

(a) to make **(b) making**

---

18 destination
[dèstənéiʃən]

= end

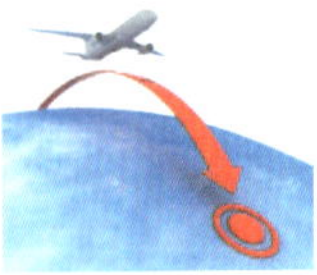

n 목적지

의미 암기용 표현과 문장

- **arrive at[reach] one's destination** 목적지에 도착하다
- **a port of destination** (상품의) 도착항

G-TELP 구문독해훈련

Pacific Airlines provides direct flights to the most destinations around the world, including the U.S. and Canada.

---

19 protect
[prətékt]

= defend

v 보호하다

의미 암기용 표현과 문장

- **Troops have been sent to protect aid workers against attack.** 원조 요원들을 공격으로부터 보호하기 위해 군대가 파견되었다.
- **She wore dark glasses to protect her eyes from the sun.** 그녀는 햇빛에서 눈을 보호하기 위해 검은 안경을 쓰고 있었다.

G-TELP 구문독해훈련

Because Legolos Company recognizes the importance of protecting customer information, it has made data privacy a high priority.

---

20 loan
[loun]

= lend

n 대출(금), 대여 **v** 빌려주다

의미 암기용 표현과 문장

- **bank loans with low interest rates** 이자[금리]가 싼[낮은] 은행 융자금
- **The bank is happy to loan money to small businesses.** 저희 은행에서는 소기업들에게 기꺼이 대출을 해 드립니다.

G-TELP 구문독해훈련

A representative at Gordon Brewery has stated that they will declare bankruptcy instead of acquiring more loans to pay off their growing debts.

---

17. (a) 이 지역에 있는 오래된 건물들 중 상당수는 고속도로의 확장을 위한 공간을 만들기 위해 철거되었다. **18.** 퍼시픽 항공사는 미국 및 캐나다를 포함한 전 세계 대부분의 목적지로 가는 직항 노선을 제공합니다. **19.** 레골로스 컴퍼니는 고객 정보 보호의 중요성을 잘 알고 있기 때문에, 데이터 프라이버시[고객정보 보호]를 최우선으로 생각합니다. **20.** 고돈 양조장의 한 대표는 늘어나는 부채를 갚기 위해 더 많은 대출을 받는 대신에 파산을 선언할 것이라고 밝혔다.

21 locate
[lóukeit]

= place
= find

☑ 위치하게 하다, (장소를) 찾아내다

의미 암기용 표현과 문장

- **They located their headquarters in Seoul.** 그들은 서울에 본사를 두었다.
- **Rescue planes are trying to locate the missing sailors.** 구조에 나선 항공기들이 실종된 선원들의 위치 파악을 위해 애쓰고 있다.

G-TELP 구문독해훈련

The conference center is conveniently located within easy walking distance from the subway.

---

22 reply
[riplái]

= answer
= respond

☑ 대답하다 ⋒ 대답, 답장

의미 암기용 표현과 문장

- **He never replied to any of my letters.** 그는 내 편지 어떤 것에 대해서도 답장을 보내지 않았다.
- **I am writing in reply to your letter of 16 March.** 3월 16일자 귀하의 편지에 대한 답신으로 이 글을 씁니다.

G-TELP 구문독해훈련

All guests must reply in a timely manner in order to secure a table at the reception following the exhibit.

---

23 finance
[fináens]

= fund

GRAMMAR POINT
토익과는 다르게 지텔프에서 since
가 "~한 이후로"의 의미로 쓰일 땐 현
재완료진행시제가 보통 답이 됩니다.

⋒ 금융, 재무, 재원, 자금

의미 암기용 표현과 문장

- **Finance for education comes from taxpayers.** 교육비의 재원은 납세자들이다.
- **government[public/personal] finances** 정부[공적/개인] 자금

G-TELP 문법패턴훈련

That's why since last month, they _____ for a bank loan to help finance the renovation.
(a) are looking   (b) have been looking

---

24 shape
[ʃeip]

= form

⋒ 모양, 형태 ☑ 형성하다

의미 암기용 표현과 문장

- **Squares, circles and triangles are types of shape.** (정)사각형, 원형, 삼각형은 형태의 종류들이다.
- **Shape the dough into a ball.** 반죽을 공 모양으로 빚어라.

G-TELP 구문독해훈련

Some people still believe in the "Flat Earth" theory despite established scientific proof that the planet has an oblate spheroid shape.

---

21. 컨퍼런스 센터는 지하철에서 도보로 쉽게 이동할 수 있는 거리에 편리하게 위치해 있습니다.   **22.** 전시회 이후 만찬장에서 자리를 확보하기 위하시는 모든 손님들은 적절한 방식으로 답장을 보내셔야 합니다.   **23. (b)** 그것이 지난 달 이후부터, 그들이 보수공사에 재정 지원을 하는데 돕기 위한 은행 대출을 찾고 있는 이유이다.   **24.** 몇몇 사람들은 행성이 회전 타원체 모양을 가지고 있다는 입증된 과학적 증거가 있음에도 불구하고 여전히 "평평한 지구" 이론을 믿고 있다.

DAY 01 02 03 04 05 06 07 08 09 10 11 12 13 14 15 16 17 18 19 20

25 border
[bɔ́ːrdər]

= boundary
= bound

GRAMMAR POINT

관계대명사 문제는 매회 출제됩니다. whom은 선행사가 사람일 때 쓸 수 있으며, 뒤 문장에는 사람 목적어가 빠져 있어야 합니다.

n 국경, 경계 **v** (경계를) 접하다

의미 암기용 표현과 문장

• **cross the border** 국경을[경계를] 넘다
• **The city is bordered by a large airport on the south.** 그 시는 남쪽으로 큰 공항에 접해 있다.

G-TELP 문법패턴훈련

The Doctors Without Borders, a volunteer group _____ provides free medical aid to people in disaster areas, is known for its efficiency.
(a) whom   (b) that

26 chemical
[kémikəl]

= compound

GRAMMAR POINT

지텔프에서 agree는 동명사가 아닌 to부정사를 목적어로 쓰는 동사로 주로 출제됩니다.

a 화학적인, 화학의 **n** 화학물질(chemicals), 화합물

의미 암기용 표현과 문장

• **a chemical element** (화학) 원소
• **naturally occurring chemicals** 자연 발생적으로 생기는 화학 물질

G-TELP 문법패턴훈련

State Farm Agricultural Research Center (SFARC) and White Water Chemicals Inc. agreed _____ a long-term cooperative system following their successful collaboration on the development of an environmentally-friendly chemical fertilizer.
(a) to build   (b) building

27 era
[íərə]

= age
= period

n 시대

의미 암기용 표현과 문장

• **the Victorian[modern/post-war] era** 빅토리아 여왕[현대/전후] 시대

G-TELP 구문독해훈련

Many Web users are thinking about how to swap economically the computers they bought during the go-go era of a few years ago.

28 ignore
[ignɔ́ːr]

= neglect
= disregard

v 무시하다, 못 본 척하다

의미 암기용 표현과 문장

• **I made a suggestion but they chose to ignore it.** 내가 제안을 했지만 그들은 무시하는 길을 택했다.
• **She ignored him and carried on with her work.** 그녀는 그를 못 본 척하고 일을 계속했다.

G-TELP 구문독해훈련

Although a reminder that all important data should be backed up was sent out several times, most employees either didn't see it or chose to ignore it.

---

25. (b) 국경 없는 의사회는 재난 지역의 사람들에게 무료 의료 지원을 제공하는 자원 봉사 단체로서 그 효율성 때문에 잘 알려져 있다. **26. (a)** 주립 농업 연구원과 화이트 워터 케미컬사는 환경 친화적인 화학 비료 개발에 관한 성공적인 협력 이후 장기적인 협력 시스템을 설립하는데 동의했다. **27.** 많은 인터넷 사용자들은 몇 년 전 호황 때 샀던 컴퓨터의 경제적인 교환방법에 관해 생각하고 있다. **28.** 모든 중요 데이터는 백업해야한다는 지시가 여러 차례 발송되었음에도 불구하고, 대부분의 직원들은 이것을 보지 않거나 또는 보고도 무시했다.

29 **exercise**
[éksərsàiz]

= activity
= practice

ⓝ 운동, 연습 **ⓥ** 운동하나, 연습하나

의미 암기용 표현과 문장

• **Swimming is good exercise.** 수영은 좋은 운동이다.
• **How often do you exercise?** 운동은 얼마나 자주 하세요?

G-TELP 구문독해훈련

We recently received your e-mail regarding the new exercise classes we are hoping to begin this August.

30 **machine**
[məʃíːn]

= appliance
= device

ⓝ 기계

의미 암기용 표현과 문장

• **operate[run] a machine** 기계를 작동하다[돌리다]
• **a washing[sewing] machine** 세탁기[재봉틀]

G-TELP 구문독해훈련

In order to keep our employees up-to-date, we perform the on-the-job training on the newly updated machines regularly.

31 **instrument**
[ínstrəmənt]

= tool
= device

ⓝ 악기, 기구, 도구, 계기

의미 암기용 표현과 문장

• **brass[stringed] instruments** 금관악기[현악기]
• **surgical[optical/precision] instruments** 외과 수술[광학/정밀] 기구

G-TELP 구문독해훈련

The *berimbau* is a Brazilian percussion instrument made of wood.

32 **fund**
[fʌnd]

= finance

GRAMMAR POINT

지텔프에서 **for +** 기간[시간]이 나오면 보통 현재완료진행, 과거완료진행, 미래완료진행 시제 중 하나가 답이 됩니다.

ⓝ 기금, 돈 **ⓥ** 자금을 공급하다

의미 암기용 표현과 문장

• **a disaster relief fund** 재난 구호 기금
• **The museum is privately funded.** 그 박물관은 민간 자본으로 운영된다.

G-TELP 문법패턴훈련

Keen on keeping employee morale high, he _____ aside funds for the surprise activity for the past six months.

(a) is setting   (b) had been setting

---

29. 우리는 다가오는 **8**월에 우리가 시작하기를 희망하는 신규 운동 수업들에 관한 당신의 이메일을 최근에 받았습니다.   **30.** 직원들을 최신의 상태로 유지하기 위해, 우리는 새롭게 업데이트된 기계들에 대한 실무 교육을 정기적으로 실시합니다.   **31.** 베림바우는 나무로 만들어진 브라질의 타악기이다.   **32. (b)** 직원들의 사기를 높이기 위해, 그는 지난 **6**개월 간 (사기증진용) 깜짝 행사를 위한 재원을 따로 마련해 놓고 있었다.

모두지

DAY 02
DAY 03
DAY 04
DAY 05
DAY 06
DAY 07
DAY 08
DAY 09
DAY 10
DAY 11
DAY 12
DAY 13
DAY 14
DAY 15
DAY 16
DAY 17
DAY 18
DAY 19
DAY 20

어휘·문법·독해까지 한꺼번에 끝내는 **G-TELP VOCABULARY LEVEL** 기본

33 **mention**
[ménʃən]

= reference

GRAMMAR POINT

지텔프에서 suggest는 목적어로 동명사를 쓰거나 ARSID that절 속 동사원형을 고르는 문제로 출제됩니다.

🔲 언급하다 🔲 언급

의미 암기용 표현과 문장
- **Sorry, I won't mention it again.** 미안, 다시는 그걸 거론하지 않을게.
- **The concert didn't even get a mention in the newspapers.** 그 콘서트는 신문들에서 거론조차 되지 못했다.

G-TELP 문법패턴훈련

Peter Thompson, with whom I have a close working relationship, mentioned to me your name and strongly suggested that I _____ you.
(a) contacted (b) contact

34 **persuade**
[pərswéid]

= induce

GRAMMAR POINT

지텔프에서 persuade는 목적격보어로 to부정사를 쓰는 동사로 출제됩니다.

🔲 설득하다

의미 암기용 표현과 문장
- **Try to persuade him to come.** 그를 오라고 설득해 보아라.

G-TELP 문법패턴훈련

These are the questions that, when skillfully asked, will persuade customers _____ a change.
(a) making (b) to make

35 **quality**
[kwɑ́ləti]

= grade

🔲 고급의 🔲 품질

의미 암기용 표현과 문장
- **We specialize in quality furniture.** 저희는 고급 가구만 전문적으로 취급합니다.
- **goods of a high quality** 질 높은 상품

G-TELP 구문독해훈련

The challenges of maintaining quality control must be taken into account before production can be increased.

36 **occupy**
[ɑ́kjupài]

= inhabit
= invade

🔲 차지하다, 점령하다, 사용[거주]하다

의미 암기용 표현과 문장
- **How much memory does the program occupy?** 그 프로그램이 메모리를 얼마나 차지하지?
- **The capital has been occupied by the rebel army.** 수도가 반란군들에게 점령되었다.

G-TELP 구문독해훈련

Once the new office building is occupied, construction vehicles will not be allowed to use the main parking area.

---

33. (b) 저와 긴밀한 협력 관계를 유지하고 있는 피터 톰슨이 당신의 이름을 저에게 말해주었으며, 강력히 제가 당신에게 연락을 해보아야 한다고 제안했습니다.
34. (b) 이것들은 능숙하게 질문될 때 고객들을 설득해 변화를 유도하게 할 질문들입니다. **35.** 생산량을 늘리기 전에 품질 관리를 유지해야하는 문제를 고려해야 합니다. **36.** 일단 새로운 사무실 건물에 입주가 되면, 건설용 차량들은 메인 주차장을 이용하는 것이 허용되지 않을 것이다.

DAY 01 02 03 04 05 06 07 08 09 10 11 12 13 14 15 16 17 18 19 20

37 current

[kə́rənt]

= contemporary
= tide

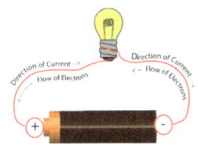

a 현세의 **n** 흐름, 기류, 해류

의미 암기용 표현과 문장

• **his current employer** 그의 현 고용주
• **Birds use warm air currents to help their flight.** 새들은 따뜻한 기류를 이용하여 비행에 도움을 얻는다.

G-TELP 구문독해훈련

Randall Pharmaceuticals decided not to reduce the current workforce despite the recent economic recession.

38 ensure

[inʃúər]

= guarantee

v 보장하다, 확실히 하다

의미 암기용 표현과 문장

• **It will ensure your success.** 그것으로 너의 성공은 확실하다.
• **Please ensure that all lights are switched off.** 반드시 모든 불을 끄도록 하시오.

G-TELP 구문독해훈련

Once the train departs the station, attendants walk through the cabins and ensure that all passengers have purchased a ticket.

39 luggage

[lʌ́gidʒ]

= baggage

GRAMMAR POINT

지텔프에 출제되는 완료조동사 표현 should have p.p., must have p.p., may have p.p.는 반드시 구별할 수 있어야 합니다.

n 수화물, 짐

의미 암기용 표현과 문장

• **You stay there with the luggage while I find a cab.** 내가 택시를 찾아 볼 테니까 넌 거기 짐 옆에 있어.
• **carry[move] luggage** 짐을 나르다

G-TELP 문법패턴훈련

Passengers should be careful when opening the overhead luggage bins as contents _____ during travel.
(a) may have shifted   **(b) should have shifted**

40 process

[práses]

= handle
= manage

PROCESS

n 과정 **v** 처리하다

의미 암기용 표현과 문장

• **the ageing process** 노화 과정
• **It will take a week for your application to be processed.** 당신의 신청서가 처리되는 데는 일주일이 걸릴 것이다.

G-TELP 구문독해훈련

HSBC Bank will not process deposits made after 4:00 P.M. until the following business day.

---

37. 제약사 란델은 최근의 경기 침체에도 불구하고 현재의 인력을 줄이지 않기로 결정했다. **38.** 일단 열차가 역을 출발하면, 승무원들이 기차 내를 걸어 다니며 모든 승객들이 티켓을 구입했는지 확인합니다. **39. (a)** 승객들께서는 여행 동안 짐칸의 내용물이 이동되었을지도 모르기 때문에 머리 위 수화물 함을 열 때 조심해야 합니다. **40. HSBC** 은행은 오후 **4**시 이후에 입금된 금액은 다음 영업일까지 처리하지 않을 것입니다.

어휘·문법·독해까지 한권만에 끝내는 **G-TELP VOCABULARY LEVEL** 기본

41 complain

[kəmpléin]

= grumble

☑ 불평하다

의미 암기용 표현과 문장

• **I'm going to complain to the manager about this.** 이 문제에 대해 매니저에게 항의를 해야 겠어요.

G-TELP 구문독해훈련

Korean Airline has increased the space between the rows of its coach-class seats because passengers were complaining about being uncomfortable.

42 crisis

[kráisis]

= emergency
= trouble

GRAMMAR POINT

지텔프에서 **want**는 목적어와 목적격 보어로 모두 **to**부정사를 쓰는 동사로 출제됩니다.

◼ 위기

의미 암기용 표현과 문장

• **a political[financial] crisis** 정치적[재정적] 위기
• **an expert in crisis management** 위기관리 전문가

G-TELP 문법패턴훈련

Despite the current economic crisis, the team manager **wants** _____ next quarter's sales target.

(a) surpassing   (b) to surpass

43 meantime

[mɛ́ntàim]

= meanwhile

GRAMMAR POINT

지텔프에서는 **in the +** 미래시점이 나오면 미래진행시제가 답이 됩니다.

◼ 그 동안 ◼ 한편, 그 동안에

의미 암기용 표현과 문장

• **I'll contact them soon. Meantime don't tell them I'm back.** 제가 곧 그들에게 연락을 할 겁니다. 그 동안에는 제가 돌아왔다는 말을 그들에게 하지 마세요.

G-TELP 문법패턴훈련

In the afternoon we _____ the different needs of different individuals when it comes to fitness management, so in the meantime, enjoy your lunch!

(a) had been discussing   (b) will be discussing

44 fold

[fould]

= bend
= wrinkle

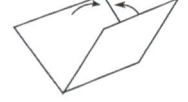

☑ 접다 ◼ 접힌 부분, 주름

의미 암기용 표현과 문장

• **The blankets had been folded down.** 담요들은 다 개켜져 있었다.
• **the folds of her dress** 그녀 드레스의 주름

G-TELP 구문독해훈련

It's also lovely to help your mom fold the laundry or clean up the bathroom without being asked.

---

41. 대한항공은 승객들이 불편함에 대해 불평했기 때문에 일반석 좌석 사이의 열 공간을 넓혔습니다. **42. (b)** 현재의 경제 위기에도 불구하고, 팀 매니저는 다음 분기 매출 목표를 능가하기 원하고 있다. **43. (b)** 오늘 오후에 우리는 피트니스 관리에 관련하여 각기 다른 사람들의 각기 다른 욕구를 채워주는 방법에 대해 토론할 것입니다, 그러니 그 동안에 점심을 즐기기 바랍니다! **44.** 엄마를 도와 세탁물을 접거나 시키지 않아도 욕실을 청소하는 것도 또한 매우 좋습니다.

모두의지텔프 **모두지** · 29

01
DAY
02
DAY
03
DAY
04
DAY
05
DAY
06
DAY
07
DAY
08
DAY
09
DAY
10
DAY
11
DAY
12
DAY
13
DAY
14
DAY
15
DAY
16
DAY
17
DAY
18
DAY
19
DAY
20
DAY

45 **complete**
[kəmpli:t]

= finish
= whole

☑ 완성하다, 완료하다   ☑ 완전한, 완벽한

의미 암기용 표현과 문장
• **The project should be completed within a year.** 그 사업은 1년 이내에 완료되어야 한다.
• **a complete change** 철저한 변화

G-TELP 구문독해훈련
When the internship is completed, the supervisor will submit an evaluation of the intern's performance to the Board of Examiners in Optometry.

---

46 **match**
[mætʃ]

= competition
= game

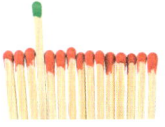

☑ 시합, 경기, 성냥   ☑ 어울리다, 일치하다

의미 암기용 표현과 문장
• **a football match** 축구 경기
• **strike a match** 성냥을 켜다
• **Her fingerprints match those found at the scene of the crime.** 그녀의 지문이 범행 현장에서 발견된 것들과 일치한다.

G-TELP 구문독해훈련
These recruiting procedures are aimed at selecting applicants whose qualifications are fully matched with our job openings.

---

47 **lean**
[li:n]

= rest
= recline

☑ 기울이다, 기대다

의미 암기용 표현과 문장
• **A man was leaning out of the window.** 한 남자가 창밖으로 몸을 숙이고 있었다.
• **I leaned back in my chair.** 나는 의자에 앉은 채 몸을 뒤로 젖혔다.

G-TELP 구문독해훈련
The old maple tree in Uncle Ron's backyard is already leaning due to a deep crack in its trunk.

---

48 **treatment**
[tri:tmənt]

= care

GRAMMAR POINT
지텔프에서 관계부사는 6회에 한 번 정도 출제됩니다. 관계대명사 which 이하 문장은 불완전한 문장이 되어야 합니다.

☑ 치료, 대우, 처리

의미 암기용 표현과 문장
• **She is responding well to treatment.** 그녀는 치료에 대한 반응이 좋다.
• **a sewage treatment plant** 하수 처리 공장

G-TELP 문법패턴훈련
Water treatment facilities are used in countries _____ there is limited freshwater.
(a) which   **(b) where**

---

45. 인턴 과정이 끝나면, 감독관은 인턴의 성과에 대한 평가서를 검안의 심사 위원회에게 제출할 것입니다.   **46.** 이러한 모집 절차는 우리의 직무와 완전히 일치하는 자격을 갖춘 지원자들을 선발하는 것을 목적으로 하고 있습니다.   **47.** 론 삼촌의 뒷마당에 있는 오래된 단풍나무는 몸통의 깊은 균열 때문에 이미 기울고 있다.
48. (b) 수질 처리 장치들은 제한된 담수만이 존재하는 나라들에서 사용되고 있다.

REVIEW

1
2
3
4
5

49 **serious**
[síəriəs]

= grave
= severe

▣ 심각한, 진지한

의미 암기용 표현과 문장

- **a serious illness[problem/offence]** 심각한 질병[문제/위법행위]
- **It's time to give serious consideration to this matter.** 이 문제를 심각하게 고려해야 할 때이다.

G-TELP 구문독해훈련

Although she still thinks it's nothing serious, I told her that she must see a doctor right away.

50 **employ**
[implɔ́i]

= hire

▣ 고용하다

의미 암기용 표현과 문장

- **How many people does the company employ?** 그 회사에서는 사람을 몇 명이나 고용하고 있습니까?

G-TELP 구문독해훈련

Jerome isn't an art-history graduate and has never been employed full-time by an art institution.

51 **neglect**
[niglékt]

= disregard
= ignore

GRAMMAR POINT

지텔프에서 가정법 과거완료의 짝찾기는 무조건 맞춰야 하는 5초짜리 문제입니다.

▣ 무시하다, 방치하다 ▣ 방치, 소홀, 태만

의미 암기용 표현과 문장

- **She denies neglecting her baby.** 그녀는 아기를 방치했다는 것을 부인하고 있다.
- **The law imposes penalties for the neglect of children.** 법률에서는 아동 방치 행위에 대해 벌금을 부과한다.

G-TELP 문법패턴훈련

If I _____ how useful those classes would be when applying for a job with a bank, I would never have neglected them.
(a) have known   (b) had known

52 **entertain**
[èntərtéin]

= amuse
= please

▣ 즐겁게 하다, 대접[환대]하다

의미 암기용 표현과 문장

- **He entertained us for hours with his stories and jokes.** 그는 이야기와 우스갯소리들로 몇 시간 동안 우리를 즐겁게 해 주었다.
- **We were entertained with refreshments.** 우리는 다과를 대접받았다.

G-TELP 구문독해훈련

At night, passengers can be entertained by our in-house production shows, as well as special guest performances by some famous celebrities.

---

49. 비록 그녀는 여전히 심각하지 않다고 생각하지만, 나는 그녀가 당장 의사를 만나야한다고 말했다. **50.** 제롬은 미술사 졸업생이 아니며 예술 기관에서 정규직으로 일한 적도 없다. **51. (b)** 은행에서 일자리를 찾을 때 그러한 수업들이 얼마나 유용할지 알았더라면, 나는 결코 그 수업들을 태만히 하지 않았었을 것이다. **52.** 밤이면, 승객 여러분들께서는 선내 공연 쇼뿐만 아니라 유명한 유명인에 의한 특별 초청 공연을 즐기실 수 있을 것입니다.

53 typical

[típikəl]

= normal
= regular

ad. 전형적인, 대표적인

의미 암기용 표현과 문장

- **a typical Italian cafe** 전형적인 이탈리아식 식당
- **This is a typical example of Roman pottery.** 이것이 로마 도자기의 대표적인 본보기이다.

G-TELP 구문독해훈련

The typical retirement age for men has been set at around 65 in most developed countries since the Second World War.

54 rise

[raiz]

= grow
= increase

v. 오르다, 상승하다 **n.** 증가, 상승

의미 암기용 표현과 문장

- **Smoke was rising from the chimney.** 굴뚝에서 연기가 피어오르고 있었다.
- **The industry is feeling the effects of recent price rises.** 업계가 최근에 있은 가격[물가] 상승의 효과를 느끼고 있다.

G-TELP 구문독해훈련

In the annual accounts summary, the line-graph illustrates a further rise in profits over the last year.

55 disorder

[disɔ́rdər]

= illness
= disease

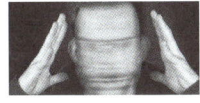

n. 엉망, 장애, 고장

의미 암기용 표현과 문장

- **The room was in a state of disorder.** 그 방은 엉망인 상태였다.
- **eating disorders** 식이 장애

G-TELP 구문독해훈련

Dissociative identity disorder is a disease in which a person's identity is split into two or more distinct personalities.

56 elevate

[éləvèit]

= promote
= raise

v. 올리다, 높이다

의미 암기용 표현과 문장

- **It is important that the injured leg be elevated.** 다친 다리를 들어 올리고 있는 것이 중요하다.
- **Smoking often elevates blood pressure.** 흡연은 흔히 혈압을 높인다.

G-TELP 구문독해훈련

Water tests have not shown any evidence of elevated radiation in U.S. Pacific waters.

---

53. 전형적인 은퇴 연령은 제**2**차 세계 대전 이래 대부분의 선진국에서 약 **65**세경으로 설정되었다.   **54.** 연례 회계 요약서에서, 선 그래프는 지난해 동안 수익의 추가적인 상승분을 나타내 보여줍니다.   **55.** 해리성 인격정체 장애는 사람의 정체성이 두 개나 또는 그 이상의 구별되는 별개의 성격으로 분리되는 질병이다. **56.** 수질 검사 결과 미 태평양 해역에서 방사선량이 증가한 증거는 보이지 않는다.

DAY 01 / 02 / 03 / 04 / 05 / 06 / 07 / 08 / 09 / 10 / 11 / 12 / 13 / 14 / 15 / 16 / 17 / 18 / 19 / 20

어휘 · 문법 · 독해까지 한꺼번에 끝내는 **G-TELP VOCABULARY LEVEL** 기본

57 accurate
[ǽkjurət]

= exact
= precise

🅰 정확한

의미 암기용 표현과 문장
- **an accurate description[account/calculation]** 정확한 묘사[설명/계산]
- **accurate information[data]** 정확한 정보[데이터]

G-TELP 구문독해훈련

To guarantee the objectivity of the survey, it is important to gather the most accurate information available.

---

58 promote
[prəmóut]

= encourage
= advertise

GRAMMAR POINT

지텔프에서 avoid는 to부정사가 아닌 동명사를 목적어로 쓰는 동사로 진짜 자주 출제됩니다.

🆅 촉진하다, 홍보하다, 승진시키다

의미 암기용 표현과 문장
- **policies to promote economic growth** 경제 성장을 촉진하기 위한 정책들
- **The band has gone on tour to promote their new album.** 그 밴드는 새 앨범 홍보를 위해 순회공연을 떠났다.
- **She worked hard and was soon promoted.** 그녀는 열심히 일해서 곧 승진되었다.

G-TELP 문법패턴훈련

Some companies avoid _____ high corporate tax bills by investing in research and development to promote new technologies.
(a) to pay   (b) paying

---

59 permit
[pərmít]

= license

GRAMMAR POINT

지텔프에서 permit는 목적어로는 동명사를 쓰지만 목적격보어로는 to부정사를 쓰는 동사로 출제되며, 따라서 수동태가 되면 뒤에 to부정사가 남게 됩니다.

🆅 허가하다, 허용하다 🅝 허가증

의미 암기용 표현과 문장
- **Will you permit me to smoke?** 담배 좀 피워도 되겠습니까?
- **a fishing[residence/parking] permit** 낚시[거주/주차] 허가증

G-TELP 문법패턴훈련

SK corporate employees are permitted _____ casually on Fridays, with the exception of the receptionists, who must wear formally at all times.
(a) wearing   (b) to wear

---

60 spend
[spend]

= use

GRAMMAR POINT

지텔프에서 spend는 spend + 시간/돈 + ~ing 형태로 출제됩니다.

🆅 (돈이나 시간을) 쓰다

의미 암기용 표현과 문장
- **I've spent all my money already.** 난 벌써 돈을 다 써 버렸어.
- **I spend too much time watching television.** 나는 너무 많은 시간을 텔레비전을 보면서 보낸다.

G-TELP 문법패턴훈련

He is even willing to spend extra hours in the lab _____ with them on their experiments.
(a) work   (b) working

---

57. 설문 조사의 객관성을 보장하려면, 사용 가능한 가장 정확한 정보를 수집하는 것이 중요하다. **58. (b)** 일부 기업은 새로운 기술을 증진시키기 위한 연구 개발에 투자함으로써 높은 법인세 납부를 피한다. **59. (b)** SK 회사 직원들은 매주 금요일마다 항상 정장을 입어야하는 안내직원을 제외하고는 편하게 평상복을 입을 수 있다. **60. (b)** 그는 심지어 실험실에서 실험들을 하면서 기꺼이 업무 외 추가시간에도 일을 하려고 한다.

initial

INVENTION

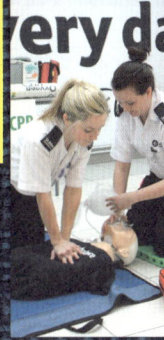

EDUCATION IS THE MOST POWERFUL WEAPON WE CAN USE TO CHANGE THE WORLD

Smart Devices

DONATE

mental

enjoy

Discovery

REVIEW 1 2 3 4 5

61 consume
[kənsúːm]

= use

v 소비하다, 소모하다

의미 암기용 표현과 문장
- My car consumes much gas. 내 차는 휘발유를 많이 먹는다.
- The electricity industry consumes large amounts of fossil fuels. 전기 산업은 많은 양의 화석 연료를 소모한다.

G-TELP 구문독해훈련
Soap is a much in-demand consumer product that has contributed to a multi-billion dollar industry.

---

62 charge
[tʃάːrdʒ]

= price
= accuse

n 요금, 비용, 기소, 고발 **v** (비용을) 청구하다, 기소하다, 충전하다

의미 암기용 표현과 문장
- Delivery is free of charge. 배달료는 무료입니다.
- a murder[an assault] charge 살인[폭행] 혐의
- The restaurant charged £20 for dinner. 그 식당은 저녁 식사비로 20파운드를 청구했다.
- He was charged with murder. 그는 살인죄로 기소되었다.
- Before use, the battery must be charged. 배터리는 사용 전에 충전을 해야 한다.

G-TELP 구문독해훈련
Although some car dealerships also offer in-house financing, some of them have been known to charge hidden fees.

---

63 discuss
[diskΛs]

= talk
= debate

v 의논하다

의미 암기용 표현과 문장
- Have you discussed the problem with anyone? 그 문제를 누구와 상의해 봤어요?
- We discussed what we should do after graduation. 우리는 졸업 후에 무엇을 할 것인지에 대해 논의했다.

G-TELP 구문독해훈련
Today, we are going to discuss the basic steps in composting waste for use in your home garden.

---

64 apply
[əplái]

= request

GRAMMAR POINT

like, love, begin, start, continue 는 to부정사와 동명사를 목적어로 모두 쓸 수 있을 때가 있습니다만, would like과 같은 표현에서는 to부정사를 주로 씁니다.

v 지원하다, 신청하다, 적용하다

의미 암기용 표현과 문장
- apply to a company[university] 회사[대학]에 지원하다
- apply for a passport[grant] 여권[보조금]을 신청하다
- The new technology was applied to farming. 그 신기술이 농사에 적용되었다.

G-TELP 문법패턴훈련
I am the mother of Anne Matthews, and I would like _____ for my daughter's admission to your school's third grade class on her behalf.
(a) having applied   (b) to apply

---

61. 비누는 수십억 달러 규모의 산업을 구성하는데 기여하는 수요가 많은 소비자 제품이다.   62. 일부 자동차 판매점에서도 자체 자금 조달을 제공하긴 하지만, 그들 중 일부는 숨겨진 수수료를 청구한다고 알려져 있다.   63. 오늘, 우리는 여러분의 집 정원에서 버려지는 쓰레기를 퇴비로 만드는 기본적인 단계들에 대해서 논의할 것입니다.   64. (b) 저는 앤 매튜스의 엄마이며, 딸을 대신하여 귀 학교의 3학년 학급에 딸의 입학을 신청하고 싶습니다.

65 mean
[miːn]

= indicate

v 의미하다 **a** 인색한, 사나운, 못된, 야비한 **n** 중용, 중도, 평균, 수단(means)

의미 암기용 표현과 문장

- **What does this sentence mean?** 이 문장은 무슨 뜻인가요?
- **Don't be so mean to your little brother!** 동생에게 그렇게 못되게 굴지 마!
- **He needed to find a mean between frankness and rudeness.** 그는 솔직함과 무례함 사이의 중도를 찾아야 했다.

GRAMMAR POINT

지텔프에서는 가정법 과거의 짝찾기도 매회 **3**문제 정도씩 출제됩니다.

G-TELP 문법패턴훈련

If he had the means of doing so, he ________ to another apartment to avoid awkward encounters with her.
(a) would have moved (b) would move

66 invent
[invént]

= create

v 발명하다

의미 암기용 표현과 문장

- **Who invented the steam engine?** 증기 기관은 누가 발명했습니까?

G-TELP 구문독해훈련

Manisha Mohan, an Indian-American scientist and research assistant at the Massachusetts Institute of Technology, has invented a "smart device" that can detect the crime in real time.

67 recent
[ríːsnt]

= late

a 최근의

의미 암기용 표현과 문장

- **a recent development[discovery/event]** 최근의 발전[발견/사건]

G-TELP 구문독해훈련

Bill Sanders was recently appointed Chief Executive Officer of New Age Broadcasting.

68 motivate
[móutəvèit]

= inspire
= stimulate

v 동기를 부여하다

의미 암기용 표현과 문장

- **She's very good at motivating her students.** 그녀는 학생들에게 동기를 부여하는 일을 아주 잘 한다.

G-TELP 구문독해훈련

At Hudins Biotech, Inc., we keep our sales team motivated by encouraging a competitive atmosphere within the company.

65. (b) 그가 그렇게 할 수 있는 방법이 있다면, 그녀와의 어색한 만남을 피하기 위해서 다른 아파트로 이사 갈 것이다. **66.** 매사추세츠 공과대학의 인도계 미국인 과학자이자 연구조교인 마니샤 모한은 범죄를 실시간으로 탐지 할 수 있는 "스마트 장치"를 발명했다. **67.** 빌 센더스는 최근에 뉴 에이지 방송사의 대표이사로 임명되었다. **68.** 휴딘스 바이오텍에서, 우리는 회사 내에 경쟁적인 분위기를 조성함으로써 영업팀이 동기부여 되도록 유지하고 있다.

69 calculate
[kǽlkjuléit]

= estimate

GRAMMAR POINT

지텔프에서 ARSID 동사 뒤에 that
절이 나오면 that절 속엔 동사원형을
골라야 합니다.

ν 계산하다, 추정하다

의미 암기용 표현과 문장

- **Benefit is calculated on the basis of average weekly earnings.** 수당은 주당 평균 소득을 기준으로 계산된다.
- **Conservationists calculate that hundreds of species could be lost in this area.** 환경보호론자들은 이 지역에서 (동식물) 수백 종이 없어지게 될 수도 있다고 추산한다.

G-TELP 문법패턴훈련

The owner **requested that** the project manager _____ all
expenses twice before he releases the final budget.
(a) calculate   (b) calculates

70 demonstrate
[démənstrèit]

= prove
= explain

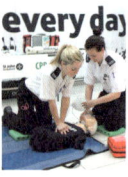

ν 입증하다, 설명하다, 시위하다

의미 암기용 표현과 문장

- **He demonstrated that the earth is round.** 그는 지구가 둥글다는 것을 증명했다.
- **He demonstrated how to use the instrument.** 그는 그 기계의 사용법을 설명했다.

G-TELP 구문독해훈련

Even though Ms. Yin will not be able to join the sales team
at the international trade fair, Mr. Hong will be available to
demonstrate the new product there.

71 rough
[rʌf]

= harsh
= approximate

ᵃ 거친, 난폭한, 대략의

의미 암기용 표현과 문장

- **The skin on her hands was hard and rough.** 그녀의 손은 피부가 딱딱하고 거칠었다.
- **They complained of rough handling by the guards.** 그들은 경비원들이 난폭하게 대했다고 항의했다.
- **a rough draft of a speech** 대략적인 연설문 초고

G-TELP 구문독해훈련

Normal cloths, and even regular facial tissue, may cause
microscopic scratches on the lenses because of their rough
texture.

72 enthusiastic
[inθúːziǽstik]

= eager
= passionate

ᵃ 열광적인, 열렬한

의미 암기용 표현과 문장

- **an enthusiastic welcome** 열광적인 환영
- **an enthusiastic supporter** 열렬한 후원자[지지자]

G-TELP 구문독해훈련

Chef's Note restaurant was pleased with enthusiastic
response to their new menu.

---

69. (a) 소유주는 프로젝트 관리자가 최종 예산안을 배포하기 전에 모든 비용을 두 번 계산해야 한다고 요청했다. **70.** 비록 인양이 국제 무역 박람회에서 영업팀에 합류 할 수는 없지만, 홍씨가 그곳에서 신제품을 시연해 보일 수는 있을 것입니다. **71.** 일반 옷감이나, 심지어 세면용 세수 타월 조직도, 거친 표면 질감 때문에 렌즈에 미세한 긁힘을 발생하게 할지 모른다. **72.** 요리사의 노트 레스토랑은 새로운 메뉴에 대한 열렬한 반응에 만족했다.

73 produce
[prədjúːs]

= generate

v 생산하다 **n** 농산물

의미 암기용 표현과 문장

- **The region produces over 50% of the country's wheat.** 그 지역은 그 나라 밀의 50%가 넘는 양을 생산한다.
- **The shop sells only fresh local produce.** 그 상점은 신선한 지역 농산물만 판매한다.

G-TELP 구문독해훈련

When your printer produces blurry or faint texts, it is time to replace the depleted ink cartridge with a new one.

---

74 commit
[kəmít]

= perpetrate

GRAMMAR POINT

지텔프에서 **deny**는 **to**부정사 대신 동명사를 쓰는 동사로 출제됩니다. 단 순동명사가 없을 땐 완료동명사를 골라야 합니다. 완료동명사가 답이 되는 함정 문제는 기본서의 설명을 참조하세요.

v (범죄 등을) 저지르다, 범하다, 헌신하다, ~에 전념하다

의미 암기용 표현과 문장

- **commit murder[adultery]** 살인[간통]을 저지르다
- **He committed himself to working for the poor people.** 그는 가난한 사람들을 위해 일하기로 했다.

G-TELP 문법패턴훈련

The junior accountant denied _____ anything illegal during his service at the government office.
(a) to commit   **(b) having committed**

---

75 lift
[lift]

= raise
= elevate

v 들어 올리다, 올리다, 훔치다 **n** 들어 올리는 기계, 승강기

의미 암기용 표현과 문장

- **I lifted the baby out of the chair.** 나는 아기를 의자에서 안아 올렸다.
- **He had been lifting electrical goods from the store where he worked.** 그는 자신이 일하던 가게에서 전기 제품들을 훔쳐 오고 있었다.
- **It's on the sixth floor — let's take the lift.** 거긴 6층이야. 엘리베이터를 타자.

G-TELP 구문독해훈련

The erring contestant admitted having lifted his materials from a published work and offered to return his prize.

---

76 hide
[haid]

= conceal
= secrete

v 숨기다, 감추다

의미 암기용 표현과 문장

- **She struggled to hide her disappointment.** 그녀는 실망감을 숨기려고 무진 애를 썼다.
- **He hid the letter in a drawer.** 그는 그 편지를 서랍 속에 감췄다.

G-TELP 구문독해훈련

To hide their scent, some species of assassin bugs stack insects' corpses on their backs after they kill them.

---

73. 프린터가 흐릿하거나 희미한 글자들을 출력 할 때, 소모된 잉크 카트리지를 새 것으로 교체해야합니다. **74. (b)** 신입 회계사는 그가 공무원으로 근무하는 동안 불법적인 일을 저질러 본 적이 없다고 했다. **75.** 그 실수를 저지른 참가자는 기존에 출판된 어떤 작품에서 자료들을 훔쳐온 것임을 인정했고 그가 받은 자신의 상을 반납하겠다고 했다. **76.** 그들의 냄새를 숨기기 위해, 암살자 벌레의 일부 종은 곤충을 죽인 뒤에 곤충의 시체를 등에 쌓고 다닌다.

DAY 01 02 03 04 05 06 07 08 09 10 11 12 13 14 15 16 17 18 19 20

어휘·문법·독해까지 한꺼번에 끝내는 **G-TELP VOCABULARY LEVEL 기본**

77 **ceremony**

[sérəmòuni]

= ritual

= rite

GRAMMAR POINT

지텔프에서 관계대명사 문제는 매회
2문제가 출제됩니다. who는 선행사
가 사람일 때 쓸 수 있습니다.

☐ 의식, 예식

의미 암기용 표현과 문장

• an awards[opening] ceremony 시상식[개회식]
• a wedding[marriage] ceremony 결혼[혼례] 예식

G-TELP 문법패턴훈련

Other skills _____ were encouraged included mastery of
the tea ceremony and of Go, a traditional Japanese board
game.
(a) that   (b) who

---

78 **invest**

[invést]

= venture

= devote

☑ 투자하다

의미 암기용 표현과 문장

• Now is a good time to invest in the property market. 지금이 부동산 시장에 투자하기 좋
은 때이다.

G-TELP 구문독해훈련

The risks in investing in Data Tech are high, but it could bring
substantial rewards in the future.

---

79 **deliver**

[dilívər]

= transport

= distribute

☑ 배달하다, 전달하다

의미 암기용 표현과 문장

• We promise to deliver within 48 hours. 48시간 이내 배달[배송]을 약속드립니다.
• Did you deliver my message to your father? 너의 아버지께 내 말을 전했느냐?

G-TELP 구문독해훈련

Koch Industries delivered their goods to Siemens AG two
days after the promised date.

---

80 **argue**

[áːrgjuː]

= debate

= dispute

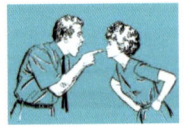

☑ 논쟁하다, 주장하다

의미 암기용 표현과 문장

• I don't want to argue with you. 난 너와 언쟁하고 싶지 않아.
• He argued that they needed more time to finish the project. 그는 그들이 그 사업을 끝
내려면 시간이 더 필요하다고 주장했다.

G-TELP 구문독해훈련

Business analyst Dave Maxwell argues that the key to
maximizing profitability is delicate asset management.

---

77. (a) 장려되는 다른 기술들은 다도 의식을 숙달하는 것과 일본의 전통적인 보드 게임인 바둑을 숙달하는 것을 포함했다. **78.** 데이터 테크에 투자 할 때의 위험
은 높지만, 그러나 향후 상당한 이익을 가져다 줄 수 있을지도 모른다. **79.** 코흐 인더스트리즈사는 지멘스 에이지사에게 물건을 약속한 날보다 이틀이 지난 후에
배달했다. **80.** 비즈니스 분석가인 데이브 맥스웰은 수익성 극대화의 열쇠는 정교한 자산 관리라고 주장한다.

81 **merit**
[mérit]

= advantage
= value

n 장점, 가치, 훌륭함, 공적, 공훈 **v** ~을 받을 가치가 있다

의미 암기용 표현과 문장

- **They weighed up the relative merits of the four candidates.** 그들은 네 후보의 상대적인 장점들을 비교해 보았다.
- **a work of outstanding artistic merit** 예술적 가치가 뛰어난 작품
- **merit attention[reward]** 주목[보상]을 받을 만하다

G-TELP 구문독해훈련

Shimano & LTA Industries will still uphold a merited salary increase in spite of the recently struggling economy.

82 **chase**
[tʃeis]

= pursue

v 쫓다, 추격하다 **n** 추격

의미 암기용 표현과 문장

- **My dog likes chasing rabbits.** 우리 개는 토끼들 뒤쫓기를 좋아한다.
- **We lost him in the narrow streets and had to give up the chase.** 우리는 좁은 길거리에서 그를 놓치고 추적을 포기해야 했다.

G-TELP 구문독해훈련

The car chase scene has a plethora of unrealistic special effects.

83 **store**
[stɔːr]

= shop
= save

GRAMMAR POINT

suggest는 to부정사 대신 동명사를 목적어로 쓰는 동사로 출제되거나 ARSID that절 속에 동사원형을 물어보는 문제로 출제됩니다.

n 가게 **v** 저장하다, 보관하다

의미 암기용 표현과 문장

- **a liquor store** 주류 판매점
- **Thousands of pieces of data are stored in a computer's memory.** 수천 개의 데이터가 하나의 컴퓨터 메모리에 저장된다.

G-TELP 문법패턴훈련

The store manager suggested _____ two additional sales representatives, but headquarters rejected the idea for budgetary reasons.
(a) to hire   **(b) hiring**

84 **gesture**
[dʒéstʃər]

= wave

n 몸짓, 표현 **v** 손짓하다

의미 암기용 표현과 문장

- **They communicated entirely by gesture.** 그들은 전적으로 몸짓으로 의사소통을 했다.
- **She gestured for them to come in.** 그녀가 그들에게 들어오라고 손짓을 해 보였다.

G-TELP 구문독해훈련

We would also like to offer you two complimentary round-trip tickets to the destination of your choice as a gesture of goodwill on our part.

---

81. 시마노 앤 엘티에이 인더스트리즈사는 최근의 어려운 경제에도 불구하고 성과 중심 연봉 인상제를 유지할 것입니다. **82.** 그 자동차 추격 장면은 비현실적인 특수 효과들을 많이 가지고 있다. **83. (b)** 그 가게 점장은 추가 두 명의 영업 담당자를 채용해야 한다고 주장했지만, 그러나 본사는 예산상의 이유를 들어 그 아이디어를 거부했다. **84.** 우리는 또한 귀하가 선택한 목적지까지 갈 수 있는 **2**장의 무료 왕복 티켓을 우리 쪽의 선의의 표시로 제안하고자합니다.

REVIEW 1 2 3 4 5

85 **donate**
[dóuneit]

= give

☑ 기부하다

의미 암기용 표현과 문장
• He donated thousands of pounds to charity. 그는 자선 단체에 수천 파운드를 기부했다.

G-TELP 구문독해훈련
Rob Blair, a popular country singer, is an advocate of environmental protection who frequently donates to "green projects."

86 **violent**
[váiələnt]

= brutal
= aggressive

☒ 폭력적인, 난폭한, 끔찍한, 극심한

의미 암기용 표현과 문장
• violent crime 폭력적인 범죄
• a violent headache 지독한 두통

G-TELP 구문독해훈련
Violent storms destroyed another vessel while crossing the Pacific Ocean.

87 **mental**
[méntl]

= intellectual
= cognitive

GRAMMAR POINT
지텔프에서 tend는 동명사 대신 to부정사를 쓰는 동사로 출제됩니다.

☒ 정신적인, 마음의

의미 암기용 표현과 문장
• a mental disorder[illness/hospital] 정신적 장애[정신병/정신 병원]
• mental culture 마음의 수양

G-TELP 문법패턴훈련
It has been proven that people tend _____ better at mental tasks right after a quick break.
(a) to perform   (b) performing

88 **transfer**
[trænsfə́ːr]

= transport
= move

☑ 옮기다, 이동하다, 갈아타다, 환승하다   ☒ 이동, 환승, 편입, 이적

의미 암기용 표현과 문장
• How can I transfer money from my bank account to his? 제가 저의 계좌에서 그의 계좌로 어떻게 송금할 수 있나요?
• I transferred at Bahrain for a flight to Singapore. 나는 바레인에서 싱가포르로 가는 비행기로 갈아탔다.
• electronic data transfer 전자 데이터 이동[전송]
• The transfer from the airport to the hotel is included in the price. 공항에서 호텔까지의 이동은 요금에 포함되어 있다.

G-TELP 구문독해훈련
This is why we have to transfer Annie to a new school.

---

85. 인기 있는 컨트리 가수인 롭 블레어는 종종 "녹색 프로젝트"들에 기부를 하는 환경 보호의 옹호자이다.   **86.** 격렬한 폭풍들이 태평양을 건너는 동안 다른 선박 한 척을 파괴했다.   **87. (a)** 빠른[짧은] 휴식 직후에 사람들이 정신적인 업무에 더 좋은 성과를 내는 경향이 있다는 사실이 입증되었다.   **88.** 이것이 바로 우리가 새로운 학교로 애니를 전학시켜야 하는 이유입니다.

89 **dIscover**
[diskΛvər]

= learn
= realize

☑ 발견하나

의미 암기용 표현과 문장

• Scientists around the world are working to discover a cure for AIDS. 전 세계의 과학자들이 에이즈 치료법 발견을 위해 연구하고 있다.

G-TELP 구문독해훈련

The stele was discovered by Pierre-Francoise Bouchard on July 19, 1799, near Rashid, a small village in the Nile Delta.

---

90 **reservation**
[rèzərvéiʃən]

= booking

GRAMMAR POINT
지텔프에서 조동사, 접속사, 접속부사가 선택지항에 **4개** 나오는 문제는 해석으로 풀어야 하는 고난이도 문제입니다.

🅝 예약

의미 암기용 표현과 문장

• I'll call the restaurant and make a reservation. 내가 그 식당에 전화를 해서 예약을 할게.

G-TELP 문법패턴훈련

_____ you make a reservation for the Night Safari guided tour, you will receive a free wind-breaker to wear while on the trip.
(a) Although (b) When

---

91 **similar**
[símələr]

= alike
= resembling

🅐 비슷한, 유사한

의미 암기용 표현과 문장

• The two houses are similar in size. 그 두 집은 크기가 비슷하다.
• The brothers look very similar. 그 형제는 생김새가 아주 비슷하다[닮았다].

G-TELP 구문독해훈련

At the marketing seminar, the presentations of the various new products were similar, conforming to a standard format.

---

92 **usage**
[júːsidʒ]

= practice
= handling

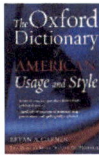

🅝 사용, 용례

의미 암기용 표현과 문장

• Car usage is predicted to increase. 자동차 사용량이 증가할 것으로 예측된다.
• current English usage 현행 영어 어법

G-TELP 구문독해훈련

The steep increase in agricultural water usage can be attributed to the current drought conditions.

---

89. 이 비석은 **1799**년 7월 19일 피에르 프랑수와 부샤르에 의해 나일강 삼각주 지역에 있는 작은 마을인 리사드 근처에서 발견되었다. **90. (b)** 야간 사파리 가이드 투어 예약 시, 여러분들은 여행 중에 착용할 수 있는 방풍 차단 잠바를 무료로 받게 될 것입니다. **91.** 그 마케팅 세미나에서는, 다양한 신제품의 프레젠테이션이 비슷하게, 표준적인 형식을 따라 이루어지고 있었다. **92.** 농업용수 사용량의 급격한 증가는 현재의 가뭄 상황 때문일 수 있다.

93 atmosphere
[ǽtməsfìər]

= air
= feeling

GRAMMAR POINT
지텔프에서 hesitate는 don't hesitate to부정사 형태로 출제됩니다.

Ⓝ 분위기, 대기, 공기

의미 암기용 표현과 문장

- **Use music and lighting to create a romantic atmosphere.** 로맨틱한 분위기를 내려면 음악과 조명을 이용하라.
- **pollution of the atmosphere** 대기 오염

G-TELP 문법패턴훈련

The place is enclosed with a wooded trail, so if you like to enjoy wonderful seafood in a calm and fresh atmosphere, don't hesitate _____ Cerea's.
(a) visiting   (b) to visit

---

94 flight
[flait]

= plane
= flying

Ⓝ 비행(편)

의미 암기용 표현과 문장

- **a domestic[an international] flight** 국내선[국제선] 비행(편)
- **Flight ASIANA 4793 is now boarding at Gate 17.** 아시아나 4793편 항공기가 현재 17번 게이트에서 탑승을 실시하고 있습니다.

G-TELP 구문독해훈련

His boss asked if Kevin might postpone his trip, not knowing that he'd already booked his flight and accommodations.

---

95 contact
[kάntækt]

= connection
= reach

Ⓝ 연락, 접촉 Ⓥ 연락하다

의미 암기용 표현과 문장

- **There is little contact between the two organizations.** 그 두 단체 사이에는 접촉이 거의 없다.
- **She has been trying to contact you all day.** 그녀가 하루 종일 네게 연락하려고 하는 중이야.

G-TELP 구문독해훈련

I thought it was because I had been watching too much TV lately, but he said the problem was caused by my contact lenses.

---

96 repeat
[ripí:t]

= replay

Ⓥ 반복하다 Ⓝ 반복

의미 암기용 표현과 문장

- **She kept repeating his name softly over and over again.** 그녀는 계속 반복해서 그의 이름을 부드럽게 읊조렸다.
- **A repeat of the 1906 earthquake could kill up to 11,000 people.** 1906년의 그 지진 같은 것이 또 발생한다면 최고 11,000명의 목숨을 앗아갈 수도 있을 것이다.

G-TELP 구문독해훈련

Despite repeated delays in construction, the new supermarket was finished in time for the start of business.

---

93. (b) 그 곳은 나무가 우거진 숲길에 의해 둘러싸여져 있습니다. 따라서 만약 당신이 조용하고 신선한 분위기 속에서 멋진 해산물을 즐기고 싶다면, 망설이지 말고 세리에즈를 방문해 보시기 바랍니다. **94.** 사장은 케빈이 비행편과 숙박 장소를 이미 예약했다는 것을 모르고, 그에게 그의 여행을 연기할 수 있는지 물었다. **95.** 나는 요즘 내가 너무 많이 **TV**를 보고 있었기 때문에 그런 줄 알았지만, 그는 문제는 내 콘택트렌즈 때문이라고 했다. **96.** 반복되는 공사 지연에도 불구하고, 새로운 슈퍼마켓은 개업식에 맞춰 제때에 완공되었다.

DAY
01
02
03
04
05
06
07
08
09
10
11
12
13
14
15
16
17
18
19
20

97 **congratulate**

[kəngrǽtʃuléit]

= compliment

☑ 축하하다

의미 암기용 표현과 문장

• **I congratulated them all on their results.** 나는 그들이 얻은 결과에 대해 그들 모두에게 축하를 해 주었다.

G-TELP 구문독해훈련

The CEO congratulated Mr. Turner for his promotion to vice president at the shareholder's meeting.

---

98 **educate**

[édʒukèit]

= teach

☑ 교육하다, 가르치다

의미 암기용 표현과 문장

• **She was educated in the US.** 그녀는 미국에서 교육을 받았다.
• **The campaign is intended to educate the public to respect the environment.** 그 캠페인은 대중에게 환경을 존중하도록 가르치기 위해 기획되었다.

G-TELP 구문독해훈련

To ensure the health of the newborn, prospective mothers should educate themselves during pregnancy.

---

99 **enjoy**

[indʒɔi]

= relish

GRAMMAR POINT

지텔프에서 enjoy는 to부정사 대신 동명사를 목적어로 쓰는 동사로 진짜 자주 출제됩니다.

☑ 즐기다

의미 암기용 표현과 문장

• **I enjoy playing tennis and squash.** 나는 테니스와 스쿼시 치는 걸 즐긴다.

G-TELP 문법패턴훈련

Besides playing basketball professionally, he also enjoys _____ his boat.

(a) to sail   (b) sailing

---

100 **realize**

[ríːəlàiz]

= recognize
= accomplish

GRAMMAR POINT

지텔프에서 until, before, by the time 등이 나오면 진행시제를 정답으로 골라야 하는 시제문제입니다. 과거 이전의 이야기이므로 과거완료진행시제가 필요합니다.

☑ 깨닫다, 실현하다

의미 암기용 표현과 문장

• **I realized something was wrong.** 나는 뭔가가 잘못됐다는 것을 알아차렸다.
• **We try to help all students realize their full potential.** 우리는 모든 학생들이 자신의 잠재력을 충분히 실현할 수 있도록 돕고자 한다.

G-TELP 문법패턴훈련

He _____ getting a mobile phone until he realized how useful they were.

(a) has resisted   (b) had been resisting

어휘 · 문법 · 독해까지 한거번에 끝내는 G-TELP VOCABULARY LEVEL 기본

97. 대표이사는 주주 총회에서 터너씨가 부사장으로 승진한 것에 대해 축하했다.   **98.** 신생아의 건강을 보장하기 위해, 잠재적인 엄마들은 임신 기간 중에 스스로를 교육해야한다.   **99. (b)** 전문적 직업으로 농구를 하는 것 외에도, 그는 그의 보트를 타고 항해하는 것을 즐긴다.   **100. (b)** 그는 그것들이 얼마나 유용한지 깨닫기 전까지 휴대폰을 가지는 것을 거부했다.

101 **passage**
[pǽsidʒ]

= way
= path

n 통로, 통행, 본문, 문단

의미 암기용 표현과 문장

- **a secret underground passage** 비밀 지하 통로
- **Read the following passage and answer the questions below.** 다음 구절을 읽고 아래 질문들에 답하시오.

G-TELP 구문독해훈련

Adrian Brian writes mystery novels that don't make the reader overwhelmed with lengthy passages and boring plots.

---

102 **address**
[ədrés]

= speak

v 말을 걸다, 연설하다, (주소를 써) 보내다, (말로) 다루다   n 주소

의미 암기용 표현과 문장

- **I was surprised when he addressed me in English.** 그가 영어로 내게 말을 해 와서 나는 놀랐다.
- **Address your application to the Personnel Manager.** 지원서는 인사 담당자 앞으로 보내시오.
- **What's your name and address?** 성함과 주소가 어떻게 되세요?

G-TELP 구문독해훈련

The complete listing of topics that will be addressed during the special presentations will be published sometime in May.

---

103 **shortage**
[ʃɔ́ːrtidʒ]

= deficit
= lack

GRAMMAR POINT

지텔프에서는 **at the moment**가 나오면 현재진행시제가 정답이 됩니다.

n 부족, 결핍

의미 암기용 표현과 문장

- **food[housing/water] shortages** 식량[주택/물] 부족

G-TELP 문법패턴훈련

Faced with a chronic shortage of qualified workers, Malaysia's state-run telecommunications company _____ its recruitment drive to neighboring countries at the moment.

(a) had expanded   (b) is expanding

---

104 **load**
[loud]

= cargo
= pack

n 짐   v 싣다, 태우다

의미 암기용 표현과 문장

- **These backpacks are designed to carry a heavy load.** 이들 배낭은 무거운 짐을 나를 수 있도록 만들어진 것이다.
- **Men were loading up a truck with timber.** 남자들이 트럭에 목재를 가득 싣고 있었다.

G-TELP 구문독해훈련

All delivery drivers must report the supervisor before loading or unloading equipment.

---

101. 에이드리안 브라이언은 긴 문단과 지루한 줄거리로 독자들이 압도당하지 않도록 만드는 미스터리 소설을 쓴다.　**102.** 특별 발표 도중 다루어지게 될 주제의 전체 목록은 **5월** 중 공표될 것입니다.　**103. (b)** 자격을 갖춘 노동자의 만성적인 부족에 직면해 있는, 말레이시아의 국영 통신회사는 현재 이웃 나라들로까지 신입사원 선발 모집을 추진하고 있다.　**104.** 모든 배달 운전기사들은 장비를 상차하거나 하차하기 전에 감독자에게 보고해야 합니다.

105 **task**
[tæsk]

= duty
= job

n 업무, 과세

의미 암기용 표현과 문장

- **Our first task is to set up a communications system.** 우리의 첫 번째 업무는 통신 시스템을 구축하는 것이다.
- **perform[carry out/complete/undertake] a task** 과업을 이행하다[수행하다/완수하다/떠맡다]

G-TELP 구문독해훈련

Whatever the level of seniority is at work, most of the daily tasks are repetitive due to the intrinsic nature of work.

---

106 **contain**
[kəntéin]

= include

GRAMMAR POINT
if you should find any ~ 였던 문장이 if의 생략에 의해 should you find any ~ 형태로 도치된 문장입니다.

v 포함하다, 담다, 억누르다, 참다

의미 암기용 표현과 문장

- **This drink doesn't contain any alcohol.** 이 음료에는 알코올이 전혀 들어[함유되어] 있지 않다.
- **She was unable to contain her excitement.** 그녀는 흥분을 억누를 수가 없었다.

G-TELP 문법패턴훈련

Please report it to the security office immediately _____ you find any message containing computer viruses.
(a) can   **(b) should**

---

107 **operate**
[ápərèit]

= run
= work

v 작동하다, 움직이다, 작전하다, 수술하다

의미 암기용 표현과 문장

- **Solar panels can only operate in sunlight.** 태양광 판은 햇빛 속에서만 작동된다.
- **Troops are operating from bases in the north.** 군대가 북부 기지에서 작전을 벌이고 있다.
- **The doctors operated last night.** 의사들이 지난밤에 수술을 했다.

G-TELP 구문독해훈련

First, before you operate your machine, make sure that your machine has been installed on an even ground.

---

108 **replace**
[ripléis]

= substitute

v 교체하다, 대신하다

의미 암기용 표현과 문장

- **Teachers will never be replaced by computers in the classroom.** 교실에서 교사들이 컴퓨터로 대체되는 일은 결코 없을 것이다.
- **It is not a good idea to miss meals and replace them with snacks.** 식사를 거르고 그 대신에 간식을 먹는 것은 좋은 생각이 아니다.

G-TELP 구문독해훈련

As we at Flint Electronics are dedicated to providing our valued customers with the utmost service, we will immediately replace your faulty product with a brand new one.

---

105. 직장에서 연공서열의 수준이 어떻던(연차가 얼마나 됐던), 일상 업무의 대부분은 업무의 본질 때문에 반복적입니다.　106. (b) 혹시 컴퓨터 바이러스가 포함된 메시지를 발견하시면 즉시 보안 사무소에 보고하십시오.　107. 먼저, 기기를 작동하기 전에, 기기가 평평한 곳에 설치되었는지 확인하십시오.　108. 플린트 전자의 전 직원은 저희의 소중한 고객들에게 최대한의 서비스를 제공하기 위해 최선을 다하고 있으므로, 즉시 귀하의 결함 있는 제품을 새로운 상품으로 교체해 드릴 것입니다.

REVIEW 1 2 3 4 5

109 **consult**
[kənsʌlt]

= ask

GRAMMAR POINT

지텔프에서는 콤마 뒤에 관계대명사 that은 정답으로 고르지 않습니다. 선행사가 사람이고 콤마가 있기 때문에 who가 정답이 됩니다.

ⓥ 상담하다, 상의하다

의미 암기용 표현과 문장
- **If the pain continues, consult your doctor.** 통증이 계속되면 의사와 상담하세요.
- **I need to consult with my colleagues on the proposals.** 그 제안들에 대해서는 제가 동료들과 상의를 해 봐야 해요.

G-TELP 문법패턴훈련

They consulted a local family physician, _____ advised them to take a vacation.
(a) that   (b) who

---

110 **drastic**
[dræstik]

= extreme
= radical

GRAMMAR POINT

지텔프에서는 when절에 과거시제가 나타나면 주절은 과거진행시제이거나 과거완료진행시제(for + 기간이 나타남)를 정답으로 골라야 합니다.

ⓐ 과감한, 급격한

의미 암기용 표현과 문장
- **drastic measures[changes]** 과감한 조치[변화]
- **a drastic shortage of food** 급격한 식량 부족

G-TELP 문법패턴훈련

We _____ to protest the drastic action, when our supervisor shouted, "April fools!"
(a) will be beginning   (b) were beginning

---

111 **moral**
[mɔ́ːrəl]

= ethical

ⓐ 도덕상의

의미 암기용 표현과 문장
- **a decline in moral standards** 도덕 수준의 퇴락

G-TELP 구문독해훈련

The purpose of this requirement is to avert "moral hazard."

---

112 **float**
[flout]

= glide
= sail

ⓥ 떠가다

의미 암기용 표현과 문장
- **A plastic bag was floating in the water.** 물에 비닐봉지 하나가 떠 있었다.

G-TELP 구문독해훈련

In his last performance, he floated in thin air without a visible string or rope.

---

109. (b) 그들은 지역의 가정 주치의와 상담했으며, 그 의사는 그들이 휴가를 취하도록 권고했습니다.   **110. (b)** 우리 감독관이 "만우절 장난이었어!"라고 큰소리로 외쳤을 때, 우리는 과격한 행동에 항의를 하려고 하고 있었습니다.   **111.** 이 요구 사항의 목적은 "도덕적 해이"를 피하는 것입니다.   **112.** 마지막 공연에서, 그는 눈에 보이는 끈이나 줄도 없이 허공에 떴다.

01
02
03
04
05
06
07
08
09
10
11
12
13
14
15
16
17
18
19
20

어휘·문법·독해까지 한꺼번에 끝내는 **G-TELP VOCABULARY LEVEL** 7문

113 initial
[iníʃəl]

= first
= original

ⓐ 소기의, 시음의 ⓝ (이름의) 첫 글자[머리글시]

의미 암기용 표현과 문장

- **My initial reaction was to decline the offer.** 내가 보인 첫 반응은 그 제의를 거절하는 것이었다.
- **John Fitzgerald Kennedy was often known by his initials JFK.** 존 피츠제럴드 케네디는 흔히 (그의 성명의) 머리글자들인 JFK로 알려져 있었다.

G-TELP 구문독해훈련

The ship stayed afloat for many hours after sustaining the initial damage, and by early Sunday evening all crew members were rescued.

114 cure
[kjuər]

= treatment
= heal

GRAMMAR POINT

주어로 쓰일 수 있는 동명사 문제도 가끔 출제됩니다.

ⓝ 치료 ⓥ 치료하다

의미 암기용 표현과 문장

- **There is no known cure for the illness.** 그 병에 알려진 치유법은 없다.
- **Will you be able to cure him, Doctor?** 의사 선생님, 그를 낫게 할 수 있겠어요?

G-TELP 문법패턴훈련

_____ a cure for autism **hasn't** been easy for the medical community.
(a) Find   **(b) Finding**

115 barrier
[bǽriər]

= wall

ⓝ 장벽

의미 암기용 표현과 문장

- **the removal of trade barriers** 무역 장벽의 제거

G-TELP 구문독해훈련

Complete a race without hitting the barriers or another car.

116 ill
[il]

= sick
= unwell

ⓐ 아픈, 병든, 나쁜

의미 암기용 표현과 문장

- **We both started to feel ill shortly after the meal.** 식사를 하고 나서 곧 우리는 둘 다 속이 안 좋아지기 시작했다.
- **ill deeds** 나쁜 짓, 악행

G-TELP 구문독해훈련

They criticized his political views and questioned his decision to not serve in England's Armed Forces — a decision that was borne out of ill health.

---

113. 배는 초기 피해를 입은 이후 여러 시간 동안 떠 있었고, 일요일 저녁 초쯤 모든 승무원이 구조되었다. **114. (b)** 자폐증 치료제를 찾는 일은 의료계에서 쉽지 않았습니다. **115.** 장벽이나 다른 차를 치지 않고 경주를 완료하십시오. **116.** 그들은 그의 정치 견해를 비난하고 영국의 군대에서 복무하지 않기로 한 그의 결정(안 좋은 건강에서 나온 결정이었음에도)에 의문을 제기했다.

117 faculty
[fǽkəlti]

= ability
= skill

ⓝ 학부, 능력, 교수진

의미 암기용 표현과 문장
- **the Faculty of Law** 법학부
- **the faculty of understanding complex issues** 복잡한 사안들을 이해하는 능력

G-TELP 구문독해훈련
The school president will be seated in the middle of the dais with faculty members during the commencement ceremony.

118 device
[diváis]

= machine
= tool

Smart Devices

ⓝ 장치

의미 암기용 표현과 문장
- **a water-saving device** 절수 장치

G-TELP 구문독해훈련
Both cameras and other recording devices are not permitted during a concert performance.

119 ask
[æsk]

= question
= request

GRAMMAR POINT
지텔프에서 **ask**는 목적격보어로 to부정사를 쓰는 동사로 출제되거나 **ARSID that**절 속에 동사원형을 물어보는 문제로 출제됩니다.

ⓥ 묻다, 질문하다, 요구하다

의미 암기용 표현과 문장
- **'Are you sure?' he asked her.** "확실하니?" 그가 그녀에게 물었다.
- **All the students were asked to complete a questionnaire.** 그 학생들은 모두 설문지를 작성해 달라는 부탁을 받았다.
- **She asked that she be kept informed of developments.** 그녀는 일의 전개 상황을 자신에게 계속 알려 달라고 요청했다.

G-TELP 문법패턴훈련
She asks that the boy _____ at a table while she orders food for them at the counter.
(a) waits   (b) wait

120 quit
[kwit]

= resign
= stop

GRAMMAR POINT
지텔프에서 **quit**는 to부정사 대신 동명사를 목적어로 쓰는 동사로 출제됩니다.

ⓥ 그만두다

의미 암기용 표현과 문장
- **If I don't get more money, I'll quit.** 내가 돈을 더 못 받으면 그만두겠어요.
- **I've quit smoking.** 나 담배 끊었어.

G-TELP 문법패턴훈련
When the red indicator on the control panel blinks, the engine will most likely quit _____ within one hour.
(a) working   (b) to work

---

117. 학교장은 졸업식 도중 교수진들과 함께 연단의 중간에 앉을 것입니다. **118.** 콘서트 공연 중에는 카메라 및 기타 녹음 장치가 허용되지 않습니다. **119. (b)** 그녀는 아이에게 그녀가 음식을 계산대에서 주문하는 동안 식탁에 앉아 있으라고 요청한다. **120. (a)** 제어판에 빨간색 표시등이 깜박이면, 엔진은 아마도 **1**시간 이내에 작동을 멈추게 될 것입니다.

어휘·문법·독해까지 한꺼번에 끝내는
ALL-IN-ONE 우선순위 G-TELP

DAY 03

20 days

VOCABULARY LEVEL 기본

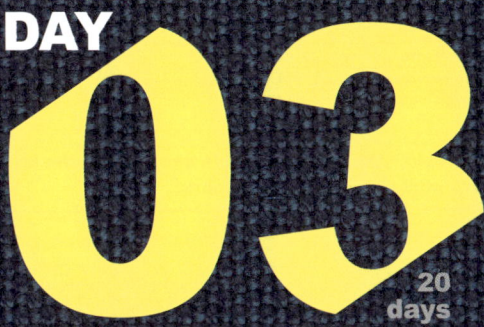

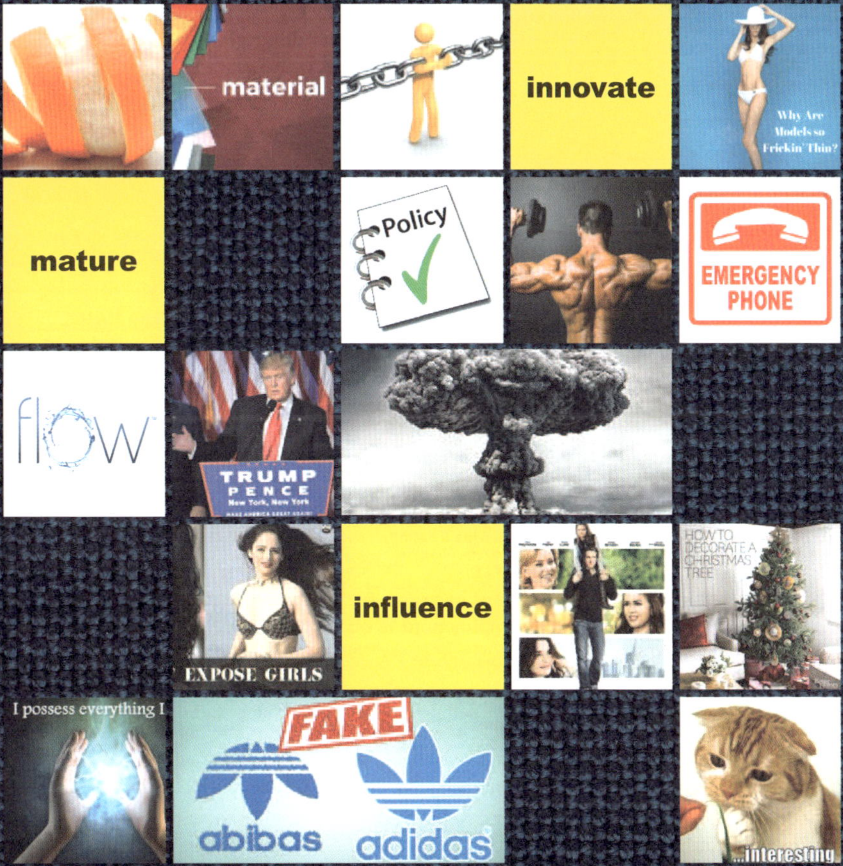

121 **thin**
[θin]

= narrow
= slim

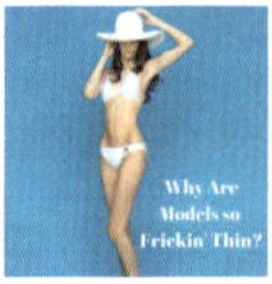

a 얇은, 야윈, 마른, 묽은 **v** 옅어지다, 묽게 하다

의미 암기용 표현과 문장

- **Cut the vegetables into thin strips.** 채소를 가늘고 길게 (채를) 썰어라.
- **She was looking pale and thin.** 그녀는 창백하고 여위어 보였다.
- **Thin the paint with water.** 물을 타서 페인트를 묽게 만들어라.

G-TELP 구문독해훈련

Called the "Intrepid," the device is a thin sensor that can be attached like a sticker to any type of fabric.

---

122 **weapon**
[wépən]

= firearm

GRAMMAR POINT

선택문항에 조동사 4개, 접속사 4개, 접속부사 4개가 나오는 문제는 해석으로 풀어야 하는 고난이도 문제입니다.

n 무기

의미 암기용 표현과 문장

- **nuclear weapons** 핵무기

G-TELP 문법패턴훈련

Even if we succeed in abolishing nuclear weapons, ________, our work to keep peace will not be done.
(a) however **(b) instead**

---

123 **period**
[pí:əriəd]

= term

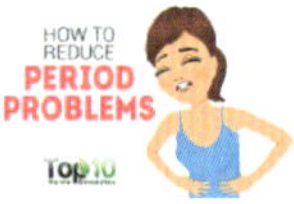

n 기간, 시기, (여성의) 생리

의미 암기용 표현과 문장

- **a period of consultation[mourning/uncertainty]** 상담[협의] 기간[애도 기간/불확실한 시기]
- **When did you last have a period?** 마지막으로 생리를 하신 게 언제였나요?

G-TELP 구문독해훈련

The Automobile Design Award went to the Vega Motor Company for their fuel-efficient car engine they designed over a period of two years.

---

124 **definite**
[défənit]

= firm

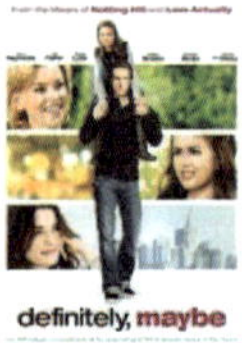

a 확실한

의미 암기용 표현과 문장

- **Can you give me a definite answer by tomorrow?** 내일까지 확답을 주시겠어요?

G-TELP 구문독해훈련

What recent census information has shown is that a definite shift in employment is occurring.

---

121. "용감무쌍"이라고 불리는, 이 장치는 모든 종류의 섬유에 스티커처럼 부착 할 수 있는 얇은 센서입니다. **122. (a)** 심지어 우리가 핵무기를 폐기하는데 성공한다고 하더라도, 그러나, 평화를 유지하기위한 우리의 노력은 끝나지 않을 것입니다. **123.** 그 자동차 디자인상은 2년간에 걸쳐 설계된 연비 효율적인 자동차 엔진 때문에 베가 자동차 회사에게 수여되었다. **124.** 최근의 인구 조사 정보가 보여주고 있는 것은 고용에 있어 확실한 변화가 일어나고 있다는 것이다.

125 **charlty**
[tʃǽrəti]

= fund

GRAMMAR POINT

be able to부정사 구문은 지텔프에 진짜 자주 출제됩니다. to부정사를 뒤에 쓰는 형용사 관용표현을 암기하고 있어야 합니다.

ⓝ 자신, 자선단체

의미 암기용 표현과 문장

• **a charity concert** 자선 콘서트
• **Many charities sent money to help the victims of the famine.** 그 기근의 희생자들을 돕기 위해 많은 구호 단체들이 구호금을 보냈다.

G-TELP 문법패턴훈련

As Mr. Daniels has a full schedule, he probably won't be able _____ it to the charity auction this weekend.
(a) making **(b) to make**

---

126 **innovate**
[ínəvèit]

= reform

ⓥ 혁신하다

의미 암기용 표현과 문장

• **We must constantly adapt and innovate to ensure success in a growing market.** 우리가 성장 중인 시장에서 성공을 보장받으려면 적응과 혁신을 계속해야 한다.

G-TELP 구문독해훈련

The ability to collaborate is a key competitive factor that separates out-performers from under-performers in terms of their ability to innovate.

---

127 **election**
[ilékʃən]

= vote
= referendum

ⓝ 선거

의미 암기용 표현과 문장

• **election campaigns[results]** 선거 운동[결과]
• **win[lose] an election** 선거에서 이기다[지다]

G-TELP 구문독해훈련

A political analyst commented that Mr. Wright's withdrawal from the election was quite predictable due to his health problems.

---

128 **amount**
[əmáunt]

= sum

ⓥ 총계가 ~에 이르다 ⓝ 총액, 양

의미 암기용 표현과 문장

• **The annual net profit amounts to ten million dollars.** 연간 순익금이 1,000만 달러에 달한다.
• **a large[small] amount of sugar** 다량[소량]의 설탕

G-TELP 구문독해훈련

Although in appearance it is plastic and superficial, the music industry must be taken seriously because of the amount of money involved in it.

---

125. (b) 다니엘스씨는 스케줄이 꽉 차 있기 때문에, 그는 아마도 이번 주말 자선 경매에 참석하지 못할 것입니다.   **126.** 협업 능력은 혁신 역량의 측면에서 성과가 뛰어난 사람을 성과가 저조한 사람과 구분 짓는 핵심 경쟁 요소입니다.   **127.** 한 정치 분석가는 선거에서 라이트씨의 출마포기가 그의 건강 문제로 인해 상당히 예측 가능했던 일이었다고 논평했다.   **128.** 비록 겉보기에 변동적이고 피상적이긴 하지만, 음악 산업은 관련된 엄청난 금액 때문에 진지하게 받아 들여져야합니다.

DAY 01 DAY 02 DAY 03 DAY 04 DAY 05 DAY 06 DAY 07 DAY 08 DAY 09 DAY 10 DAY 11 DAY 12 DAY 13 DAY 14 DAY 15 DAY 16 DAY 17 DAY 18 DAY 19 DAY 20

어휘 · 문법 · 독해까지 한꺼번에 끝내는 **G-TELP VOCABULARY LEVEL** 기준

129 **policy**
[pάləsi]

= measure
= plan

🔲 정책, 제도, 보험 증권[증서]

의미 암기용 표현과 문장

- **the present government's policy on education** 현 정부의 교육 정책
- **Check the terms of the policy before you sign.** 서명을 하기 전에 보험 증권에 적힌 조건들을 확인하라.

G-TELP 구문독해훈련

All new employees are required by company policy to bring a copy of either their birth certificate or a valid passport before their first day or orientation.

---

130 **eager**
[íːgər]

= enthusiastic
= keen

GRAMMAR POINT

지텔프에서 형용사 eager는 be eager to부정사 형태(기꺼이 ~하다)로 출제됩니다.

🅐 열망하는, 열렬한

의미 암기용 표현과 문장

- **Everyone in the class seemed eager to learn.** 학급의 모든 학생들이 배우는 데 열심인 것 같았다.
- **eager crowds outside the stadium** 경기장 밖에 모인 열렬한 관중들

G-TELP 문법패턴훈련

The new employee is as eager as her boss _____ part of the development project team.
(a) to be   (b) being

---

131 **measure**
[méʒər]

= estimate

🆅 측정하다 🔲 조치, 측정의 기준, 척도

의미 암기용 표현과 문장

- **a device that measures the level of radiation in the atmosphere** 대기 중의 방사능 수준을 측정하는 장치
- **safety[security] measures** 안전[보안] 조치
- **Is this test a good measure of reading comprehension?** 이 테스트가 독해력에 대한 훌륭한 기준이 되나요?

G-TELP 구문독해훈련

Saving your computer information to another location is seen as a preventive measure against computer data loss.

---

132 **mark**
[maːrk]

= spot
= stain

GRAMMAR POINT

지텔프에서 If절 속에 could + 동사원형이 보이면 가정법 과거의 짝을 찾는 문제입니다.

🆅 표시하다 🔲 자국, 표시

의미 암기용 표현과 문장

- **Prices are marked on the goods.** 가격은 상품에 표시되어 있다.
- **a burn[scratch] mark** 불에 탄[긁힌] 자국

G-TELP 문법패턴훈련

If he could only paint like a real artist, he _____ in the craft and make his mark in the art world.
(a) excelled   (b) would excel

---

129. 모든 신규 직원은 회사 정책에 따라 출생증명서 또는 유효한 여권 사본을 첫날이나 오리엔테이션 전에 가져와야합니다.　**130. (a)** 그 신입 사원은 사장만큼이나 개발 프로젝트 팀의 일부가 되기를 열망하고 있다.　**131.** 귀하의 컴퓨터 정보를 다른 장소에 저장하는 것이 컴퓨터 데이터 손실을 막기 위한 예방 조치처럼 보여집니다.　**132. (b)** 만약 그가 진짜 예술가처럼 그릴 수만 있다면, 그가 그 예술분야에서 두각을 나타내고 예술계에서 그의 족적을 남길 수 있을 텐데.

133 narrow
[nǽrou]

= thin

ⓐ 좁은, 아슬아슬한 **ⓥ** 좁히다, 좁아지다

의미 암기용 표현과 문장
- **narrow streets** 좁은 도로
- **a narrow victory** 아슬아슬한 승리
- **This is where the river narrows.** 이곳이 강이 좁아지는 부분이다.

G-TELP 문법패턴훈련

They _____ up a narrow mountain road **at that time**.
(a) are climbing   (b) were climbing

GRAMMAR POINT
지텔프에서 **at that time**이 나오면 과거진행시제가 정답이 됩니다. 지텔프의 시제 문제에서 정답이 되는 것들은 6가지 진행시제입니다.

---

134 peel
[piːl]

= skin

ⓥ 껍질을 벗기다 **ⓝ** 껍질

의미 암기용 표현과 문장
- **Have you peeled the potatoes?** 감자 껍질 다 벗겼니[깠니]?
- **an orange[a lemon] peel** 오렌지[레몬] 껍질

G-TELP 구문독해훈련

Peel the cucumber and cut the cucumber into long strands on a spiral slicer.

---

135 destroy
[distrɔ́i]

= ruin

ⓥ 파괴하다

의미 암기용 표현과 문장
- **The building was completely destroyed by fire.** 그 건물은 화재로 전소되었다.

G-TELP 구문독해훈련

A Spanish squadron attacked the fleet, considering them as pirates, and destroyed most of its ships.

---

136 organization
[ɔ̀ːrɡənizéiʃən]

= association

ⓝ 조직, 단체, 기구, 준비, 구성

의미 암기용 표현과 문장
- **work for a business[political/voluntary] organization** 사업체를[정치 조직을/자원 봉사 단체를] 위해 일하다
- **I leave most of the organization of these conferences to my assistant.** 나는 이들 회담 준비의 대부분을 내 조수에게 맡긴다.

G-TELP 구문독해훈련

Greenpeace International is a non-profit organization committed to protecting the environment.

DAY 01 DAY 02 DAY **03** DAY 04 DAY 05 DAY 06 DAY 07 DAY 08 DAY 09 DAY 10 DAY 11 DAY 12 DAY 13 DAY 14 DAY 15 DAY 16 DAY 17 DAY 18 DAY 19 DAY 20

어휘·문법·독해까지 한꺼번에 끝내는 **G-TELP VOCABULARY LEVEL** 기본

133. (b) 그들은 그 당시에 좁은 산길을 올라가고 있었다.   **134.** 오이의 껍질을 벗기고 오이를 야채 깎는 기계위에 넣고 긴 가닥으로 깎아 뽑습니다.   **135.** 한 스페인 함대가 그의 함대를 해적으로 간주하고 공격했고, 대부분의 함선들을 파괴했다.   **136.** 그린피스 인터내셔널은 환경 보호에 헌신하는 비영리 조직입니다.

REVIEW
1
2
3
4
5

137 **material**
[mətíəriəl]

= substance
= information

🆖 재료, 자료 🅰 물질적인

의미 암기용 표현과 문장

- **building materials** 건축 자재
- **teaching materials** 교수 자료
- **material comforts** 물질적인 위안

G-TELP 구문독해훈련

It is a natural process where organic materials, such as leaves and sawdust, are decomposed or broken down by bacteria, worms, and other organisms.

---

138 **pollution**
[pəlúːʃən]

= contamination

🆖 오염

의미 암기용 표현과 문장

- **air[water] pollution** 대기[수질] 오염
- **reduce levels of environmental pollution** 환경오염 수준을 낮추다

G-TELP 구문독해훈련

The prevention of environmental pollution has become an important consideration for small and large businesses alike.

---

139 **fake**
[feik]

= artificial
= imitation

🅰 가짜의 🆖 가짜 🆅 위조하다

의미 암기용 표현과 문장

- **fake eyelashes** 인조 속눈썹
- **All the paintings proved to be fakes.** 그 그림들 모두가 위조품으로 판명되었다.
- **She faked her mother's signature on the document.** 그녀는 그 서류에 자기 어머니 서명을 위조했다.

G-TELP 구문독해훈련

I wore a black hat and painted a fake moustache and beard.

---

140 **deal**
[diːl]

= transaction

🆖 거래, 취급, 많은 양 🆅 거래하다, 취급하다, 카드를 돌리다

의미 암기용 표현과 문장

- **make[sign/conclude/close] a deal** 거래를 체결하다[거래서에 서명하다/거래를 매듭짓다/거래를 성사시키다]
- **They spent a great deal of money.** 그들은 많은 돈을 썼다.
- **deal in something** (특정한 상품을) 취급[거래]하다
- **Start by dealing out ten cards to each player.** 게임할 사람 각각에게 카드를 열 장씩 돌리는 것으로 시작해.

GRAMMAR POINT

지텔프에서 가주어나 가목적어를 대신하는 **to**부정사 형태의 진주어, 진목적어 찾기 문제는 **10**회에 한 번 정도 정답으로 출제됩니다.

G-TELP 문법패턴훈련

The board of directors agreed that the merger deal with Calvin Publishing was finalized and they found **it** helpful _____ the customer base.

(a) broaden   (b) to broaden

---

137. 이것은 나뭇잎과 톱밥과 같은 유기물질이 박테리아나, 벌레 그리고 다른 유기체에 의해 부패되거나 분해되는 자연적인 과정입니다.　**138.** 환경오염의 방지는 소기업과 대기업 모두에게 똑같이 중요한 고려사항이 되었습니다.　**139.** 나는 검은 모자를 쓰고 가짜 콧수염과 턱수염을 그렸다.　**140. (b)** 이사회는 캘빈 출판사와의 합병이 완성되었고 고객 기반을 확충하는 것이 도움이 될 것이라고 여긴다는데 동의했다.

141  **traffic**
[trǽfik]

= transportation

ⓝ 교통(량)

의미 암기용 표현과 문장

• **heavy[rush-hour] traffic** 많은[혼잡 시간대] 교통량

G-TELP 구문독해훈련

ESPN Asia Channel has a new 24 hour ticker at the bottom of the screen that provides financial data, news, weather, and traffic updates.

142 **practice**
[prǽktis]

= training
= action

GRAMMAR POINT

지텔프에서 practice는 to부정사 대신 동명사를 목적어로 쓰는 동사로 출제됩니다.

ⓝ 연습, 실행, 전문직 사무소 (운영) ⓥ 연습하다, 실행하다

의미 암기용 표현과 문장

• **It takes a lot of practice to play the violin well.** 바이올린을 잘 켜려면 많은 연습이 필요하다.
• **the theory and practice of teaching** 교수의 이론과 실천
• **a successful medical[dental/law] practice** 성공적인 병원[치과 병원/변호사 사무소] (운영)
• **practice the piano every day** 매일 피아노 연습을 하다

G-TELP 문법패턴훈련

The English teacher encourages her foreign students to practice _____ English daily.
(a) speaking   (b) to speak

143 **conduct**
[kándʌkt]

= behavior
= direction

ⓝ 행위, 행실, 지휘 ⓥ 행동하다, 처신하다, 지휘하다, 수행하다

의미 암기용 표현과 문장

• **good[honorable/virtuous] conduct** 좋은[훌륭한/덕 있는] 행위
• **under the conduct of** ~의 안내[지휘] 하에
• **He conducted himself far better than expected.** 그는 예상보다 훨씬 더 잘 처신했다.
• **conduct an orchestra** 오케스트라를 지휘하다
• **conduct an experiment[a survey]** 실험을[조사를] 하다

G-TELP 구문독해훈련

As part of their duties, astronauts will be conducting several experiments once they land on Mars to determine whether humans can live there.

144 **distinguish**
[distíŋgwiʃ]

= differentiate
= discern

ⓥ 구별하다, 식별하다

의미 암기용 표현과 문장

• **Sometimes reality and fantasy are hard to distinguish.** 때로는 현실과 환상을 구별하기가 어렵다.

G-TELP 구문독해훈련

Furthermore, what distinguishes us from other companies is that we buy business notes with our own funds.

---

141. ESPN 아시아 방송은 화면 하단에 재무 정보, 뉴스, 날씨 및 교통 정보를 제공하는 새로운 **24**시간 운영되는 알림판을 가지고 있다. **142. (a)** 그 영어 선생님은 그녀의 외국인 학생들에게 매일 매일 영어 말하기를 실습하게 권장하고 있다. **143.** 그들의 임무의 일환으로, 우주 비행사들은 화성에 착륙한 후에 인간이 그곳에 살 수 있는지 여부를 결정하기 위해 여러 실험을 수행 할 것입니다. **144.** 게다가, 다른 회사와 구별되는 점은 저희 회사는 회사 자체의 자금으로 사업[약속/당좌] 어음을 매입한다는 것입니다.

145 **contemporary**
[kəntémpərèri]

= modern

GRAMMAR POINT
지텔프에서 형용사 eligible은 뒤에 to부정사를 쓰는 표현으로 주로 출제됩니다.

a 현대의, 동시대의 **n** 동시대 사람[물건]

의미 암기용 표현과 문장
• **contemporary fiction[music/dance]** 현대 소설[음악/무용]
• **She and I were contemporaries at college.** 그녀와 나는 대학을 같은 시기에 다녔다.

G-TELP 문법패턴훈련
The members of the Contemporary Art Museum are eligible _____ a private viewing of the newest collections.
(a) attend   **(b) to attend**

146 **decorate**
[dékərèit]

= ornament
= adorn

v 장식하다, 꾸미다

의미 암기용 표현과 문장
• **They decorated the room with flowers and balloons.** 그들은 꽃과 풍선으로 방을 꾸몄다.

G-TELP 구문독해훈련
This summer, the streets of Louisville have been decorated with statues of more than fifty famous horses.

147 **flow**
[flou]

= stream
= run

n 흐름 **v** 흐르다, 이동하다

의미 암기용 표현과 문장
• **She tried to stop the flow of blood from the wound.** 그녀는 상처에서 흐르는 피를 지혈하려 했다.
• **Blood flowed from a cut on her head.** 그녀의 머리에 난 상처에서 피가 흘러 나왔다.

G-TELP 구문독해훈련
Raising that kind of money is difficult for someone without a business record because the flow of venture capital has dried up.

148 **possess**
[pəzés]

= own

v 소유[보유]하다

의미 암기용 표현과 문장
• **He was charged with possessing a shotgun without a licence.** 그는 무면허 엽총 소지로 기소되었다.

G-TELP 구문독해훈련
We are pleased to add that few companies in this industry possess the same qualifications.

---

145. (b) 현대 미술관의 회원들은 최신 전시물의 개인 관람회에 참석할 수 있는 자격이 있습니다.   **146.** 이번 여름에, 루이스빌의 거리들은 **50**개 이상의 유명 명마의 조각상들로 장식이 되었습니다.   **147.** 그러한 돈을 모으는 것은 모험사업 자본의 투자가 말라버렸기 때문에 사업 경력이 없는 사람에게는 어려운 일입니다. **148.** 우리는 이 업계에서 우리와 동일한 자격을 갖춘 회사들이 거의 없다는 점을 덧붙여 말씀드리고 싶습니다.

148 **mature**
[mətjúər]

= grown

n 성숙한 **v** 성숙하다

의미 암기용 표현과 문장
- **a mature and sensible attitude** 어른스럽고 분별 있는 태도
- **He has matured a great deal over the past year.** 그는 지난 일 년간 상당히 많이 어른스러워졌다.

G-TELP 구문독해훈련
Red wines are known to mature for three or four years.

---

150 **humid**
[hjúːmid]

= wet
= damp

GRAMMAR POINT
지텔프에서 선택문항에 조동사 4개, 접속사 4개, 접속부사 4개가 나오는 문제는 해석으로 풀어야 하는 고난이도 문제입니다.

n 습한

의미 암기용 표현과 문장
- **The island is hot and humid in the summer.** 그 섬은 여름에는 덥고 습하다.

G-TELP 문법패턴훈련
Wooden doors have a tendency to expand in humid weather _____ **they are treated with a chemical stabilizer.**
(a) if   **(b) unless**

---

151 **equipment**
[ikwípmənt]

= gear

n 장비, 용품

의미 암기용 표현과 문장
- **new equipment for the sports club** 그 스포츠클럽의 새 장비
- **office equipment** 사무용품

G-TELP 구문독해훈련
The cost of leasing office equipment would be comparable to buying.

---

152 **remote**
[rimóut]

= distant
= far

n 외진, 오지의, 먼

의미 암기용 표현과 문장
- **a remote beach** 외진 해변
- **one of the remotest areas of the world** 세계 최고 오지들 가운데 한 곳

G-TELP 구문독해훈련
Gerald Travis, the company's new CFO, acknowledged that there was a possibility, however remote, that the merger deal would not go through as planned.

---

149. 적포도주들은 **3~4**년간 숙성시킨다고 알려져 있다. **150. (b)** 목재 문들은 화학 안정제로 처리가 되지 않는다면 습기가 많은 날씨 하에서 팽창하는 경향이 있다. **151.** 사무실 장비의 임대비용은 구매와 비슷하게 될 것입니다. **152.** 회사의 새로운 재무이사인 제럴드 트래비스는, 확률이 적긴 하지만, 합병 계약이 계획대로 이루어지지 않을 가능성이 있다는 것을 인정했다.

C1 / 02 / DAY 03 / 04 / 05 / 06 / 07 / 08 / 09 / 10 / 11 / 12 / 13 / 14 / 15 / 16 / 17 / 18 / 19 / 20

어휘 · 문법 · 독해까지 한 까번에 끝내는 G-TELP VOCABULARY LEVEL 기본

REVIEW 1 2 3 4 5

153 **heighten**
[háitn]

= enhance
= increase

GRAMMAR POINT

지텔프에서 ask는 목적격보어로 to 부정사를 쓰는 동사로 출제되거나 ARSID that절 속 동사원형을 고르는 문제로 출제됩니다.

☑ 고조되다, 높이다, 증가시키다

의미 암기용 표현과 문장

• **Tension has heightened after the recent bomb attack.** 최근의 폭탄 공격이 있은 후 긴장이 고조되었다.

G-TELP 문법패턴훈련

Due to recent increases in counterfeiting, the government has asked merchants _____ their vigilance.
(a) heightening   **(b) to heighten**

---

154 **boundary**
[báundəri]

= border

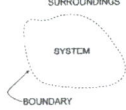

☐ 경계, 한계

의미 암기용 표현과 문장

• **national boundaries** 국경
• **enlarge the boundaries of one's knowledge** 지식의 영역을 넓히다

G-TELP 구문독해훈련

Select the boundary and resize it using the drag controls.

---

155 **climate**
[kláimit]

= weather

☐ 기후

의미 암기용 표현과 문장

• **a mild[temperate/warm/wet] climate** 온화한[온대성/따스한/습한] 기후

G-TELP 구문독해훈련

Due to the favorable climate in the northern hills, the region has the largest concentration of rice fields in the country.

---

156 **passenger**
[pǽsəndʒər]

= rider
= traveller

GRAMMAR POINT

지텔프에서 형용사 able은 뒤에 to부정사를 쓰는 표현으로 진짜 자주 출제됩니다.

☐ 승객

의미 암기용 표현과 문장

• **a passenger train** 여객 열차

G-TELP 문법패턴훈련

In addition, passengers will be able _____ from among several types of accommodations, from simple yet comfortable cabins, to fully equipped and furnished luxury suites.
(a) choosing   **(b) to choose**

---

153. (b) 최근 위조품의 증가 때문에, 정부는 상인들에게 경계심을 높일 것을 요구하고 있다.   **154.** 드래그 컨트롤을 사용하여 경계를 선택하고 크기를 다시 조정하십시오.   **155.** 북부 언덕 지역의 유리한 기후 때문에, 이 지역에는 이 나라에서 가장 많은 논이 집중되어 있습니다.   **156. (b)** 게다가, 승객들은 단순하면서도 편안한 선실에서부터 시설이 완비되고 고급 가구들이 준비된 고급 스위트룸에 이르기까지 여러 가지 유형의 숙박시설 중 하나를 선택할 수 있습니다.

137 **strike**
[straik]

= beat
= batter

GRAMMAR POINT

지텔프에서 when절 속에 과거시제
가 나오면 주절은 과거진행시제나 과
거완료진행시제(for + 기간도 함께
나옴)가 답이 됩니다.

n 공격, 타격, 파업 **v** 때리다, 공격하다, 파업하다

의미 암기용 표현과 문장

- **an air strike** 공습
- **the train drivers' strike** 기차 기관사들의 파업
- **The tree was struck by lightning.** 그 나무는 벼락을 맞았다.
- **Police fear that the killer may strike again.** 경찰은 그 살인범이 또 다시 공격을 가할지 모른다
  고 우려하고 있다.
- **The union has voted to strike for a pay increase of 6%.** 노조가 6%의 임금 인상을 위한 파
  업을 하기 위해 투표를 했다.

G-TELP 문법패턴훈련

They _____ a strike when officials suddenly announced
that the town council was looking for an alternative site for
the structure.
(a) were already planning (b) will be already planning

158 **improve**
[imprúːv]

= better

GRAMMAR POINT

지텔프에서 important that절이 나
오면 that절 속에는 동사원형을 답으
로 골라야 합니다.

v 개선하다, 개선되다

의미 암기용 표현과 문장

- **The doctor says she should continue to improve.** 그녀가 계속 좋아질 것이라고 의사가 말
  하고 있다.

G-TELP 문법패턴훈련

He says it is important that department store owners
_____ the security of their buildings.
(a) will improve   (b) improve

159 **restore**
[ristóːr]

= refresh
= recover

v 회복시키다, 복원하다

의미 암기용 표현과 문장

- **The operation restored his sight.** 그 수술은 그의 시력을 회복시켜 주었다[그 수술로 그는 시력을 되
  찾았다].
- **Her job is restoring old paintings.** 그녀가 하는 일은 옛날 그림을 복원하는 것이다.

G-TELP 구문독해훈련

Kim Bros Auto promises that any damaged car brought to the
shop will be promptly restored to its original condition.

160 **expose**
[ikspóuz]

= reveal
= uncover

v 드러내다, 노출하다, 폭로하다

의미 암기용 표현과 문장

- **My job as a journalist is to expose the truth.** 기자로서 내가 할 일은 진실을 드러내는 것이다.
- **Do not expose babies to strong sunlight.** 아기들이 강한 햇볕에 노출되지 않게 하라.
- **She was exposed as a liar and a fraud.** 그녀는 거짓말쟁이에 사기꾼임이 폭로되었다.

G-TELP 구문독해훈련

Despite advances in audio technology, it is still predominantly
through radio broadcasts that listeners are exposed to new
music.

---

157. (a) 그들은 공무원들이 시의회가 구조물을 위한 다른 대안 장소를 찾고 있다고 갑자기 발표했을 때 이미 파업을 준비하고 있었다.   **158. (b)** 그는 백화점 주
인들이 건물들의 보안을 개선시키는 것이 중요하다고 말하고 있다.   **159.** 김 브로스 자동차는 수리점에 가져온 손상된 차가 신속히 원래 상태로 복원될 것이라고 약
속합니다.   **160.** 오디오 기술의 발전에도 불구하고, 청취자가 새로운 음악에 노출되는 것은 여전히 주로 라디오 방송을 통해 이루어지고 있다.

REVIEW 1 2 3 4 5

161 strength
[streŋkθ]

= energy
= power

① 힘, 체력, 강점, 장점

의미 암기용 표현과 문장

- It may take a few weeks for you to build up your strength again. 당신이 다시 기운을 차리는 데 몇 주가 걸릴 수도 있다.
- the strengths and weaknesses of an argument 주장의 강점과 약점

G-TELP 구문독해훈련

Management regularly gives performance evaluations to find out exactly what our strengths and weaknesses are in our field.

162 explore
[iksplɔ́ːr]

= tour

GRAMMAR POINT

recommend는 목적어로는 동명사를 쓰며, 목적격보어로는 to부정사를 씁니다. 또한 ARSID 동사로 that절 속에 동사원형을 답으로 고르는 문제로 출제됩니다.

① 탐험하다, 탐구하다

의미 암기용 표현과 문장

- As soon as we arrived on the island, we were eager to explore. 우리는 그 섬에 도착하자마자 간절히 탐사가 하고 싶었다.
- These ideas will be explored in more detail in chapter 7. 이런 생각들은 7장에서 더 자세히 탐구될 것이다.

G-TELP 문법패턴훈련

The researchers recommend that the air _____ as a potential cause of a growing resistance to antibiotics.
(a) will be explored   (b) be explored

163 resource
[ríːsɔːrs]

= means
= holdings

① 자원, 재원, 원천

의미 암기용 표현과 문장

- natural resources 천연자원
- resources of strength 힘의 원천

G-TELP 구문독해훈련

Lee had to face the daunting task of building a country with few natural resources.

164 platform
[plǽtfɔːrm]

= podium
= dais

① 승강장, 플랫폼, 연단

의미 암기용 표현과 문장

- a departure[an arrival] platform 발차[도착] 플랫폼
- deliver a speech from the platform 연단에서 연설하다

G-TELP 구문독해훈련

This supports the idea that social media has become a platform where people simply confirm their own biases.

---

161. 경영진은 정기적으로 성과 평가를 실시하여 우리 분야에서 우리의 강점과 약점이 무엇인지 정확하게 파악합니다.   **162. (b)** 연구자들은 항생제에 대한 증가하는 내성의 잠재적 원인으로 공기가 탐구되어져야 한다고 권고하고 있다.   **163.** 리는 천연자원이 거의 없는 나라를 세우는 어려운 일에 직면해야했다.   **164.** 이것은 소셜 미디어가 사람들이 단순히 자신의 편견을 확인하는 플랫폼이 되었다는 생각을 지지하고 있다.

165 emergency
[imə́ːrdʒənsi]

= crisis

ⓝ 비상(상황)

의미 암기용 표현과 문장

- **a state of emergency** 비상사태
- **in this emergency** 이 위급한 때에

G-TELP 구문독해훈련

The company's president called an emergency meeting with the members of the board.

---

166 probably
[prɑ́bəbli]

= likely
= perhaps

GRAMMAR POINT

가정법 과거의 짝찾기는 지텔프에 매회 3문제 정도씩 출제됩니다.

ad 아마도

의미 암기용 표현과 문장

- **You're probably right.** 당신이 아마 맞을 거예요.
- **It'll probably be OK.** 아마 그래도 괜찮을 것이다.

G-TELP 문법패턴훈련

If he _____ just a few years of prior teaching experience, the dean **would probably hire** him as a faculty member.
(a) had   **(b) had had**

---

167 approach
[əpróutʃ]

= reach
= access

GRAMMAR POINT

조동사 4개, 접속사 4개, 접속부사 4개가 선택문항에 나오면 해석으로 풀어야 하는 고난이도 문제입니다.

ⓥ 다가가다, 접근하다   ⓝ 접근

의미 암기용 표현과 문장

- **Winter is approaching.** 겨울이 다가오고 있다.
- **She took the wrong approach in her dealings with them.** 그녀는 그들을 다루면서 잘못된 접근법을 썼다.

G-TELP 문법패턴훈련

The deadline for submission is rapidly approaching, **so data collection** _____ **be finished within five days.**
(a) can   **(b) should**

---

168 breakthrough
[bréi'kθruː]

= discovery
= progress

GRAMMAR POINT

지텔프 시제문제의 정답은 진행시제 6가지 중 하나가 정답이 됩니다.

ⓝ 획기적인 발전, 돌파구

의미 암기용 표현과 문장

- **a major breakthrough in cancer research** 암 연구에서 중요한 발전
- **a significant breakthrough in negotiations** 협상의 중대한 돌파구

G-TELP 문법패턴훈련

Until Ms. Octavia's breakthrough, the bugs for new software programs _____ technicians **for days.**
(a) had been frustrating   **(b) frustrates**

---

165. 그 회사의 회장은 이사회 구성원들과 긴급회의를 소집했다.   **166. (a)** 만약 그가 몇 년간의 사전 교수 경력을 가지고 있다면, 학장은 아마도 그를 교수진으로 고용할 텐데.   **167. (b)** 제출 마감기한이 빠르게 다가오고 있으므로, 데이터 수집은 **5일** 이내에 완료되어야 합니다.   **168. (a)** 옥타비아양의 획기적 해결이 있기까지, 새로운 소프트웨어 프로그램의 오류들은 며칠 동안 기술자를 좌절시켜오고 있었다.

DAY 01
DAY 02
DAY 03
DAY 04
DAY 05
DAY 06
DAY 07
DAY 08
DAY 09
DAY 10
DAY 11
DAY 12
DAY 13
DAY 14
DAY 15
DAY 16
DAY 17
DAY 18
DAY 19
DAY 20

169 evaluate
[ivǽljuèit]

= assess

☑ 평가하다

의미 암기용 표현과 문장
- **evaluate the cost of the damage** 손해액을 사정하다

G-TELP 구문독해훈련

Every time new members register with us, we give them a free fitness assessment to evaluate their body mass index, heart rate, blood pressure readings, and aerobic exercise ability.

170 concentrate
[kάnsəntrèit]

= focus

GRAMMAR POINT

관계대명사 **that**은 컴마와 함께 계속 적용법으로 사용되지 않습니다.

☑ 집중하다

의미 암기용 표현과 문장
- **He is unable to concentrate his thoughts upon his academic work.** 그는 학업에 전념할 수가 없다.

G-TELP 문법패턴훈련

We will concentrate on improving customer services, _____ offer rudimentary e-mail, Internet access and a variety of other bells and whistles.
(a) that   (b) which

171 several
[sévərəl]

= some
= various

☑ 몇몇의, 여럿의

의미 암기용 표현과 문장
- **He's written several books about India.** 그는 인도에 대해 몇 권의 책을 썼다.
- **I have been there several times.** 몇 번인가 거기에 가 본 적이 있다.

G-TELP 구문독해훈련

Several power outages have severely affected productivity at our factory in New Delhi during the past week.

172 tax
[tæks]

= levy
= tariff

Ⓝ 세금 ☑ 세금을 부과하다, 힘들게 하다

의미 암기용 표현과 문장
- **tax increases[cuts]** 세금 인상[인하]
- **His declared aim was to tax the rich.** 그가 공언한 목표는 부자들에게 과세를 하는 것이었다.
- **The questions did not tax me.** 그 문제들은 내게 힘들지 않았다.

G-TELP 구문독해훈련

The hotel next to my office complex has been vacant for almost a year now due to failed contracts and property tax issues.

---

169. 신입 회원들이 우리에게 등록할 때마다, 우리는 그들에게 체질량 지수, 심박 수, 혈압 수치 그리고 유산소 운동 능력을 평가하기 위한 무료 피트니스 평가를 제공합니다.   **170. (b)** 우리는 기본적인 이메일, 인터넷 접속 그리고 다양한 다른 벨소리와 음향을 제공하는 고객 서비스들의 개선에 집중할 것입니다.   **171.** 여러 차례의 정전문제가 지난 주 뉴델리에 있는 우리 공장에서의 생산성에 심각한 영향을 미쳤다.   **172.** 나의 사무실 단지 옆에 있는 호텔은 계약 실패와 재산세 문제 때문에 거의 **1년** 동안 비어있다.

173 **diverse**
[divə́:rs]

= various

a 다양한

의미 암기용 표현과 문장

• **people from diverse cultures** 다양한 문화권 출신의 사람들
• **My interests are very diverse.** 나의 관심사는 대단히 다양하다.

G-TELP 문법패턴훈련

First of all, Wonder Cruises offers a diverse selection of affordable packages designed _____ individual tastes and budgets.
(a) suiting   (b) to suit

---

174 **native**
[néitiv]

= indigenous

a 현지의, 타고난

의미 암기용 표현과 문장

• **the native plants of America** 아메리카 자생 식물들
• **your native land[country/city]** 고국 (땅)[고국/고향 (도시)]

G-TELP 구문독해훈련

Unlike other grasses, vetiver does not compete for space with native plants.

---

175 **perform**
[pərfɔ́:rm]

= act

v 공연하다, 수행하다

의미 암기용 표현과 문장

• **The play was first performed in 1987.** 그 연극은 1987년에 처음 공연되었다.
• **perform an experiment[a miracle/a ceremony]** 실험[기적/의식]을 행하다

G-TELP 문법패턴훈련

She is currently on tour in England and _____ at London's prestigious Royal Albert Hall next week.
(a) has performed   (b) will be performing

---

176 **interest**
[íntərəst]

= profit
= attract

n 이자, 이익, 흥미, 관심 **v** 관심을 끌다

의미 암기용 표현과 문장

• **Interest rates have risen by 1%.** 이자율이 1% 올랐다.
• **Do your parents take an interest in your friends?** 너의 부모님은 네 친구들에게 관심이 있으시니?
• **Politics doesn't interest me.** 정치는 내 관심을 끌지 못한다[관심사가 아니다].

G-TELP 구문독해훈련

Montessori learned that children showed more interest in practical activities than in toys and other learning tools.

---

173. (b) 무엇보다도 먼저, 원더 크루즈는 개별적인 취향과 예산에 적합하게 맞춤한 저렴한 상품들을 다양하게 제공합니다. **174.** 다른 풀들과는 달리, 베티베르풀은 토종 식물과 공간을 두고 경쟁하지 않습니다. **175. (b)** 그녀는 현재 런던을 투어 중이고 다음 주에는 런던의 유명한 로열 앨버트 홀에서 공연할 것이다. **176.** 몬테소리는 아이들이 장난감이나 다른 학습 도구보다 실제 활동들에 더 많은 관심을 보였다는 사실을 알게 되었습니다.

177 **influence**

[ínfluəns]

= effect
= affect

GRAMMAR POINT

지텔프에서 tend는 to부정사를 목적
어로 쓰는 동사로 주로 출제됩니다.

🔲 영향(력) 🔲 영향을 미치다

의미 암기용 표현과 문장

- **the influence of the climate on agricultural production** 기후가 농작물 생산에 미치는 영향
- **The wording of questions can influence how people answer.** 질문할 때 사용하는 말이 사람들이 대답하는 방식에 영향을 미칠 수 있다.

G-TELP 문법패턴훈련

According to the research report issued by the Health First Group, people *tend* **_____ more when they are under the influence of alcohol.**
(a) smoking **(b) to smoke**

---

178 **link**

[liŋk]

= connect

🔲 연결하다 🔲 연결

의미 암기용 표현과 문장

- **The Channel Tunnel links Britain with the rest of Europe.** 채널 터널[영국 해협 해저 터널]은 영국을 유럽의 다른 지역과 연결한다.
- **Police suspect there may be a link between the two murders.** 경찰은 그 두 살인 사건들 간에 관련이 있을지도 모른다고 생각하고 있다.

G-TELP 구문독해훈련

Positive relationships between management and us are directly linked with productivity.

---

179 **preserve**

[prizə́ːrv]

= maintain
= protect

🔲 보존하다, 보호하다, 지키다

의미 암기용 표현과 문장

- **The house has been preserved for future generations.** 그 집은 장래의 세대들을 위해 보존되어 있다.
- **Efforts to preserve the peace have failed.** 평화를 지키려던 노력들은 실패했다.

G-TELP 구문독해훈련

Pepsi & Beer Company's beverages are packaged in glass bottles to preserve their flavor and nutritional content.

---

180 **ban**

[bæn]

= prohibit
= restrict

🔲 금지하다 🔲 금지(령)

의미 암기용 표현과 문장

- **Chemical weapons are banned internationally.** 화학 무기는 국제적으로 금지되고 있다.
- **There is to be a total ban on smoking in the office.** 사무실 내의 흡연이 전면 금지될 것이다.

G-TELP 구문독해훈련

However, some students and parents think the ban is extreme.

---

177. (b) 헬스 퍼스트 그룹이 발표한 연구 보고서에 따르면, 사람들은 알코올의 영향을 받을 때 더 많이 흡연을 하는 경향이 있다고 한다. **178.** 경영진과 우리 사이의 긍정적인 관계들은 생산성과 직접적으로 연결되어 있다. **179.** 펩시 앤 비어 컴퍼니의 음료들은 맛과 영양을 보존하기 위해서 유리병에 포장되어 집니다. **180.** 그러나, 일부 학생들과 학부모들은 그 금지령이 극단적이라고 생각하고 있다.

DAY
04

20
days

어휘·문법·독해까지 한꺼번에 끝내는
ALL-IN-ONE 우선순위 G-TELP

VOCABULARY LEVEL 기본

superior

fat → fit

invite

details

The Spot

CONTENT

STRANGER

instruct

CLUE

DEBATE

181 progress
[prɑ́gres]

= growth
= advance

n 진보, 전진 **v** 나아가다

의미 암기용 표현과 문장
- **slow[steady/rapid/good] progress** 더딘[꾸준한/빠른/좋은] 진전
- **The course allows students to progress at their own speed.** 그 학습 과정은 학생들에게 자기 속도대로 진행을 해 나갈 수 있게 해 준다.

G-TELP 구문독해훈련

This way, you're slowly progressing into actually completing the work, rather than not having started at all.

---

182 avenue
[ǽvənjùː]

= street

n 거리, 가

의미 암기용 표현과 문장
- **a hotel on Fifth Avenue** 5번가에 있는 호텔

G-TELP 구문독해훈련

The rapid advances in medical technology have created numerous avenues for aspiring young physicians and scientists to begin their careers.

---

183 receive
[risíːv]

= get

v 받다, 수령하다, (부상 등을) 당하다

의미 암기용 표현과 문장
- **receive a letter[present/phone call]** 편지를[선물을/전화를] 받다
- **receive severe injuries** 심한 부상을 당하다

G-TELP 구문독해훈련

Please contact Ms. Blackwell in the personnel office if you have not received information regarding company reimbursement procedures.

---

184 aim
[eim]

= goal
= target

GRAMMAR POINT

지텔프에서 **aim**은 동명사 대신 to부정사를 목적어로 쓰는 동사로 출제됩니다.

v 목표하다, 겨누다 **n** 목표, 조준

의미 암기용 표현과 문장
- **We should aim for a bigger share of the market.** 우리는 더 큰 시장 점유율을 목표로 해야 한다.
- **the aims of the lesson** 학습 목표

G-TELP 문법패턴훈련

The International Geography Society aims _____ its Web site educational for people of all ages.
(a) making   (b) to make

---

181. 이런 식으로 하면, 당신은 전혀 시작하지도 못하는 것이 아니라, 천천히 실제적으로 일을 완성해 나아가는 쪽으로 진행해 나아가게 됩니다. **182.** 의료 기술의 급속한 발전은 성공을 열망하는 젊은 의사들과 과학자들이 그들의 경력을 시작할 수 있는 수 없이 많을 길을 터 줄 것입니다. **183.** 회사 환급 절차에 관한 정보를 받지 못하셨다면 인사 사무실의 블랙웰양에게 연락하기 바랍니다. **184. (b)** 국제 지리 학회는 모든 연령층의 사람들에게 이 웹사이트가 교육적이 될 수 있는 것을 목표로 합니다.

185 display

[displéi]

= exhibit

☑ 전시하다 ☐ 전시, 진열

의미 암기용 표현과 문장

- **The exhibition gives local artists an opportunity to display their work.** 그 전시회는 지역 화가들에게 작품을 전시할 기회를 제공한다.
- **a beautiful floral display outside the Town Hall** 시청 밖에 보기 좋게 진열해 놓은 꽃 장식물

G-TELP 구문독해훈련

Building permits should be visibly displayed at all construction sites in accordance with the state building code.

186 enable

[inéibl]

= allow
= permit

GRAMMAR POINT

지텔프에서 enable은 목적격보어로 to부정사를 쓰는 동사로 출제됩니다.

☑ ~할 수 있게 하다

의미 암기용 표현과 문장

- **The software enables you to access the Internet in seconds.** 이 소프트웨어를 쓰면 몇 초 이내에 인터넷 접속을 할 수 있다.

G-TELP 문법패턴훈련

Your expertise has enabled us _____ our resources on major priorities.
(a) focus   (b) to focus

187 attend

[əténd]

= visit

☑ 참석하다, 출석하다, ~에 다니다

의미 암기용 표현과 문장

- **The meeting was attended by 90% of shareholders.** 그 회의에는 90%의 주주가 참석했다.
- **Our children attend the same school.** 우리 아이들은 같은 학교에 다닌다.

G-TELP 구문독해훈련

A scheduling conflict prevented Mr. Dennis from attending the investor's meeting.

188 fit

[fit]

= match
= suit

☑ 적합하다, 맞다 ☐ 건강한, 튼튼한

의미 암기용 표현과 문장

- **That jacket fits well.** 그 재킷이 잘 맞는다.
- **She tries to keep fit by jogging every day.** 그녀는 매일 조깅을 함으로써 건강[신체의 탄력]을 지키려고 한다.

G-TELP 구문독해훈련

Before deciding to purchase a new appliance, it is important to ensure that it will fit the desired space.

---

185. 건축 허가증은 주 건설 규정에 따라 모든 건설 현장에서 눈에 잘 보이게 전시되어야 합니다. **186. (b)** 귀하의 전문 지식으로 인해 우리는 주된 우선사항에 관한 우리의 자원을 집중할 수 있었습니다. **187.** 일정 충돌로 인해 데니스씨는 투자자 회의에 참석하지 못했습니다. **188.** 새로운 가전제품 구입을 결정하기 전에, 이 제품이 원하는 공간에 잘 들어맞는지 확실히 하는 것이 중요합니다.

01 DAY
02 DAY
03 DAY
04 DAY
05 DAY
06 DAY
07 DAY
08 DAY
09 DAY
10 DAY
11 DAY
12 DAY
13 DAY
14 DAY
15 DAY
16 DAY
17 DAY
18 DAY
19 DAY
20 DAY

어휘 · 문법 · 독해까지 한꺼번에 끝내는 G-TELP VOCABULARY LEVEL 기출

189 tough
[tʌf]

= strong
= difficult

GRAMMAR POINT

선택문항에 조동사 4개, 접속사 4개, 접속부사 4개가 나오는 문제는 해석으로 풀어야 하는 고난이도 문제입니다.

a 강인한, 힘든

의미 암기용 표현과 문장

• He plays the tough guy in the movie. 그는 그 영화에서 거친 사내를 연기한다.
• It was a tough decision to make. 그것은 내리기 힘든 결정이었다.

G-TELP 문법패턴훈련

They say that _____ **the disorder can be treated by psychotherapy**, making the patient acknowledge his or her own flaw is the toughest part of the treatment.
(a) although   (b) as soon as

190 major
[méidʒər]

= important
= significant

n 전공 **a** 주요한, 중대한

의미 암기용 표현과 문장

• Her major is French. 그녀의 전공은 프랑스어이다.
• major international companies 세계적인 주요 기업들

G-TELP 구문독해훈련

The city's main bus station is located close to the center of the city, making it easily accessible by all the major bus routes.

191 fancy
[fǽnsi]

= decorative
= extravagant

a 화려한, 고급스러운 **n** 상상, 공상

의미 암기용 표현과 문장

• fancy restaurants with fancy prices 비싼 가격의 고급 식당들
• night-time fancies that disappear in the morning 아침이면 사라지는 밤 동안의 공상들

G-TELP 구문독해훈련

Most billionaires buy big houses and fancy things.

192 population
[pɑ̀pjuléiʃən]

= inhabitant

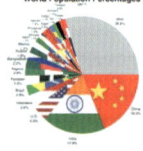

n 인구

의미 암기용 표현과 문장

• Nigeria has a population of nearly 100 million. 나이지리아는 인구가 거의 1억이다.

G-TELP 구문독해훈련

Mass-production methods of business, therefore, created most of the jobs that America's expanding population needed.

---

189. (a) 그들은 그 장애가 정신 치료에 의해서도 치료될 수 있기는 하지만, 환자가 자기 자신의 결함을 인정하도록 만드는 것이 이 치료의 가장 힘든 부분이라고 말합니다. **190.** 이 도시의 중요 버스 정류장은 도시의 중심 가까이에 위치해 있어, 모든 주요 버스 노선들이 쉽게 접근 할 수 있습니다. **191.** 대부분의 억만 장자들은 큰 집과 고급스러운 것들을 산다. **192.** 따라서, 경영의 대량 생산 방식은 미국의 인구 증가가 필요로 한 대부분의 일자리를 창출하게 했다.

103 **aptitude**

[ǽptətjùːd]

= talent

n 적성, 소질

의미 암기용 표현과 문장

- an aptitude test 적성 검사
- She showed a natural aptitude for the work. 그녀는 그 일에 천부적인 소질을 보였다.

G-TELP 구문독해훈련

He exhibits great aptitude and a unique perspective when pursuing his interests, and I am proud to recommend him to you.

---

194 **superior**

[səpíəriər]

= better
= excellent

a 우수한, 상위의

의미 암기용 표현과 문장

- superior intelligence 우수한 지능
- a superior court of law 상급 법원

G-TELP 구문독해훈련

Jason Corporation is fastest becoming a leader in the construction industry due to its superior customer service.

---

195 **contract**

[kάntrækt]

= agreement

GRAMMAR POINT

선택문항에 조동사 4개, 접속사 4개, 접속부사 4개가 나오는 문제는 해석으로 풀어야 하는 고난이도 문제입니다.

n 계약(서) **v** 계약하다, 수축하다, 병에 걸리다

의미 암기용 표현과 문장

- a contract for the supply of vehicles 차량 공급 계약
- The player is contracted to play until August. 그 선수는 8월까지 뛰는 것으로 계약이 되어 있다.
- The heart muscles contract to expel the blood. 심근은 혈액을 내보내기 위해 수축한다.
- contract AIDS[a virus/a disease] 에이즈[바이러스/병]에 걸리다

G-TELP 문법패턴훈련

Let's make sure that Ms. Jobs has looked over the revised contract thoroughly _____ we send her a final copy.

(a) as far as　　　　　　(b) before

---

196 **content**

[kάntent]

= element

n 내용, 콘텐츠

의미 암기용 표현과 문장

- a table of contents 목차(표)
- online contents providers 온라인 콘텐츠 제공 회사들

G-TELP 구문독해훈련

This cooler with two insulation layers keep the contents hot or cold much longer.

---

193. 그는 자신의 관심사를 추구할 때 훌륭한 적성과 독특한 시각을 보여 줍니다, 그래서 저는 그를 당신에게 자랑스럽게 추천하는 바입니다.　**194.** 제이슨 코퍼레이션은 탁월한 고객 서비스 때문에 가장 빠르게 건설업계의 선두주자가 되어가고 있다.　**195. (b)** 최종 사본을 발송하기 전에 잡스양이 수정된 계약서를 철저히 검토했는지 확실히 하세요.　**196.** 2개의 절연층을 가진 이 냉각기는 내용물을 더 오래 동안 뜨겁게 또는 차갑게 유지시켜 줍니다.

197 **campaign**
[kæmpéin]

= movement

GRAMMAR POINT

지텔프에서 spend는 spend + 시간[돈 + ~ing 형태로 출제됩니다.

n 캠페인, 작전 v 캠페인을 벌이다

의미 암기용 표현과 문장

- **conduct a campaign** 캠페인을 펼치다[벌이다]
- **They are campaigning to save the area from building development.** 그들은 그 지역을 건설 개발에서 구하기 위해 캠페인을 벌이고 있다.

G-TELP 문법패턴훈련

The local government has **spent** almost 5 million dollars
_____ the "Stop Smoking" campaign.
(a) develop   **(b) developing**

198 **lecture**
[léktʃər]

= lesson
= teach

GRAMMAR POINT

선행사가 사람일 땐, 관계대명사 which를 사용할 수 없습니다.

n 강의, 강연 v 강의하다

의미 암기용 표현과 문장

- **a lecture room[hall]** 강의실[강당]
- **She lectures in Russian literature.** 그녀는 러시아 문학을 강의한다.

G-TELP 문법패턴훈련

Lydia Paula, _____ is a student at Harvard Medical School,
wants to attend lectures with the most famous surgeon, Dr.
Kris Loren.
(a) which   **(b) who**

199 **civilization**
[sìvəlizéiʃən]

= culture
= enlightenment

n 문명

의미 암기용 표현과 문장

- **the technology of modern civilization** 현대 문명의 과학 기술
- **the civilizations of ancient Greece and Rome** 고대 그리스와 로마 문명

G-TELP 구문독해훈련

Originating from ancient civilizations thousands of years ago,
one of the coin's earliest specimens was made from a gold
and silver alloy, and featured an image of an animal on one
side.

200 **debate**
[dibéit]

= discussion
= argument

n 토론 v 토론[논쟁]하다

의미 암기용 표현과 문장

- **After a long debate, Congress approved the proposal.** 오랜 논의 끝에 의회가 그 제안을 승인했다.
- **The question of the origin of the universe is still hotly debated by scientists.** 우주의 기원이라는 문제에 대해서는 아직도 과학자들이 열띤 논쟁을 벌이고 있다.

G-TELP 구문독해훈련

Man has always debated about the origins of the universe.

---

197. (b) 그 지방 정부는 거의 **5**백만 달러를 **"금연"** 캠페인의 개발에 써왔다.   **198. (b)** 하버드 의과대학의 학생인, 리디아 폴라는 가장 유명한 외과의사인 크리스 로렌 박사의 강의를 듣고 싶어 한다.   **199.** 수천 년 전의 고대 문명에서부터 나오는, 동전의 가장 이른 표본들 중 하나는 금과 은의 합금으로 만들어졌으며, 한쪽에는 동물의 이미지를 특징으로 하고 있었다.   **200.** 인간은 항상 우주의 기원에 대해 토론해 왔다.

DAY 01
DAY 02
DAY 03
DAY 04
DAY 05
DAY 06
DAY 07
DAY 08
DAY 09
DAY 10
DAY 11
DAY 12
DAY 13
DAY 14
DAY 15
DAY 16
DAY 17
DAY 18
DAY 19
DAY 20

201 **borrow**
[bárou]

= rent

LEND BORROW

v 빌리다

의미 암기용 표현과 문장
• **Can I borrow your umbrella?** 우산 좀 빌릴 수 있을까요?

G-TELP 구문독해훈련

You can extend your borrowed books through library's Web site or at the circulation desk.

---

202 **agree**
[əgríː]

= approve
= consent

GRAMMAR POINT

지텔프에서 agree는 동명사 대신 to 부정사를 목적어로 쓰는 동사로 출제 됩니다.

v 동의하다

의미 암기용 표현과 문장
• **He agreed with them about the need for change.** 변화의 필요성에 대해 그는 그들에게 동의했다.

G-TELP 문법패턴훈련

After 20 peaceful years in Switzerland, Chaplin finally agreed _____ to America to receive an award before a grateful crowd of American admirers.
(a) to return   (b) returning

---

203 **spot**
[spat]

= location
= point

The Spot

n 장소, 곳, 점 **v** 찾아내다

의미 암기용 표현과 문장
• **a quiet[secluded/lonely] spot** 조용한[한적한/호젓한] 장소[곳]
• **The male bird has a red spot on its beak.** 그 새 수컷은 부리에 빨간 점이 있다.
• **I finally spotted my friend in the crowd.** 나는 마침내 사람들 속에 있는 내 친구를 찾았다.

G-TELP 구문독해훈련

Davenport, California, is a favorite spot of business owners.

---

204 **insert**
[insə́ːrt]

= put
= slot

v 끼워 넣다, 삽입하다

의미 암기용 표현과 문장
• **Position the cursor where you want to insert a word.** 단어를 삽입할 자리에 커서를 갖다 놓아라.
• **Insert coins into the slot and press for a ticket.** 티켓을 사려면 구멍에 동전을 넣고 누르시오.

G-TELP 구문독해훈련

Please insert a media card in your device.

---

201. 빌린 도서는 도서관의 웹사이트나 대출 데스크를 통해 (대출 기간) 연장을 할 수 있습니다. **202. (a)** 20년간 스위스에서 평화로운 시간을 보낸 후, 채플린은 마침내 많은 미국의 찬미자들 앞에서 상을 받기 위해 미국으로 돌아오는데 동의를 했다. **203.** 캘리포니아의 대븐포트는 사업주들이 선호하는 곳이다. **204.** 당신의 기기에 미디어 카드를 넣으십시오.

어휘 · 문법 · 독해까지 한꺼번에 끝내는 **G-TELP VOCABULARY LEVEL** 기본

205 **overthrow**
[ou'vər'θrou]

= subvert

☑ 전복시키다, 뒤엎다 n 전복

의미 암기용 표현과 문장

- **The president was overthrown in a military coup.** 그 대통령은 군사 쿠데타로 타도 당했다.
- **They were charged with plotting the overthrow of the state.** 그들은 국가 전복 음모를 꾸민 혐의로 기소되었다.

G-TELP 구문독해훈련

Armed groups formed in bid to overthrow government.

---

206 **transportation**
[trænspərtéiʃən]

= transport

GRAMMAR POINT

in order to부정사 구문은 지텔프 시험에서 반드시 기억해야 할 to부정사의 관용표현입니다.

n 수송, 교통

의미 암기용 표현과 문장

- **the transportation industry** 수송[운송]업
- **public transportation** 대중 수송[교통] 체계

G-TELP 문법패턴훈련

In order _____ traffic on the roads, the Ministry of Transportation has begun a campaign to encourage individuals to use public transportation.
(a) alleviating   (b) to alleviate

---

207 **pain**
[pein]

= ache
= hurt

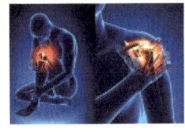

n 통증, 고통 ☑ 고통스럽게 하다

의미 암기용 표현과 문장

- **He felt a sharp pain in his knee.** 그는 무릎에 예리한 통증이 느껴졌다.
- **She was deeply pained by the accusation.** 그녀는 그 비난을 받고 몹시 고통스러웠다.

G-TELP 구문독해훈련

The product helps to reduce minor surface pain by sealing off nerve endings.

---

208 **compare**
[kəmpέər]

= contrast

☑ 비교하다

의미 암기용 표현과 문장

- **We compared the two reports carefully.** 우리는 그 두 보고서를 세심히 비교했다.

G-TELP 구문독해훈련

Some students included a few drafts to assure the professor of the amount of time they spent on writing, and how much they improved, compared to the first draft.

---

205. 정부를 전복하기 위해 무장 단체들이 생겨났다.　**206. (b)** 도로의 교통량을 완화하기 위해서, 교통부는 개인들이 대중교통을 이용하게 장려하는 캠페인을 시작했다.　**207.** 이 제품은 신경 말단을 차단하여 가벼운 말초 신경 통증을 줄이는데 도움이 됩니다.　**208.** 몇몇 학생들은 그들이 쓰는데 들인 시간과 초안과 비교하여 얼마나 향상 되었다 등을 교수에게 확신시키기 위해 몇 장의 초안을 포함시켰다.

209 competition
[kàmpətíʃən]

= contest

ⓝ 대회, 경쟁

의미 암기용 표현과 문장

- **enter[win/lose] a competition** 시합에 참가하다[시합에서 이기다/지다]
- **We are in competition with four other companies for the contract.** 우리는 그 계약을 두고 네 곳의 다른 회사들과 경쟁을 하고 있다.

G-TELP 구문독해훈련

Any team whose members do not finish their projects by the end of the day will have to forfeit the competition.

210 invite
[inváit]

= encourage
= request

GRAMMAR POINT
지텔프에서 invite는 목적격보어로 to부정사를 쓰는 동사로 출제됩니다.

ⓥ 초대하다

의미 암기용 표현과 문장

- **Have you been invited to their party?** 그들 파티에 초대받았니?

G-TELP 문법패턴훈련

Paxson Telecom cordially **invites** all employees and their family members _____ the annual function.
(a) attending   (b) to attend

211 detail
[ditéil]

= list

ⓝ 세부사항 ⓥ 자세히 하다

의미 암기용 표현과 문장

- **Tell me the main points now; leave the details till later.** 지금은 주요 사항들만 말씀해 주세요. 세부적인 것들은 나중으로 미루고.
- **The brochure details all the hotels in the area and their facilities.** 그 안내 책자에 그 지역에 있는 모든 호텔과 시설이 상세히 나와 있다.

G-TELP 구문독해훈련

Your personal details will be kept secure and will not be shared with any third parties.

212 threat
[θret]

= blackmail

ⓝ 위협, 협박

의미 암기용 표현과 문장

- **There is a real threat of war.** 전쟁이 일어날 위험이 현존하고 있다.
- **He received death threats from right-wing groups.** 그는 우익 단체들로부터 살해 위협을 받았다.

G-TELP 구문독해훈련

Despite its threat, many doctors say that preventing this disease can actually be done through regular physical exercise.

---

209. 오늘까지 프로젝트를 끝내지 못한 구성원이 있는 모든 팀은 대회를 몰수당하게 될 것입니다.   **210. (b)** 팍슨 텔레콤은 진심으로 모든 직원들과 그 가족들을 연례행사에 참석하도록 초대합니다.   **211.** 귀하의 개인정보는 안전하게 보관되며 제**3**자와 공유되지 않습니다.   **212.** 이러한 위협에도 불구하고, 많은 의사들은 이러한 질병의 예방이 규칙적인 운동을 통해서도 실제 완성될 수 있다고 말하고 있다.

DAY C1 / 02 / 03 / 04 / 05 / 06 / 07 / 08 / 09 / 10 / 11 / 12 / 13 / 14 / 15 / 16 / 17 / 18 / 19 / 20

어휘·문법·독해까지 한방에 끝내는 G-TELP VOCABULARY LEVEL 기본

213 **increase**
[inkríːs]

= rise
= boost

☑ 증가하다 ⋒ 증가[인상]

의미 암기용 표현과 문장

- **The population has increased from 1.2 million to 1.8 million.** 인구가 120만 명에서 180만 명으로 증가했다.
- **an increase of nearly 20%** 거의 20%의 증가[인상]

G-TELP 구문독해훈련

The school board announced an increase in tuition fees this year.

---

214 **melt**
[melt]

= thaw

☑ 녹다

의미 암기용 표현과 문장

- **The sun had melted the snow.** 햇볕에 눈이 녹아 있었다.

G-TELP 구문독해훈련

When rain finally comes or when the snows in the surrounding mountain melt, roads can wash away unless fortified with gravel and stones.

---

215 **retire**
[ritáiər]

= withdraw

GRAMMAR POINT

"~하기 위해서"나 "~하기 위한"의 의미로 쓰이는 **to**부정사의 쓰임에도 익숙해져야 합니다.

☑ 은퇴하다, 물러가다

의미 암기용 표현과 문장

- **He has no plans to retire as editor of the magazine.** 그는 그 잡지 편집장직에서 은퇴할 계획이 없다.
- **The jury retired to consider the evidence.** 배심원들이 증거를 검토하기 위해 자리를 떴다.

G-TELP 문법패턴훈련

Mr. Soo has mentioned plans _____ **from the board in November, but so far, a successor has not been named.**
(a) to retire   (b) retiring

---

216 **presentation**
[prèzəntéiʃən]

= show

⋒ 수여, 증정, 제출, 발표, 프레젠테이션

의미 암기용 표현과 문장

- **The presentation of prizes began after the speeches.** 연설들이 있은 후에 시상식이 시작되었다.
- **The sales manager will give a presentation on the new products.** 영업 부장이 신제품에 대해 프레젠테이션을 할 것이다.

G-TELP 구문독해훈련

The multimedia-based presentation will help the audience stay attentive to details.

---

213. 학교 위원회는 올해 수업료의 인상을 발표했다. **214.** 비가 마침내 오거나 주변 산의 눈이 녹을 때, 자갈과 돌로 강화되지 않는다면 도로들은 씻겨 나갈지도 모른다. **215. (a)** 수씨는 **11**월에 이사회에서 은퇴 계획을 언급했지만, 그러나 지금까지는, 후임자가 지명되지 않았다. **216.** 멀티미디어 기반의 프레젠테이션은 관객이 세부사항에 주의를 집중하도록 하는데 도움을 줄 수 있을 것이다.

217 **otream**
[strìːm]

= river
= flow

■ 개울, 시내, 연속 ■ 졸졸 흐르다

의미 암기용 표현과 문장
• **mountain streams** 산 속의 개울
• **a constant stream of inquiries** 계속 이어지는 문의들
• **Tears streamed down his face.** 그의 얼굴을 타고 눈물이 줄줄 흘러 내렸다.

G-TELP 구문독해훈련
Stress can directly raise a person's heart rate and blood flow, causing the release of cholesterol into the blood stream.

---

218 **complicated**
[kάmpləkèitid]

= complex

■ 복잡한

의미 암기용 표현과 문장
• **a complicated system** 복잡한 시스템
• **The instructions look very complicated.** 사용 설명서가 매우 복잡해 보인다.

G-TELP 구문독해훈련
This questionnaire tests whether you tend to do simple things in an overly complicated way.

---

219 **repair**
[ripέər]

= mend
= fix

■ 수리하다 ■ 수리

의미 암기용 표현과 문장
• **repair a car[roof/road/television]** 자동차[지붕/도로/텔레비전] 수리를 하다
• **The building was in need of repair.** 그 건물은 보수가 필요한 상태였다.

G-TELP 구문독해훈련
The Atman Car Repair Shop is offering every loyal customer a free oil change and tune-up service every six months.

---

220 **instruct**
[instrΛkt]

= inform
= teach

GRAMMAR POINT
지텔프에서 instruct는 목적격보어로 to부정사를 쓰는 동사나 ARSID 동사로 출제됩니다.

■ 지시하다, 교육하다

의미 암기용 표현과 문장
• **He instructed that a wall be built around the city.** 그는 도시 둘레에 성벽을 쌓으라고 지시했다.
• **All our staff have been instructed in sign language.** 우리 직원들은 모두 수화 교육을 받았다.

G-TELP 문법패턴훈련
The pharmacist instructed each customer _____ their photo identification when picking up their online prescription.
(a) presenting   (b) to present

---

217. 스트레스는 콜레스테롤을 혈류로 방출하면서, 직접적으로 사람의 심장 박동과 혈류를 증가시킬 수 있다. **218.** 이 설문지는 당신이 단순한 일을 지나치게 복잡한 방식으로 하는 경향이 있는지 테스트합니다. **219.** 아트만 자동차 수리점은 모든 충성 고객들에게 매 **6**개월마다 무료 오일 교환과 엔진 성능 개선 서비스를 제공합니다. **220. (b)** 그 약사는 모든 고객들에게 온라인 처방전을 받을 때 사진이 붙은 신분증을 제시해야 한다고 지시했다.

04
어휘·문법·독해까지 한가번에 끝내는 G-TELP VOCABULARY LEVEL 기본

221 state
[steit]

= declare
= say

GRAMMAR POINT

require는 목적어로는 동명사를 쓰며, 목적격보어로는 to부정사를 쓰는 동사로 출제되거나 ARSID that절 속에 동사원형을 고르는 문제로 출제됩니다.

ⓥ 말하다   ⓝ 상태, 정부, 국가, 주

의미 암기용 표현과 문장
- **He has already stated his intention to run for election.** 그는 선거에 출마하겠다는 의사를 이미 언명했다.
- **She was in a state of shock.** 그녀는 쇼크 상태였다.

G-TELP 문법패턴훈련

To get a private investigator's license, state law requires applicants _____ a degree or its equivalent in police science, criminal law, or justice.
(a) to have   (b) having

---

222 lack
[læk]

= deficiency

ⓝ 결핍, 결여   ⓥ 결여되다

의미 암기용 표현과 문장
- **a lack of food[money/skills]** 식량[자금/기술] 부족
- **He lacks confidence.** 그는 자신감이 부족하다.

G-TELP 구문독해훈련

The seminar on time management has been canceled due to lack of interest.

---

223 gradual
[grǽdʒuəl]

= steady

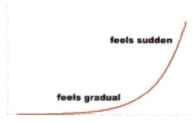

feels sudden

feels gradual

ⓐ 점진적인

의미 암기용 표현과 문장
- **a gradual change in the climate** 점진적인 기후 변화

G-TELP 구문독해훈련

But the symptoms gradually got worse, and in 2000, he had to quit full-time acting.

---

224 fortunate
[fɔ́ːrtʃənət]

= lucky

ⓐ 행운의, 다행인

의미 암기용 표현과 문장
- **I have been fortunate enough to visit many parts of the world as a lecturer.** 나는 운이 좋아서 강연을 하며 세계 여러 곳을 다닐 기회가 있었다.
- **I was fortunate in having a good teacher.** 나는 운이 좋아서 좋은 선생님을 만났다.

G-TELP 구문독해훈련

Limington Pharmaceuticals is fortunate to have eminent chemist Dr. Linda Schwartz as a guest speaker for its 15th anniversary ceremony.

---

221. (a) 사립 탐정 면허증을 얻기 위해서는, 주법에 따라 지원자는 경찰학, 형법 또는 사법학에 대해 학위 또는 이와 동등한 자격을 가지고 있어야 합니다.   **222.** 시간 관리에 관한 세미나는 관심 부족 때문에 취소되었다.   **223.** 그러나 증상은 서서히 악화되었고, **2000**년이 되어서, 그는 전임 연기 생활을 그만 두어야했습니다.   **224.** 리밍턴 제약회사는 뛰어난 화학자 린다 슈왈츠 박사를 창립 **15**주년 기념식의 초청 연사로 맞이하게 된 것을 기쁘게 생각합니다.

225 **hardly**
[háːrdli]

= barely
= scarcely

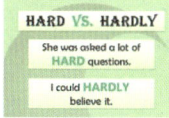

ad 거의 ~하지 않다[~이 아니다]

의미 암기용 표현과 문장

• **We hardly know each other.** 우리는 서로 거의 잘 모른다.

G-TELP 구문독해훈련

Because of the recession, there are hardly any job openings.

226 **primitive**
[prímətiv]

= early

a 원시(사회)의

의미 암기용 표현과 문장

• **primitive tribes** 원시 종족들
• **primitive man** 원시인

G-TELP 구문독해훈련

At first glance, they thought that the bones belonged to a primitive otter.

227 **strange**
[streindʒ]

= odd
= extraordinary

a 이상한, 낯선

의미 암기용 표현과 문장

• **A strange thing happened this morning.** 오늘 아침에 이상한 일이 있었다.
• **a strange city** 낯선 도시

G-TELP 구문독해훈련

Gulliver then visits many strange lands in the third part.

228 **wound**
[wuːnd]

= injury

GRAMMAR POINT

지텔프에서는 **currently**가 나오면 현재진행시제가 정답이 됩니다.

n 상처, 부상   **v** 부상을 입히다

의미 암기용 표현과 문장

• **a bullet[knife/gunshot/stab] wound** 총상[칼에 찔린 상처/총상/자상]
• **He had been wounded in the arm.** 그는 팔에 부상을 당했었다.

G-TELP 문법패턴훈련

**Researchers _____ an anti-bleeding gel — a substance that can quickly seal a wound and start the healing process.
(a) are currently developing (b) had been currently developing**

---

225. 경기 침체로 인해, 일자리가 거의 없다.   **226.** 처음 볼 때, 그들은 그 뼈가 원시 수달의 것이라고 생각했다.   **227.** 걸리버는 세 번째 부분에서 많은 이상한 나라[땅]들을 방문합니다.   **228. (a)** 연구원들이 신속하게 상처를 봉합하고 치유과정을 시작할 수 있는 물질인, 지혈 젤을 현재 개발하고 있다.

229 sum
[sʌm]

= amount
= quantity

$$9 + 14 = 23$$
sum

ⓝ 합계, 총액

의미 암기용 표현과 문장
- **The sum of 7 and 12 is 19.** 7과 12의 합은 19이다.
- **You will be fined the sum of £200.** 당신은 200파운드 액수의 벌금을 받게 될 것이다.

G-TELP 구문독해훈련
He endowed the new hospital with a large sum of money.

230 block
[blak]

= obstruct
= area

GRAMMAR POINT

지텔프에서 가정법 과거완료의 짝찾기는 무조건 맞춰야 하는 5초짜리 문제입니다.

ⓥ 차단하다, 막다 ⓝ (사각형의) 덩어리, 지역의 구역

의미 암기용 표현과 문장
- **After today's heavy snow, many roads are still blocked.** 오늘 내린 폭설로 많은 도로들이 아직 통행이 안 된다.
- **a block of ice[concrete/stone]** 네모난 얼음 덩어리[콘크리트 덩어리/돌덩어리]
- **His apartment is three blocks away from the police station.** 그의 아파트는 경찰서에서 세 구역 떨어져 있다.

G-TELP 문법패턴훈련
The driver explained to the police officer that he _____ the road if the car in front of him had just pulled up closer to the car ahead.
(a) will not have blocked   (b) would not have blocked

231 imitate
[ímətèit]

= mimic

ⓥ 모방하다

의미 암기용 표현과 문장
- **Art imitates Nature.** 예술은 자연을 모방한다.

G-TELP 구문독해훈련
Some comedians imitate celebrities and make fun of them.

232 mechanical
[məkǽnikəl]

= automatic

ⓐ 기계의, 기계적인

의미 암기용 표현과 문장
- **a mechanical device[toy/clock]** 기계로 작동되는 장치[기계 장치가 되어 있는 장난감/시계]
- **mechanical problems[defects]** 기계적인 문제[결함]

G-TELP 구문독해훈련
Twenty new mechanical engineers will be joining the company.

---

229. 그는 새 병원에 막대한 양의 돈을 기부했습니다.   230. (b) 그 운전사는 경찰관에게 그의 차 앞에 있는 차가 앞에 있는 차에 좀 더 가깝게 붙었더라면 도로를 막게 되지 않았을 것이라고 설명했다.   231. 일부 코미디언들은 유명인을 모방하고 그들을 놀려 먹는다.   232. 20명의 새로운 기계 기사들이 회사에 합류하게 될 것입니다.

233 **foreign**
[fɔ́:rən]

= exotic

GRAMMAR POINT

관계대명사 **that**은 콤마와 함께 계속 적용법으로 사용되지 않습니다.

ⓐ 외국의

의미 암기용 표현과 문장
- **a foreign accent[language/student]** 외국인 억양[외국어/외국 학생]

G-TELP 문법패턴훈련

Bexco made profits of over $200 million last year, _____ will allow it to expand its brand into foreign markets.
(a) that   (b) which

234 **chief**
[tʃiːf]

= head

GRAMMAR POINT

if의 생략에 의해 도치된 가정법 과거완료의 짝찾기 문제입니다. 도치된 가정법 과거완료 구문은 **2**회에 한 번 정도 출제됩니다.

ⓐ 최고 지위의, 주된 ⓝ (조직의) 장, 추장

의미 암기용 표현과 문장
- **the chief financial officer of the company** 그 회사 재무 담당 이사
- **the chief cause[problem/reason]** 주된 원인[문제/이유]
- **army[industry/police] chiefs** 육군 장성들[재계 회장들/경찰서장들]

G-TELP 문법패턴훈련

Mr. Song _____ his position as Chief Executive of Epson Technology had the merger with Google Software succeeded.
(a) would have relinquished   (b) had relinquished

235 **clue**
[kluː]

= lead

ⓝ 단서

의미 암기용 표현과 문장
- **find a clue to the mystery** 미스터리의 단서를 찾다

G-TELP 구문독해훈련

While playing a detective game with her friends yesterday, Barbara wasn't able to uncover the message from the set of clues she had.

236 **rate**
[reit]

= charge
= speed

ⓝ 비율, 요금, 속도

의미 암기용 표현과 문장
- **a high[low/rising] rate of unemployment** 높은[낮은/증가하는] 실업률
- **advertising[insurance/postal] rates** 광고료[보험료/우편료]
- **Most people walk at an average rate of 5 kilometers an hour.** 대부분의 사람들은 1시간에 5킬로미터의 평균 속도로 걷는다.

G-TELP 구문독해훈련

At this rate, she will surely be late for her 9:00 a.m. meeting.

---

233. (b) 벡스코는 작년에 **2**억 달러 이상의 이익을 냈고, 이것은 회사가 자신의 브랜드를 해외 시장으로 확장할 수 있게 해 줄 것이다.   **234. (a)** 송씨는 구글 소프트웨어사와의 합병이 성공했더라면 엡슨 테크놀로지사의 대표이사 직책을 포기했었을 것이다.   **235.** 어제 친구들과 형사 게임을 하는 동안, 바바라는 자신이 가진 단서에서 메시지를 밝혀 낼 수 없었다.   **236.** 이 속도라면, 그녀는 분명히 그녀의 오전 **9**시 미팅에 늦을 것이다.

DAY 01 / DAY 02 / DAY 03 / DAY 04 / DAY 05 / DAY 06 / DAY 07 / DAY 08 / DAY 09 / DAY 10 / DAY 11 / DAY 12 / DAY 13 / DAY 14 / DAY 15 / DAY 16 / DAY 17 / DAY 18 / DAY 19 / DAY 20

어휘 · 문법 · 독해까지 한 권에 끝내는 **G-TELP VOCABULARY LEVEL** 기본

237 **anxious**
[ǽŋkʃəs]

= concerned
= worried

GRAMMAR POINT

지텔프에서 ARSID 동사 뒤에 that
절이 나오면 that절 속엔 동사원형을
골라야 합니다.

🔲 걱정하는, 불안해하는, 열망하는, 간절히 바라는

의미 암기용 표현과 문장

• **He seemed anxious about the meeting.** 그는 그 회의 때문에 불안해하는 것 같았다.
• **She was anxious to finish school and get a job.** 그녀는 학교를 마치고 취직을 하기를 열망했다.

G-TELP 문법패턴훈련

To prevent her from feeling anxious and depressed much of the time, Dr. Langdon advised that she _____ in an enjoyable hobby or sport.
(a) will engage   (b) engage

---

238 **complex**
[kɑmpléks]

= complicated

🔲 복잡한, 복합의   🔲 복합체[복합단지], 강박 관념, 콤플렉스

의미 암기용 표현과 문장

• **complex machinery** 복잡한 기계(장치)
• **the complex structure of the human brain** 인간 두뇌의 복잡한 구조
• **a sports complex** 스포츠 복합 건물

G-TELP 구문독해훈련

Then think of different ways to spread out the colorful lights to produce more complex arrangements for your portraits.

---

239 **comfortable**
[kʌmfərtəbl]

= relaxed

🔲 편안한

의미 암기용 표현과 문장

• **These new shoes are not very comfortable.** 이 새 신발은 별로 편하지가 않다.

G-TELP 구문독해훈련

Most of the participants said that the device is comfortable and not invasive.

---

240 **support**
[səpɔ́ːrt]

= back
= aid

GRAMMAR POINT

be unable 다음에는 to부정사를 써야 합니다.

🔲 지지하다, 지원하다   🔲 지지, 지원

의미 암기용 표현과 문장

• **support a proposal** 제안을 지지하다
• **Can I rely on your support in the election?** 선거에서 당신의 지지를 기대해도 되겠습니까?

G-TELP 문법패턴훈련

Their mother was unable _____ Charlie and his half-brother, Sydney, on her own, so she was forced to put them to work at a tender age.
(a) to support   (b) support

---

237. (b) 그녀가 불안하고 많은 시간 우울해 하는 것을 막기 위해, 랭던 박사는 그녀가 즐거운 취미나 스포츠 활동을 해야 한다고 충고했다.   **238.** 그런 다음 여러분의 초상화를 위해 좀 더 복잡한 배열을 만들기 위해 다양한 색상의 빛을 분산시키는 여러 방법들을 생각해 보라.   **239.** 대부분의 참가자들은 그 장치가 편안하고 위압적이지 않다고 말했다.   **240. (a)** 그들의 어머니는 찰리와 그의 이복형제인 시드니를 혼자 스스로 키울 수 없었고, 그래서 그녀는 그들을 어린 나이에 일하게 할 수 밖에 없었다.

DAY 05

20 days

어휘·문법·독해까지 한꺼번에 끝내는
ALL-IN-ONE 우선순위 G-TELP

VOCABULARY LEVEL 기본

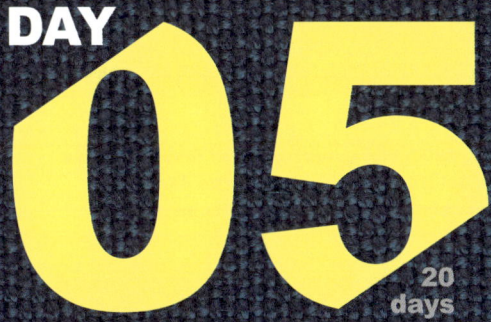

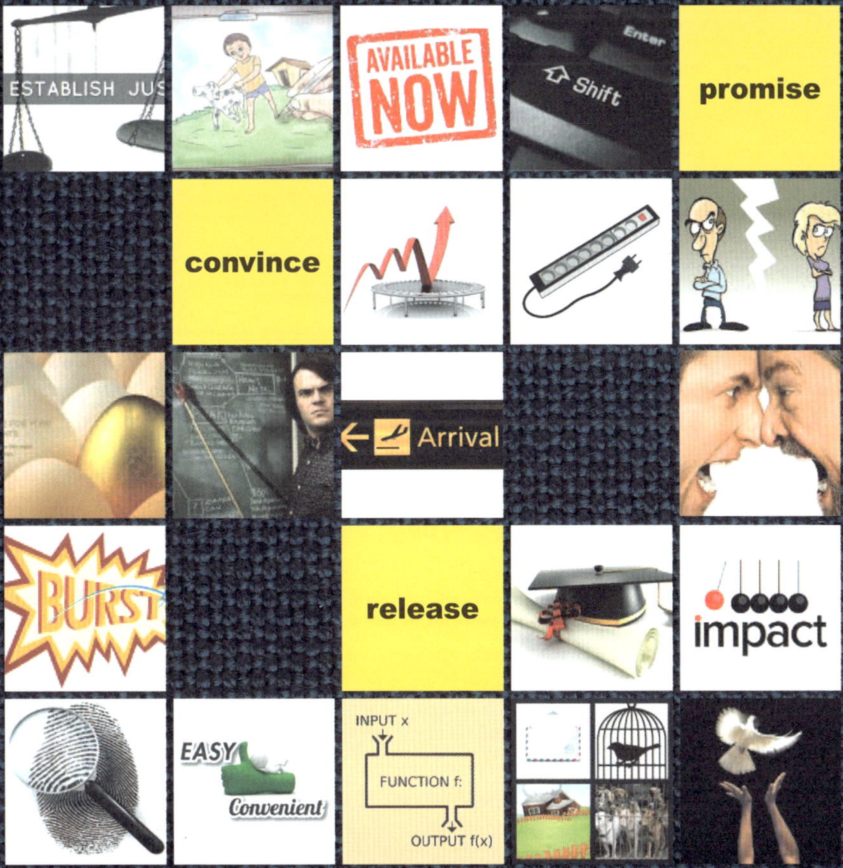

ESTABLISH JUS
AVAILABLE NOW
Enter
Shift
promise
convince
Arrival
BURST
release
impact
EASY
Convenient
INPUT x
FUNCTION f:
OUTPUT f(x)

241 **establish**
[istǽbliʃ]

= build

ESTABLISH JUSTICE

☑ 설립하다, 수립하다

의미 암기용 표현과 문장

- **The committee was established in 1912.** 그 위원회는 1912년에 설립되었다.
- **The school has established a successful relationship with the local community.** 그 학교는 지역사회와 성공적인 관계를 수립하게 되었다.

G-TELP 구문독해훈련

On January 6, 1907, she established her first Children's House (Casa dei Bambini) where children developed excellence in concentration and self-discipline.

---

242 **insist**
[insíst]

= assert
= demand

GRAMMAR POINT

지텔프에서 insist는 ARSID that절 속에 동사원형을 물어보는 문제로 출제됩니다. 미국영어에서 should는 항상 생략됩니다.

☑ 주장하다, 요구하다, 고집하다

의미 암기용 표현과 문장

- **He insists that she (should) come.** 그는 그녀가 와야 한다고 주장한다.

G-TELP 문법패턴훈련

Fearing a case of the deadly parvo virus, Johnny's dad insisted that Johnny _____ the pet to the veterinarian immediately.
(a) brings   (b) bring

---

243 **extend**
[iksténd]

= expand

☑ 확장하다, 늘리다, 연장하다

의미 암기용 표현과 문장

- **extend a fence[road/house]** 울타리를 늘리다[도로를 넓히다/집을 확장하다]
- **extend a deadline[visa]** 기한을[비자를] 연장하다

G-TELP 구문독해훈련

Since you have been our client for many years now, we'd like to extend a special offer to you in preparation for the coming summer.

---

244 **finish**
[fíniʃ]

= complete
= end

GRAMMAR POINT

지텔프에서 finish는 to부정사 대신 동명사를 목적어로 쓰는 동사로 진짜 자주 출제됩니다.

☑ 끝내다 ☐ 마지막 부분[끝], 마무리 손질, 마감 칠

의미 암기용 표현과 문장

- **She finished law school last year.** 그녀는 작년에 법대를 마쳤다.
- **It was a close finish, as they had predicted.** 그들이 예측한대로 막상막하의 결승이었다.

G-TELP 문법패턴훈련

Despite several weather-related setbacks, workers finished _____ the road in half the predicted time.
(a) repaving   (b) to repave

---

241. 1907년 1월 6일, 그녀는 아이들이 집중력과 자기 수양의 탁월함을 개발할 수 있도록 해주는 (까사 밤비니라는) 어린이집을 설립했다.   **242. (b)** 치명적인 파르보 바이러스의 발병이 걱정되어, 조니의 아빠는 조니에게 그 애완동물을 즉시 수의사에게 데리고 가보라고 주장했다.   **243.** 귀사가 오랫동안 우리의 고객이었기 때문에, 우리는 다가오는 여름을 준비하기 위해 귀사에게 특별한 제안을 드리고 싶습니다.   **244. (a)** 날씨와 관련된 여러 가지 난관에도 불구하고, 근로자들은 예상 시간의 절반도 안 되는 시간에 도로 포장을 마무리 지었다.

245 **climb**
[klaim]

= ascend

Ⓥ 오르다, 능란하나　Ⓝ 오르기, 능란

의미 암기용 표현과 문장
- **climb a mountain[hill/wall]** 산[언덕/담]을 오르다
- **It's an hour's climb to the summit.** 정상까지 등산 시간은 1시간이다.

G-TELP 구문독해훈련

Having climbed the most popular peaks in Asia, Ross now wants to try Africa.

---

246 **sink**
[siŋk]

= descend

Ⓥ 침몰하다, 가라앉다　Ⓝ 싱크대, 개수대

의미 암기용 표현과 문장
- **The ship sank to the bottom of the sea.** 그 배는 해저로 가라앉았다.
- **Don't just leave your dirty plates in the sink!** 더러운 그릇을 싱크대에 그냥 놓아두지 마!

G-TELP 구문독해훈련

After a detailed and thorough investigation, the plumber found the leak in the water pipe under the sink.

---

247 **combine**
[kəmbáin]

= mix
= blend

Ⓥ 결합하다

의미 암기용 표현과 문장
- **Hydrogen combines with oxygen to form water.** 수소는 산소와 결합하여 물을 생성한다.

G-TELP 구문독해훈련

Ms. Molly will combine her own ideas with those of other committee members and submit them in one comprehensive report.

---

248 **rely**
[riláí]

= depend

GRAMMAR POINT

be able 다음에는 to부정사를 써야 합니다.

Ⓥ 의지하다

의미 암기용 표현과 문장
- **I rely on my parents for tuition.** 학비를 부모님께 의지하고 있다.

G-TELP 문법패턴훈련

Our firm is able _____ on our in-house team of lawyers and specialists in the event of any legal problems.
(a) relying　　　　　　**(b) to rely**

---

245. 아시아에서 가장 인기 있는 봉우리들을 올라 본, 로스는 이제 아프리카를 시도해보고 싶어 한다.　**246.** 상세하고 철저한 조사 끝에, 배관공은 싱크대 밑 수도관의 누수를 발견했다.　**247.** 몰리양은 자신의 생각을 다른 위원회 위원들의 생각과 결합하여 하나의 종합적인 보고서로 그것들을 제출할 것이다.　**248. (b)** 우리 회사는 법률상의 문제가 있을 경우 사내 변호사와 전문가들로 구성된 팀에 의존할 수 있다.

01 DAY
02 DAY
03 DAY
04 DAY
05 DAY
06 DAY
07 DAY
08 DAY
09 DAY
10 DAY
11 DAY
12 DAY
13 DAY
14 DAY
15 DAY
16 DAY
17 DAY
18 DAY
19 DAY
20 DAY

REVIEW 1 2 3 4 5

249 postpone
[poustpóun]

= delay
= suspend

GRAMMAR POINT

지텔프에서 postpone은 to부정사 대신 동명사를 목적어로 쓰는 동사로 출제됩니다.

☑ 연기하다, 미루다

의미 암기용 표현과 문장

• **The game has already been postponed three times.** 그 경기는 이미 세 번이나 연기되었다.

G-TELP 문법패턴훈련

One reason why people postpone _____ something is because big tasks appear overwhelming.
(a) to do   (b) doing

---

250 enclose
[inklóuz]

= surround

☑ 둘러싸다, 동봉하다

의미 암기용 표현과 문장

• **Low hedges enclosed the flower beds.** 낮은 울타리가 화단을 둘러싸고 있었다.
• **Please return the completed form, enclosing a recent photograph.** 양식을 작성하여 최근에 찍은 사진을 동봉하여 다시 보내 주세요.

G-TELP 구문독해훈련

Additionally, I have enclosed a 20% discount voucher redeemable at any of our retail stores.

---

251 feed
[fiːd]

= nourish
= food

☑ 밥을 먹이다   ⑪ 먹이

의미 암기용 표현과 문장

• **The baby can't feed itself yet.** 그 아이는 아직 혼자 밥을 못 먹는다.
• **winter feed for the horses** 그 말들의 겨울용 먹이

G-TELP 구문독해훈련

Goodall visited the Tanzanian chimpanzees' feeding area daily even though the animals always stayed distant.

---

252 audience
[ɔ́ːdiəns]

= crowd

⑪ 관중, 청중, 시청자, 독자, 관람객

의미 암기용 표현과 문장

• **An audience of millions watched the wedding on TV.** 수백만 명의 시청자들이 그 결혼식을 텔레비전으로 지켜보았다.

G-TELP 구문독해훈련

Magician Jack Bartinni continues to fascinate audiences with his magic tricks.

---

249. (b) 사람들이 무엇인가 하는 일을 미루는 한 가지 이유는 큰 업무는 압도적으로 보이기 때문입니다.   **250.** 추가적으로, 저는 우리의 소매점들에서 바꿔 쓸 수 있는 **20%** 할인권을 동봉했습니다.   **251.** 구달은 탄자니아 침팬지들이 항상 거리를 유지하려 했음에도 불구하고 매일 탄자니아 침팬지들의 먹이 먹는 곳을 매일 방문했다.   **252.** 마술사 잭 바르티니는 그의 마술 묘기로 계속해서 관객들을 매료시키고 있다.

253 **explain**
[ikspléin]

= describe

☑ 설명하다

의미 암기용 표현과 문장
• First, I'll explain the rules of the game. 먼저, 경기 규칙을 설명해 드리겠습니다.

G-TELP 구문독해훈련
Apparently, the HR officer was able to explain to him that he should not base major career decisions on emotions alone.

254 **confront**
[kənfrʌ́nt]

= face

☑ 직면하다, 맞서다

의미 암기용 표현과 문장
• This was the first time he had confronted an armed robber. 이것은 그가 처음으로 무장 강도와 정면으로 부딪치게 된 경우였다.
• They confronted the enemy heroically. 용감하게 적에 대항했다.

G-TELP 구문독해훈련
Rebecca says, she would confront the person directly and tell that person off.

255 **celebrate**
[séləbrèit]

= rejoice

GRAMMAR POINT
지텔프에서 celebrate는 be celebrated to부정사 형태로 자주 출제됩니다.

☑ 기념하다, 축하하다

의미 암기용 표현과 문장
• How do people celebrate New Year in your country? 당신 나라에서는 새해를 어떻게 기념해요?

G-TELP 문법패턴훈련
It's celebrated _____ all the men and women who died serving in the country's armed forces.
(a) remembering   (b) to remember

256 **express**
[iksprés]

= convey
= voice

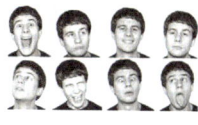

☑ 표현하다   ⓐ 급행의, 신속한, 속달의

의미 암기용 표현과 문장
• Teachers have expressed concern about the changes. 교사들은 그런 변화에 대해 우려를 표해 왔다.
• an express bus[coach/train] 급행 버스[(장거리) 버스/열차]

G-TELP 구문독해훈련
The American public also became annoyed at the fact that, despite all of his years in America, Chaplin never expressed a desire to become an American citizen.

---

253. 분명히, 인사과 간부는 그에게 그가 감정에만 기초해서 중요한 경력의 결정을 내려서는 안 된다고 설명할 수 있었다.   254. 레베카는 자신이라면 그 사람과 직접 대면해서 그 사람에게 꺼지라고 말했을 것이라고 말하고 있다.   255. (b) 이날은 이 나라의 군대에서 복무하면서 죽은 모든 남녀들을 기억하기 위해 축하되어 진다.   256. 미국 대중들은 또한 채플린이 미국에서 보낸 모든 세월에도 불구하고, 결코 미국 시민이 되고 싶다는 열망을 표현하지 않았다는 사실에 화가 나게 되었다.

DAY 01
DAY 02
DAY 03
DAY 04
DAY 05
DAY 06
DAY 07
DAY 08
DAY 09
DAY 10
DAY 11
DAY 12
DAY 13
DAY 14
DAY 15
DAY 16
DAY 17
DAY 18
DAY 19
DAY 20

257 **recruit**
[rikrúːt]

= novice

GRAMMAR POINT
지텔프에서 ARSID 동사 뒤에 that
절이 나오면 that절 속엔 동사원형을
골라야 합니다.

🔲 모집하다, 채용하다 🔲 신입(사원)

의미 암기용 표현과 문장
- They recruited several new members to the club. 그들은 그 클럽의 새 회원[구성원] 몇 명을 뽑았다.
- a raw[new] recruit 초심자, 풋내기

G-TELP 문법패턴훈련
The president **proposes that** they _____ research-oriented
faculty to help increase the university's ranking.
(a) recruit   (b) to recruit

258 **opportunity**
[ὰpərtjúːnəti]

= chance

🔲 기회

의미 암기용 표현과 문장
- There was no opportunity for further discussion. 더 이상 논의할 기회가 없었다.

G-TELP 구문독해훈련
We at TPG Financial Planning welcome the opportunity to
assist you in your business and look forward to a mutually
beneficial relationship.

259 **enrich**
[inríʧ]

= enhance

🔲 부유하게 하다

의미 암기용 표현과 문장
- The study of science has enriched all our lives. 과학 연구는 우리 모두의 삶을 풍요롭게 해왔다.

G-TELP 구문독해훈련
Songs also advance or enrich the plot of animated films.

260 **limit**
[límit]

= restrict

GRAMMAR POINT
선택문항에 조동사 4개, 접속사 4개,
접속부사 4개가 나오는 문제는 해석
으로 풀어야 하는 고난이도 문제입니
다.

🔲 제한하다 🔲 제한, 한계

의미 암기용 표현과 문장
- measures to limit carbon dioxide emissions from cars 자동차의 이산화탄소 배출량을 제한하는 조치
- She knew the limits of her power. 그녀는 자기 힘의 한도를 알고 있었다.

G-TELP 문법패턴훈련
Club 478 can fit only 350 people and slots are limited,
_____ reserve online now to secure your attendance.
(a) so   (b) but

---

257. (a) 총장은 대학의 순위를 올리는 것을 돕기 위해 그들이 연구 중심의 교수진을 채용해야 한다고 제안하고 있다.   **258.** TPG 파이낸셜 플래닝의 전 직원은
당신의 사업을 도울 수 있는 기회를 환영하며 상호 유익한 관계를 기대하는 바입니다.   **259.** 노래는 또한 애니메이션 영화의 줄거리를 발전시키거나 혹은 풍부하게
만들어준다.   **260. (a)** 클럽 478은 오직 350명을 수용할 수 있으며 입장은 제한되어 있습니다. 따라서 여러분의 참석을 확실히 지키기 위해 지금 당장 온라인으로
예약을 해 주시기 바랍니다.

261 security
[sikjúərəti]

= defence

GRAMMAR POINT

선택문항에 조동사 4개, 접속사 4개, 접속부사 4개가 나오는 문제는 해석으로 풀어야 하는 고난이도 문제입니다.

ⓝ 보안, 안보, 경비

의미 암기용 표현과 문장

- **national security** 국가 안보[방위]
- **airport security** 공항 보안[경비]

G-TELP 문법패턴훈련

When using the building's side entrance, remember that an alarm _____ sound **if** your security code **is not entered** on the keypad within 30 seconds.
(a) can   (b) will

262 encounter
[inkáuntər]

= confront
= experience

GRAMMAR POINT

지텔프에서 **suggest**는 동명사를 목적어로 쓰는 동사로 출제되거나 **ARSID that**절 속에 동사원형을 물어보는 문제로 출제됩니다.

ⓥ 만나다, 맞닥뜨리다   ⓝ 만남

의미 암기용 표현과 문장

- **She was the most remarkable woman he had ever encountered.** 그녀는 그가 접해 본 여자들 중 가장 놀라운 여자였다.
- **I had never encountered such resistance before.** 나는 그 전에는 그런 저항에 맞닥뜨린 적이 없었다.
- **a chance encounter** 우연한 만남[접촉]

G-TELP 문법패턴훈련

His climbing buddy, Jake, **suggests that** they _____ Mount Kilimanjaro, the highest mountain in Africa where they can still encounter exotic wildlife.
(a) engage   (b) engaged

263 impact
[ímpækt]

= effect
= influence

ⓝ 영향, 충격, 충돌   ⓥ 영향을 주다

의미 암기용 표현과 문장

- **the environmental impact of tourism** 관광이 환경에 미치는 영향
- **craters made by meteorite impacts** 운석 충돌로 생긴 운석공
- **Her father's death impacted greatly on her childhood years.** 아버지의 죽음은 그녀의 어린 시절에 큰 영향을 미쳤다.

G-TELP 구문독해훈련

Wonder Cruises also prides itself on its minimal environmental impact.

264 cause
[kɔːz]

= trigger
= reason

GRAMMAR POINT

지텔프에서 **cause**는 목적격보어로 **to**부정사를 쓰는 동사로 출제됩니다.

ⓥ 야기하다, 일으키다   ⓝ 원인, 이유

의미 암기용 표현과 문장

- **The bad weather is causing problems for many farmers.** 날씨가 안 좋아서 많은 농부들에게 문제가 초래되고 있다.
- **Unemployment is a major cause of poverty.** 실업은 빈곤의 주된 원인이다.

G-TELP 문법패턴훈련

An increase in demand for crude oil last quarter **caused** prices _____.
(a) to soar   (b) soaring

---

261. (b) 건물의 측면 입구를 사용할 때, 만약 보안 암호가 **30**초 이내에 키패드에 입력되지 않는다면 경보음이 울리게 될 것이라는 것을 기억하시기 바랍니다.
262. (a) 그의 등반 친구인 제이크는 그들이 이국적인 야생동물들을 만날 수 있는 아프리카의 가장 높은 산인, 킬리만자로 산을 만나봐야 한다고 제안하고 있다.
263. (b) 원더 크루즈는 또한 환경에 미치는 영향을 최소화 할 수 있다는 점도 자랑스럽게 생각합니다.   **264. (a)** 지난 분기 원유 수요의 증가가 가격을 상승하게 만들었다.

01 DAY 02 DAY 03 DAY 04 DAY 05 DAY 06 DAY 07 DAY 08 DAY 09 DAY 10 DAY 11 DAY 12 DAY 13 DAY 14 DAY 15 DAY 16 DAY 17 DAY 18 DAY 19 DAY 20 DAY

어휘·문법·독해까지 한꺼번에 끝내는 **G-TELP VOCABULARY LEVEL** 기본

265 **determine**
[ditə́ːrmin]

= decide

☑ 결심하다, 결정하다, 밝히다

의미 암기용 표현과 문장

- **They determined to start early.** 그들은 일찍 출발하기로 결정했다.
- **Age and experience will be determining factors in our choice of candidate.**
  우리의 후보 선택에 있어서는 연령과 경력이 결정적 요소가 될 것이다.
- **An inquiry was set up to determine the cause of the accident.** 그 사고의 원인을 밝히기 위한 조사단이 발촉되었다.

GRAMMAR POINT

determine은 **to**부정사를 목적어나 목적격보어로 쓰는 동사로 출제됩니다. 따라서 수동태형이 될 땐 **to**부정사가 남게 됩니다.

G-TELP 문법패턴훈련

Leila is determined _____ **a weight of 55 kilos.**
(a) achieving   **(b) to achieve**

---

266 **result**
[rizʌ́lt]

= consequence

> result in
>
> result from

N 결과   V 결과로서 생기다[초래하다]

의미 암기용 표현과 문장

- **She died as a result of her injuries.** 그녀는 부상을 입고 그 결과로[부상을 입은 끝에] 사망했다.
- **When water levels rise, flooding results.** 수위가 높아지면 홍수가 발생한다.

G-TELP 구문독해훈련

Criticisms resulted from Goodall's unconventional methods of observation, particularly her emotional, rather than objective, relationship with the chimpanzees.

---

267 **generate**
[dʒénərèit]

= produce

☑ 생성하다, 발전시키다, 발생시키다

의미 암기용 표현과 문장

- **generate electricity[heat/power]** 발전을 하다[열을/동력을 발생시키다]

G-TELP 구문독해훈련

Despite being a well-made film, The Spy Who Came in from the Actively Cold didn't generate much profit in the box office.

---

268 **degree**
[digríː]

= grade

N 학위, (온도나 각도 등의 단위) 도, 등급

의미 암기용 표현과 문장

- **a four-year degree course** 4년짜리 학위 과정
- **an angle of ninety degrees** 90도 각도
- **murder in the first degree** 1급 살인(죄)

G-TELP 구문독해훈련

Six years of experience in business is considered equivalent to a Master's Degree.

265. (b) 라일라는 **55**킬로그램의 몸무게를 달성하고자 결심한 상태입니다.   **266.** 구달의 관련이 없는 관찰 방법, 특히 그녀의 침팬지와의 객관적이기 보다는 감정적이었던 관계에서부터 비난이 생겨났다.   **267.** 잘 만들어진 영화임에도 불구하고, 진짜 추운 지역에서 온 스파이라는 영화는 매표소에서 많은 수익을 창출하지 못했다.   **268. 6**년간의 비즈니스 경험은 석사 학위와 동등한 것으로 간주됩니다.

269 convince

[kənvíns]

= persuade

GRAMMAR POINT

지텔프에서 가정법 과거완료의 짝짝기는 매회 가장 많이 출제되는 최다 빈출 문법패턴입니다.

ⓥ 확신시키다, 설득하다

의미 암기용 표현과 문장

- **I'd convinced myself (that) I was right.** 나는 내가 옳다고 스스로를 확신시켰었다.
- **I've been trying to convince him to see a doctor.** 나는 그를 의사에게 가 보라고 설득하는 중이다.

G-TELP 문법패턴훈련

If she had married, the luxurious lifestyle that she enjoys now _____ possible.

(a) will not have been　　　(b) would not have been

270 editorial

[èditɔ́ːriəl]

x

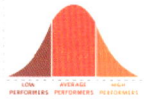

ⓐ 편집의　ⓝ 사설, 논평

의미 암기용 표현과 문장

- **the magazine's editorial staff** 그 잡지의 편집진
- **The editorial is on the last page in a newspaper.** 사설은 신문 마지막 페이지에 있다.

G-TELP 구문독해훈련

Joseph was relieved to receive his first editorial news with only a few points of revision.

271 average

[ǽvəridʒ]

= common

ⓐ 평균의, 보통의　ⓝ 평균

의미 암기용 표현과 문장

- **an average rate[cost/price]** 평균 비율[비용/가격]
- **Parents spend an average of $220 a year on toys.** 부모들은 장난감비로 1년에 평균 220달러를 쓴다.

G-TELP 구문독해훈련

The difference between the average person and great people is not just creative capacity, but the ability to develop that capacity.

272 lead

[líːd]

= guide

ⓥ 이끌다, 이르게 하다　ⓝ 우세, 앞섬

의미 암기용 표현과 문장

- **She led the horse back into the stable.** 그녀가 그 말을 다시 마구간으로 데리고 갔다.
- **Eating too much sugar can lead to health problems.** 설탕을 너무 많이 먹으면 건강에 문제가 생길 수 있다.
- **The Democrats now appear to be in the lead.** 지금은 민주당이 우세한 것 같다.

G-TELP 구문독해훈련

If LG Ltd. wants to keep the lead in television ratings, they must consistently maintain a good understanding of consumer preferences.

---

269. (b) 만약 그녀가 결혼을 했었다면, 그녀가 지금 즐기고 있는 호화로운 생활방식은 가능하지 않았을 것이다.　**270.** 조셉은 몇 가지 수정만 받고 그의 첫 번째 사설 뉴스를 받은 것에 안도감을 느꼈다.　**271.** 평균적인 사람과 위대한 사람들의 차이는 단지 창의적인 역량뿐만 아니라 또한 역량 개발 능력에 차이가 있다.　**272.** 만약 **LG**사가 **TV** 순위에서 선두를 지키고 싶다면, 그들은 소비자 선호에 대한 좋은 이해를 계속적으로 일관되게 유지해야만 한다.

어휘·문법·독해까지 한가방에 끝내는 G-TELP VOCABULARY LEVEL 기본

273 **separate**
[séparèit]

= different
= divide

adj 분리된, 서로 다른   **v** 분리하다, 갈라지다

의미 암기용 표현과 문장
- **separate bedrooms** 분리된[따로 떨어져 있는] 방[침실]들
- **It is impossible to separate belief from emotion.** 신념을 감정과 분리하는 것은 불가능하다.

G-TELP 구문독해훈련
All travel expenses should be listed separately from the other business-related ones.

274 **offer**
[ɔ́ːfər]

= provide

GRAMMAR POINT
be willing 다음에는 to부정사를 씁니다. to부정사를 뒤에 쓰는 형용사 관용표현을 기억해야 합니다.

v 제안하다, 제공하다   **n** 제안

의미 암기용 표현과 문장
- **Josie had offered her services as a guide** 조시는 가이드가 되어 주겠다고 제안했었다.
- **The hotel offers excellent facilities for families.** 본 호텔에서는 가족들께 훌륭한 시설을 제공해 드립니다.
- **I accepted her offer to pay.** 나는 돈을 내겠다는 그녀의 제의를 받아들였다.

G-TELP 문법패턴훈련
Mr. Patrick would be willing _____ our offer to switch his presentation to an earlier time slot.
(a) to accept   (b) accepting

275 **burst**
[bɑ́ːrst]

= break
= explode

v 터지다, 파열하다   **n** 폭발, 파열

의미 암기용 표현과 문장
- **That balloon will burst if you blow it up any more.** 조금만 더 불면 그 풍선은 터질 거야.
- **a burst in a water pipe** 수도관이 터진 곳

G-TELP 구문독해훈련
She burst into tears when she heard her old friend's death.

276 **function**
[fʌ́ŋkʃən]

= operate
= work

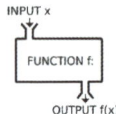

n 기능   **v** 기능하다, 작용하다

의미 암기용 표현과 문장
- **The function of the heart is to pump blood through the body.** 심장의 기능은 전신에 혈액을 내보내는 것이다.
- **The telephone was not functioning.** 전화가 통하지 않았다[고장 났었다].

G-TELP 구문독해훈련
Some of the new features that come with the upgrade include; a simpler layout, a preview function, daily deals, keyword searching, purchase history, a variety of methods for payment, and a one-stop check-out system.

---

273. 모든 출장 여행 경비는 다른 사업 관련 경비와 분리되어 나열되어야 합니다.   **274. (a)** 패트릭씨는 그의 발표를 좀 더 이른 시간대로 바꿀 수 있냐는 우리의 제안을 기꺼이 받아들이려고 할지도 모른다.   **275.** 그녀는 오랜 친구의 죽음을 듣고 오열을 했다.   **276.** 업그레이드와 함께 제공되는 새로운 기능들 중 일부는 다음과 같습니다. ─ 더 간단한 전체 디자인, 미리보기 기능, 일일 거래, 키워드 검색, 구매 내역 관리, 다양한 지불 방법, 그리고 원스톱 체크아웃 시스템 등이 있습니다.

01 DAY
02 DAY
03 DAY
04 DAY
05 DAY
06 DAY
07 DAY
08 DAY
09 DAY
10 DAY
11 DAY
12 DAY
13 DAY
14 DAY
15 DAY
16 DAY
17 DAY
18 DAY
19 DAY
20 DAY

277 escape

[iskéip]

= flee

GRAMMAR POINT

선택문항에 조동사 4개, 접속사 4개, 접속부사 4개가 나오는 문제는 해석으로 풀어야 하는 고난이도 문제입니다.

V 탈출하니 **N** 탈출, 노씨

의미 암기용 표현과 문장

- **Two prisoners have escaped.** 두 명의 재소자[죄수]가 달아났다.
- **For her travel was an escape from the boredom of her everyday life.** 그녀에게 여행은 지루한 일상생활로부터의 도피였다.

G-TELP 문법패턴훈련

A building's construction was stopped _____ the inspector saw the lack of a fire escape ladder in the building plan.
(a) after   **(b) even if**

278 release

[rilíːs]

= publish
= free

V 공개하다, 발표하다, 풀어주다 **N** 발표, 개봉, 석방

의미 암기용 표현과 문장

- **Police have released no further details about the accident.** 경찰은 그 사건에 대해 더 이상 자세한 내용을 공개하지 않았다.
- **release a prisoner[hostage]** 죄수를[인질을] 석방하다
- **The government has been working to secure the release of the hostages.** 정부가 그 인질들의 석방을 담보하기 위해 노력해 오고 있다.
- **The new software is planned for release in April.** 그 새 소프트웨어는 4월에 발표[출시]될 계획이다.

G-TELP 구문독해훈련

Television writer Hart Hanson released The Driver in 2017 to favorable reception.

279 predict

[pridíkt]

= foresee

V 예측하다

의미 암기용 표현과 문장

- **Nobody could predict the outcome.** 아무도 그 결과를 예측할 수 없다.

G-TELP 구문독해훈련

Not a single stock broker is able to precisely predict how the stock market will move.

280 board

[bɔːrd]

= timber
= committee

V 탑승하다 **N** 판자, 위원회

의미 암기용 표현과 문장

- **Passengers are waiting to board.** 승객들이 탑승을 기다리고 있다.
- **a bulletin board** 게시[안내]판
- **members of the board** 이사진 구성원들

G-TELP 구문독해훈련

The final decision was made after the board of directors accepted a recommendation from the Chairman about which company to choose.

---

277. (a) 감독자가 건물 설계도에서 화재 시 탈출 사다리가 없는 것을 발견한 후 건물의 공사가 중단되었다.   **278.** 텔레비전 작가인 하트 핸슨은 큰 호평을 받으며 2017년에 운전사라는 작품을 출품했다.   **279.** 어떻게 주식시장이 움직일 것인지 정확하게 예측할 수 있는 주식 중개인은 단 한 명도 없다.   **280.** 최종 결정은 이사회가 어느 회사를 선택할 지에 대한 회장의 권고를 받고 난 후 이루어졌다.

281 **evidence**
[évədəns]

= proof

🔲 증거, 흔적

의미 암기용 표현과 문장
- **Have you any evidence to support this allegation?** 이 혐의를 뒷받침할 만한 무슨 증거가 있습니까?

G-TELP 구문독해훈련

Scientists found evidence that drug-resistant bacteria linked to antibiotic resistance can be present in the air.

---

282 **afford**
[əfɔ́ːrd]

= manage

GRAMMAR POINT
지텔프에서 **afford**는 동명사 대신 to 부정사를 목적어로 쓰는 동사로 출제됩니다.

🔳 ~할 여유가 있다

의미 암기용 표현과 문장
- **We can't afford to go abroad this summer.** 우리가 올 여름에는 해외로 갈 형편이 안 된다.

G-TELP 문법패턴훈련

We decided to repair the old copier because we **couldn't afford** _____ a new one.
(a) buying   (b) to buy

---

283 **boost**
[buːst]

= encourage

🔳 부양하다, 신장시키다   🔲 증가, 부양책

의미 암기용 표현과 문장
- **boost exports[profits]** 수출[수익]을 신장시키다
- **a boost in car sales** 자동차 판매 증가
- **The tax cuts will give a much needed boost to the economy.** 그 감세 조치들이 경제에 크게 필요한 부양책이 될 것이다.

G-TELP 구문독해훈련

In order to boost morale, the president has announced winter bonuses for all employees.

---

284 **promise**
[prɑ́mis]

= pledge

GRAMMAR POINT
지텔프에서 **promise**는 동명사 대신 to부정사를 목적어로 쓰는 동사로 출제됩니다.

🔳 약속하다   🔲 약속

의미 암기용 표현과 문장
- **They arrived at 7:30 as they had promised.** 그들은 약속한 대로 7시 30분에 도착했다.
- **make[keep/break] a promise** 약속을 하다[지키다/어기다]

G-TELP 문법패턴훈련

We **promise** _____ you with everything you need to help ensure that your vacation is as comfortable and enjoyable as possible.
(a) to provide   (b) providing

---

281. 과학자들은 항생제 내성과 관련된 약물 내성 박테리아가 대기 중에 존재할 수 있다는 증거를 발견했다.   **282. (b)** 우리는 새로운 복사기를 구입 할 여유가 없기 때문에 낡은 복사기를 수리하기로 결정했다.   **283.** 사기를 진작시키기 위해, 사장은 모든 직원들에게 겨울 보너스를 발표했다.   **284. (a)** 우리는 귀하의 휴가가 되도록 편안하고 즐겁게 될 수 있도록 확실히 하는 것을 돕기 위해 귀하가 필요로 하는 모든 것을 제공드릴 것을 약속드립니다.

285 recognize

[rékəgnàiz]

= identify
= acknowledge

🔲 알아보다, 인정하다, 인식하다

의미 암기용 표현과 문장

- **I recognized him as soon as he came in the room.** 나는 그가 방에 들어오자마자 그를 알아보았다.
- **Nobody recognized how urgent the situation was.** 상황이 얼마나 긴박한지를 아무도 인식하지 못했다.

G-TELP 구문독해훈련

Submit your best film and be recognized as the next up-and-coming filmmakers!

286 conclude

[kənklúːd]

= decide
= judge

🔲 결론짓다

의미 암기용 표현과 문장

- **He concluded from their remarks that they were not in favour of the plan.** 그는 그들의 말로 보아 그들이 그 계획에 찬성하지 않는다는 판단을 내렸다.

G-TELP 구문독해훈련

After visiting several of the local schools, we have concluded that your school would provide the best learning environment for our child.

287 shift

[ʃift]

= change

🔲 교대근무, 교대근무 시간 🔲 바꾸다, 이동하다

의미 암기용 표현과 문장

- **be on the day[night] shift at the factory** 공장에서 주간[야간] 근무를 하다
- **Could you help me shift some furniture?** 제가 가구 옮기는 거 좀 도와주실 수 있으세요?

G-TELP 구문독해훈련

He is usually very busy with work, but he said he might come after his shift is over.

288 reach

[riːtʃ]

= approach
= range

GRAMMAR POINT

지텔프에서 **this afternoon**이 나오면 미래진행시제가 정답이 됩니다.

🔲 닿다, 도달하다 🔲 미치는 거리[범위]

의미 암기용 표현과 문장

- **They didn't reach the border until after dark.** 그들은 어두워진 후에야 국경에 이르렀다.
- **Cleaning fluids should be kept out of the reach of children.** 세제는 아이들의 손이 안 닿는 곳에 보관해야 한다.

G-TELP 문법패턴훈련

This afternoon, we _____ the calamity-stricken village shortly to perform humanitarian work.
(a) will be reaching   (b) reached

---

285. 여러분의 최고의 영화를 제출하고 다음 세대의 주목할 만한 영화 제작자로 인정받으십시오!   **286.** 지역 학교 중 몇 곳을 방문한 후, 우리는 귀하의 학교가 우리 자녀에게 최상의 학습 환경을 제공할 것이라고 결론지었습니다.   **287.** 그는 대개 일 때문에 매우 바쁩니다만, 교대가 끝난 후에 그가 올 수 있을지도 모른다고 말했습니다.   **288. (a)** 오늘 오후에, 우리는 재난을 당한 마을에 인도주의적 도움을 주기 위해 잠깐 방문하게 될 것입니다.

DAY 01 DAY 02 DAY 03 DAY 04 **DAY 05** DAY 06 DAY 07 DAY 08 DAY 09 DAY 10 DAY 11 DAY 12 DAY 13 DAY 14 DAY 15 DAY 16 DAY 17 DAY 18 DAY 19 DAY 20

어휘·문법·독해까지 한거번에 끝내는 G-TELP VOCABULARY LEVEL 기본

289 prepare
[pripέər]

= arrange

☑ 준비하다

의미 암기용 표현과 문장
• A hotel room is being prepared for them. 그들을 위해 호텔 객실 하나를 준비하고 있는 중이다.

G-TELP 구문독해훈련
Many people argue that our current educational system doesn't prepare students to be independent thinkers.

---

290 regulation
[règjuléiʃən]

= control

GRAMMAR POINT
지텔프에서 가정법 과거완료의 짝찾기는 무조건 맞춰야 하는 5초짜리 문제입니다.

🅝 규정, 규제

의미 암기용 표현과 문장
• fire[safety/building] regulations 화재[안전/건축] 관련 규정

G-TELP 문법패턴훈련
Many journalists criticized the Canadian government, saying that if government officials _____ stricter building regulations, they would have lessened the impact of the disaster.
(a) enforced   (b) had enforced

---

291 edible
[édəbl]

= eatable

Marijuana Edibles

🅐 먹을 수 있는

의미 암기용 표현과 문장
• The food at the hotel was barely edible. 그 호텔의 음식은 간신히 먹을 만한 정도였다.

G-TELP 구문독해훈련
Many species are edible and the blue crab of the Atlantic coast is one of the most popular.

---

292 hate
[heit]

= detest
= dislike

GRAMMAR POINT
hate는 to부정사와 동명사를 모두 목적어로 쓸 수 있는 동사이지만, 지텔프 실전에서는 단순동명사가 정답이 되는 문제가 주로 출제됩니다.

☑ 싫어하다, 증오하다

의미 암기용 표현과 문장
• She hates making mistakes. 그녀는 실수하는 것을 질색한다.

G-TELP 문법패턴훈련
I really hate _____, but it's been a long time since the two of us had a nice chat.
(a) to have been surprised (b) being surprised

---

289. 많은 사람들은 우리의 현행 교육 제도가 학생들을 독립적인 사고를 할 수 있는 사람으로 준비시키지 못한다고 주장합니다.   **290. (b)** 많은 언론인들은 만약 정부 관료들이 보다 엄격한 건물 규정을 지켰었다면, 재앙의 영향을 줄였을 것이라고 캐나다 정부를 비판했다.   **291.** 많은 종들이 식용 가능하며 그 중 대서양 연안의 푸른 게가 가장 인기 있는 종들 중 하나입니다.   **292. (b)** 나는 정말로 깜짝 놀람을 당하는 일을 싫어하지만, 우리 둘은 오랜 만에 좋은 이야기를 나눴다.

293 **participate**

[pɑːrtísəpèit]

= join
= partake

GRAMMAR POINT

지텔프에서 urgent that절이 나오면 that절 속에는 동사원형을 답으로 골라야 합니다.

🅥 참여하다

의미 암기용 표현과 문장

• **She didn't participate in the discussion.** 그녀는 그 논의에 참가하지 않았다.

G-TELP 문법패턴훈련

It is urgent that the public _____ in saving the whales from extinction.
(a) participates   (b) participate

---

294 **responsible**

[rispánsəbl]

= liable

GRAMMAR POINT

지텔프에서는 가정법 과거의 짝찾기도 매회 3문제 정도씩 출제됩니다.

🅐 책임이 있는

의미 암기용 표현과 문장

• **Mike is responsible for designing the entire project.** 마이크가 그 프로젝트 전체를 디자인하는 것을 책임지고 있다.

G-TELP 문법패턴훈련

If she only **knew** who were responsible for it, she _____ them to the authorities immediately.
(a) would have reported   (b) would report

---

295 **convenient**

[kənvíːnjənt]

= handy
= suitable

🅐 편리한

의미 암기용 표현과 문장

• **It is very convenient to pay by credit card.** 신용 카드로 지불하는 것은 대단히 편리하다.

G-TELP 구문독해훈련

The results from the customer satisfaction survey indicated that our return and exchange process should be changed to a more convenient and friendly process.

---

296 **available**

[əvéiləbl]

= accessible

🅐 이용 가능한, 구할 수 있는, 시간이 가능한

의미 암기용 표현과 문장

• **Further information is available on request.** 추가 내용은 요청하시면 알려 드립니다.
• **Will she be available this afternoon?** 오늘 오후에 그 분이 시간이 될까요?

G-TELP 구문독해훈련

Even though Research and Development has worked very hard, they still have a lot of work ahead of them before our new product is available for the market.

---

293. (b) 고래를 멸종으로부터 구하기 위해서는 일반 대중들이 신속히 참여해야 한다.   294. (b) 만약 누가 했는지 그녀가 안다면, 그녀는 즉시 당국에 그들을 신고할 것이다.   295. 고객 만족도 설문 조사의 결과들은 우리의 반환 및 교환 과정이 좀 더 편리하고 친숙한 과정으로 변경되어야 한다는 것을 나타내고 있다.   296. 심지어 연구 개발 부서가 매우 열심히 일했음에도 불구하고, 우리의 신제품이 시장에 출시되기 전에 아직도 여전히 많은 일이 그들 앞에 남아 있다.

DAY 01 02 03 04 05 06 07 08 09 10 11 12 13 14 15 16 17 18 19 20

어휘·문법·독해까지 한칼번에 끝내는 G-TELP VOCABULARY LEVEL 기본

297 plan
[plæn]

= scheme

GRAMMAR POINT

in an effort to부정사는 in order to부정사와 같은 의미로 쓰입니다.

ⁿ 계획 ᵛ 계획하다

의미 암기용 표현과 문장

• **Do you have any plans for the summer?** 여름에 무슨 계획 있으세요?
• **They plan to arrive some time after three.** 그들은 세 시 조금 지나 도착하려고 계획한다.

G-TELP 문법패턴훈련

Zest Soda Company will announce plans to release a new grape flavor in an effort _____ to a much younger market.
(a) appealing   **(b) to appeal**

298 government
[ɡʌ́vərnmənt]

= regime

GRAMMAR POINT

be ready 뒤에는 to부정사를 씁니다.

ⁿ 정부, 정권

의미 암기용 표현과 문장

• **government policies[officials/ministers]** 정부 정책들[공무원들/장관들]

G-TELP 문법패턴훈련

The government is ready _____ necessary posts with competent and efficient individuals from the private sector.
(a) to fill   **(b) filling**

299 illustrate
[íləstrèit]

= demonstrate
= explain

ᵛ 삽화를 넣다, 설명하다

의미 암기용 표현과 문장

• **an illustrated textbook** 삽화가 들어간 교재
• **To illustrate my point, let me tell you a little story.** 제 요점을 분명히 하기 위해 작은 이야기를 하나 들려 드리겠습니다.

G-TELP 구문독해훈련

The census figures illustrate how the nation has grown.

300 arrive
[əráiv]

= come

ᵛ 도착하다

의미 암기용 표현과 문장

• **I'll wait until they arrive.** 난 그들이 도착할 때까지 기다릴 것이다.

G-TELP 구문독해훈련

Due to the heavy traffic congestion on the expressway, Mr. Collins arrived late at the airport and narrowly missed the flight.

---

297. (b) 제스트 소다 컴퍼니는 좀 더 젊은 시장의 흥미를 끌기 위해 새로운 포도 맛을 출시하는 계획을 발표할 것이다.   **298. (a)** 정부는 민간 부문으로부터 (뽑는) 유능하고 효율적인 사람들로 필요한 자리를 채울 준비가 되어 있다.   **299.** 인구 조사 수치는 그 나라가 어떻게 성장했는지 설명합니다.   **300.** 고속도로에서 교통 혼잡이 심해, 콜린스씨는 공항에 늦게 도착하여 간발의 차이로 비행기를 놓쳤다.

DAY

06

20 days

어휘·문법·독해까지 한꺼번에 끝내는
ALL-IN-ONE 우선순위 G-TELP

_____
VOCABULARY LEVEL 기본

attract

develop

value

301 demand
[dimǽnd]

= ask
= require

GRAMMAR POINT

지텔프에서 demand는 ARSID that 절 속에 동사원형을 물어보는 문제로 출제됩니다.

☑ 요구하다 ⋒ 요구, 수요

의미 암기용 표현과 문장

- **She demanded an immediate explanation.** 그녀는 즉각적인 해명을 요구했다.
- **a demand for higher pay** 임금 인상 요구

G-TELP 문법패턴훈련

The owner **demanded that** she _____ her long overdue account by Friday, or she would be evicted from her unit.
(a) settles   (b) settle

---

302 announce
[ənáuns]

= declare

☑ 발표하다, 방송하다

의미 암기용 표현과 문장

- **We are pleased to announce that all five candidates were successful.** 후보자 다섯 명 전원이 통과(합격)하였음을 기쁜 마음으로 알려 드립니다.
- **They announced that the flight would be delayed.** 비행기가 연착된다는 방송이 있었다.

G-TELP 구문독해훈련

At 9 p.m., we will announce the winners.

---

303 inspect
[inspékt]

= examine

☑ 점검하다, 조사하다

의미 암기용 표현과 문장

- **Make sure you inspect the goods before signing for them.** 서명을 하기 전에 반드시 상품을 점검하라.

G-TELP 구문독해훈련

To ensure that a product encourages such, one should inspect its ingredients first.

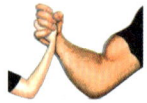

---

304 weaken
[wí:kən]

= undermine

☑ 약화시키다

의미 암기용 표현과 문장

- **The explosion had weakened the building's foundations.** 그 폭발로 그 건물의 기반이 약해져 있었다.

G-TELP 구문독해훈련

Stress can weaken the human immune system.

---

301. (b) 주인은 금요일까지 그녀가 오래된 미지급 연체금을 해결해야 한다고 요구했다, 만약 그렇게 하지 못한다면 그녀는 그녀의 거소에서 퇴거당하게 될지 모른다. **302.** 오후 9시에, 우리는 우승자를 발표할 것입니다. **303.** 제품이 그렇게 되도록 확실히 하기 위해서는, 먼저 제품의 재료들을 조사해 보아야 합니다. **304.** 스트레스는 인간의 면역 체계를 약화시킬 수 있다.

305 delay

[diléi]

= procrastinate
= postpone

Ⅴ 지연시키나, 비루나 **Ⅱ** 지연, 비늄

의미 암기용 표현과 문장

- **Thousands of commuters were delayed for over an hour.** 수천 명의 통근자들이 1시간 넘게 지체되었다.
- **We apologize for the delay in answering your letter.** 당신 편지에 답장이 늦어진 것을 사과드립니다.

G-TELP 구문독해훈련

Do you often delay or put off tasks until the last minute?

306 form

[fɔːrm]

= type
= shape

Ⅱ 종류, 형태, 문서, 서식 **Ⅴ** 형성하다

의미 암기용 표현과 문장

- **one of the most common forms of cancer** 가장 흔한 종류의 암 가운데 하나
- **an application[entry/order] form** 지원서[참가 신청서/주문서]
- **These hills were formed by glaciation.** 이 산들은 빙하작용으로 형성되었다.

G-TELP 구문독해훈련

This natural landmark was formed about five to six million years ago when erosion caused by the Colorado River cut a deep channel through layers of rock.

307 tend

[tend]

= incline

GRAMMAR POINT

지텔프에서 tend는 동명사 대신 to부정사를 목적어로 쓰는 동사로 출제됩니다.

Ⅴ ~하는 경향이 있다

의미 암기용 표현과 문장

- **Women tend to live longer than men.** 여성이 남성보다 더 오래 사는 경향이 있다.

G-TELP 문법패턴훈련

The findings may also explain why our breathing tends _____ up when we're scared or panicked.

(a) speeding   (b) to speed

308 obtain

[əbtéin]

= acquire

Ⅴ 얻다, 입수하다

의미 암기용 표현과 문장

- **obtain advice[information/permission]** 충고를[정보를/허락을] 얻다

G-TELP 구문독해훈련

We then show these clients how to obtain cash from business notes.

01 DAY / 02 DAY / 03 DAY / 04 DAY / 05 DAY / **06 DAY** / 07 DAY / 08 DAY / 09 DAY / 10 DAY / 11 DAY / 12 DAY / 13 DAY / 14 DAY / 15 DAY / 16 DAY / 17 DAY / 18 DAY / 19 DAY / 20 DAY

어휘 · 문법 · 독해까지 한꺼번에 끝내는 G-TELP VOCABULARY LEVEL 기출

---

305. 종종 당신은 마지막 순간까지 작업을 미루거나 연기합니까? **306.** 이 자연의 장관은[랜드마크는] 콜로라도 강에 의한 침식 작용이 암석층을 통해 깊은 협곡을 만들게 한 대략 **500**만 년 전에서 **600**만 년 전 사이에 형성되었다. **307.** (b) 이 발견들은 또한 우리가 두려워하거나 공포에 질려 할 때 우리의 호흡이 왜 빨라지는지를 설명해 줄 수 있을지도 모른다. **308.** 그런 다음 저희는 이 고객들에게 어음을 현금화하는 방법을 보여 드립니다.

REVIEW 1 2 3 4 5

309 **suppose**

[səpóuz]

= guess
= presume

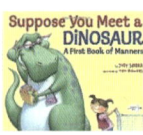

ⓥ 가정하다, 생각하다

의미 암기용 표현과 문장
- **She had supposed him (to be) very rich.** 그녀는 그가 아주 부자일 거라고 생각했다.

G-TELP 구문독해훈련

For an ID photo to be accepted, it is supposed to distinctly show facial features, and match the size in the application.

---

310 **harm**

[haːrm]

= hurt
= injure

Warning
Harmful chemicals

ⓥ 해를 주다 ⓝ 피해, 손해

의미 암기용 표현과 문장
- **Pollution can harm marine life.** 오염은 해양 생물들에게 해를 끼칠 수 있다.
- **Hard work never did anyone any harm.** 열심히 공부해서 피해 본 사람은 아무도 없다.

G-TELP 구문독해훈련

She immediately realized that she must stop using the pill because it was doing her more harm than good.

---

311 **attract**

[ətrǽkt]

= allure

GRAMMAR POINT
지텔프에서 가정법 과거의 짝찾기는 무조건 맞춰야 하는 5초짜리 문제입니다.

ⓥ 끌어들이다, 마음을 끌다, 매혹하다

의미 암기용 표현과 문장
- **The exhibition has attracted thousands of visitors.** 그 전시회는 수천 명의 방문객을 끌어 모았다.

G-TELP 문법패턴훈련

If the site were attracting more advertisers, it _____ for a long time.
(a) would survive   (b) survived

---

312 **arrest**

[ərést]

= apprehend
= capture

ⓥ 체포하다

의미 암기용 표현과 문장
- **A man has been arrested in connection with the robbery.** 그 강도 사건과 관련해서 한 남자가 체포되었다.

G-TELP 구문독해훈련

Lindsay's seemingly friendly neighbor had left his house when the people came to arrest him.

---

309. 신분증의 사진이 받아들여지게 하기 위해서는, 사진은 분명하게 얼굴의 특징들을 보여주고 있어야 하며, 신청서의 사진 칸 크기와 일치해야 합니다. **310.** 그녀는 즉시 이것이 그녀에게 좋은 것보다는 해를 더 많이 끼치고 있기 때문에 그 약의 사용을 중지해야 한다는 것을 깨달았다. **311. (a)** 만약 사이트가 더 많은 광고주들을 끌어 들이고 있다면, 그 사이트는 오랫동안 생존할 수 있을 텐데. **312.** 린제이의 겉보기에 친절한 이웃은 사람들이 그를 체포하러 왔을 때 그의 집을 이미 떠나고 없었다.

313 **relleve**
[rilíːv]

= alleviate
= ease

ⓥ 덜어[없애] 주다, 완화시키다, 안심시키다

의미 암기용 표현과 문장
- **relieve anxiety[guilt/stress]** 불안감을[죄책감을/스트레스를] 없애[덜어] 주다

G-TELP 구문독해훈련

The shortage of parking spots downtown will be relieved by the construction of a new garage on Scott Street.

---

314 **issue**
[íʃuː]

= topic
= release

ⓝ 주제, 쟁점, 문제, (정기 간행물의) ~호 ⓥ 발표하다, 발행하다

의미 암기용 표현과 문장
- **She usually writes about environmental issues.** 그녀는 보통 환경 관련 주제에 대해 글을 쓴다.
- **They issued a joint statement denying the charges.** 그들은 그 혐의를 부인하는 합동 성명을 발표했다.
- **We issue a monthly newsletter.** 우리는 월간 소식지를 발행한다.

G-TELP 구문독해훈련

The upcoming issue of Japan Business Monthly will feature a story of changes to online business models.

---

315 **reduce**
[ridjúːs]

= decline
= decrease

ⓥ 감소시키다, 줄이다

의미 암기용 표현과 문장
- **Giving up smoking reduces the risk of heart disease.** 담배를 끊으면 심장 질환의 위험이 줄어든다.

G-TELP 구문독해훈련

Research shows that the use of LG Biomedical's new surgical laser significantly reduces healing time for patients.

---

316 **raise**
[reiz]

= foster
= increase

GRAMMAR POINT

선택문항에 조동사 4개, 접속사 4개, 접속부사 4개가 나오는 문제는 해석으로 풀어야 하는 고난이도 문제입니다.

ⓥ 키우다, 올리다

의미 암기용 표현과 문장
- **They were both raised in the South.** 그들은 두 사람 다 남부에서 자랐다.
- **She raised the gun and fired.** 그녀가 총을 들어올려 쐈다.

G-TELP 문법패턴훈련

Most employees welcomed the company's relocation to Singapore _____ they considered it an attractive place to raise children.

(a) because   **(b) although**

---

313. 도심지의 주차 공간 부족은 스콧 스트리트에 새로운 주차장의 건설에 의해 해결될 것입니다.　**314.** 다음 달에 출간될 월간 일본 비즈니스 잡지는 온라인 사업 모델들에 닥친 변화의 이야기들을 특집 기사로 다룰 것입니다.　**315.** 연구는 LG 생명과학의 새로운 외과용 레이저가 환자들의 치유 시간을 단축시켜 준다는 것을 보여주고 있습니다.　**316. (a)** 대부분의 직원들은 싱가포르가 자녀를 양육하기에 매력적인 장소라고 생각했기 때문에 회사의 싱가포르 이전을 환영했다.

317 compliment
[kámpləmənt]

= praise

GRAMMAR POINT

"~하기 위해서"나 "~하기 위한"의 의미로 쓰이는 to부정사의 쓰임에도 익숙해져야 합니다.

n 칭찬 **v** 칭찬하다

의미 암기용 표현과 문장
- **make[pay] a compliment to a person** 남에게 알랑거리다, 남을 칭찬하다
- **The teacher complimented the girl on her good grades.** 선생님은 소녀의 좋은 성적을 칭찬했다.

G-TELP 문법패턴훈련

So, how can you compliment your friends effectively _____ them feel really special?
(a) making   (b) to make

---

318 certificate
[sərtífikeit]

= license

n 면허증, 자격증, 증서, 증명서

의미 암기용 표현과 문장
- **a birth[marriage/death] certificate** 출생[혼인/사망] 증명서
- **a teacher's certificate** 교원 자격증

G-TELP 구문독해훈련

At the end of the day, the raffle will be held with prizes ranging from gift certificates for bookstores, magazine subscriptions, to free language classes.

---

319 thick
[θik]

= dense

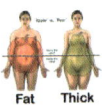

Fat   Thick

a 두꺼운, 짙은

의미 암기용 표현과 문장
- **a thick slice of bread** 두툼한 빵 한 조각

G-TELP 구문독해훈련

All materials should be spread in half-inch thick layers.

---

320 compensate
[kámpənsèit]

= recompense

GRAMMAR POINT

지텔프에서 reluctant는 be reluctant to부정사 형태로 출제됩니다.

v 보상하다

의미 암기용 표현과 문장
- **Nothing can compensate for the loss of a loved one.** 사랑하는 사람을 잃은 것은 그 무엇으로도 보상할 수 없다.

G-TELP 문법패턴훈련

The management realized that most employees are reluctant _____ to foreign branches unless they are compensated sufficiently.
(a) to transfer   (b) transferring

---

317. (b) 그래서, 여러분들은 친구들이 정말로 특별하다고 느껴지도록 하기 위해서 어떻게 효과적으로 친구들을 칭찬할 수 있을 것 같습니까? **318.** 오늘의 마지막 행사로, 서점의 상품권과 잡지 구독권에서 무료 어학 수업들에까지 이르는 상품들을 받게 되는 복권 추첨식이 열릴 것입니다. **319.** 모든 재료들은 1/2인치 두께의 층들로 깔려야 합니다. **320. (a)** 경영진은 대부분의 직원들이 충분히 보상받지 못한다면 외국 지점으로 전근 가는 것을 꺼려한다는 사실을 깨달았다.

321 reveal
[riví:l]

= disclose

ⓥ 드러내다, 폭로하나

의미 암기용 표현과 문장

• It was revealed that important evidence had been suppressed. 중요한 증거가 은폐되어 왔음이 폭로되었다.

G-TELP 구문독해훈련

A survey conducted by a research center revealed that the majority of online shoppers are educated and have an annual household income of $50,000.

322 refund
[rifΛnd]

= repay
= reimburse

ⓝ 환불(금) ⓥ 환불하다

의미 암기용 표현과 문장

• claim[demand/receive] a refund 환불을 청구하다[요구하다/받다]
• We will refund your money to you in full if you are not entirely satisfied. 당신이 전적으로 만족하지 않으시면 돈을 전액 환불해 드립니다.

G-TELP 구문독해훈련

The customer service department sent e-mails to patrons to say it was sincerely appreciative of their feedback on the new refund policy.

323 hesitate
[hézatèit]

= delay
= pause

GRAMMAR POINT

지텔프에서 hesitate는 동명사 대신 to부정사를 목적어로 쓰는 동사로 출제됩니다.

ⓥ 주저하다

의미 암기용 표현과 문장

• Please don't hesitate to contact me if you have any queries. 문의하실 게 있으시면 조금도 거리끼지 마시고 제게 연락하시기 바랍니다.

G-TELP 문법패턴훈련

If you require additional information about our products, please do not hesitate _____ the customer service department.
(a) to contact   (b) contacting

324 judge
[dʒΛdʒ]

= magistrate
= adjudicate

ⓝ 판사, 심판, 심사위원 ⓥ 판단하다, 판결하다

의미 암기용 표현과 문장

• a federal judge 연방법원 판사
• As far as I can judge, all of them are to blame. 내 판단으로는 그들 모두가 책임이 있다.

G-TELP 구문독해훈련

The judge will not charge our Vice President with fraud, but he will have to step down from his current position.

---

321. 연구 센터가 실시한 설문 조사에 따르면 온라인 쇼핑객의 대다수는 교육을 받았으며 연간 가구 소득은 **5**만 달러라고 한다.   **322.** 고객 서비스 부서는 고객들에게 회사가 진심으로 새로운 환불 정책에 대한 응답에 감사해 한다고 말하는 이메일을 보냈다.   **323. (a)** 만약 제품에 대한 추가 정보를 원하신다면, 주저하지 말고 고객 서비스 부서에 문의하십시오.   **324.** 판사는 우리 부사장을 사기죄로 기소하지는 않을 것이다, 그러나 부사장이 현재의 직책에서 내려오기는 해야 할 것이다.

DAY 01 DAY 02 DAY 03 DAY 04 DAY 05 DAY 06 DAY 07 DAY 08 DAY 09 DAY 10 DAY 11 DAY 12 DAY 13 DAY 14 DAY 15 DAY 16 DAY 17 DAY 18 DAY 19 DAY 20

어휘·문법·독해까지 한 권에 끝내는 G-TELP VOCABULARY LEVEL 기본

325 **document**
[dάkjumənt]

= certificate

■ 서류, 문서, 자료 ▼ 기록하다

의미 암기용 표현과 문장

• travel documents 여행용 서류
• Causes of the disease have been well documented. 그 질병의 원인은 기록이 잘 되어 있다.

G-TELP 구문독해훈련

She will have a few documents for you to fill out regarding our housing terms but they are not a high priority so you may put it off until the next day.

326 **applicant**
[ǽplikənt]

= candidate

■ 지원자, 신청자

의미 암기용 표현과 문장

• There were over 500 applicants for the job. 그 일자리에 지원자가 500명이 넘었다.

G-TELP 구문독해훈련

Companies that have successfully recruited for a job vacancy should show gratitude to all the applicants.

327 **orbit**
[ɔ́ːrbit]

= cycle
= circumnavigate

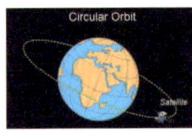

■ 궤도 ▼ 궤도를 돌다

의미 암기용 표현과 문장

• the earth's orbit around the sun 태양 주위의 지구 궤도
• The earth takes a year to orbit the sun. 지구가 태양의 궤도를 공전하는 데 1년이 걸린다.

G-TELP 구문독해훈련

The orbit of this comet intersects the orbit of the Earth.

328 **value**
[vǽljuː]

= importance
= appreciate

GRAMMAR POINT

관계대명사 who는 선행사가 사람일 경우에 쓸 수 있습니다.

■ 가치 ▼ 가치 있게 여기다

의미 암기용 표현과 문장

• go up[rise/increase] in value 가치가 올라가다[커지다/늘어나다]
• I really value him as a friend. 나는 그를 친구로서 정말 소중하게 생각한다.

G-TELP 문법패턴훈련

Each of our cruise ships follows a different set route, but they all offer the same high-quality accommodations, services, and value _____ our company has become known for.
(a) who   (b) that

---

325. 그녀는 주거지원 조건에 대해서 당신이 작성해야만 할 몇몇 서류들을 가지고 있을 것입니다만 그것들은 우선적으로 할 일은 아니기 때문에 다음 날로 작성을 연기하셔도 됩니다. **326.** 구인 공석을 성공적으로 모집한 기업들은 모든 지원자들에게 감사를 표해야 합니다. **327.** 이 혜성의 궤도는 지구 궤도를 교차한다.
328. (b) 크루즈 선박들 각자는 각각 다르게 설정된 경로를 따르지만, 그들은 모두 우리 회사를 유명하게 만들어 준 높은 품질의 숙박시설과 서비스들, 그리고 가치를 동일하게 제공하고 있습니다.

329 **inspire**
[inspáiər]

= motivate
= stimulate

GRAMMAR POINT

지텔프에서 inspire는 목적격보어로
to부정사를 쓰는 동사로 출제됩니다.

🆅 영감을 주다

의미 암기용 표현과 문장

• **be inspired by natural scenery** 자연의 아름다운 경치를 보고 영감을 받다

G-TELP 문법패턴훈련

This unfair condition **inspired** Lee _____ independence for the city, and so he formed the People's Action Party with like-minded individuals.
(a) to seek　　　　　**(b) seeking**

---

330 **remove**
[rimúːv]

= eliminate

🆅 제거하다

의미 암기용 표현과 문장

• **remove problems[obstacles/objections]** 문제를[장애물을/반대를] 없애다

G-TELP 구문독해훈련

Remove the foil and the pie weights, and then continue baking.

---

331 **fond**
[fɑnd]

= affectionate

🅰 좋아하는

의미 암기용 표현과 문장

• **She is fond of children[music/playing the piano].** 그녀는 아이들을[음악을/피아노 치기를] 좋아 한다.

G-TELP 구문독해훈련

Our next-door neighbor, Mrs. Carter, is very fond of Shakespeare's plays such as A Midsummer's Night Dream and Romeo and Juliet.

---

332 **grade**
[greid]

= rate

🆅 성적을 매기다　🄽 성적, 학년, 등급

의미 암기용 표현과 문장

• **The best students are graded A.** 가장 잘한 학생은 A 학점을 받는다.
• **She got good grades in her exams.** 그녀는 시험 과목들에서 좋은 성적을 받았다.
• **Sam is in (the) second grade.** 샘은 2학년이다.
• **salary grades** 봉급의 등급

G-TELP 구문독해훈련

I used to skip accounting classes in college and received failing grades in the subjects.

---

329. (a) 이러한 불공정한 조건은 리가 도시를 위해 독립을 추구하도록 만들었고, 그래서 그렇게 그는 같은 생각을 가진 사람들로 인민 행동당을 결성했습니다.
330. 호일과 파이 누르개를 제거한 다음, 계속 구우면 됩니다.　**331.** 우리 이웃인 카터 부인은 한여름 밤의 꿈이나 로미오와 줄리엣과 같은 셰익스피어의 연극을 아주 좋아한다.　**332.** 나는 대학에서 회계 수업들을 빼먹곤 했고 그래서 그 과목들에서 F학점을 받게 되었다.

333 cooperate
[kouápərèit]

= collaborate

GRAMMAR POINT

지텔프에서 **decide**는 **to**부정사를 목적어로 쓰는 동사로 출제됩니다.

☑ 협력하다

의미 암기용 표현과 문장

• **The two groups agreed to cooperate with each other.** 그 두 그룹은 서로 협력하기로 합의했다.

G-TELP 문법패턴훈련

The management and the labor union decided **_____ in getting through the crisis.**
(a) to cooperate   (b) cooperating

---

334 popular
[pápjulər]

= common

☑ 인기 있는, 대중적인

의미 암기용 표현과 문장

• **a hugely[immensely] popular singer** 엄청난 인기를 얻고 있는 가수

G-TELP 구문독해훈련

The Selina's Flower, one of the most popular floral shops, has started to receive online orders on its Web site.

---

335 annoy
[ənɔ́i]

= irritate

☑ 짜증나게 하다

의미 암기용 표현과 문장

• **He annoyed me by asking too much.** 그가 내게 너무 많은 것을 물어서 짜증이 났다.

G-TELP 구문독해훈련

They may alarm or annoy users but do not harm files or data.

---

336 comment
[kάment]

= opinion
= state

🅝 언급, 논평, 의견, 발언   ☑ 의견을 말하다

의미 암기용 표현과 문장

• **She made helpful comments on my work.** 그녀는 내 작업에 대해 도움이 되는 논평을 해 주었다.
• **He refused to comment until after the trial.** 그는 재판 이후까지 논평을 거부했다.

G-TELP 구문독해훈련

When completing a comment card, please include any suggestions on how we may better serve you here at King Kong Steak House.

---

333. (a) 경영진과 노조는 위기를 극복하기 위해 협력하기로 결정했다.   **334.** 가장 인기 있는 꽃가게 중 하나인 셀리나의 꽃집은 가게의 웹사이트에서 온라인 주문을 받기 시작했습니다.   **335.** 그것들은 알람을 보내거나 사용자를 짜증나게 할지는 모르지만 파일들이나 데이터에 해를 끼치지는 않습니다.   **336.** 평점 카드를 작성하실 때, 킹콩 스테이크 하우스에서 우리가 더 나은 서비스를 제공할 수 있는 방법에 대한 모든 제안을 포함해 주시기 바랍니다.

337 **exact**

[igzǽkt]

= accurate

GRAMMAR POINT

지텔프에서 **wish**는 **to**부정사를 목적
어로 쓰는 동사로 출제됩니다.

📖 정확한

의미 암기용 표현과 문장

• **We need to know the exact time the incident occurred.** 우리는 그 사건이 발생한 정확
한 시간을 알 필요가 있다.

G-TELP 문법패턴훈련

**Anyone wishing _____ the surprise retirement party
for Mr. Lao should see Mr. Lang, who will be handing out
information on the exact time and location.
(a) attending   (b) to attend**

---

338 **burn**

[bəːrn]

= ignite

☑ 타다, 화상을 입다 📖 화상 (상처)

의미 암기용 표현과 문장

• **Fires were burning all over the city.** 온 도시에서 불길이 타오르고 있었다.
• **minor[severe/third-degree] burns** 가벼운[심한/3도] 화상

G-TELP 구문독해훈련

Then, soak a towel in cold water and place it on the burn.

---

339 **appeal**

[əpíːl]

= plea
= ask

📖 호소, 간청, 애원, 매력, 항소 ☑ 간청하다, 애원하다, 흥미를 끌다, 항고하다

의미 암기용 표현과 문장

• **The police made an appeal to the public to remain calm.** 경찰이 사람들에게 침착성을
잃지 말 것을 호소했다.
• **a look of silent appeal** 말없이 애원하는 표정
• **mass[wide/popular] appeal** 대중적인 매력
• **I am appealing on behalf of the famine victims.** 저는 기근의 희생자들을 위해 간청 드립니다.

G-TELP 구문독해훈련

**The criteria for judging is as follows: 40% for social
relevance, 40% for artistic excellence, and 20% for its appeal
to the audience.**

---

340 **enforce**

[infɔ́ːrs]

= execute

☑ 시행하다, 집행하다, 강요하다

의미 암기용 표현과 문장

• **It's the job of the police to enforce the law.** 법을 집행하는 것이 경찰이 할 일이다.
• **You can't enforce cooperation between the players.** 선수들 간의 협조를 강요할 수 없
는 일이다.

G-TELP 구문독해훈련

**Pets are not allowed in this elevator, and the management
strictly enforces that rule.**

---

337. (b) 라오씨를 위한 깜짝 은퇴파티에 참석하기를 원하시는 모든 분들은 정확한 시간과 장소에 대한 정보를 나눠줄 랑씨에게 연락하시기를 바랍니다. **338.** 그
런 다음, 수건을 차가운 물에 적시고 그 다음 화상 부위 위에 놓습니다. **339.** 심사 기준들은 다음과 같습니다. — 사회적 관련성 **40%**, 예술적 우수성 **40%**, 그리
고 관객의 반응 **20%**입니다. **340.** 이 엘리베이터에는 애완동물이 출입할 수 없으며, 관리진은 이 규칙을 엄격하게 시행합니다.

REVIEW 1 2 3 4 5

341 **advertise**
[ǽdvərtàiz]

= promote

🔲 광고하다, 홍보하다

의미 암기용 표현과 문장

• **advertise a product[a business/your services]** 상품을[사업체를/서비스를] 광고하다

G-TELP 구문독해훈련

As soon as the sale was advertised, shoppers began to show more interest in the bargains being offered.

---

342 **worth**
[wəːrθ]

= value

GRAMMAR POINT

지텔프에서 worth는 be worth ~ing형태로 문법 문제에 출제됩니다.

🔲 가치가 있는 🔲 어치, ~짜리

의미 암기용 표현과 문장

• **This idea is well worth considering.** 이 생각은 충분히 고려할 가치가 있다.
• **The winner will receive ten pounds' worth of books.** 우승자는 10파운드어치의 책을 받는다.

G-TELP 문법패턴훈련

I believe it is worth _____ whether or not that is still valid.
(a) to consider   (b) considering

---

343 **regret**
[rigrét]

= rue

GRAMMAR POINT

regret는 의미에 따라 to부정사(미래의 의미)와 동명사(과거의 의미)를 모두 쓸 수 있는 동사입니다.

🔲 후회하다 🔲 후회, 유감

의미 암기용 표현과 문장

• **If you don't do it now, you'll only regret it.** 네가 지금 그것을 하지 않으면 넌 후회만 하게 될 거야.
• **She expressed her regret at the decision.** 그녀는 그 결정에 유감을 표했다.

G-TELP 문법패턴훈련

We regret _____ you that your balance must be remitted by next month.
(a) having informed   (b) to inform

---

344 **blend**
[blend]

= mixture
= combination

🔲 섞다, 혼합하다 🔲 혼합

의미 암기용 표현과 문장

• **Blend together the eggs, sugar and flour.** 달걀, 설탕, 밀가루를 함께 섞어라.
• **tea of our own blend** 우리 가게 특제의 혼합차

G-TELP 구문독해훈련

Classy silver-plated desk clock in rectangle style will blend in in any office setting.

---

341. 할인 판매가 광고 되자마자, 쇼핑객들은 제공되는 할인 제공물에 더 큰 관심을 보이기 시작했다.　**342. (b)** 나는 그것이 여전히 유효한지 아닌지 고려해 볼 만한 가치가 있다고 믿는다.　**343. (b)** 저희는 귀하에게 유감스럽지만 귀하의 미지불 잔액이 다음 달까지 송금되어야만 한다는 사실을 통지하는 바입니다.　**344.** 직사각형 스타일의 세련된 은도금 책상용 시계는 어떤 사무실 환경과도 잘 어울릴 것입니다.

345 advantage
[ædvǽntidʒ]

= benefit
= profit

GRAMMAR POINT

지텔프에서 suggest는 동명사를
목적어로 쓰는 동사로 출제되거나
ARSID that절 속에 동사원형을 물
어보는 문제로 출제됩니다.

n 이점, 장점, 유리

의미 암기용 표현과 문장

• a big[great/definite] advantage 큰[대단한/확실한] 장점

G-TELP 문법패턴훈련

Recently, the IMF director **suggested that** digital assets
_____ to prevent their unfair advantage over other forms
of money.
(a) are regulated　　　　(b) be regulated

---

346 accomplish
[əkámpliʃ]

= achieve

v 완수하다, 성취하다, 이루다

의미 암기용 표현과 문장

• The first part of the plan has been safely accomplished. 계획의 첫 부분은 안전히 완수되었다.

G-TELP 구문독해훈련

Procrastination is the habit of avoiding doing something that
needs to be accomplished.

---

347 earn
[ə́rn]

= receive

v 얻다, 벌다

의미 암기용 표현과 문장

• He earns about $40,000 a year. 그는 1년에 4만 달러 정도를 번다.

G-TELP 구문독해훈련

It earned $100 million in its first 10 days of showing, making
it the fifth-highest grossing film in history at that time.

---

348 outcome
[áutkəm]

= result

GRAMMAR POINT

지텔프에서 enough는 to부정사와
함께 관용구문이 되는 표현으로 자주
출제됩니다.

n 결과, 성과, 산출

의미 암기용 표현과 문장

• We are confident of a successful outcome. 우리는 성공적인 결과를 확신한다.

G-TELP 문법패턴훈련

Those lucky **enough** _____ an early viewing have reported
their delight with the outcome.
(a) getting　　　　(b) to get

---

345. (b) 최근, **IMF**의 이사는 디지털 자산들의 다른 형태의 돈보다 우월한 불공정한 이점을 막기 위해서 디지털 자산들이 규제되어야 한다고 제안했다.　**346.** 꾸물거림은 완성되어야 할 필요가 있는 무엇인가를 하는 일을 피하는 습관이다.　**347.** 이 영화는 그 당시 영화계에서 역사상 **5**번째로 높은 수익을 올리며, 상영 **10**일만에 **1**억 달러의 수익을 벌어 들였다.　**348. (b)** 초기 공연을 볼 수 있을 정도로 운이 좋았던 사람들은 작품을 보고난 후 그들의 기쁨을 보고하고 있습니다.

349 **exist**
[igzíst]

= be
= live

☑ 존재하다

의미 암기용 표현과 문장
• **Does life exist on other planets?** 다른 행성들에도 생명체가 존재할까?

G-TELP 구문독해훈련
Starcraft Electronics has temporarily halted production of its newest line of video games until retailers have sold off the existing surplus.

---

350 **rapid**
[rǽpid]

= prompt

🅐 빠른

의미 암기용 표현과 문장
• **rapid change[expansion/growth]** 빠른 변화[팽창/성장]

G-TELP 구문독해훈련
Dawson says he chose the Yangtze River as the subject of his work because of the rapid changes it undergoes during the spring.

---

351 **efficient**
[ifíʃənt]

= effective

🅐 유능한, 효율적인, 능률적인

의미 암기용 표현과 문장
• **an efficient secretary** 유능한 비서
• **fuel-efficient cars** 연료 효율성이 높은 승용차

G-TELP 구문독해훈련
The new network system is not so efficient as the other one we considered.

---

352 **confident**
[kɑ́nfədənt]

= assertive

GRAMMAR POINT
지텔프에서 nowadays가 나오면 시제는 현재진행시제가 답이 됩니다.

🅐 자신감 있는, 자신하는

의미 암기용 표현과 문장
• **I'm confident that you will get the job.** 자네가 그 직장을 얻게[거기 취직하게] 될 거라고 난 확신해.

G-TELP 문법패턴훈련
Nowadays we _____ **for confident financial investors that can help us fund our business venture from its very inception.**
(a) are looking   **(b) will be looking**

---

349. 스타크래프트 일렉트로닉스는 소매업자들이 기존 제품을 소진할 때까지 비디오 게임의 최신 생산 라인을 일시적으로 중단했다.   **350.** 도슨은 봄 동안 강이 겪는 급격한 변화 때문에 그의 작품의 주제로 양쯔강을 선택했다고 말했습니다.   **351.** 새로운 네트워크 시스템은 우리가 고려한 다른 네트워크 시스템만큼 효율적이지 않다.   **352. (a)** 요즘 우리는 사업의 초기부터 우리의 벤처 사업에 자금을 지원하는데 도움을 줄 수 있는 자신감 있는 재무 투자자를 찾고 있다.

353 **solve**
[salv]

= resolve

☑ 풀다, 해결하다

의미 암기용 표현과 문장
• **solve an equation[a puzzle/a riddle]** 방정식을[퍼즐을/수수께끼를] 풀다

G-TELP 구문독해훈련
Several politicians think that the most feasible option to solve the electrical shortage is to construct additional nuclear power plants.

354 **include**
[inklúːd]

= contain
= involve

GRAMMAR POINT
지텔프에서 include는 to부정사 대신 동명사를 목적어로 쓰는 동사로 출제됩니다.

☑ 포함하다

의미 암기용 표현과 문장
• **Does the price include tax?** 그 가격에 세금이 포함되어 있나요?

G-TELP 문법패턴훈련
Her duties will include _____ the manager in training new sales representatives, managing inventory and making arrangements for sales events.
(a) to assist   **(b) assisting**

355 **develop**
[divéləp]

= improve

GRAMMAR POINT
선행사가 사람일 때 관계대명사 which는 쓸 수 없습니다.

☑ 개발하다, 발달하다, (사진 등을) 현상하다

의미 암기용 표현과 문장
• **She developed the company from nothing.** 그녀는 무(無)에서 그 회사를 일구어 냈다.

G-TELP 문법패턴훈련
Frank Morhaime, _____ turned a small computer company into one of the largest video game developers in the world, has announced to retire next week as president of Dustwing Entertainment.
(a) which   **(b) who**

356 **notice**
[nóutis]

= announcement
= observe

GRAMMAR POINT
기준 시제가 과거인 문제에서 while 절의 시제를 물어 볼 땐 보통 과거진행시제가 정답이 됩니다.

🅽 공지, 사전 통보 ☑ 알아차리다, 주목하다

의미 암기용 표현과 문장
• **There was a notice on the board saying the class had been cancelled.** 게시판에 수업이 취소되었다는 안내문이 붙어 있었다.
• **The first thing I noticed about the room was the smell.** 그 방에서 내가 처음 의식한 것은 냄새였다.

G-TELP 문법패턴훈련
She got so absorbed in the story that she didn't even notice when Eric arrived while she _____ the book.
(a) was still reading   **(b) are still reading**

---

353. 몇몇 정치인들은 전기 부족을 해결하기 위한 가장 실현 가능한 선택은 추가적인 원자력 발전소를 건설하는 것이라고 생각한다. **354. (b)** 그녀의 임무에는 새로운 영업 담당자를 교육하고 재고를 관리하며 판매 이벤트를 준비하는데 있어 관리자를 돕는 일을 포함합니다. **355. (b)** 작은 컴퓨터 회사를 세계에서 가장 비디오 게임 개발사 중 하나로 변화시킨 프랭크 모하이메는 더스트윙 엔터테인먼트사의 사장에서 다음 주 은퇴할 것이라고 발표했다. **356. (a)** 그녀는 책에 너무 몰두해서 책을 읽던 도중 에릭이 언제 도착했는지도 심지어 몰랐다.

REVIEW 1 2 3 4 5

357 **structure**
[strʌ́ktʃər]

= form
= organize

ⁿ 구조, 조직   ᵛ 조직하다, 구조화하다

의미 암기용 표현과 문장

- **the structure of the building** 그 건물의 구조
- **The exhibition is structured around the themes of work and leisure.** 그 전시회는 일과 레저라는 주제를 중심으로 조직되어 있다.

G-TELP 구문독해훈련

Although three branches in London share much in common, subtle differences exist in their financial structure.

---

358 **effort**
[éfərt]

= attempt
= endeavor

ⁿ 노력

의미 암기용 표현과 문장

- **You should put more effort into your work.** 넌 공부[일]에 더 많은 애를 써야 해.

G-TELP 구문독해훈련

But if he does something wrong, he must accept his errors frankly, make an effort to obtain forgiveness, and make compensation if that is possible.

---

359 **identify**
[aidéntəfài]

= recognize

GRAMMAR POINT

지텔프에서 ARSID 동사 뒤에 that 절이 나오면 that절 속엔 동사원형을 골라야 합니다.

ᵛ 신원을 확인하다

의미 암기용 표현과 문장

- **She was able to identify her attacker.** 그녀는 자신을 공격한 범인을 알아볼 수 있었다.

G-TELP 문법패턴훈련

The Olsen Manufacturing Plant requires that all applicants for factory manager _____ their ability to identify problems which might occur on the assembly line and suggest on-site solutions for fixing them.
(a) to prove   **(b) prove**

---

360 **reward**
[riwɔ́ːrd]

= award
= prize

ᵛ 보상하다   ⁿ 보상, 상

의미 암기용 표현과 문장

- **He rewarded us handsomely for helping him.** 그는 자신을 도와준 데 대해 우리에게 후한 사례를 했다.
- **a financial reward** 재정적 보상

G-TELP 구문독해훈련

Tourism is a challenging but rewarding industry for those who enjoy travel themselves.

---

357. 비록 런던의 **3**개 지점들이 많은 공통점을 공유하긴 하지만, 재무 구조에 있어서는 미묘한 차이가 있다.   **358.** 그러나 그가 무엇인가 잘못된 일을 한다면, 그는 그의 실수를 솔직히 받아들이고, 용서를 구하기 위해 노력을 해야 하며, 그리고 가능하다면 보상을 해 줘야 합니다.   **359. (b)** 올젠 메뉴팩처링 플랜트는 공장 관리자 직책에 지원한 모든 신청자들에게 그들이 조립 라인에서 발생할지도 모르는 문제들을 파악하고 그것들을 고치기 위한 현장 해결책을 제안할 수 있는 능력이 있다는 것을 입증해야 한다고 요구하고 있습니다.   **360.** 관광업은 여행을 진짜 즐기는 사람들에게는 힘들지만 보상을 주는 산업이다.

DAY 07

20 days

어휘·문법·독해까지 한꺼번에 끝내는
ALL-IN-ONE 우선순위 G-TELP

VOCABULARY LEVEL 기본

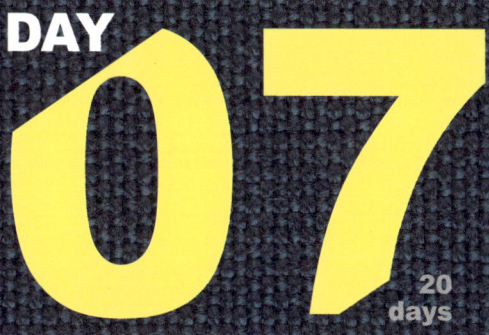

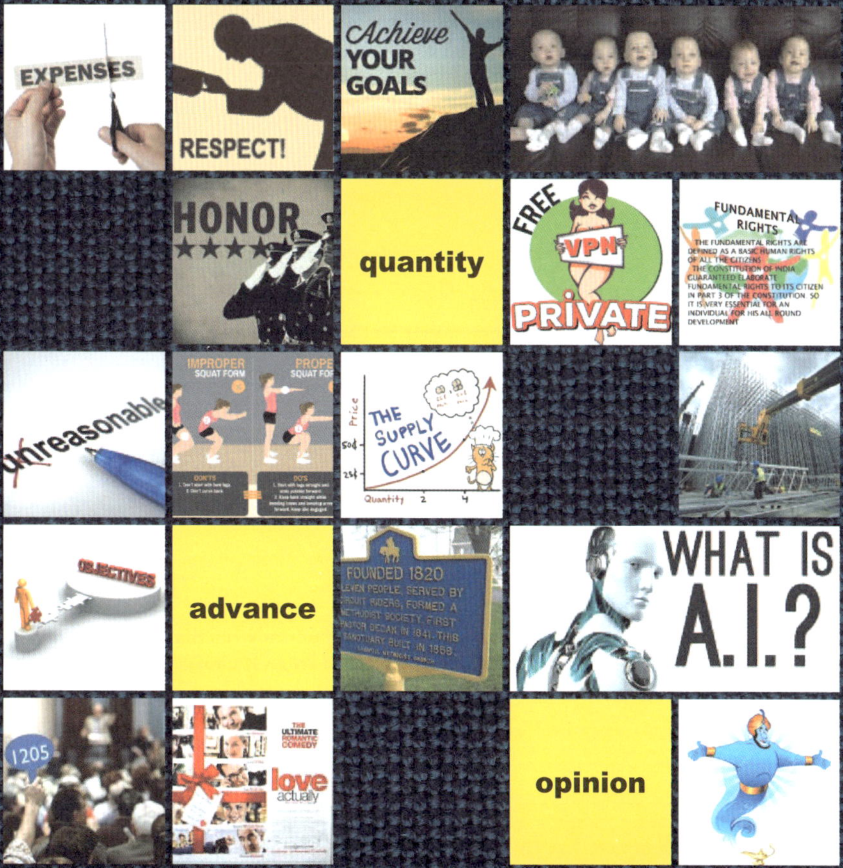

361 advance
[ædvǽns]

= develop
= progress

GRAMMAR POINT
주어로 쓰일 수 있는 동명사 문제도
아주 가끔 출제됩니다.

V 나아가다, 발전하다   **N** 진전, 발전

의미 암기용 표현과 문장

- Our knowledge of the disease has advanced considerably over recent years. 최근 몇 년 동안 그 질병에 대한 우리의 지식이 상당히 진전되었다.
- recent advances in medical science 의학계의 최근 발전 사항들

G-TELP 문법패턴훈련

_____ your reservation without any advance notice can result in penalty fees.
(a) Cancel   (b) Cancelling

---

362 incredible
[inkrédəbl]

= amazing
= stunning

A 믿을 수 없는, 놀라운

의미 암기용 표현과 문장

- an incredible story 믿을 수 없는 이야기

G-TELP 구문독해훈련

This incredible sales event will continue.

---

363 personnel
[pə̀:rsənél]

= employee
= staff

N 직원, 인사과, 인력

의미 암기용 표현과 문장

- sales[technical/medical/security/military] personnel 영업[기술/의료/보안/군사] 인력들

G-TELP 구문독해훈련

Personnel manager Matilda Kristy has arranged a tour of the building for all new employees.

---

364 multiple
[mʌ́ltəpl]

= numerous
= various

A 다수의, 다양한, 복합의   **N** 배수

의미 암기용 표현과 문장

- a multiple circuit 복합회로
- 9 is a multiple of 3. 9는 3의 배수이다.

G-TELP 구문독해훈련

H1N1 is a relatively new influenza virus that was first detected in humans in 2009 when it caused multiple epidemics.

---

361. (b) 사전 통보 없이 예약을 취소하시면 벌금이 부과될 수 있습니다.   **362.** 이 놀라운 판매 행사는 계속 될 것입니다.   **363.** 인사 관리자인 마틸다 크리스티가 모든 신입 사원들을 대상으로 건물 견학을 준비했습니다.   **364. H1N1**은 상대적으로 새로운 인플루엔자 바이러스로, 여러 개의 유행병을 발생시킨 **2009**년에 인간들에게서 처음으로 발견되었다.

305 **Jam**
[dʒæm]

= press
= stuff

🔲 교통체승, 혼잡, (과일 등의) 잼 🔳 밀어 넣다, 작동하지 못하게 되다

의미 암기용 표현과 문장

- **The bus was delayed in a five-mile jam.** 그 버스는 5마일에 걸친 교통 체증으로 연착되고 있었다.
- **He jammed his fingers in his ears.** 그가 손가락으로 귀를 틀어막았다.
- **The photocopier keeps jamming up.** 복사기(에 종이)가 자꾸 걸린다.

G-TELP 구문독해훈련

When she drove to work this morning, her car was caught in a traffic jam.

366 **council**
[káunsəl]

= committee

🔲 의회, 회의, 이사회, 자문위원회

의미 암기용 표현과 문장

- **a city[county/borough/district] council** 시[지방/자치구/지역] 의회

G-TELP 구문독해훈련

The city council finally secured sufficient budget that will be allotted for restoring several historical sites deteriorated from decades of neglect.

367 **construction**
[kənstrʌkʃ ən]

= building

🔲 건설, 공사

의미 암기용 표현과 문장

- **the construction industry** 건설업
- **road construction** 도로 공사

G-TELP 구문독해훈련

Most of the construction workers are identifiable by their hardhats and yellow reflective vests.

368 **opinion**
[əpínjən]

= belief

GRAMMAR POINT

지텔프에서 **plan**은 **to**부정사를 목적
어로 쓰는 동사로 출제됩니다.

🔲 의견, 견해

의미 암기용 표현과 문장

- **The chairman expressed the opinion that job losses were inevitable.** 회장이 감원이 불가피하다는 견해를 밝혔다.

G-TELP 문법패턴훈련

The CEO plans _____ frequently with regional managers to get diverse opinions.
(a) to meet   (b) meeting

---

365. 그녀가 오늘 아침에 직장으로 운전해 갈 때, 그녀의 차는 교통정체에 잡혔었다.　**366.** 시의회는 마침내 수십 년간의 방치로 인해 악화된 몇몇 역사적인 유적지들을 복원하기 위해 할당될 충분한 예산을 확보했다.　**367.** 대부분의 건설 노동자들은 안전모와 노란색 반사 조끼에 의해 신원이 식별되어 집니다.　**368. (a)** 대표이사는 다양한 의견을 얻기 위해 지역 관리자들과 자주 회의를 할 계획이다.

01 DAY / 02 DAY / 03 DAY / 04 DAY / 05 DAY / 06 DAY / 07 DAY / 08 DAY / 09 DAY / 10 DAY / 11 DAY / 12 DAY / 13 DAY / 14 DAY / 15 DAY / 16 DAY / 17 DAY / 18 DAY / 19 DAY / 20 DAY

REVIEW 1 2 3 4 5

369 accommodation
[əkὰmədéiʃən]

= boarding
= housing

🄝 숙박(시설), 숙소, 합의, 협상

의미 암기용 표현과 문장
- **rented[temporary/furnished] accommodation** 빌린[임시의/가구가 딸린] 숙소
- **They were forced to reach an accommodation with the rebels.** 그들은 어쩔 수 없이 반군들과 합의를 보아야 했다.

G-TELP 구문독해훈련
This hotel will provide friendly customer service and affordable accommodations to everyone visiting the Orange County area.

370 meal
[miːl]

= food
= eating

🄝 식사

의미 암기용 표현과 문장
- **Try not to eat between meals.** 간식을 먹지 않도록 하라.

G-TELP 구문독해훈련
The labor union at the Maison Company requested a ten percent salary increase and a 50-minute meal period during each shift.

371 durable
[djúərəbl]

= lasting

GRAMMAR POINT
"~하기 위해서"나 "~하기 위한"의 의미로 쓰이는 to부정사의 쓰임에도 익숙해져야 합니다.

🄐 내구성이 있는

의미 암기용 표현과 문장
- **durable plastics** 오래가는 플라스틱 제품들

G-TELP 문법패턴훈련
This extremely durable backpack comes with a detachable rain cover _____ gear safe and dry.
(a) to keep   (b) keeps

372 insect
[ínsekt]

= bug

GRAMMAR POINT
지텔프에서 at present가 나오면 현재진행시제가 답이 됩니다.

🄝 곤충

의미 암기용 표현과 문장
- **insect repellent** 곤충 퇴치제

G-TELP 문법패턴훈련
At present, environmental scientists _____ forest changes and their impact on insect and bird populations.
(a) are examining   (b) examined

---

369. 이 호텔은 오렌지 카운티 지역을 방문하는 모든 사람들에게 친절한 고객 서비스와 저렴한 숙박 시설을 제공합니다.   **370.** 메종 컴퍼니의 노동조합은 **10%**의 임금 인상과 매 근무 시마다 **50**분간의 식사 시간을 요구했다.   **371. (a)** 이 내구성이 뛰어난 배낭은 장비들을 안전하고 물에 젖지 않게 유지하기 위한 착탈식 레인 커버를 가지고 출시됩니다.   **372. (a)** 현재, 환경 과학자들은 산림 변화와 이 변화가 곤충 및 조류의 개체 수에 미치는 영향에 대해 조사를 하고 있다.

373 **exchange**
[ikstʃéindʒ]

= swap
= switch

☑ 교환하다 ⋒ 교환, 환전

의미 암기용 표현과 문장

- **exchange ideas[news/information]** 아이디어를[소식을/정보를] 교환하다
- **We need to promote an open exchange of ideas and information.** 우리는 공개적인 아이디어 및 정보 교환을 장려할 필요가 있다.

G-TELP 구문독해훈련

The construction of the Dubai Commodity Exchange Center is nearly complete.

374 **conflict**
[kάnflikt]

= dispute
= clash

GRAMMAR POINT

선택문항에 조동사 4개, 접속사 4개, 접속부사 4개가 나오는 문제는 해석으로 풀어야 하는 고난이도 문제입니다.

⋒ 갈등, 충돌, 분쟁 ☑ 충돌하다

의미 암기용 표현과 문장

- **a conflict between two cultures** 두 문화 간의 충돌
- **These results conflict with earlier findings.** 이 결과들은 이전에 밝혀진 결과들과 상충한다.

G-TELP 문법패턴훈련

_____ **she successfully mediated the conflict** between Hwang Finance Inc. and Lindale National Bank, Donna Evert was offered a position as a chief financial officer.
(a) As long as   (b) After

375 **found**
[faund]

= establish

☑ 설립하다

의미 암기용 표현과 문장

- **Her family founded the college in 1895.** 그녀의 가문이 1895년에 그 대학을 설립했다.

G-TELP 구문독해훈련

So an organization called Change for Charity was founded to put some of that wasted money to use.

376 **achieve**
[ətʃíːv]

= accomplish

☑ 이루다, 성취하다

의미 암기용 표현과 문장

- **He had finally achieved success.** 그는 마침내 성공을 거두었다.

G-TELP 구문독해훈련

Kilroy's essay *'The 21st Century Office'* insists that managers who behave truthfully with their subordinates will achieve the best results.

---

373. 두바이 상품 거래소의 건설은 거의 완료되었다.   **374. (b)** 도나 에버트가 황 파이낸셜사와 린데일 내셔널 은행 사이의 분쟁을 성공적으로 중재한 이후, 그녀는 최고 재무 이사의 직책을 제안 받았다.   **375.** 그래서 자선을 위한 잔돈이라고 불리는 조직이 버려지는 돈을 사용할 수 있도록 하기 위해서 설립되었습니다.   **376.** 킬로이의 에세이 '21세기의 사무실'은 부하 직원들에게 진심으로 행동한 관리자들이 최고의 결과를 달성할 것이라고 주장하고 있다.

REVIEW 1 2 3 4 5

377 **graduate**
[grǽdʒuət]

= finish

☑ 졸업하다 ⋒ 졸업자

의미 암기용 표현과 문장

- She graduated from Harvard this year. 그녀는 올해 하버드대를 졸업했다.
- a graduate student[course] 대학원생[대학원 과정]

G-TELP 구문독해훈련

The unfavorable economic situation most adversely affects the graduates who come from low income families.

---

378 **lessen**
[lésn]

= decrease
= diminish

GRAMMAR POINT
관계대명사 that은 컴마와 함께 계속 적용법으로 사용되지 않습니다.

☑ 줄이다, 줄어들다

의미 암기용 표현과 문장

- lessen the risk[impact/effect] 위험[충격/영향]을 줄이다

G-TELP 문법패턴훈련

This is done to avoid the hanging "tails" in certain letters like "j" and "q," _____ lessens the space between lines and makes them easier to read.
(a) that   (b) which

---

379 **waste**
[weist]

= lavish

☑ 낭비하다, 소모하다 ⋒ 낭비, 쓰레기

의미 암기용 표현과 문장

- waste time[food/energy] 시간을[식량을/에너지를] 낭비하다
- household[industrial] waste 가정(에서 나오는) 쓰레기[산업 폐기물]

G-TELP 구문독해훈련

Also, our crews are trained to minimize carbon dioxide emissions and enforce strict rules on waste management.

---

380 **force**
[fɔːrs]

= push
= strength

GRAMMAR POINT
지텔프에서 force는 목적격보어로 to 부정사를 쓰는 동사로 출제됩니다.

☑ 강요하다 ⋒ 힘, 영향력, 폭력, 군대

의미 암기용 표현과 문장

- The President was forced into resigning. 대통령은 강요에 못 이겨 사임했다.
- They realized the force of her argument. 그들은 그녀의 주장이 갖는 영향력을 깨달았다.

G-TELP 문법패턴훈련

The surgery will force Lomachenko _____ his next fight on August 25.
(a) missing   (b) to miss

---

377. 안 좋은 경제적 상황은 저소득 가정 출신 졸업생들에게 가장 큰 역효과를 끼친다.   **378. (b)** 이것은 **"j"**와 **"q"**와 같은 특정 철자에 늘어진 **"꼬리"**를 피하기 위해 행해지며, 이러한 방식은 줄 사이의 간격을 줄여주고 더 읽기 쉬워지게 만들어 줍니다.   **379.** 또한, 우리의 승무원들은 이산화탄소 배출을 최소화하고 폐기물 관리에 대한 엄격한 규칙을 시행하도록 교육 받습니다.   **380. (b)** 수술 때문에 로마첸코는 8월 25일에 있을 그의 다음번 시합을 못하게 될 것입니다.

381 **crowd**
[kraud]

= group
= pack

GRAMMAR POINT

지텔프에서 **assign**은 목적격보어로 to부정사를 쓰는 동사로 출제됩니다.

ⓝ 군중, 일파   **ⓥ** (장소를) 가득 메우다

의미 암기용 표현과 문장

• **Police had to break up the crowd.** 경찰이 그 사람들을 해산시켜야 했다.
• **Thousands of people crowded the narrow streets.** 수천 명의 사람들이 좁은 거리를 가득 메웠다.

G-TELP 문법패턴훈련

To ensure the crowd's safety, the mayor has **assigned** police officers _____ the venue.

(a) to patrol   (b) patrol

---

382 **surprise**
[sərpráiz]

= shock

ⓥ 놀라게 하다   **ⓝ** 놀람, 기습

의미 암기용 표현과 문장

• **His conduct surprised me.** 그의 행동은 어이없었다.
• **a surprise attack** 기습 공격

G-TELP 구문독해훈련

Goodall surprised Leakey with her knowledge of African wildlife, and became his secretary.

---

383 **supply**
[səplái]

= provide
= stock

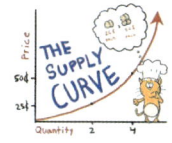

ⓥ 공급하다   **ⓝ** 공급, 재고량, 비품

의미 암기용 표현과 문장

• **Foreign governments supplied arms to the rebels.** 외국 정부들이 그 반군들에게 무기를 제공했다.
• **Supplies of food are almost exhausted.** 식량 비축량이 거의 다 떨어졌다.

G-TELP 구문독해훈련

Whenever the Atherton Water District detects coliform bacteria in the town's water supply, it conducts further testing to check if more dangerous bacteria are present.

---

384 **technical**
[téknikəl]

= scientific
= technological

ⓐ 과학기술의, 기술적인

의미 암기용 표현과 문장

• **a technical education** 과학 기술 교육

G-TELP 구문독해훈련

This refers to the overall presentation and technical aspects of the film.

---

381. (a) 군중의 안전을 확보하기 위해서, 시장은 경찰관에게 그 장소를 순찰 돌라는 임무를 하달했다.   **382.** 구달은 아프리카 야생동물들에 대한 지식으로 리키를 놀라게 했고, 그래서 그의 비서가 되었다.   **383.** 애서턴 워터 디스트릭트는 마을의 상수도에서 대장균 박테리아를 감지할 때마다, 좀 더 위험한 박테리아가 존재하는지 확인하기 위해 추가 테스트를 실시합니다.   **384.** 이것은 영화의 전반적인 표현과 기술적 측면을 의미합니다.

어휘 · 문법 · 독해까지 한꺼번에 끝내는 **G-TELP VOCABULARY LEVEL** 기출

REVIEW
1
2
3
4
5

385 expect
[ikspékt]

= anticipate
= predict

GRAMMAR POINT

지텔프에서 expect는 목적어와 목적격보어로 모두 to부정사를 쓰는 동사로 출제됩니다.

☑ 예상하다, 기대하다, 생각하다

의미 암기용 표현과 문장
• We are expecting a rise in food prices this month. 이번 달에는 식료품 값이 오를 것으로 예상된다.

G-TELP 문법패턴훈련
I wasn't expecting my mom _____ me at my dorm last night.
(a) visiting   (b) to visit

---

386 reasonable
[rí:zənəbl]

= practical

□ 합리적인

의미 암기용 표현과 문장
• It is reasonable to assume that he knew beforehand that this would happen. 그가 이런 일이 있을 것을 사전에 알고 있었다고 추정하는 것이 타당하다.

G-TELP 구문독해훈련
This is a system of teaching young children with an emphasis on independence, reasonable freedom, and respect for a child's natural development.

---

387 actual
[ǽktʃuəl]

= real

□ 실제의, 현실의

의미 암기용 표현과 문장
• The actual cost was higher than we expected. 실제 경비는 우리가 예상했던 것보다 높았다.

G-TELP 구문독해훈련
Actual delivery date will depend on the date of your order.

---

388 disclose
[disklóuz]

= reveal

☑ 밝히다, 폭로하다

의미 암기용 표현과 문장
• The spokesman refused to disclose details of the takeover to the press. 대변인은 그 인수 작업에 대한 자세한 내용을 언론에 밝히기를 거부했다.

G-TELP 구문독해훈련
The personal information provided from the customer should be kept secure and should never be disclosed without consent.

---

385. (b) 나는 지난밤에 나의 기숙사로 엄마가 방문할 것이라고는 예상하지 못했었다.   **386.** 이것은 독립성, 합리적인 자유, 그리고 아동의 자연적 발달을 존중하면서 어린 아동들을 교육하는 시스템입니다.   **387.** 실제 배송 날짜는 주문하신 날짜에 달려 있습니다.   **388.** 고객으로부터 제공받은 개인정보는 안전하게 보관되어야 하며 동의 없이 공개되어서는 안 됩니다.

388 **formal**
[fɔ́ːrməl]

= official

a 공식적인

의미 암기용 표현과 문장
• **make a formal apology[complaint/request]** 정식으로 사과를[항의를/요청을] 하다

G-TELP 구문독해훈련
Following a number of inquiries from shareholders, James Hong has issued a formal announcement that his company is doing well.

390 **critical**
[krítikəl]

= crucial

GRAMMAR POINT
지텔프에서 가정법 과거의 짝찾기는 무조건 맞춰야 하는 **5초짜리** 문제입니다.

a 비판적인, 중요한, 위기의

의미 암기용 표현과 문장
• **a critical comment[report]** 비판적인 논평[보고서]
• **Your decision is critical to our future.** 당신의 결정은 우리의 장래에 대단히 중요하다.
• **One of the victims of the fire remains in a critical condition.** 그 화재 피해자들 중 한 명은 위독한 상태이다.

G-TELP 문법패턴훈련
If overseas representation weren't so critical to the company's success, he _____ the proposal.
(a) would approve   (b) approved

391 **fundamental**
[fʌ̀ndəméntl]

= essential

a 근본적인, 기본적인   **n** 기본 원칙, 근본

의미 암기용 표현과 문장
• **There is a fundamental difference between the two points of view.** 그 두 가지 관점 사이에는 근본적인 차이가 있다.
• **the fundamentals of modern physics** 현대 물리학의 기본 원칙들

G-TELP 구문독해훈련
We need a fundamental reform of our political system.

392 **honor**
[ánər]

= praise
= glory

v 영광을 주다, 존경하다   **n** 명예, 영광

의미 암기용 표현과 문장
• **He was honored with the degree of Ph.D.** 그는 철학 박사 학위를 받았다.
• **honor one's parents** 양친을 공경하다
• **an honor to one's family** 가문의 영광
• **I have the honor of introducing today's speaker.** 오늘 강연해 주실 분을 소개해 올리겠습니다.

G-TELP 구문독해훈련
The Dickinson Health Clinic will celebrate its twentieth anniversary with an awards ceremony honoring its founders.

---

389. 주주들로부터의 많은 문의 이후에, 제임스 홍은 그의 회사가 잘 운영되고 있다고 공식적인 발표를 했다.   **390. (a)** 만약 해외 평판이 회사의 성공에 그다지 중요하지 않다면, 그는 그 제안을 승인할지도 모른다.   **391.** 우리는 우리의 정치 체제에 대한 근본적인 개혁이 필요합니다.   **392.** 디킨슨 헬스 클리닉은 창립자들을 기념하는 시상식으로 **20주년** 기념일을 축하할 것입니다.

393 academic
[ækədémik]

= educational

ⓐ 학업의, 학교의

의미 암기용 표현과 문장

• high[low] academic standards 높은[낮은] 학업 수준

G-TELP 구문독해훈련

We believe your future career will benefit from the same effort that you've devoted to your academic work.

394 attempt
[ətémpt]

= try

ⓝ 시도 **ⓥ** 시도하다

의미 암기용 표현과 문장

• They made no attempt to escape. 그들은 탈출할 시도를 하지 않았다.
• I will attempt to answer all your questions. 당신의 모든 질문에 답을 할 수 있도록 애써 보겠습니다.

G-TELP 구문독해훈련

Please consult the troubleshooting guide in the user's manual before attempting to repair a laptop computer on your own.

395 private
[práivət]

= personal

ⓐ 사적인

의미 암기용 표현과 문장

• They were sharing a private joke. 그들은 사사로운 농담을 나누고 있었다.

G-TELP 구문독해훈련

The New Orleans Restaurant will be closed on Sunday, July 22, for a private event.

396 domestic
[dəméstik]

= national
= internal

GRAMMAR POINT

선택문항에 조동사 4개, 접속사 4개, 접속부사 4개가 나오는 문제는 해석으로 풀어야 하는 고난이도 문제입니다.

ⓐ 국내의, 국산의, 가정의

의미 암기용 표현과 문장

• domestic affairs[politics] 국내 문제[정책]
• the growing problem of domestic violence 점점 커지는 가정 폭력 문제

G-TELP 문법패턴훈련

Even for domestic flights, baggage allowance is three pieces of checked luggage _____ the largest bag does not exceed 62 inches in length.

(a) after   (b) as long as

---

393. 우리는 여러분의 미래 경력이 여러분이 학업에 쏟아 부었던 바로 그 노력으로부터 혜택을 얻게 될 것이라고 믿습니다. 394. 스스로 노트북 컴퓨터를 직접 수리하려고 시도하기 전에 사용 설명서의 문제 해결 안내를 참조하십시오. 395. 뉴올리언스 식당은 사적인 행사 때문에 7월 22일 일요일에는 문을 열지 않을 것입니다. 396. (b) 심지어 국내선 비행편에서도, 수화물 허용량은 가장 큰 가방이 길이 상 62인치를 초과하지 않는 한 통관된 수하물 3개입니다.

397 purpose

[pə́ːrpəs]

= aim
= goal

GRAMMAR POINT

지텔프에서 **request**는 목적격보어로 **to**부정사를 쓰는 동사로 출제되거나 **ARSID that**절 속에 동사원형을 물어보는 문제로 출제됩니다.

🔳 목적, 목표

의미 암기용 표현과 문장

• **Our campaign's main purpose is to raise money.** 우리 캠페인의 주된 목적은 모금을 하는 것이다.

G-TELP 문법패턴훈련

We may share your mailing address with our subsidiaries for marketing purposes unless you specifically request in writing that we _____ so.
(a) not do   **(b) won't do**

398 objective

[əbdʒéktiv]

= impartial
= neutral

🔳 객관적인 🔳 목적

의미 암기용 표현과 문장

• **an objective analysis[assessment/report]** 객관적인 분석[평가/보도]
• **the main[primary/principal] objective** 주된 목적

G-TELP 구문독해훈련

The objective of the recently completed study is to identify the relationship between alcohol consumption and blood pressure.

399 artificial

[àːrtəfíʃəl]

= man-made
= non-natural

🔳 인조의, 인공의

의미 암기용 표현과 문장

• **an artificial flower[sweetener/fertilizer]** 조화(造花)[인공 감미료/인조 비료]

G-TELP 구문독해훈련

The Morgan Corporation is collecting data from sports players so as to make a better artificial turf.

400 necessary

[nésəsèri]

= essential
= vital

GRAMMAR POINT

necessary는 It is necessary **that**절 속에서 동사원형을 고르는 문제로 출제가 되거나 가주어 진주어 구문의 진주어가 될 수 있는 **to**부정사 문제로 출제됩니다.

🔳 필수적인, 필요한

의미 암기용 표현과 문장

• **This is a necessary consequence of progress.** 이것은 진행상의 필연적인 결과이다.
• **Only use your car when absolutely necessary.** 자가용은 꼭 필요할 때에만 이용하도록 하라.

G-TELP 문법패턴훈련

It is necessary for all candidates _____ in in time of their interview with the executives.
(a) come   **(b) to come**

---

397. (a) 귀하가 명시적인 서면으로 우리가 그렇게 해서는 안 된다고 요청하지 않는 한, 우리는 귀하의 이메일 주소를 마케팅 목적을 위해 우리의 자회사와 공유할 수 있습니다.   **398.** 최근 완료된 그 연구의 목적은 알코올 소비와 혈압 간의 관계를 파악하는 것이다.   **399.** 모건 코퍼레이션은 더 나은 인조 잔디를 만들기 위해서 스포츠 선수들로부터 자료를 수집하고 있습니다.   **400. (b)** 모든 후보자들은 임원들과의 면담 시간에 맞춰 제때에 오시는 것이 필요합니다.

401 **behavior**
[bihéivjər]

= conduct

 Passive Assertive Aggressive

n. 행동, 태도

의미 암기용 표현과 문장
• his behavior at the party 모임에서의 그의 태도

G-TELP 구문독해훈련
They would disturb and even catch wildlife to study their behavior.

---

402 **essential**
[isénʃəl]

= necessary
= fundamental

GRAMMAR POINT
지텔프에서 essential은 It is essential that절 속에서 동사원형을 고르는 문제로 출제가 됩니다.

a. 필수적인, 본질적인

의미 암기용 표현과 문장
• Money is not essential to happiness. 돈이 행복에 필수적인 것은 아니다.

G-TELP 문법패턴훈련
She believes it's essential that people who can't prepare a meal for themselves still _____ access to nutritious food.
(a) enjoyed   (b) enjoy

---

403 **quantity**
[kwántəti]

= amount
= total

GRAMMAR POINT
지텔프에서 가정법 과거의 짝찾기는 무조건 맞춰야 하는 5초짜리 문제입니다.

n. 양, 수량

의미 암기용 표현과 문장
• enormous[vast/huge] quantities of food 엄청난 양의 음식

G-TELP 문법패턴훈련
In fact, if I _____ given a chance to research about them, I would be overwhelmed by the quantity of available data.
(a) were   (b) am

---

404 **brief**
[bri:f]

= quick
= swift

a. 짧은, 잠깐의, 간단한   v. 간략히 설명하다   n. 삼각팬티(-s), 짧은 팬츠

의미 암기용 표현과 문장
• a brief visit[meeting/conversation] 짧은 방문[만남/대화]
• The officer briefed her on what to expect. 경찰관이 그녀에게 예상되는 일에 대해 알려주었다.

G-TELP 구문독해훈련
Once the presentation has finished, we ask if everyone could please complete a brief survey on our satisfaction with this weekend's seminar.

---

401. 그들은 야생동물의 행태를 연구하기 위해 야생동물을 방해하고 심지어 잡기도 하곤 했다.   402. (b) 그녀는 스스로 식사를 준비할 수 없는 사람들도 여전히 영양가 있는 음식에 접근해 즐길 수 있어야 한다고 믿고 있다.   403. (a) 사실, 만약 내가 그들에 대해 연구할 기회를 부여 받는다면, 나는 가용한 자료의 양에 압도 당할지 모른다.   404. 일단 발표가 끝나고 나면, 저희는 이번 주말 세미나에 대한 만족도를 조사하는 간단한 설문 조사지를 작성해 달라고 모든 분들께 요청할 것입니다.

405 **proper**
[prάpər]

= correct

🅰 적절한

의미 암기용 표현과 문장
• **Nothing is in its proper place.** 그 어느 것도 적절한 위치에 있지 않다.

G-TELP 구문독해훈련
This will allow proper air to flow through and around the device.

---

406 **journey**
[dʒəːrní]

= adventure
= travel

🄽 여정, 여행 🅅 여정을 떠나다

의미 암기용 표현과 문장
• **Did you have a good journey?** 여행 잘했니[즐거웠니]?
• **They journeyed for seven long months.** 그들은 7개월이라는 긴 시간 동안 여행을[이동해] 다녔다.

G-TELP 구문독해훈련
No sooner had he arrived home than he was asked to start on another journey.

---

407 **balance**
[bǽləns]

= stabilize
= level

🄽 잔액, 잔고, 균형 🅅 균형을 잡다

의미 암기용 표현과 문장
• **check your bank balance** 은행 잔고를 확인하다
• **Try to keep a balance between work and relaxation.** 일과 휴식 사이의 균형을 이루도록 하라.
• **How long can you balance on one leg?** 한 다리로 서서 얼마나 오랫동안 균형을 잡을 수 있니?

G-TELP 구문독해훈련
Car mechanics say that a car won't run smoothly if one of its four tyres is not balanced.

---

408 **poverty**
[pάvərti]

= scarcity

GRAMMAR POINT

지텔프에서 **these days**가 나오면 현재진행시제가 답이 됩니다.

🄽 가난, 빈곤

의미 암기용 표현과 문장
• **alleviate[relieve] poverty** 빈곤을 줄이다[덜어 주다]

G-TELP 문법패턴훈련
Significant numbers of youngsters _____ up in poverty these days.
(a) are growing   (b) will grow

---

01 02 03 04 05 06 07 08 09 10 11 12 13 14 15 16 17 18 19 20 DAY

어휘·문법·독해까지 한 권에 끝내는 **G-TELP VOCABULARY LEVEL** 기본

409 **fiction**
[fíkʃən]

= novel

🔟 소설, 허구

의미 암기용 표현과 문장

- **historical[romantic] fiction** 역사[연애] 소설
- **For years he managed to keep up the fiction that he was not married.** 그는 수년 동안 자신이 결혼을 하지 않았다는 거짓을 성공적으로 유지시켰다.

G-TELP 구문독해훈련

At an early age Allen was interested in science fiction books and computers.

---

410 **post**
[poust]

= notice
= mail

🔽 게시하다 🔟 게시물, 우편, 지위, 직책

의미 암기용 표현과 문장

- **A copy of the letter was posted on the notice board.** 게시판에 그 편지 사본이 붙어 있었다.
- **I'll send the original to you by post.** 원본은 우편으로 보내드리겠어요.

G-TELP 구문독해훈련

After a lengthy decision-making process, I have decided to accept the new post with the federal government because I believe that I can make a significant contribution towards airline safety for future travelers.

---

411 **expense**
[ikspéns]

= cost

🔟 비용, 지출

의미 암기용 표현과 문장

- **The results are well worth the expense.** 결과는 비용을 들인 만큼의 가치가 충분히 있다.

G-TELP 구문독해훈련

We will cover any travel expenses you might have as well as your hotel stay in the Grand Hotel.

---

412 **involve**
[inv𝑎́lv]

= entail

GRAMMAR POINT

지텔프에서 involve는 to부정사 대신 동명사를 목적어로 쓰는 동사로 출제됩니다.

🔽 포함하다, 관련시키다

의미 암기용 표현과 문장

- **Any investment involves an element of risk.** 어떤 것이든 투자에는 위험 요소가 수반된다.

G-TELP 문법패턴훈련

Making it basically just involves _____ animal or vegetable fats with ashes.

(a) to mix   (b) mixing

---

409. 어렸을 때 앨런은 공상 과학 소설들과 컴퓨터에 관심이 있었다. **410.** 오랜 의사 결정 과정을 거친 후, 저는 미래의 여행자들을 위해 제가 항공 안전에 상당한 기여를 할 수 있을 것이라고 믿었기 때문에 연방 정부에서의 새로운 직책을 받아들이기로 결정했습니다. **411.** 저희는 당신의 그랜드 호텔에서의 투숙뿐만 아니라 당신이 쓰시는 모든 여행 경비들을 지급해 드릴 것입니다. **412. (b)** 이것을 만드는 과정은 기본적으로 재들과 동물성 또는 식물성 기름들을 섞는 과정을 포함합니다.

413 **remember**

[rimémbər]

= memorize
= recall

GRAMMAR POINT

지텔프에서 remember와 forget은 to부정사(미래지향)와 동명사(과거지향)를 모두 목적어로 쓰는 동사로 출제됩니다.

☑ 기억하다

의미 암기용 표현과 문장

• **I don't remember my first day at school.** 나는 학교에 맨 처음 들어간 날이 기억나지 않는다.

G-TELP 문법패턴훈련

Now in her 20s, Sarah remembers _____ to the savanna to watch the wild animals roam when young.
(a) going   (b) to go

414 **auction**

[ɔ́ːkʃən]

= sell

☑ 경매로 팔다   n 경매

의미 암기용 표현과 문장

• **The costumes from the movie are to be auctioned for charity.** 그 영화에 쓰인 의상들은 자선기금 마련을 위해 경매로 팔릴 것이다.
• **an Internet auction site** 인터넷 경매 사이트

G-TELP 구문독해훈련

If he had known the records were collector's items, he would have auctioned them on eBay.

415 **receipt**

[risíːt]

= bill

n 영수증, 수령, 인수

의미 암기용 표현과 문장

• **Can I have a receipt, please?** 영수증 주시겠어요?
• **The goods will be dispatched on receipt of an order form.** 상품은 주문서를 받는 대로 발송될 것이다.

G-TELP 구문독해훈련

Any pay reimbursement for business trips must include all relevant receipts related to the employees' expenses.

416 **rule**

[ruːl]

= govern
= control

GRAMMAR POINT

선택문항에 조동사 4개, 접속사 4개, 접속부사 4개가 나오는 문제는 해석으로 풀어야 하는 고난이도 문제입니다.

☑ 통치하다, 지배하다   n 통치, 지배, 규칙

의미 암기용 표현과 문장

• **At that time John ruled England.** 그 당시에는 존 왕이 잉글랜드를 다스렸다.
• **follow[obey/observe] the rules** 규칙을 따르다[지키다/준수하다]

G-TELP 문법패턴훈련

All employees _____ adhere to current rules on cleanliness and sanitation on a day to day basis.
(a) will   (b) must

---

413. (a) 지금 20대인, 사라는 어렸을 때 야생동물들을 보기 위해 사바나 초원에 갔었던 일을 지금도 기억하고 있다.   **414.** 만약 그가 그 음반들이 수집가들이 선호하는 상품들이라는 것을 알았더라면, 그는 그것들을 이베이에 경매로 올렸었을 것이다.   **415.** 모든 출장 시 지출한 금액에 대한 상환요청은 직원의 경비와 관련된 모든 적격 영수증을 포함해야 합니다.   **416.** (b) 모든 직원들은 매일 매일 청결과 위생에 관한 현행 규정들을 준수해야 합니다.

417 disaster

[dizǽstər]

= catastrophe

n 재난, 재해

의미 암기용 표현과 문장
• **Thousands died in the disaster.** 그 재해로 수천 명이 사망했다.

G-TELP 구문독해훈련
Disaster relief workers were continuously available to anyone who needed help after the latest hurricane swept through the region.

---

418 cancel

[kǽnsəl]

= abolish
= annul

GRAMMAR POINT
선택문항에 조동사 **4개**, 접속사 **4개**, 접속부사 **4개**가 나오는 문제는 해석으로 풀어야 하는 고난이도 문제입니다.

v 취소하다

의미 암기용 표현과 문장
• **All flights have been cancelled because of bad weather.** 날씨가 나빠 모든 항공기 운항이 취소되었다.

G-TELP 문법패턴훈련
Our company reserves the right to cancel its contract _____ the customers violate the rules.
(a) unless   (b) if

---

419 appear

[əpíər]

= emerge
= seem

v 나타나다, 출연하다, ~처럼 보이다, ~인 것 같다

의미 암기용 표현과 문장
• **Smoke appeared on the horizon.** 지평선 위로 연기가 보이기 시작했다.
• **He appears a perfectly normal person.** 그는 지극히 정상적인 사람처럼 보인다.

G-TELP 구문독해훈련
Of the three candidates we interviewed for the position, Mr. Baldwin appears to know the most about commercial campaign.

---

420 respect

[rispékt]

= honor
= esteem

RESPECT!

n 존경, 존중 **v** 존경하다, 존중하다

의미 암기용 표현과 문장
• **A deep mutual respect and understanding developed between them.** 그들 사이에 서로에 대한 깊은 존경심과 이해심이 생겨났다.
• **I respect Jack's opinion on most subjects.** 나는 대부분의 문제에 대해 잭의 의견을 존중한다.

G-TELP 구문독해훈련
The Barcelona Sports Committee is widely respected by sports professionals from all around the world.

---

417. 재난 구조 요원들은 최근 허리케인이 이 지역을 휩쓸고 난 후에 도움이 필요한 사람들을 위해 계속해서 대기했었다.   **418. (b)** 회사는 만약 고객들이 규칙을 위반한다면 계약을 취소할 권리를 가집니다.   **419.** 우리가 면접을 본 **3**명의 후보자들 중에서, 볼드윈씨가 상업 캠페인에 대해 가장 많은 것을 알고 있는 것으로 보입니다.   **420.** 바르셀로나 스포츠 위원회는 전 세계 스포츠 전문 선수들로부터 널리 존경을 받고 있습니다.

DAY 08

20 days

VOCABULARY LEVEL 기본

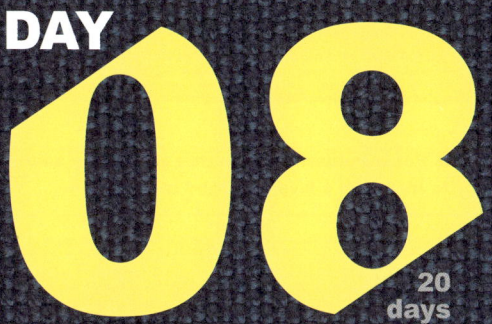

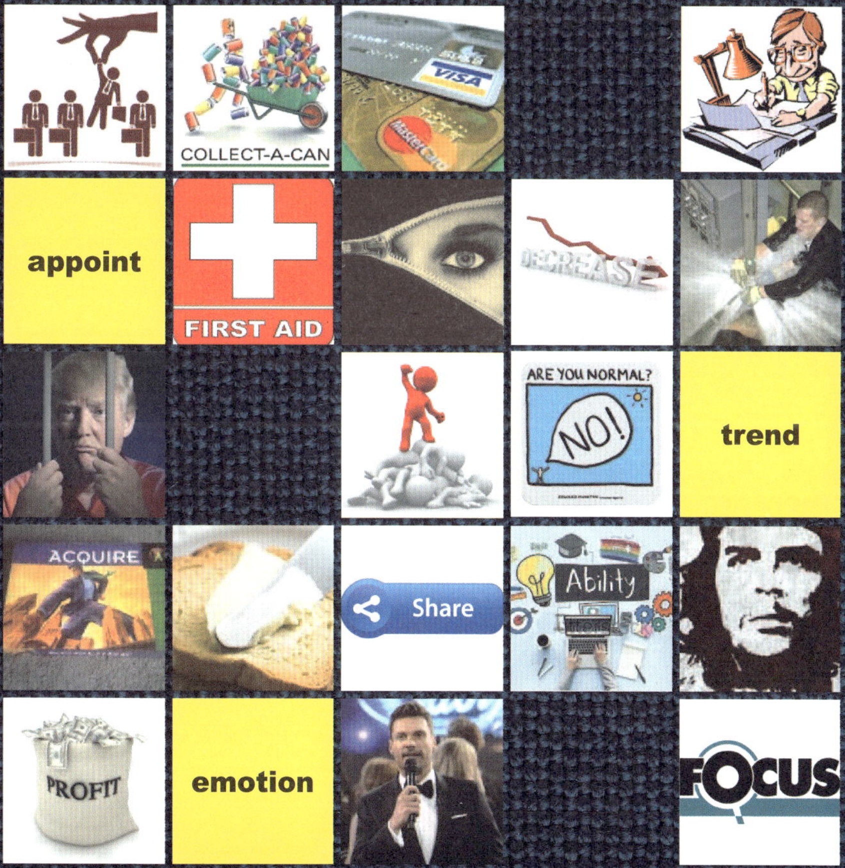
COLLECT-A-CAN
appoint
FIRST AID
DECREASE
ARE YOU NORMAL?
NO!
trend
ACQUIRE
Share
Ability
PROFIT
emotion
FOCUS

REVIEW 1 2 3 4 5

421 **maintain**
[meintéin]

= assert
= claim

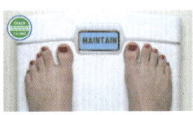

☑ 유지하다, 주장하다

의미 암기용 표현과 문장

- **The two countries have always maintained close relations.** 그 두 나라는 항상 긴밀한 관계를 유지해 왔다.
- **She has always maintained her innocence.** 그녀는 항상 자신이 무죄임을 주장해 왔다.

G-TELP 구문독해훈련

The purchase of Nokia industries is neither financially sound nor necessary to maintain a level of brand recognition.

422 **defeat**
[difíːt]

= beat
= overwhelm

🄽 패배 ☑ 패배시키다

의미 암기용 표현과 문장

- **They finally had to admit defeat.** 그들은 마침내 패배를 인정해야 했다.
- **He defeated the champion in three sets.** 그는 세 세트 만에 챔피언을 물리쳤다.

G-TELP 구문독해훈련

Drake was instrumental in defeating the Spanish Armada, and became the most famous sea captain of the Elizabethan era.

423 **damage**
[dǽmidʒ]

= harm

GRAMMAR POINT

관계부사는 뒤 문장이 완벽할 때 쓸 수 있습니다.

☑ 피해를 입히다 🄽 손상, 피해

의미 암기용 표현과 문장

- **Several vehicles were damaged in the crash.** 그 충돌 사고로 차량 몇 대가 피해를 입었다.
- **serious[severe/extensive/permanent/minor] damage** 심각한[심한/대대적인/영구적인/경미한] 손상[피해]

G-TELP 문법패턴훈련

Silver coins _____ are in mint condition are more desirable to collectors than those that are dented or damaged.
(a) where   (b) that

424 **therapy**
[θérəpi]

= treatment

🄽 치료(법)

의미 암기용 표현과 문장

- **alternative[complementary/natural] therapies** 대체[보완/자연] 요법[치유법]

G-TELP 구문독해훈련

Do you recommend massage therapy for sports injuries?

---

421. 노키아 인더스트리즈의 인수는 재무적으로 건전하지도 않고 브랜드 인지도를 유지하는데 필요하지도 않다. **422.** 드레이크는 스페인 함대를 무찌르는 데 중요한 역할을 했으며 엘리자베스 시대의 가장 유명한 선장이 되었다. **423. (b)** 갓 주조된 상태의 은화 동전은 흠집이나 손상된 것보다 수집가들에게 더 바람직합니다. **424.** 스포츠 부상의 치료를 위해 마사지 요법을 권장하십니까?

425 intend
[inténd]

= plan

GRAMMAR POINT

intend는 to부정사와 동명사를 모두 목적어로 쓰는 표현이 있지만 지텔프 에서는 동명사가 아닌 to부정사(현대 영어)가 정답이 되는 문제를 출제합니다.

ⓥ 의도하다

의미 암기용 표현과 문장
• We finished later than we had intended. 우리는 의도했던 것보다 더 늦게 마쳤다.

G-TELP 문법패턴훈련

To handle the increase in sales, the human resources department **intends** _____ a number of new employees.
(a) to recruit　　　　　(b) having recruited

---

426 incident
[ínsədənt]

= event

ⓝ 사건

의미 암기용 표현과 문장
• There was a shooting incident near here last night. 지난밤 이 인근에서 총격 사건이 있었다.

G-TELP 구문독해훈련

Incidents of theft have not been on the decline although the club manager still went ahead and enhanced the building's security system.

---

427 consist
[kənsíst]

x

ⓥ ~으로 이루어져 있다

의미 암기용 표현과 문장
• Water consists of hydrogen and oxygen. 물은 수소와 산소로 구성되어 있다.

G-TELP 구문독해훈련

Our team members consist of the most experienced and qualified technicians in this field.

---

428 host
[houst]

= anchorman

ⓝ 주인, 주최자, 사회자　ⓥ 주최하다

의미 암기용 표현과 문장
• a TV game show host TV 게임 프로 진행자
• Germany hosted the World Cup finals. 독일이 월드컵 결승전을 주최했다.

G-TELP 구문독해훈련

The city of Namolra is improving its public transportation system in preparation for two international sporting events it will host next year.

---

425. (a) 판매량의 증가를 처리하기 위해서, 인사과는 많은 신입 사원들을 채용하려고 한다.　426. 비록 클럽 관리자가 앞장서서 건물 보안 시스템을 강화했음에도 불구하고 도난 사고는 감소하지 않고 있다.　427. 우리 팀의 멤버들은 이 분야에서 가장 숙련되고 자질을 갖춘 기술자들로 구성되어 있다.　428. 나몰라시는 시가 내년에 개최하게 될 두 차례의 국제 스포츠 경기대회를 대비하여 대중교통 시스템을 개선시키고 있다.

429 **lend**
[lend]

= loan

GRAMMAR POINT
지텔프에서 want는 목적어와 목적격
보어로 모두 to부정사를 쓰는 동사로
출제됩니다.

☑ 빌려주다, 대여하다

의미 암기용 표현과 문장
• **Can you lend me your car this evening?** 오늘 저녁에 자네 차 좀 빌려 줄 수 있겠나?

G-TELP 문법패턴훈련

Lenders want _____ sure that the people they are lending money to will be able to pay them back, so getting these types of insurance is one sure way of getting your auto loan approved.
(a) to make   (b) making

---

430 **occur**
[əkə́ːr]

= happen

☑ 발생하다, 일어나다

의미 암기용 표현과 문장
• **Something unexpected occurred.** 어떤 예기치 못한 일이 일어났다.

G-TELP 구문독해훈련

This will also make the compost area look neat and clean, while also creating the proper environment for the essential decomposition to occur.

---

431 **select**
[silékt]

= choose
= chosen

☑ 선택하다, 선발하다   ⓐ 엄선된

의미 암기용 표현과 문장
• **He hasn't been selected for the team.** 그는 그 팀에 선발되지 않았다.
• **a select wine list** 엄선된 와인 리스트

G-TELP 구문독해훈련

We would like to take this opportunity to thank you for selecting our travel agency to handle all of your travel needs.

---

432 **decrease**
[díkriːs]

= decline
= lessen

☑ 줄어들다, 감소하다   ⓝ 감소

의미 암기용 표현과 문장
• **The price of wheat has decreased by 15%.** 밀 가격이 15% 정도[쯤] 하락했다.
• **a small decrease in production** 약간의 생산 감소

G-TELP 구문독해훈련

Factory officials reported that with the installation of the new machinery, errors during assembly have decreased by 15 percent.

---

429. (a) 대출업자들은 그들이 돈을 빌려주는 사람들이 그들에게 돈을 되갚을 수 있다는 것을 확인하고 싶어 함으로, 따라서 이러한 종류의 보험을 얻어두는 것은 당신의 자동차 구입 대출을 승인받게 만들어 주는 한 가지 확실한 방법이 됩니다.   **430.** 이것은 또한 퇴비를 만드는 장소를 깔끔하고 깨끗하게 보이게 할뿐만 아니라 중요한 퇴비화가 발생하게 만드는 적절한 환경도 조성해 줄 것입니다.   **431.** 저희는 이 기회를 들어 당신의 모든 여행 요구사항을 처리할 여행사로 우리를 선택해 주신데 대해 당신께 감사를 드리고 싶습니다.   **432.** 공장 관계자는 새로운 기계의 설치로 인해, 조립 중 오류가 **15%** 정도 감소했다고 보고했다.

433 **frequent**
[fríːkwənt]

= often

a 빈번한, 사주

의미 암기용 표현과 문장
- He is a frequent visitor to this country. 그는 이 나라를 자주 찾는다.

G-TELP 구문독해훈련
Albert Co. prolongs the life of the office equipment by conducting frequent inspections.

434 **appoint**
[əpóint]

= assign

GRAMMAR POINT
"~하기 위해서"나 "~하기 위한"의 의미로 쓰이는 **to**부정사의 쓰임에도 익숙해져야 합니다.

v 임명하다, 지정하다

의미 암기용 표현과 문장
- She has recently been appointed to the committee. 그녀는 최근에 위원회에 임명되었다.

G-TELP 문법패턴훈련
Every two years, the board of directors appoints a new financial officer _____ the company's domestic operations.
(a) to oversee   (b) oversee

435 **profit**
[práfit]

= benefit
= gain

n 수익, 이익   **v** 이익을 얻다

의미 암기용 표현과 문장
- a rise[an increase/a drop/a fall] in profits 수익의 증가[증가/하락/하락]
- What will it profit you? 그것이 당신에게 무슨 이익이 될 것인가?

G-TELP 구문독해훈련
Sam Rayn Air's profits were 15 percent lower than previously predicted.

436 **negotiate**
[nigóuʃièit]

= bargain

v 협상하다

의미 암기용 표현과 문장
- The government will not negotiate with terrorists. 정부는 테러범들과는 협상하지 않을 것이다.

G-TELP 구문독해훈련
Pacific Associates and Daewoo Construction hired a third party to negotiate the resolution to their contract dispute.

---

433. 앨버트사는 빈번한 검사를 실시하여 사무실 장비의 수명을 연장하고 있다.   **434. (a)** 매 **2**년마다, 이사회는 회사의 국내 운영을 감독할 새로운 재무 책임자를 임명한다.   **435.** 샘 라이언 항공사의 수익은 이전에 예측한 것보다 **15%** 더 낮았다.   **436.** 퍼시픽 어쏘시에이츠와 대우 건설은 계약 분쟁의 해결을 위해 제**3**자를 고용했다.

DAY 01 / DAY 02 / DAY 03 / DAY 04 / DAY 05 / DAY 06 / DAY 07 / DAY 08 / DAY 09 / DAY 10 / DAY 11 / DAY 12 / DAY 13 / DAY 14 / DAY 15 / DAY 16 / DAY 17 / DAY 18 / DAY 19 / DAY 20

어휘 · 문법 · 독해까지 한꺼번에 끝내는 **G-TELP VOCABULARY LEVEL** 기본

437 occasion
[əkéiʒən]

= event
= time

n 행사, 경우, 때

의미 암기용 표현과 문장

• **on this[that] occasion** 이러한[그러한] 기회[경우]에

G-TELP 구문독해훈련

Please make plans to attend this grand occasion.

---

438 account
[əkáunt]

= explain

n 예금계좌, 계정, 설명 **v** 설명하다, 책임지다

의미 암기용 표현과 문장

• **I don't have a bank account.** 나는 은행 계좌가 없다.
• **an Internet[email] account** 인터넷[이메일] 계정
• **the Biblical account of the creation of the world** 세상의 창조에 대한 성서적 해석
• **That accounts for his absence.** 그것으로 그의 결석[결근]의 이유를 알았다.

G-TELP 구문독해훈련

Fortunately, our computers caught the mistake and a credit will be reflected on your account when the next billing statement goes out.

---

439 search
[sɜːrtʃ]

= explore
= inspect

GRAMMAR POINT

선택문항에 조동사 4개, 접속사 4개, 접속부사 4개가 나오는 문제는 해석으로 풀어야 하는 고난이도 문제입니다.

v 찾다, 수색하다, 탐색하다 **n** 수색, 탐색

의미 암기용 표현과 문장

• **The customs officers searched through our bags.** 세관 직원들이 우리 가방을 다 뒤졌다.
• **do a search on the Internet** 인터넷으로 검색하다

G-TELP 문법패턴훈련

It is unsure _____ Skyblue Airlines have begun the search for her replacement, although it is widely expected that Samantha Kelley's assistant, Thomas Fullerton will be picked to serve as the interim Deputy Chief.
(a) even if   (b) whether

---

440 acquire
[əkwáiər]

= gain
= obtain

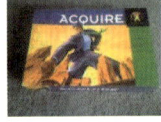

v 얻다, 습득하다

의미 암기용 표현과 문장

• **The company has just acquired new premises.** 그 회사는 최근에 새 부지와 건물을 취득했다.

G-TELP 구문독해훈련

Over time, silver coins evolved into many sizes and shapes, and acquired different designs.

---

437. 이 중요한 행사에 참여할 계획을 세우시기 바랍니다.　**438.** 다행히도, 저희 컴퓨터들이 오류를 잡아내어서 다음 번 청구서가 발송될 때 당신의 계좌로 차액이 반영될 것입니다.　**439. (b)** 사만다 켈리의 비서인 토머스 풀러턴이 임시 부국장으로 선출될 것이 예상되긴 하지만, 스카이블루 항공사가 그녀의 후임자를 찾기 시작했는지 아닌지는 아직 불확실합니다.　**440.** 시간이 지남에 따라, 은화들은 다양한 크기와 모양으로 발전했고 다양한 디자인을 획득했습니다.

441 **continue**
[kəntinjuː]

= resume
= maintain

☑ 계속되다

의미 암기용 표현과 문장
- **The exhibition continues until 25 July.** 그 전시회는 7월 25일까지 계속된다.

G-TELP 구문독해훈련

We assure you that similar incidents will not happen again in the future, and we hope that you will continue patronizing Zenith Airways.

442 **source**
[sɔːrs]

= origin

Ⓝ 원천, 근원

의미 암기용 표현과 문장
- **renewable energy sources** 재생 가능한 에너지원

G-TELP 구문독해훈련

Neon photography is taking pictures using neon signs as the light source.

443 **criticize**
[krítəsàiz]

= condemn

☑ 비판하다, 비난하다

의미 암기용 표현과 문장
- **The decision was criticized by environmental groups.** 그 결정은 환경보호 단체들의 비판을 받았다.

G-TELP 구문독해훈련

The mayor of Allston had been harshly criticized for the excessive taxes he imposed during his first term in office.

444 **trend**
[trend]

= tendency
= fashion

GRAMMAR POINT
지텔프에서 **now**가 나타나면 보통 현재진행시제가 정답이 됩니다.

Ⓝ 경향, 추세, 유행

의미 암기용 표현과 문장
- **economic[social/political] trends** 경제적[사회적/정치적] 동향

G-TELP 문법패턴훈련

Because of this trend, scientists _____ for efficient ways to reuse and recycle discarded materials.
(a) are **now** searching   (b) have now searched

DAY 01
DAY 02
DAY 03
DAY 04
DAY 05
DAY 06
DAY 07
DAY 08
DAY 09
DAY 10
DAY 11
DAY 12
DAY 13
DAY 14
DAY 15
DAY 16
DAY 17
DAY 18
DAY 19
DAY 20

어휘 · 문법 · 독해까지 한가번에 끝내는 **G-TELP VOCABULARY LEVEL** 기본

---

441. 저희는 유사한 사고가 앞으로 다시 발생하지 않을 것이라고 확신시켜 드리며, 귀하가 계속 제니스 항공사를 애용해 주시기를 바라는 바입니다.   **442.** 네온 사진은 네온사인을 광원으로 사용하여 사진을 찍는 것입니다.   **443.** 알스턴시의 시장은 그의 첫 임기 기간 중 그가 부과한 과도한 세금 때문에 가혹하게 비판당했었다.
444. (a) 이러한 경향 때문에, 과학자들은 지금 폐기된 물질을 재사용하고 재활용하는 효율적인 방법을 찾고 있습니다.

445 **attitude**
[ǽtitjùːd]

= opinion

🔳 태도, 자세

의미 암기용 표현과 문장

• **have a good[bad/positive/negative] attitude** 좋은[안 좋은/긍정적인/부정적인] 태도를 갖다

G-TELP 구문독해훈련

It is said that one's success in life is largely determined by one's attitude.

446 **spread**
[spred]

= scatter
= expansion

🔳 퍼지다, 퍼뜨리다   🔳 확산, 전파

의미 암기용 표현과 문장

• **The bird spread its wings.** 새가 날개를 펼쳤다.
• **to prevent the spread of disease** 병의 확산을 막기 위하여

G-TELP 구문독해훈련

The bad news of Mr. Pemcoe's resignation spread very fast, as he had many friends and acquaintances working at Fisher Toys Labs.

447 **emotion**
[imóuʃən]

= feeling
= passion

GRAMMAR POINT

be known to부정사는 "~한다고 알
려져 있다"의 의미입니다.

🔳 감정, 감동

의미 암기용 표현과 문장

• **They expressed mixed emotions at the news.** 그들은 그 소식에 엇갈린 감정을 보였다.

G-TELP 문법패턴훈련

Negative emotions, such as anger and frustration, are known _____ the heart.

(a) to overwork   (b) overworking

448 **colony**
[kɑ́ləni]

= territory
= possession

🔳 식민지, 거주 지역

의미 암기용 표현과 문장

• **former British colonies** 과거 영국의 식민지들
• **the American colony in Paris** 파리의 미국인 거주 지역

G-TELP 구문독해훈련

During that time, Singapore was a British colony ruled by a governor and a legislative council that mostly consisted of rich businessmen appointed by the colonial government.

---

445. 인생에서의 성공은 주로 그 사람 자신의 태도에 의해 결정된다고들 합니다.   **446.** 펨코씨의 사직에 대한 안 좋은 소식은, 그가 피셔 완구 연구소에 많은 친구들과 지인들을 가지고 있었기 때문에 매우 빠르게 퍼져나갔다.   **447. (a)** 분노나 좌절과 같은 부정적인 감정들은 심장을 혹사시킨다고 알려져 있다.   **448.** 그 시기에, 싱가포르는 식민지 정부가 임명한 부유한 사업가들로 주로 구성된 입법 위원회와 총독에 의해서 지배되던 영국의 식민지였다.

449 accept
[æksépt]

= receive

GRAMMAR POINT

지텔프에서 가정법 과거완료의 짝찾기는 무조건 맞춰야 하는 5초짜리 문제입니다.

☑ 받아들이다, 수락하다

의미 암기용 표현과 문장
- **Please accept our sincere apologies.** 저희들의 진심어린 사과를 받아 주십시오.

G-TELP 문법패턴훈련

If she **had accepted** the offer, she _____ one of the models gracing the catwalk yesterday.
(a) would have been   (b) will have been

---

450 ability
[əbíləti]

= capability
= talent

◻ 능력, 재능

의미 암기용 표현과 문장
- **He was a man of extraordinary abilities.** 그는 비범한 재능을 지닌 사람이었다.

G-TELP 구문독해훈련

They also attained an exceptional ability to learn reading and writing.

---

451 management
[mǽnidʒmənt]

= adminstration

GRAMMAR POINT

지텔프에서 **ARSID** 동사 뒤에 **that**절이 나오면 **that**절 속엔 동사원형을 골라야 합니다.

◻ 관리, 경영(진), 운영

의미 암기용 표현과 문장
- **hotel[project] management** 호텔 경영[프로젝트 운영]

G-TELP 문법패턴훈련

He often **suggests that** they _____ their mind when there are issues with management.
(a) speak   (b) speaking

---

452 credit
[krédit]

= recognition
= reputation

◻ 신용(거래), 인정, (영화 앞에 붙이는) 감사의 문구, 학점   ☑ 정산[입금]처리 하다

의미 암기용 표현과 문장
- **a credit agreement** 신용 거래 약정
- **At least give him credit for trying.** 최소한 그가 노력한 것에 대해서는 인정해 줘야 해.
- **$50,000 has been credited to your account.** 5만 달러가 당신 계좌에 입금되었습니다.

G-TELP 구문독해훈련

Anne lost her credit card, but she hasn't informed the credit card company about it yet.

---

449. (a) 만약 그녀가 그 제안을 받아 들였었다면, 그녀는 어제 패션쇼를 우아하게 장식한 모델 중 한 명이었을 것이다.   450. 그들은 또한 읽기와 쓰기를 배우는 탁월한 능력을 갖추게 되었습니다.   451. (a) 그는 경영과 관련된 문제들이 있을 때 그들이 자신의 속마음을 털어놓아야 한다고 종종 제안한다.   452. 앤은 신용 카드를 분실했지만 아직 신용 카드 회사에 알리지는 않고 있다.

01 DAY / 02 DAY / 03 DAY / 04 DAY / 05 DAY / 06 DAY / 07 DAY / 08 DAY / 09 DAY / 10 DAY / 11 DAY / 12 DAY / 13 DAY / 14 DAY / 15 DAY / 16 DAY / 17 DAY / 18 DAY / 19 DAY / 20 DAY

어휘·문법·독해까지 한꺼번에 끝내는 G-TELP VOCABULARY LEVEL 기본

REVIEW 1 2 3 4 5

453 **manufacture**
[mæ̀njufǽktʃər]

= production

n 제품, 제조 **v** 제조하다

의미 암기용 표현과 문장
- a major importer of cotton manufactures 면제품 주요 수입국
- Vitamins cannot be manufactured by our bodies. 비타민은 우리 체내에서 생성되지 않는다.

G-TELP 구문독해훈련

Unfortunately, the newly manufactured electronic components do not meet the quality requirements of Gem Associates.

---

454 **prohibit**
[prouhíbit]

= ban
= forbid

GRAMMAR POINT

prohibit은 to부정사 대신 동명사를 목적어로 쓰는 동사로 출제되거나, be prohibited from ~ing 형태로 주로 시험에 등장합니다.

v 금지하다, 막다

의미 암기용 표현과 문장
- The high cost of equipment prohibits many people from taking up this sport.
  장비에 드는 비용이 높아서 많은 사람들이 이 스포츠에 손을 대지 못한다.

G-TELP 문법패턴훈련

All unauthorized people are prohibited from _____ the building unless escorted by a member of the film crew.
(a) entering   (b) to enter

---

455 **share**
[ʃɛ́ər]

= part
= portion

v 공유하다 **n** 몫

의미 암기용 표현과 문장
- We shared the pizza between the four of us. 우리는 그 피자를 우리 네 명이 나눠 먹었다.
- Next year we hope to have a bigger share of the market. 내년에는 우리가 시장에서 더 큰 지분을 차지하게 되기를 바란다.

G-TELP 구문독해훈련

Panda Express shares plummeted due to the circulating rumors that they would be bought out by rival company, Shanghai Federal.

---

456 **normal**
[nɔ́ːrməl]

= usual
= common

a 평범한, 정상적인

의미 암기용 표현과 문장
- It's normal to feel tired after such a long trip. 그렇게 긴 여행을 했으니 피곤한 것이 정상이다.

G-TELP 구문독해훈련

An increasingly large number of blue whales have started migrating south toward warmer seas earlier than normal.

---

453. 불행하게도, 새로 제조된 전자부품들은 젬 어쏘시에이츠사의 품질 요구 조건을 충족시키지 못합니다. **454. (a)** 모든 허가받지 못한 사람들은 영화사 직원의 대동 없는 건물에 출입할 수 없습니다. **455.** 판다 익스프레스사의 주식은 경쟁사인 상하이 페더럴사에 의해 인수될 것이라는 루머 때문에 급락했다. **456.** 점점 더 많은 수의 흰 수염고래들이 정상보다 일찍 더 따뜻한 바다를 향해 남쪽으로 이동하기 시작했습니다.

457 inqulre
[inkwáiər]

= question

GRAMMAR POINT

선택문항에 조동사 4개, 접속사 4개, 접속부사 4개가 나오는 문제는 해석으로 풀어야 하는 고난이도 문제입니다.

v 문의하나, 알아보다

의미 암기용 표현과 문장

• He inquired how to handle it. 그는 그것을 어떻게 다루는지 물었다.

G-TELP 문법패턴훈련

I would like to inquire if you _____ offer a discount for bulk purchases.

(a) must   (b) could

---

458 bury
[béri]

= inter
= hide

Berry · Bury

v 묻다, 매장하다

의미 암기용 표현과 문장

• He was buried in Highgate Cemetery. 그는 하이게이트 묘지에 묻혔다.

G-TELP 구문독해훈련

Soldiers helped to bury the dead in large communal graves.

---

459 complement
[kámpləmənt]

= complete

Complement · Compliment

v 보완하다 **n** 보완(물), 보충, 보어

의미 암기용 표현과 문장

• The team needs players who complement each other. 그 팀에는 서로를 보완해 주는 선수들이 필요하다.
• A good wine is a complement to a good meal. 좋은 술은 훌륭한 식사를 더욱 빛나게 해 준다.

G-TELP 구문독해훈련

The médio player sets the main rhythm of the songs, and plays notes that complement the sounds made by the gunga.

---

460 affect
[əfékt]

= influence

v 영향을 미치다

의미 암기용 표현과 문장

• Your opinion will not affect my decision. 당신 의견은 내 결정에 영향을 못 줄 것이다.

G-TELP 구문독해훈련

With this development, there is a possibility of acquiring a treatment for osteoporosis, a disease affecting 200 million people worldwide, by drinking tequila and accessing the extract.

---

457. (b) 대량 구매 시에 귀사가 할인을 제공하는지 문의하고 싶습니다.   458. 군인들은 큰 공동묘지에 사망자들을 묻는 것을 도왔다.   459. 메지오의 연주자는 노래의 주요 리듬을 잡고, 궁가가 만들어내는 음을 보완하는 음계를 연주합니다.   460. 이 개발로, 테킬라를 마시고 추출물에 접근하는 것을 통해, 전 세계적으로 2억 명의 사람들에게 영향을 끼치고 있는 질병인 골다공증의 치료 방법을 얻는 가능성이 있게 되었습니다.

DAY C-1
DAY 02
DAY 03
DAY 04
DAY 05
DAY 06
DAY 07
DAY 08
DAY 09
DAY 10
DAY 11
DAY 12
DAY 13
DAY 14
DAY 15
DAY 16
DAY 17
DAY 18
DAY 19
DAY 20

어휘 · 문법 · 독해까지 한꺼번에 끝내는 G-TELP VOCABULARY LEVEL 기본

461 jail
[dʒeil]

= prison
= imprison

n 감옥 **v** 투옥하다

의미 암기용 표현과 문장
- **She spent a year in jail.** 그녀는 교도소에서 1년을 보냈다.
- **He was jailed for life for murder.** 그는 살인죄로 종신형에 처해졌다.

G-TELP 구문독해훈련
Last night, jail wardens Walter Kramer and Ron Doolittle were killed after a homemade bomb exploded in a federal prison.

---

462 grain
[grein]

= cereal
= corn

GRAMMAR POINT
지텔프에서 by the end of the year는 과거와 상관이 없습니다.

n 곡물, 알갱이

의미 암기용 표현과 문장
- **America's grain exports** 미국의 곡물 수출품
- **a few grains of rice** 쌀 몇 알

G-TELP 문법패턴훈련
Although K&G Foods now exports 4 different types of grain, due to cutbacks they _____ two types of grain by the end of the year.
(a) will only be exporting   (b) were only exporting

---

463 avoid
[əvɔ́id]

= shun

GRAMMAR POINT
지텔프에서 avoid는 to부정사 대신 동명사를 목적어로 쓰는 동사로 진짜 자주 출제됩니다.

v 피하다, 회피하다

의미 암기용 표현과 문장
- **They narrowly avoided defeat.** 그들은 간신히 패배를 면했다.

G-TELP 문법패턴훈련
When walking through a thick field or dense forest, be sure to know the important preventive steps to avoid _____ on a dangerous snake.
(a) to step   (b) stepping

---

464 leak
[liːk]

= seep

n 누출, 새는 것 **v** 누출하다, 새다

의미 암기용 표현과 문장
- **a gas leak** 가스 누출
- **The contents of the report were leaked to the press.** 그 보고서 내용이 언론에 누설되었다.

G-TELP 구문독해훈련
The construction site for our latest project had to be shut down for the last two days because of a dangerous gas leak.

---

461. 지난 밤, 교도관 월터 크레이머와 론 두리틀이 연방 감옥에서 수제 폭탄이 터진 후 사망했습니다. **462. (a)** 비록 K&G 푸드사가 현재는 4가지 유형의 곡물을 수출하고 있지만, 삭감조치로 인해 그들은 연말쯤엔 2가지 유형의 곡물들만을 수출하게 될 것입니다. **463. (b)** 풀이 많은 들판이나 빽빽한 숲을 걸을 땐, 위험한 뱀을 밟는 것을 피하기 위한 중요 예방 조치를 확실히 알고 있어야 합니다. **464.** 우리의 최근 프로젝트 건설 현장은 위험한 가스 누설로 지난 이틀 동안 폐쇄되어야 했습니다.

465 **aid**
[eid]

= support
= help

FIRST AID

◼ 도움, 지원 ◼ 지원하다, 원조하다

의미 암기용 표현과 문장

- **economic[humanitarian/emergency] aid** 경제적[인도적/긴급] 지원
- **The new test should aid in the early detection of the disease.** 그 새 검사법이 그 질병의 조기 발견에 도움이 될 것이다.

G-TELP 구문독해훈련

However, to aid you during this process, everyone should review the new instruction manual.

---

466 **leap**
[liːp]

= jump

◼ 뛰어 오르다 ◼ 도약

의미 암기용 표현과 문장

- **A dolphin leapt out of the water.** 돌고래 한 마리가 물 밖으로 뛰어올랐다.
- **a leap in profits** 수익 급증

G-TELP 구문독해훈련

It was a small step for a man but a giant leap for mankind.

---

467 **fail**
[feil]

= flop

GRAMMAR POINT

지텔프에서 fail은 동명사 대신 to부정사를 목적어로 쓰는 동사로 출제됩니다.

◼ 실패하다, 떨어지다

의미 암기용 표현과 문장

- **She failed to get into art college.** 그녀는 미술 대학에 들어가지 못했다.

G-TELP 문법패턴훈련

For the first time ever we failed _____ our monthly production quota last month due to continual malfunctions in our machinery.
(a) to meet   (b) meeting

---

468 **cease**
[siːs]

= end
= stop

GRAMMAR POINT

cease는 to부정사와 동명사를 모두 목적어로 쓸 수 있지만 지텔프 실전에서는 보통 단순동명사가 답이 되는 문제가 출제됩니다.

◼ 중단하다

의미 암기용 표현과 문장

- **He ordered his men to cease fire.** 그는 부하들에게 사격 중지를 명했다.

G-TELP 문법패턴훈련

She says that the baby ceases _____ up whenever he hears nursery rhymes and happy songs, and his mood improves.
(a) to have acted   (b) acting

---

465. 그러나, 이 과정동안 도움이 될 수 있도록, 모든 사람들은 새로운 지침 설명서를 검토해야 합니다.   466. 이것은 한 인간에게는 작은 발걸음에 불과하지만 인류에게는 거대한 도약이었다.   467. (a) 처음으로 우리는 기계 설비의 지속적인 오작동 때문에 지난달 월간 생산 할당량의 달성에 실패했습니다.   468. (b) 그녀는 그가 아기 노래와 행복한 노래를 들을 때마다 보채는 걸 멈추고, 기분이 좋아진다고 말합니다.

469 **tide**
[taid]

= flow
= stream

🄝 조수, 조류

의미 암기용 표현과 문장
- Is the tide coming in or going out? 지금 조류가 들어오고 있나요 나가고 있나요?

G-TELP 구문독해훈련

The tide has obliterated the footprints on the sand.

---

470 **master**
[mǽstər]

= grasp

GRAMMAR POINT

지텔프에서 가정법 과거완료의 짝찾기는 매회 가장 많이 출제되는 최다 빈출 문법패턴입니다.

🄝 석사 학위, 교장(교사), 대가, 달인   🄥 완전히 숙달하다

의미 암기용 표현과 문장
- He has a Master's in Business Administration. 그는 경영학 석사 학위 소지자이다.
- a master of disguise 변장의 달인
- French was a language he had never mastered. 프랑스어는 그가 끝내 완전히 익히지 못한 언어였다.

G-TELP 문법패턴훈련

If only I **had used** German regularly in my conversations with friends, I _____ it.
(a) would have mastered   (b) will have mastered

---

471 **column**
[kάləm]

= article
= commentary

🄝 기고란[문], 칼럼, 기둥, 세로단

의미 암기용 표현과 문장
- the gossip[financial] column 흥밋거리 소식[경제 칼럼]
- The temple is supported by marble columns. 그 사원은 대리석 기둥들이 떠받치고 있다.
- a dictionary with two columns per page 한 페이지가 두 세로단으로 되어 있는 사전

G-TELP 구문독해훈련

Use this page to edit a column of this document library.

---

472 **feature**
[fíːtʃər]

= star

GRAMMAR POINT

지텔프에서 가정법 과거완료의 짝찾기는 무조건 맞춰야 하는 5초짜리 문제입니다.

🄥 특종[주연]으로 나오다   🄝 특징, 특색, 특종

의미 암기용 표현과 문장
- The film features Cary Grant as a professor. 그 영화에는 특히 캐리 그랜트가 교수로 나온다.
- Which features do you look for when choosing a car? 당신은 승용차를 고를 때 어떤 특성을 찾나요?

G-TELP 문법패턴훈련

If the movie _____ exciting visual effects, more moviegoers **would have watched** it.
(a) had featured   (b) featured

---

469. 조수가 모래 위의 발자국을 지워 버렸다.   470. (a) 만약 내가 친구들과의 대화에서만이라도 정기적으로 독일어를 사용했더라면, 나는 독일어를 숙달시킬 수 있었을 것이다.   471. 이 페이지를 사용하여 본 문서 라이브러리의 열을 편집하면 됩니다.   472. (a) 만약 그 영화가 흥미진진한 시각 효과를 주로 사용했었다면, 더 많은 영화 관람자가 그 영화를 보았을 것이다.

473 **regard**
[rigάːrd]

= respect
= consider

n 관심, 존경, 평가 **v** 여기나, 평가하나

의미 암기용 표현과 문장

- **He was driving without regard to speed limits.** 그는 제한 속도를 고려하지 않고[무시하고] 운전을 하고 있었다.
- **Capital punishment was regarded as inhuman and immoral.** 사형은 비인간적이고 비도덕적인 것으로 여겨졌다.

G-TELP 구문독해훈련

Mr. Wilson in accounting department will respond to all inquiries regarding the recently changed wage polices.

474 **revolution**
[rèvəlúːʃən]

= coup

n 혁명, 회전, 공전

의미 암기용 표현과 문장

- **the outbreak of the French Revolution in 1789** 1789년의 프랑스 혁명 발발
- **the revolution of the earth around the sun** 태양의 주위를 도는 지구의 공전

G-TELP 구문독해훈련

He was an Argentine doctor who started a revolution in Cuba.

475 **risk**
[risk]

= danger

GRAMMAR POINT
지텔프에서 **risk**는 to부정사 대신 동명사를 목적어로 쓰는 동사로 출제됩니다.

n 위험 **v** 위험[목숨]을 걸다

의미 암기용 표현과 문장

- **Smoking can increase the risk of developing heart disease.** 흡연은 심장병 발병 위험을 증가시킬 수 있다.
- **He risked his life to save her.** 그는 그녀를 구하기 위해 자기 목숨을 걸었다.

G-TELP 문법패턴훈련

She'll need some time to move on, and probably an extraordinary guy for her to risk _____ in love again.
(a) to fall   (b) falling

476 **collect**
[kəlékt]

= gather

COLLECT-A-CAN

v 모으다, 수집하다

의미 암기용 표현과 문장

- **to collect data[evidence/information]** 자료[증거/정보]를 모으기 위해서

G-TELP 구문독해훈련

People who are fond of berries collect the fruits during summer to preserve them for winter.

---

473. 회계 부서의 윌슨씨가 최근에 변경된 임금 정책에 관련된 모든 문의에 답변할 것입니다.   **474.** 그는 쿠바에서 혁명을 일으킨 아르헨티나인 의사였습니다.
475. (b) 그녀에게는 앞으로 견뎌낼 약간의 시간이 필요할 것이고, 아마도 그녀가 위험을 감수하고서라도 다시 사랑에 빠질만한 특별한 남자가 필요할 것입니다.
476. 딸기류를 좋아하는 사람들은 겨울용으로 과실을 보존하기 위해 여름동안 과실들을 모읍니다.

477 client
[kláiənt]

= buyer
= customer

GRAMMAR POINT

지텔프에서 ARSID 동사 뒤에 that 절이 나오면 that절 속엔 동사원형을 골라야 합니다.

n 고객

의미 암기용 표현과 문장

• a lawyer with many famous clients 유명한 의뢰인이 많은 변호사

G-TELP 문법패턴훈련

An important client is now demanding that he _____ one more deadline, or his services will be terminated.
(a) does not miss   (b) not miss

---

478 figure
[fígjər]

= character

n 인물, 몸매, 수치(-s) v 생각하다, 계산하다

의미 암기용 표현과 문장

• the latest trade[sales/unemployment] figures 가장 최근의 무역[매출/실업률] 수치
• a leading figure in the music industry 음악 산업에서 주도적인 인물
• That's what I figured. 내 생각도 바로 그거야.

G-TELP 구문독해훈련

However, the figures were still lower than those posted in previous months.

---

479 author
[ɔ́ːθər]

= writer

n 작가, 저자

의미 암기용 표현과 문장

• He is the author of three books on art. 그는 미술에 관한 책을 세 권 쓴 저자이다.

G-TELP 구문독해훈련

A series of mystery novels, *"The Detectives"*, are officially out of print, and all rights to publish them have reverted back to the author.

---

480 focus
[fóukəs]

= concentrate
= center

v 집중하다, 초점을 맞추다 n 초점, 중점

의미 암기용 표현과 문장

• The discussion focused on three main problems. 그 논의는 세 가지 주요 문제에 집중했다.
• The children's faces are badly out of focus in the photograph. 사진 속 아이들의 얼굴이 초점이 너무 안 맞는다.

G-TELP 구문독해훈련

Teaching materials from multimedia resources help students focus on learning compared to text-based materials.

---

477. (b) 한 중요 고객은 그가 마감일을 더 이상 못 맞춰서는 안 되며, 못 맞추게 된다면 그의 서비스는 종료될 것이라고 했다.   **478.** 그러나, 그 수치들은 지난달 공시된 수치들보다 여전히 낮다.   **479.** 미스터리 소설 시리즈인 "탐정들"은 공식적으로 절판되었으며, 그래서 시리즈를 출판할 수 있는 모든 권리는 원 저자에게 되돌아갔다.   **480.** 멀티미디어 자료를 이용한 교육 자료들은 글자 기반의 자료들과 비교해 볼 때 좀 더 학생들이 학습에 집중을 할 수 있도록 도움을 줍니다.

DAY 09

20 days

moist

CHARM

prefer

priceless

CULTIVATE

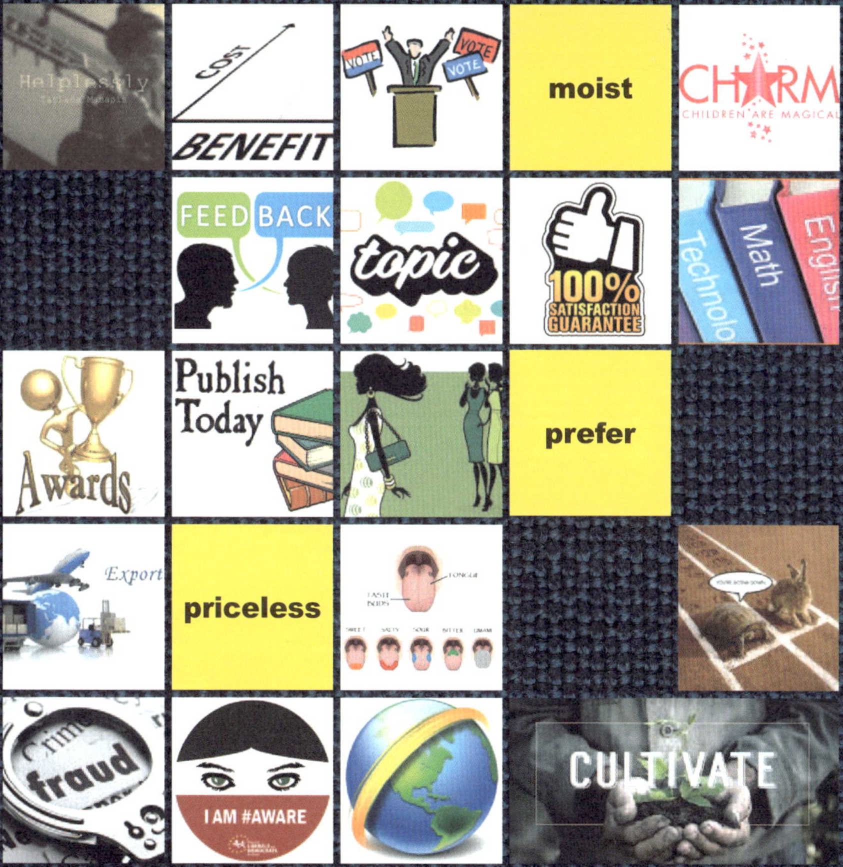

481 **journalist**
[dʒə́ːrnəlist]

= reporter

GRAMMAR POINT

지텔프에서 **agree**는 동명사가 아닌 **to**부정사를 목적어로 쓰는 동사로 주로 출제됩니다.

🅝 기자, 언론인

의미 암기용 표현과 문장
• **a freelance journalist** 프리랜서 기자

G-TELP 문법패턴훈련

Tom Shivers, an accomplished journalist at the Piscayne Times, has not only agreed _____ to the awards ceremony but would like to give a speech.
(a) to come **(b) coming**

---

482 **feedback**
[fíːdbæk]

= answer
= advice

🅝 응답, 피드백

의미 암기용 표현과 문장
• **The teacher will give you feedback on the test.** 선생님이 네게 그 시험에 대한 피드백[조언]을 해 주실 것이다.

G-TELP 구문독해훈련

Because of the negative feedback from analysts, Chief Designer Ms. Cromwell is likely to modify the prototype of the new car.

---

483 **fault**
[fɔːlt]

= mistake
= error

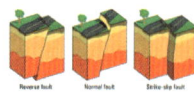

Reverse fault   Normal fault   Strike-slip fault

🅝 단점, 결점, 결함, 잘못, 단층

의미 암기용 표현과 문장
• **a structural fault** 구조적 결함
• **It was his fault that we were late.** 우리가 늦은 것은 그의 잘못이었다.

G-TELP 구문독해훈련

But what you have to know is it is not your fault!

---

484 **arrange**
[əréindʒ]

= organize

GRAMMAR POINT

지텔프에서 형용사 **glad**는 be glad **to**부정사 형태로 출제가 됩니다.

🅥 준비[주선/마련]하다, 정리[배열]하다

의미 암기용 표현과 문장
• **Can I arrange an appointment for Monday?** 제가 월요일로 약속을 잡을 수 있을까요?
• **She arranged the flowers in a vase.** 그녀가 꽃을 꽃병에 보기 좋게 꽂았다.

G-TELP 문법패턴훈련

We sincerely apologize for the inconvenience you have experienced and would be glad _____ the faulty product with a brand new one.
(a) to replace **(b) replacing**

---

481. (a) 피스케인 타임즈의 성공한 언론인인, 탐 쉬버스씨는, 시상식에 참석하는데 동의했을 뿐만 아니라 연설도 하고 싶어 해 한다. 482. 애널리스트들로부터의 부정적인 평가 때문에, 수석 디자이너인 크롬웰양은 신차 시제품의 디자인을 변경할 것 같아 보인다. 483. 그러나 당신이 알아야 할 것은 이것이 당신의 잘못이 아니라는 것입니다! 484. (a) 저희는 귀하가 겪은 불편에 대해 진심으로 사과를 드리는 바이며 새로운 제품으로 기꺼이 결함이 있는 제품을 교체해 드릴 것입니다.

485 **prefer**
[prifə́ːr]

= favor

GRAMMAR POINT

선택문항에 조동사 4개, 접속사 4개,
접속부사 4개가 나오는 문제는 해석
으로 풀어야 하는 고난이도 문제입니
다.

ⓥ 선호하다

의미 암기용 표현과 문장

• **I much prefer jazz to rock music.** 나는 록 음악보다 재즈를 훨씬 더 좋아한다.

G-TELP 문법패턴훈련

**Dr. Testa inferred that readers of romance novels like to read
their books quickly and easily and _____ prefer e-books.**
(a) instead   **(b) therefore**

---

486 **taste**
[teist]

= flavor

ⓝ 맛 ⓥ 맛이 나다

의미 암기용 표현과 문장

• **a salty[bitter/sweet] taste** 짠쓴/단] 맛
• **It tastes sweet.** 이것은 맛이 달다.

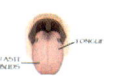
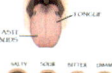

G-TELP 구문독해훈련

I've never tasted anything so wonderful.

---

487 **happen**
[hǽpən]

= occur

GRAMMAR POINT

지텔프에서는 가정법 과거의 짝찾기
도 매회 3문제 정도씩 출제됩니다.

ⓥ 발생하다, 일어나다

의미 암기용 표현과 문장

• **You'll never guess what's happened!** 무슨 일이 있었는지 넌 결코 짐작도 못 할 거야!

G-TELP 문법패턴훈련

This _____ if she weren't busy renovating houses.
(a) will not happen   **(b) wouldn't happen**

---

488 **product**
[prɑ́dʌkt]

= goods

ⓝ 상품, 제품

의미 암기용 표현과 문장

• **dairy[meat/pharmaceutical] products** 유제품[육류 제품/의약품]

G-TELP 구문독해훈련

**To recognize his productive career in architecture, Arthur
Daniel will soon be inducted into the California Building
Industry Hall of Fame.**

---

485. (b) 테스타 박사는 로맨스 소설의 독자들이 책을 빠르고 쉽게 읽고 싶어 하기 때문에 따라서 전자책을 더 선호한다고 추론했다. **486.** 나는 지금까지 그렇게
환상적인 것을 맛 본 적이 없다. **487. (b)** 만약 그녀가 집을 개보수하는 작업에 바쁘지 않다면 이런 일은 일어나지 않을 텐데. **488.** 건축에 있어서 그의 생산적인
업적을 기리기 위해, 아써 다니엘은 캘리포니아 건축 산업 명예의 전당에 곧 들어가게 될 것입니다.

489 script

[skript]

= text
= words

GRAMMAR POINT

지텔프에서 가정법 과거완료의 짝찾기는 무조건 맞춰야 하는 **5초짜리** 문제입니다.

ⓝ 대본, 원고, 문자

의미 암기용 표현과 문장

• **a film script** 영화 대본

G-TELP 문법패턴훈련

They said that **if** the director and editor _____ the script more thought, they **would have eliminated** several boring dialogues and scenes.

(a) had given　　　　　　**(b) gave**

---

490 admit

[ædmit]

= agree
= confess

GRAMMAR POINT

지텔프에서 admit은 목적어로 단순동명사나 단순동명사가 없을 때, 완료동명사를 쓰는 동사로 출제됩니다. 완료동명사가 정답이 되는 함정 문제는 기본서를 참조하세요.

ⓥ 인정하다, 시인하다

의미 암기용 표현과 문장

• **It was a stupid thing to do, I admit.** 그건 바보 같은 짓이었어. 인정해.

G-TELP 문법패턴훈련

Some who suffer from PTSD **admit** _____ flashbacks now and then about their time in the trenches.

(a) to expereince　　　　**(b) experiencing**

---

491 innocent

[ínasant]

= blameless

ⓐ 무죄의, 순결한, 무고한

의미 암기용 표현과 문장

• **be innocent of a crime** 죄가 없다
• **an innocent young child** 순진한 어린 아이
• **innocent victims of a bomb blast** 폭탄 폭발의 무고한 희생자들

G-TELP 구문독해훈련

Sometimes an innocent talk can hurt other's feelings.

---

492 helpless

[hélplis]

= powerless

ⓐ 무력한

의미 암기용 표현과 문장

• **the helpless victims of war** 전쟁의 무력한 피해자들

G-TELP 구문독해훈련

They devoted themselves to hours of unpaid work for the poor and helpless, never minding that few appreciated what they were doing for society.

---

489. (a) 그들은 감독과 편집자가 좀 더 대본을 분석했더라면, 그들이 몇몇 지루한 대화들과 장면들을 제거할 수 있었을 것이라고 말했다.　**490. (b)** 외상 후 스트레스 장애로 고통 받는 몇몇 사람들은 지금도 이따금 그들이 참호 속에서 보냈던 시기에 대한 섬망을 경험한다는 것을 인정하고 있다.　**491.** 때때로 무고한 말도 다른 사람의 감정을 상하게 할 수 있습니다.　**492.** 그들은 사회를 위해 그들이 하고 있는 일에 사람들이 거의 감사해하지도 않고 있다는 것에 신경 쓰지 않으면서 가난하고 힘없는 사람들을 위해 돈도 받지 않고 하는 일에 그들 자신을 헌신했다.

493 **drought**
[draut]

= dryness

n 가뭄

의미 암기용 표현과 문장

• **two years of severe drought** 2년에 걸친 심한 가뭄

G-TELP 구문독해훈련

A drought has been causing many deaths in Ethiopia.

494 **evolution**
[èvəlúːʃən]

= advance
= progress

n 진화, 발전

의미 암기용 표현과 문장

• **the evolution of the human species** 인류의 진화

G-TELP 구문독해훈련

The history section of Microsoft Corporation's Web site provides information on the continual and rapid evolution of the personal computer.

495 **award**
[əwɔ́ːrd]

= grant
= prize

v 수여하다   **n** 상

의미 암기용 표현과 문장

• **He was awarded a gold medal for his excellent performance.** 그는 훌륭한 성과로 금메달을 받았다.
• **an award presentation[ceremony]** 시상식

G-TELP 구문독해훈련

This month's awards ceremony has been postponed due to inclement weather.

496 **discourage**
[diskə́ːridʒ]

= depress

GRAMMAR POINT

in an effort 뒤에는 to부정사가 와야 합니다.

v 낙담시키다, 단념케 하다

의미 암기용 표현과 문장

• **His parents tried to discourage him from being an actor.** 그의 부모는 그가 배우가 되는 것을 막으려고 했다.

G-TELP 문법패턴훈련

The human resources director sent out a memo in an effort _____ **employees from taking lunch breaks exceeding one hour.**
(a) to discourage   (b) discouraging

---

493. 가뭄으로 에티오피아에서 많은 사망자가 발생했습니다.   **494.** 마이크로소프트사의 웹사이트 역사 섹션은 개인용 컴퓨터의 지속적이고 빠른 진화에 대한 정보를 제공합니다.   **495.** 이번 달의 시상식은 악천후로 인해 연기되었습니다.   **496. (a)** 인사과 이사는 직원들이 **1**시간을 초과하는 점심시간을 보내지 못하도록 하기 위해 회사 회람을 보냈다.

DAY 01 02 03 04 05 06 07 08 09 10 11 12 13 14 15 16 17 18 19 20

어휘 · 문법 · 독해까지 한꺼번에 끝내는 **G-TELP VOCABULARY LEVEL 기본**

497 upset
[ʌpsét]

= distress

🟦 기분 나쁘게 하다, 뒤엎다 🟦 마음이 상한 🟦 전복

의미 암기용 표현과 문장
- **This decision is likely to upset a lot of people.** 이 결정은 많은 사람들을 속상하게 만들 것 같다.
- **She stood up suddenly, upsetting a glass of wine.** 그녀가 갑자기 일어서다가 포도주 잔을 넘어뜨렸다.
- **She is emotionally upset.** 그녀는 마음이 심란하다.
- **the upset of a truck** 트럭의 전복

G-TELP 구문독해훈련

Mr. Ferdinand was upset that the sales representative was rude and didn't show him any professionalism.

498 polite
[pəláit]

= courteous

🟦 공손한, 예의 바른

의미 암기용 표현과 문장
- **Please be polite to our guests.** 손님들께 공손히 대해 주세요.

G-TELP 구문독해훈련

Be polite and friendly, make sure to tidy up before they arrive, and give them clean bed sheets.

499 priceless
[práislis]

= invaluable
= precious

GRAMMAR POINT

가정법 과거완료의 if 생략에 의한 도치구문입니다.

🟦 매우 귀중한, 값을 매길 수 없는

의미 암기용 표현과 문장
- **priceless information** 대단히 귀중한 정보

G-TELP 문법패턴훈련

Many priceless artworks _____ lost forever, had it not been for their painstaking efforts.
(a) would have been   (b) would be

500 aware
[əwέər]

= conscious

🟦 알고 있는, 의식하는

의미 암기용 표현과 문장
- **He was well aware of the problem.** 그는 그 문제를 잘 알고 있었다.

G-TELP 구문독해훈련

In an attempt to raise brand awareness, the Mahogany Furniture Store installed a large neon sign in the window.

---

497. 페르디난드씨는 영업 담당자가 무례했고 어떠한 전문성도 보여주지 못했다는 것에 화를 냈다.   **498.** 예의바르고 친절하게 대하시고, 그들이 도착하기 전에 정리를 말끔히 하고, 그리고 그들에게 깨끗한 침대 시트를 제공하십시오.   **499. (a)** 그들의 공들인 노력이 없었더라면, 가치를 매길 수 없는 귀중한 예술 작품들을 영원히 잃었을지도 모른다.   **500.** 브랜드 인지도를 높이기 위해서, 마호가니 가구점은 창문에 대형 네온사인을 설치했다.

501 **envious**
[énvias]

= jealous

☐ 부러워하는, 질투하는

의미 암기용 표현과 문장

• **They were envious of his success.** 그들은 그의 성공을 선망했다.

G-TELP 구문독해훈련

Most girls are just wanting to live the good life and feel envious of their lifestyles.

502 **huge**
[hjuːdʒ]

= enormous

☐ 거대한, 엄청난

의미 암기용 표현과 문장

• **huge amounts of data** 엄청난 양의 데이터

G-TELP 구문독해훈련

The Smart Travel starter kit contains a huge amount of information that will be useful for your travels.

503 **battle**
[bætl]

= combat

☐ 전투, 전쟁　☐ 싸우다

의미 암기용 표현과 문장

• **the battle of Waterloo** 워털루 전투
• **She's still battling with a knee injury.** 그녀는 아직도 무릎 부상과 싸우고 있다.

G-TELP 구문독해훈련

A volunteer combat medic during the Battle of Okinawa, he was able to save 75 men without using any weapon.

504 **beat**
[biːt]

= batter
= defeat

GRAMMAR POINT

There's no best way to부정사는 to부정사의 관용표현입니다.

☐ 패배시키다, 이기다, 때리다

의미 암기용 표현과 문장

• **He beat me at chess.** 그가 체스에서 나를 이겼다.
• **Hailstones beat against the window.** 우박이 창문을 두드려 댔다.

G-TELP 문법패턴훈련

There's no best way _____ **procrastination than to keep doing and keep moving.**
(a) to beat　　　　　　　　**(b) beating**

---

501. 대부분의 여자들은 좋은 삶을 살기를 원하며 그들의 라이프스타일을 질투한다.　**502.** 스마트 트래블사의 스타터 키트는 귀하의 여행에 유용한 많은 양의 정보를 담고 있습니다.　**503.** 오키나와 전투에서 자원 의무병이었던, 그는 어떠한 무기도 없이 **75**명을 구할 수 있었다.　**504. (a)** 무엇인가를 계속하고 계속 움직이는 것보다 더 꾸물거림을 이길 수 있는 좋은 방법은 없다.

505 charm
[ʧɑːrm]

= fascination
= attract

n 매력 **v** 매혹하다

의미 암기용 표현과 문장
- her physical charms 그녀의 육체적인 매력들
- He was charmed by her beauty and wit. 그는 그녀의 미모와 재치에 매혹 당했다.

G-TELP 구문독해훈련

It is a popular tourist spot with charming beach resorts, gardens, and souvenir shops.

506 communicate
[kəmjúːnəkèit]

= contact

v 연락을 주고받다

의미 암기용 표현과 문장
- We only communicate by email. 우리는 이메일로만 연락을 주고받는다.

G-TELP 구문독해훈련

This social event will give you the opportunity to communicate with other coworkers in different departments.

507 topic
[tápik]

= subject

n 주제, 화제

의미 암기용 표현과 문장
- The article covered a wide range of topics. 그 글은 폭넓은 주제를 다루고 있었다.

G-TELP 구문독해훈련

The event organizer is moderating the upcoming Q&A session on the topic of marketing through social networking software.

508 refuse
[rifjúːz]

= decline
= reject

GRAMMAR POINT

지텔프에서 refuse는 동명사 대신 to 부정사를 목적어로 쓰는 동사로 출제 됩니다.

v 거부하다, 거절하다

의미 암기용 표현과 문장
- She refused to accept that there was a problem. 그녀는 문제가 있다는 것을 받아들이기를 거부했다.
- I politely refused their invitation. 나는 그들의 초대를 정중히 거절했다.

G-TELP 문법패턴훈련

After discussing the financial problem, managers of each division refused _____ to the expansion of the assembly line.
(a) to agree   (b) agreeing

---

505. 이곳은 매력적인 해변 휴양지, 정원, 그리고 기념품 가게들을 가진 인기 있는 관광 명소입니다.   506. 이 사교 행사는 다른 부서의 다른 동료들과 의견을 나눌 수 있는 기회를 제공해 줄 것입니다.   507. 행사 주최자는 소셜 네트워킹 소프트웨어를 통한 마케팅이라는 주제에 관해 후속 질의응답 시간을 이끌 것입니다.
508. (a) 재정적 문제를 논의한 후, 각 부서의 관리자는 조립 라인의 확장에 동의하는 것을 거부했다.

509 **export**
[ikspɔ́ːrt]

x

☑ 수출하다 　◻ 수출, 수출품

의미 암기용 표현과 문장

- **The islands export sugar and fruit.** 그 섬은 설탕과 과일을 수출한다.
- **the country's major exports** 그 나라의 주요 수출품

G-TELP 구문독해훈련

Realizing that Singapore needed a strong economy for its survival, Lee initiated a program to industrialize the country and transform it into a major exporter of finished goods.

---

510 **admire**
[ædmáiər]

= respect

☑ 존경하다, 감탄하다

의미 암기용 표현과 문장

- **I really admire your enthusiasm.** 난 당신의 열정을 정말 존경해요.
- **He stood back to admire his handiwork.** 그는 뒤로 물러서서 자기 수공품을 감탄스럽게 바라보았다.

G-TELP 구문독해훈련

Professor Ripley is an exemplary teacher who is admired for his willingness to help students, especially those in his chemistry class.

---

511 **describe**
[diskráib]

= explain

GRAMMAR POINT

선택문항에 조동사 4개, 접속사 4개, 접속부사 4개가 나오는 문제는 해석으로 풀어야 하는 고난이도 문제입니다.

☑ 묘사하다

의미 암기용 표현과 문장

- **Can you describe him to me?** 그가 어떻게 생겼는지[그의 인상착의를] 내게 말해 줄 수 있어요?

G-TELP 문법패턴훈련

Even today, the 107-year-old former soldier _____ **still vividly describe** the time he spent serving in the Pacific from 1942 to 1945.

(a) can　　　　　　　　　(b) will

---

512 **examine**
[igzǽmin]

= inspect

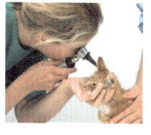

☑ 조사[검사/진찰/검토]하다, 시험을 실시하다

의미 암기용 표현과 문장

- **These ideas will be examined in more detail in Chapter 10.** 이런 생각들은 10장에서 더 자세히 검토될 것이다.

G-TELP 구문독해훈련

Visiting upscale stores to examine the efficiency of sales clerks and the overall quality of service is part of their job.

---

509. 싱가포르가 생존을 위해 강력한 경제를 필요로 하고 있다는 것을 깨닫고, 리는 나라를 산업화시키고 나라를 주요 완제품의 수출국으로 전환시키고자 하는 프로그램을 시작했다.　**510.** 리플리 교수는 학생, 특히 화학 수업을 받는 학생들을 도우려는 의지 때문에 감탄 받는 모범적인 교사입니다.　**511.** (a) 심지어 요즘도, 이 107세의 전직 군인은 그가 **1942**년에서 **1945**년까지 태평양 지역에서 복무하면서 보냈던 시간을 여전히 생생하게 묘사할 수 있다.　**512.** 영업 점원의 효율성과 전반적인 서비스 품질을 조사하기 위해 규모 있는 점포를 방문하는 것이 그들의 업무의 일부입니다.

REVIEW
1
2
3
4
5

513 **defend**
[difénd]

= protect

☑ 방어하다, 옹호하다, 수비하다

의미 암기용 표현과 문장
• **Troops have been sent to defend the borders.** 국경을 수비하기 위해 병력이 투입되었다.

G-TELP 구문독해훈련
Some animals defend themselves against their enemies by using clever tricks.

514 **beverage**
[bévaridʒ]

= drink

ｎ 음료

의미 암기용 표현과 문장
• **laws governing the sale of alcoholic beverages** 주류 판매 관련법

G-TELP 구문독해훈련
The new formula is devised to enhance the taste and nutrition of the fruit-flavored beverages.

515 **anticipate**
[æntísəpèit]

= expect
= predict

GRAMMAR POINT
지텔프에서 anticipate는 to부정사 대신 동명사를 목적어로 쓰는 동사로 출제됩니다.

☑ 예상하다, 기대하다

의미 암기용 표현과 문장
• **is so highly anticipated by** ~에 의해서 매우 기대되어지고 있다

G-TELP 문법패턴훈련
They anticipate _____ to bigger premises by the end of the year.
(a) to move　　　　　　**(b) moving**

516 **imperative**
[impérətiv]

= urgent
= vital

GRAMMAR POINT
지텔프에서 imperative는 that절 속에 동사원형을 고르는 문제로 출제됩니다.

ａ 필수의, 긴급한, 명령적인

의미 암기용 표현과 문장
• **It is absolutely imperative that we finish by next week.** 우리는 반드시 다음 주까지 일을 마쳐야 한다.

G-TELP 문법패턴훈련
It is imperative that the shipment _____ on time to avoid some trivial problems.
(a) will arrive　　　　　　**(b) arrive**

---

513. 일부 동물들은 영리한 속임수를 사용하여 적들로부터 자신을 방어한다.　**514.** 과일 맛 음료의 맛과 영양을 향상시키기 위해 새로운 배합이 고안되었다. **515. (b)** 그들은 올해 말쯤 더 큰 부지로 이사 갈 것을 기대하고 있다.　**516. (b)** 몇몇 사소한 문제를 피하기 위해서는 선적물이 제시간에 맞춰 배송되어야 하는 것이 필수이다.

517 offend
[əfénd]

= upset

☑ 불쾌하게 하다

의미 암기용 표현과 문장

• **They'll be offended if you don't go to their wedding.** 네가 그들의 결혼식에 안 가면 그들
이 기분 상해 할 거야.

G-TELP 구문독해훈련

In the great effort not to offend, we end up saying nothing.

---

518 moist
[moist]

= humid
= wet

GRAMMAR POINT

주어로 쓰일 수 있는 명사 문제입니
다.

☑ 촉촉한

의미 암기용 표현과 문장

• **Water the plants regularly to keep the soil moist.** 화초들에 물을 규칙적으로 주어서 흙을
촉촉하게 하라.

G-TELP 문법패턴훈련

**If your skin is dry, _____ honey on the skin will make your
skin moist.**

(a) rubbing   **(b) to have rubbed**

---

519 entire
[intáiər]

= total

☑ 전체의, 전부의

의미 암기용 표현과 문장

• **The entire village was destroyed.** 마을 전체가 파괴되었다.

G-TELP 구문독해훈련

**After spending an entire morning on the playground, they
stop by a nearby Starbucks' cafe.**

---

520 emphasize
[émfəsàiz]

= highlight

☑ 강조하다

의미 암기용 표현과 문장

• **She emphasized that their plan would mean sacrifices and hard work.** 그녀는 그
들의 계획이 희생과 노고를 의미할 것임을 강조했다.

G-TELP 구문독해훈련

**Mr. Lee emphasized in the interview with DSN Broadcasting
that these are true stories from his life experience as a
person working at the stock trading company.**

---

517. 기분을 상하게 하지 않으려고, 우리는 결국 아무 말도 하지 않게 됩니다.   518. (a) 만약 당신의 피부가 건조하다면, 피부에 꿀을 바르는 것은 당신의 피부를
촉촉하게 유지시켜 줄 것입니다.   519. 아침 내내 놀이터에서 시간을 보낸 후, 그들은 근처의 스타벅스 카페에 들린다.   520. 리씨는 DSN 방송사와의 인터뷰에서
이것들이 주식 거래 회사에서 일했던 그의 인생 경험에서 나온 진짜 이야기라고 강조했다.

521 **forbid**

[fərbíd]

= ban
= prohibit

GRAMMAR POINT

지텔프에서 forbid는 목적격보어로
to부정사를 쓰는 동사로 출제됩니다.

Ⓥ 금지하다, 막다

의미 암기용 표현과 문장

• **He forbade them from mentioning the subject again.** 그는 그들이 다시 그 주제를 언급하는 것을 금했다.

G-TELP 문법패턴훈련

Also, Patent Office regulations forbid registered practitioners _____ their services.
(a) to advertise   (b) advertising

---

522 **fraud**

[frɔːd]

= deceit

Ⓝ 사기, 가짜

의미 암기용 표현과 문장

• **She was charged with credit card fraud.** 그녀는 신용카드 사기죄로 기소되었다.

G-TELP 구문독해훈련

As the popularity of Internet auction sites has increased, so has the number of reported cases of fraud.

---

523 **benefit**

[bénəfit]

= advantage
= profit

Ⓝ 이득, 이익 Ⓥ 이익이 되다

의미 암기용 표현과 문장

• **The new regulations will be of benefit to everyone concerned.** 그 새 규정은 관련된 모든 사람들에게 혜택을 줄 것이다.
• **We should spend the money on something that will benefit everyone.** 우리는 그 돈을 모두에게 유익한 것에 써야 한다.

G-TELP 구문독해훈련

Since John Hopkins and Tony Allen quit their jobs and started their own company, both of them have lost their health benefits and must find a private insurance provider.

---

524 **publish**

[pʌ́bliʃ]

= issue

Ⓥ 출판하다, 공표하다

의미 암기용 표현과 문장

• **The first edition was published in 2018.** 초판은 2018년에 출판되었다.
• **The findings of the committee will be published on Friday.** 그 위원회의 조사 결과는 금요일에 공표될 것이다.

G-TELP 구문독해훈련

YouPass & Books will soon publish a condensed, pocket version of Emmanuel Lee's book *An Insider's Guide to Travel in Korea.*

---

521. (a) 또한, 특허청 규정은 등록된 변리사가 자신의 서비스를 광고하지 못하게 규정하고 있다. **522.** 인터넷 경매 사이트의 인기가 증가함에 따라, 그렇게 보고된 사기 사건의 건수도 증가했습니다. **523.** 존 홉킨스와 토니 앨런은 직장을 그만두고 그들 자신의 회사를 설립한 이후, 둘은 모두 의료보험 혜택을 잃었다 그래서 개인 보험 공급자를 찾아야만 한다. **524.** 유패스 앤 북스는 조만간 임마누엘 리의 저서 '내부자의 한국 여행안내서'의 포켓 버전의 압축판을 출판할 것입니다.

525 **divide**
[diváid]

= separate
= split

D I V I D E

V 나누다

의미 암기용 표현과 문장

• **A sentence can be divided up into meaningful segments.** 하나의 문장은 여러 개의 의미 있는 조각들로 나눌 수 있다.

G-TELP 구문독해훈련

The Grand Canyon is divided into four sections called "rims."

---

526 **acknowledge**
[æknɑ́lidʒ]

= accept
= admit

GRAMMAR POINT

acknowledge는 목적어로 단순동사나 단순명사가 없을 때, 완료동명사를 쓰는 동사로 출제됩니다. 완료동명사가 정답이 되는 함정 문제는 기본서를 참조하세요.

V 인정하다, 인지하다, 받았음을 알리다

의미 암기용 표현과 문장

• **She refuses to acknowledge the need for reform.** 그녀는 개혁의 필요성을 인정하지 않으려 한다.
• **All applications will be acknowledged.** 모든 지원서에 대해서는 접수를 통보해 드릴 것입니다.

G-TELP 문법패턴훈련

HR should at least acknowledge _____ their application through email.
(a) to receive (b) having received

---

527 **allow**
[əláu]

= permit

GRAMMAR POINT

지텔프에서 allow는 목적어로는 동명사를 쓰지만 목적격보어로는 to부정사를 쓰는 단어로 출제됩니다.

V 허가하다, 허락하다

의미 암기용 표현과 문장

• **His parents won't allow him to stay out late.** 그의 부모님은 그의 늦은 귀가를 용납하지 않는다.

G-TELP 문법패턴훈련

The fifth step is to pour the filling into the crust, then place everything in the oven and allow it _____ for 45 minutes to one hour.
(a) to bake (b) baking

---

528 **attack**
[ətǽk]

= assail
= assault

GRAMMAR POINT

관계대명사 which 뒤에는 불완전한 문장이 와야 합니다.

V 공격하다, 폭행하다 **N** 공격, 폭행

의미 암기용 표현과 문장

• **The man attacked him with a knife.** 그 남자는 칼을 들고 그에게 덤벼들었다.
• **a series of racist attacks** 일련의 인종주의적 폭행 사건들

G-TELP 문법패턴훈련

Mohan's creation was inspired by her observations in Chennai, India, _____ women fear going to public places due to sexual attacks.
(a) which (b) where

---

525. 그랜드캐니언은 "림"이라고 불리는 네 지역으로 나뉘어져 있습니다. **526. (b)** 인사과는 이메일로라도 최소한 지원서를 수령했다는 것을 그들에게 확인해줘야 합니다. **527. (a)** 다섯 번째 단계는 빵 껍질에 속을 부은 다음, 모든 것을 오븐에 넣고 그리고 45분에서 1시간 동안 굽는 것입니다. **528. (b)** 모한이 제작한 제품은 여자들이 성적인 공격 때문에 공공장소에 나가는 것을 무서워하는 인도의 첸나이에서 그녀가 목격한 경험에 의해 영감을 얻었습니다.

529 effect
[ifékt]

= influence
= result

ⁿ 영향, 결과, 효과

의미 암기용 표현과 문장
- **the effect of heat on metal** 열이 금속에 미치는 영향
- **the beneficial effects of exercise** 운동의 유익한 효과

G-TELP 구문독해훈련

Several universities and federal agencies in Canada are doing research on climate change and its harmful effects on animal life.

---

530 subject
[sʌ́bdʒikt]

= course
= issue

ⁿ 과목, 주제, 대상, 피실험 대상자

의미 암기용 표현과 문장
- **Biology is my favourite subject.** 생물학은 내가 좋아하는 과목이다.
- **an unpleasant subject of conversation** 불쾌한 대화 주제[화제]
- **Focus the camera on the subject.** 카메라의 초점을 대상[피사체]에 맞추어라.
- **We need male subjects between the ages of 18 and 25 for the experiment.** 그 실험을 위해서는 우리에게 18세에서 25세 사이의 남성 피험자들이 필요하다.

G-TELP 구문독해훈련

All purchases of any pictured items are subject to taxation.

---

531 important
[impɔ́:rtənt]

= significant

GRAMMAR POINT

지텔프에서 important는 It is important that절 속에서 동사원형을 고르는 문제로 출제가 됩니다.

ⁿ 중요한

의미 암기용 표현과 문장
- **It is important that he attend every day.** 그가 매일 출석[참석]하는 것이 중요하다.

G-TELP 문법패턴훈련

Thus, **it is important that** pedestrians always _____ both ways before crossing the street.
(a) are looking   (b) look

---

532 candidate
[kǽndidèit]

= applicant

ⁿ 후보자, 지원자

의미 암기용 표현과 문장
- **one of the leading candidates for the presidency** 대통령 선거 유력 입후보자들 중 한 명

G-TELP 구문독해훈련

Don Luccino has been tabbed as the most popular candidate to succeed Mayor Lombard in this year's mayoral race.

---

529. 캐나다의 몇몇 대학들과 연방기관들은 기후변화와 기후변화가 동물 생활에 미치는 해로운 영향에 관한 연구를 진행하고 있다.   **530.** 모든 사진에 나와 있는 상품들의 구매는 과세를 받게 됩니다.   **531. (b)** 따라서, 보행자들이 항상 거리를 건너기 전에 양 쪽 길 모두를 잘 살피는 것이 중요합니다.   **532.** 돈 루치노는 올해의 시장 선거에서 롬바드 시장을 계승할 가장 인기 있는 후보로 여겨지고 있습니다.

533 **cultivate**
[kʌ́ltəvèit]

= farm
= plant

🅥 **경작하다, 재배하다**

의미 암기용 표현과 문장
- **The people cultivate mainly rice and beans.** 그 사람들은 주로 쌀과 콩을 재배한다.

G-TELP 구문독해훈련

Companies have to procure and cultivate talented personnel.

---

534 **patient**
[péiʃənt]

= tolerant

🅝 **환자** 🅐 **참을성 있는**

의미 암기용 표현과 문장
- **cancer patients** 암 환자
- **You'll just have to be patient and wait till I'm finished.** 넌 그냥 인내심을 갖고 내가 끝날 때까지 기다려야 할 거야.

G-TELP 구문독해훈련

Patients are encouraged to provide detailed description of their condition in order to maximize treatment efficiency.

---

535 **firm**
[fəːrm]

= company

GRAMMAR POINT

선택문항에 조동사 4개, 접속사 4개, 접속부사 4개가 나오는 문제는 해석 으로 풀어야 하는 고난이도 문제입니 다.

🅝 **기업, 회사** 🅐 **확고한**

의미 암기용 표현과 문장
- **an engineering firm** 엔지니어링 회사
- **firm beliefs[conclusions/convictions/principles]** 확고한 믿음[결론/신념/원칙]

G-TELP 문법패턴훈련

The firm has a total monopoly on the apparatus _____ it is the only company authorized to produce it.
(a) because **(b) before**

---

536 **guarantee**
[gærəntíː]

= warrant

🅥 **보증하다, 보장하다** 🅝 **보장, 보증(서)**

의미 암기용 표현과 문장
- **The ticket will guarantee you free entry.** 그 표가 있으면 무료입장이 보장된다.
- **He gave me a guarantee that it would never happen again.** 그가 내게 다시는 그런 일 이 없을 것이라고 굳게 약속했다.

G-TELP 구문독해훈련

Fedex USA is one of the few delivery companies that have branches all over the world, enabling us to guarantee our deliveries.

---

533. 회사들은 재능 있는 인력들을 조달하고 육성해야 한다. **534.** 환자들은 치료 효율성을 극대화하기 위해 상태에 대한 자세한 설명을 제공해야 합니다. **535. (a)** 그 회사는 그 제품을 생산할 수 있도록 허가받은 유일한 기업이기 때문에 그 장치에 대한 독점권을 가지고 있습니다. **536.** 페덱스 **USA**는 전 세계에 지사를 가 진 몇 안 되는 배송회사 중 하나이기 때문에 우리가 우리의 배송을 보증해줄 수 있도록 해주고 있다.

01 DAY / 02 DAY / 03 DAY / 04 DAY / 05 DAY / 06 DAY / 07 DAY / 08 DAY / 09 DAY / 10 DAY / 11 DAY / 12 DAY / 13 DAY / 14 DAY / 15 DAY / 16 DAY / 17 DAY / 18 DAY / 19 DAY / 20 DAY

어휘 · 문법 · 독해까지 한가번에 끝내는 G-TELP VOCABULARY LEVEL 기본

537 **steady**
[stédi]

= continuous
= constant

🅰 지속적인, 꾸준한

의미 암기용 표현과 문장

• **five years of steady economic growth** 5년 동안의 꾸준한 경제 성장

G-TELP 구문독해훈련

Mr. Nomura suggested in his presentation that fuel prices, which have been steady for a while, will likely rise next year.

---

538 **confuse**
[kənfjúːz]

= disorient

🆅 혼란스럽게 하다, 혼동하다

의미 암기용 표현과 문장

• **People often confuse me and[with] my twin sister.** 사람들은 흔히 나와 내 쌍둥이 언니를 [동생을] 혼동한다.

G-TELP 구문독해훈련

The installation direction written by the expert is confusing to some people unfamiliar with this field.

---

539 **cabinet**
[kǽbənit]

= administration

🅝 내각, 진열장, 장식장

의미 암기용 표현과 문장

• **a cabinet meeting** 각료 회의
• **kitchen cabinets** 부엌 수납장

G-TELP 구문독해훈련

All of Dr. Victor's patient records are filled numerically in the cabinets behind the reception desk.

---

540 **outstanding**
[aùtstǽndiŋ]

= excellent

GRAMMAR POINT

관계대명사 which는 선행사가 사람
이 아니어야 합니다.

🅐 뛰어난, 우수한

의미 암기용 표현과 문장

• **an outstanding player[achievement/success]** 뛰어난 선수[성과/성공]

G-TELP 문법패턴훈련

Michael Fulton, _____ has been working for Kenton Pharmaceuticals for almost twenty years, received company-wide recognition for his outstanding accomplishments from her colleagues.
(a) which   (b) who

---

537. 노무라씨는 그의 발표에서 한동안 안정되었던 연료 가격이 내년에는 오를 것이라고 말했다.   **538.** 전문가에 의해 작성된 그 설치 지침서는 이 분야에 익숙하지 않는 몇몇 사람들에게 오히려 혼동을 주고 있다.   **539.** 빅터 박사의 환자 기록들 모두는 접수 데스크 뒤에 있는 캐비닛들 속에 숫자로 표기되어 채워져 있다.
540. (b) 거의 **20**년간 켄톤 제약사를 위해 일해 온, 마이클 풀턴은 동료들로부터 그의 뛰어난 업적 때문에 전사적인 인정을 받고 있다.

DAY 10

20 days

VOCABULARY LEVEL 기본

various

guilt

Hire

ASK THE EXPERT!

propose

ACCIDENT

Follow

CREDIT CARD

CONFORM
...or we will
make you conform

vacation

REVIEW

The Scientific Method

541 authority
[əθɔ́ːrəti]

= power
= government

GRAMMAR POINT

지텔프에서는 now가 보이면 현재진
행시제가 답이 됩니다.

n 권한, 직권, 정부 당국(authorities)

의미 암기용 표현과 문장
- Only the manager has the authority to sign cheques. 지배인만이 수표에 서명할 권한
  이 있다.
- The health authorities are investigating the problem. 보건 당국이 그 문제를 조사하
  고 있다.

G-TELP 문법패턴훈련

Tokyo Airport Authority _____ an experienced air-traffic
controller for long-term employment.
(a) is now seeking   (b) will be now seeking

542 instant
[ínstant]

= immediate
= moment

GRAMMAR POINT

가정법 과거의 If가 생략된 도치구문
입니다.

a 즉각적인 n 순간

의미 암기용 표현과 문장
- This account gives you instant access to your money. 이 계좌는 예금을 즉각 인출할
  수 있다.
- At that (very) instant, the door opened. (바로) 그 순간, 문이 열렸다.

G-TELP 문법패턴훈련

_____ it not for the Internet, we wouldn't have a need
for "instant gratification" and be more willing to wait for
fulfillment.
(a) were   (b) would be

543 facility
[fəsíləti]

= amenity
= equipment

n 시설, 기관

의미 암기용 표현과 문장
- shopping[banking/cooking] facilities 쇼핑 시설[금융 기관/조리 시설]
- sports[leisure] facilities 스포츠[레저] 시설

G-TELP 구문독해훈련

Ashley Park formally announced the temporary closing for
two months due to the facility upgrade and installation of
new rides.

544 remedy
[rémədi]

= cure
= treatment

n 치료, 치료약, 치료책

의미 암기용 표현과 문장
- There is no simple remedy for unemployment. 실업 문제에 대해서는 간단한 해결책이 없다.

G-TELP 구문독해훈련

The product is expected to replace Band-Aid as a leading
remedy for wounds and bruises.

---

541. (a) 도쿄 공항 당국은 장기적으로 일할 경험이 풍부한 항공 교통 관제사를 현재 찾고 있다. **542.** (a) 인터넷이 없다면, 우리는 "즉각적인 희열"에 대한 필요
성도 느끼지 않을 것이며 충족감을 위해 좀 더 기꺼이 기다릴지 모른다. **543.** 애쉴리 공원은 시설 업그레이드와 새로운 놀이기구의 설치로 인해 **2개월** 동안 임시적
인 휴업을 할 것이라고 공식적으로 발표했다. **544.** 이 제품은 상처와 타박상을 위한 선도적인 치료제로 밴드 에이드를 대체시킬 것으로 예상됩니다.

545 **extreme**

[ikstríːm]

= severe
= maximum

■ 극단적인, 극심한 ■ 극단, 극도

의미 암기용 표현과 문장

- The heat in the desert was extreme. 사막의 더위는 극심했다.
- He used to be very shy, but now he's gone to the opposite extreme. 그가 예전에는 몹시 소심했는데 이제는 극단적일 정도로 그 정반대가 되었다.

G-TELP 구문독해훈련

Symptoms generally include fever, extreme fatigue, headaches, body aches, congestion and cough.

546 **flat**

[flæt]

= even
= apartment

GRAMMAR POINT

선택문항에 조동사 4개, 접속사 4개, 접속부사 4개가 나오는 문제는 해석으로 풀어야 하는 고난이도 문제입니다.

■ 평평한 **ad** 평평하게 ■ (영국식) 아파트

의미 암기용 표현과 문장

- People used to think the earth was flat. 옛날에는 사람들이 지구가 평평하다고 생각했다.
- Lie flat and breathe deeply. 반듯이 누워 심호흡을 해라.
- Do you live in a flat or a house? 아파트에 사세요, 아니면 단독주택에 사세요?

G-TELP 문법패턴훈련

Based on this month's sales forecast we ＿＿＿＿ **expect revenue to be broadly flat.**

(a) can   **(b) will**

547 **division**

[divíʒən]

= department

0÷1 1÷1
2÷1 3÷1

■ (조직의) 부서, 분열, 분할, 나누기, (육군의) 사단

의미 암기용 표현과 문장

- the company's sales division 그 회사의 영업부
- a fair division of time and resources 시간과 자원의 공평한 분배

G-TELP 구문독해훈련

The executive board sent out a reminder to division heads that all contracts must be reviewed by the legal department before they are signed.

548 **rival**

[ráivəl]

= opponent

■ 경쟁자, 적수, 맞수 ▼ 필적하다

의미 암기용 표현과 문장

- The two teams have always been rivals. 그 두 팀은 항상 경쟁 상대였다.
- You will find scenery to rival anything you can see in the Alps. 당신은 알프스 산맥에서 볼 수 있는 그 어느 것에도 비할 만한 경치를 발견하게 될 겁니다.

G-TELP 구문독해훈련

Despite his popularity, Harry didn't win a seat in the student government after his rivals spread malicious rumors against him.

---

545. 증상들은 일반적으로 고열, 극심한 피로, 두통, 신체 통증, 가슴 막힘 그리고 기침을 포함합니다. **546. (a)** 이번 달의 판매 예측에 기초해 보면 우리는 수익이 대체로 평이할 것이라고 예측할 수 있습니다. **547.** 집행 이사회는 모든 계약서가 서명되기 전에 법률 부서에 의해 검토되어야 한다는 공문을 각 부서의 부서장들에게 보냈다. **548.** 그의 인기에도 불구하고, 해리는 그의 라이벌들이 자신에 대한 악의적인 소문을 퍼뜨린 후에 학생회에 선출되지 못했다.

549 **hire**
[haiər]

= employ
= rent

☑ 고용하다, 임대하다　☐ 신입 사원

의미 암기용 표현과 문장

- **She was hired three years ago.** 그녀는 3년 전에 고용되었다.
- **to hire a car[room/video]** 자동차를[방을/비디오를] 빌리기 위해서는

G-TELP 구문독해훈련

To assist with the expected increase in summer sales, ABC Shoes & Sneakers Store has hired three new clerks.

---

550 **various**
[vέəriəs]

= different

GRAMMAR POINT
지텔프에서 presently가 보이면 현재진행시제가 답이 됩니다.

☐ 다양한

의미 암기용 표현과 문장

- **There are various ways of doing this.** 이것을 하는 방법은 여러 가지가 있다.

G-TELP 문법패턴훈련

Presently, the company _____ a fleet of five ships, with cruises to various destinations in Malaysia, Singapore, Thailand, Indonesia, Hong Kong, Japan, and Korea.
(a) is operating　　　　　(b) will operate

---

551 **strategy**
[strǽtədʒi]

= plan

☐ 전략, 계획

의미 암기용 표현과 문장

- **the government's economic strategy** 정부의 경제 전략

G-TELP 구문독해훈련

Janet forwarded her department's marketing strategy to the CEO yesterday.

---

552 **remind**
[rimáind]

= prompt

GRAMMAR POINT
지텔프에서 remind는 목적격보어로 to부정사를 쓰는 동사로 출제됩니다.

☑ 상기시키다

의미 암기용 표현과 문장

- **I'm sorry, I've forgotten your name. Can you remind me?** 미안해요. 제가 당신 이름을 잊어버렸어요. 다시 한 번 말씀해 주시겠어요?

G-TELP 문법패턴훈련

Rensten Elec's team leaders would like to remind all employees of each department _____ to save energy and turn off all electronic devices before you leave for the day.
(a) to remember　　　　　(b) remembering

---

549. 예상되는 여름 판매량 증가를 돕기 위해, **ABC** 신발과 운동화 가게는 세 명의 신규 점원을 고용했다.　**550. (a)** 현재, 회사는 **5**대의 배로 선단을 운영하고 있으며, 말레이시아, 싱가포르, 태국, 인도네시아, 홍콩, 일본 그리고 한국과 같은 다양한 목적지로 가는 크루즈 노선을 가지고 있습니다.　**551.** 자넷은 그녀 부서의 마케팅 전략을 어제 대표이사에게 전달했다.　**552. (a)** 렌스텐 일렉사의 팀 리더는 각 부서의 모든 직원들에게 에너지를 절약하고 퇴근하기 전에 모든 전자 장치를 끌 것을 기억하도록 상기시켜 드리고 싶습니다.

553 **boom**
[buːm]

= thrive

Ⓝ 호황, 유행 Ⓥ 호황을 낫나, 번창하다

의미 암기용 표현과 문장

- **Living standards improved rapidly during the post-war boom.** 전후 경제 호황 중에 생활수준이 급속히 개선되었다.
- **By the 1980s, the computer industry was booming.** 1980년대가 되자 컴퓨터 사업이 호황을 누렸다.

G-TELP 구문독해훈련

Also, the creation of new teams can contribute to the boom of baseball, leading naturally to the development of baseball infrastructure.

554 **disturb**
[distəːrb]

= bother
= interrupt

GRAMMAR POINT

so as not to부정사는 "~하지 않기 위해서"의 의미로 쓰입니다.

Ⓥ 방해하다, 불편하게 하다

의미 암기용 표현과 문장

- **I'm sorry to disturb you, but can I talk to you for a moment?** 방해해서 미안한데 잠깐 얘기 좀 할 수 있을까?

G-TELP 문법패턴훈련

We even go beyond by reducing our noise pollution so as not _____ marine life that rely on sound to communicate with each other.

(a) disturb　　　　　　　　　(b) to disturb

555 **frustrate**
[frʌstreit]

= thwart

Ⓥ 좌절시키다

의미 암기용 표현과 문장

- **The rescue attempt was frustrated by bad weather.** 그 구조 시도는 악천후로 좌절되었다.

G-TELP 구문독해훈련

Yesterday, she felt frustrated because she was short on funds to pay for her rent this month.

556 **warn**
[wɔːrn]

= notify
= alert

GRAMMAR POINT

지텔프에서 warn은 목적격보어로 not to부정사를 쓰는 동사로 출제되거나, 조동사 해석 문제의 단서로 시험에 나옵니다.

Ⓥ 경고하다, 주의하다

의미 암기용 표현과 문장

- **I tried to warn him, but he wouldn't listen.** 내가 그에게 경고를 하려고 했지만 그가 듣지 않으려 했다.

G-TELP 문법패턴훈련

Direct TV would like to warn viewers that there _____ be a disruption in service for the next 24 hours due to repairs on its main motherboard.

(a) must　　　　　　　　　(b) could

---

553. 또한, 새로운 팀의 창단은 야구 붐에 기여할 수 있을 것이며, 자연스럽게 야구 인프라의 발전으로 이어질 것입니다.　**554. (b)** 우리는 심지어 더 나아가 서로 음향을 통해 의사를 소통하는 해양 생물들을 방해하지 않기 위해서 우리의 소음 공해도 줄이고 있습니다.　**555.** 어제, 그녀는 이번 달 집세를 내는데 돈이 부족했기 때문에 좌절감을 느꼈다.　**556. (b)** 다이렉트 TV는 메인 마더보드의 수리 때문에 향후 24시간 동안 서비스의 중단이 있을 수 있다는 사실을 시청자 여러분들에게 알려드리고 싶습니다.

DAY 01 02 03 04 05 06 07 08 09 10 11 12 13 14 15 16 17 18 19 20

어휘 · 문법 · 독해까지 한꺼번에 끝내는 G-TELP VOCABULARY LEVEL 기본

557 injure

[índʒər]

= hurt

GRAMMAR POINT

this week은 과거완료진행시제와는 상관이 없습니다.

Ⅴ 부상을 입히다[입다]

의미 암기용 표현과 문장

• **Three people were killed and five injured in the crash.** 그 충돌 사고로 세 사람이 목숨을 잃고 다섯 명이 다쳤다.

G-TELP 문법패턴훈련

Due to an injured ankle at the game last week, basketball player Sam Perkins _____ this week.
(a) had not been playing   (b) will not be playing

558 capability

[kèipəbíləti]

= ability

ⓝ 능력

의미 암기용 표현과 문장

• **beyond[within] the capabilities of current technology** 현재의 과학 기술 능력 밖[내의]

G-TELP 구문독해훈련

Wireless access and video conferencing capability is also available upon request.

559 capture

[kǽptʃər]

= arrest

GRAMMAR POINT

지텔프에서 nowadays가 나오면 현재진행시제가 답이 됩니다.

Ⅴ 붙잡다, 체포하다   ⓝ 체포, 포획

의미 암기용 표현과 문장

• **Allied troops captured over 300 enemy soldiers.** 연합군이 3백 명의 적군 병사들을 포로로 잡았다.
• **He evaded capture for three days.** 그는 3일 동안 체포를 교묘히 피해 다녔다.

G-TELP 문법패턴훈련

Nowadays, cleaning cloths and mops _____ with polyester microfibers that better attract and capture dust particles.
(a) are being manufactured   (b) were being manufactured

560 guilty

[ɡílti]

= ashamed
= regretful

ⓐ 유죄의, 죄책감을 느끼는

의미 암기용 표현과 문장

• **The jury found the defendant not guilty of the offence.** 배심원단은 피고에게 그 범죄에 대해 무죄 평결을 내렸다.
• **I felt guilty about not visiting my parents more often.** 난 부모님을 더 자주 찾아뵙지 않은 것에 대해 죄책감을 느꼈다.

G-TELP 구문독해훈련

Many people feel less guilty eating frozen yogurt because it is perceived to be healthier than ice cream.

---

557. (b) 지난 주 경기에서 부상당한 발목 때문에, 농구 선수인 샘 퍼킨스는 이번 주에 경기를 하지 못할 것입니다.   **558.** 요청 시 무선 접속 및 화상 회의 기능이 또한 사용할 수 있습니다.   **559.** (a) 요즘, 청소용 천과 마대 걸레들은 먼지 분자들을 더 잘 끌어 들이고 잡아내는 폴리에스테르 극세사 섬유로 제조되고 있습니다.   **560.** 많은 사람들은 아이스크림보다 요구르트가 더 건강에 좋다고 인식하기 때문에 냉동 요구르트를 먹는 데에 더 적은 죄책감을 느낀다.

561 order
[ɔ́ːrdər]

= request

GRAMMAR POINT

지텔프에서 **order**는 ARSID that절 속에 동사원형을 물어보는 문제로 가끔 출제됩니다.

n 냉냉, 수분, 순서, 칠서   **v** 주문하다, 명령하다

의미 암기용 표현과 문장

- **May I take your order?** 주문하시겠어요?
- **The names are listed in alphabetical order.** 이름들은 알파벳순으로 나열되어 있다.
- **The officer ordered them to fire.** 장교가 그들에게 발포하라고 명령했다.

G-TELP 문법패턴훈련

He **ordered that** all managers _____ cost-cutting measures in all their stores nationwide.

(a) implement   (b) to implement

562 discount
[dískaunt]

= deduction
= rebate

n 할인(가격)   **v** 할인하다, 무시하다

의미 암기용 표현과 문장

- **get[give/offer] a discount** 할인을 받다[해 주다/제안하다]
- **We cannot discount the possibility of further strikes.** 추가 파업의 가능성을 무시할 수 없다.

G-TELP 구문독해훈련

To qualify for the local-shopper discount, customers must show proof of residency.

563 claim
[kleim]

= assert
= insist

v 주장하다, 요구하다   **n** 주장, 요구, 청구

의미 암기용 표현과 문장

- **I don't claim to be an expert.** 제가 전문가라고 주장하는 것은 아닙니다.
- **You can make a claim on your insurance policy.** 당신은 보험 약관에 따라 청구를 할 수 있다.

G-TELP 구문독해훈련

The advertisement claims that the new trash bag is both bigger and more durable than that of their competitors.

564 encourage
[inkə́ːridʒ]

= boost

GRAMMAR POINT

지텔프에서 **encourage**는 목적격보어로 **to**부정사를 쓰는 동사로 출제됩니다.

v 격려[권장/조장]하다

의미 암기용 표현과 문장

- **Banks actively encourage people to borrow money.** 은행들이 사람들에게 돈을 빌리도록 적극 권장하고 있다.

G-TELP 문법패턴훈련

Daiwa Engineering Company works hard to **encourage** its employees _____ responsibility for their own trash disposal and upkeep.

(a) to take   (b) taking

---

561. (a) 그는 모든 관리자가 전국 모든 매장들에서 비용 절감 조치를 취하도록 명령했습니다.   **562.** 지역 구매자 할인 혜택을 받으려면, 고객들은 거주 증거를 제시해야합니다.   **563.** 광고는 새로운 쓰레기봉투가 경쟁사의 제품보다 보다 더 크고 더 내구성이 있다고 주장한다.   **564. (a)** 다이와 엔지니어링 컴퍼니는 직원들이 그들 자신의 쓰레기 처리와 관리에 책임을 지도록 하기 위해 노력을 하고 있다.

31 DAY / 02 DAY / 03 DAY / 04 DAY / 05 DAY / 06 DAY / 07 DAY / 08 DAY / 09 DAY / **10 DAY** / 11 DAY / 12 DAY / 13 DAY / 14 DAY / 15 DAY / 16 DAY / 17 DAY / 18 DAY / 19 DAY / 20 DAY

어휘 · 문법 · 독해까지 한꺼번에 끝내는 **G-TELP VOCABULARY LEVEL 기본**

565 conform
[kənfɔ́ːrm]

= follow

ⓥ 순응하다, (규칙 등에) 따르다

의미 암기용 표현과 문장
- He refused to conform to the local customs. 그는 지역 관습을 따르는 것을 거부했다.

G-TELP 구문독해훈련

All the companies in the Eurozone should conform to the required environmental law.

---

566 federal
[fédərəl]

X

ⓐ 연방의, 연방정부의

의미 암기용 표현과 문장
- state and federal income taxes 주별 및 연방 정부 소득세

G-TELP 구문독해훈련

Red Eagle Tours is one of the leading domestic travel agencies for those wishing to visit State and National Wildlife Parks as well as other Federal Recreational Land.

---

567 apt
[æpt]

= prone
= tend

GRAMMAR POINT

be apt to부정사는 "~하기 쉽다"의 의미로 쓰이는 to부정사 표현입니다.

ⓐ 적절한, 적당한, ~하는 경향이 있는

의미 암기용 표현과 문장
- a particularly apt description[name/comment] 특히 적절한 묘사[이름/논평]
- Babies are apt to put objects into their mouths. 아기들은 입에 뭘 잘 집어넣는 경향이 있다.

G-TELP 문법패턴훈련

Developing nations will also be apt _____ selfish because their economic progress is closely tied to industries using energy.
(a) to be   (b) being

---

568 dietary
[dáiətèri]

X

ⓐ 음식물의, 식사의

의미 암기용 표현과 문장
- a dietary cure 식이 요법

G-TELP 구문독해훈련

It is often necessary for those with dietary restrictions to ask the server whether the dishes to be ordered have any ingredients that could trigger an allergic reaction.

---

565. 유로존 지역에 있는 모든 회사들은 요구되는 환경법을 준수해야 합니다.   **566.** 레드 이글 투어즈는 주 및 국립 야생 동물 공원들뿐만 아니라 다른 연방 여가 지역들을 방문하기 원하는 사람들을 위한 국내 최고의 여행사들 중 하나입니다.   **567. (a)** 개발도상국들은 또한 경제 진보가 에너지를 사용하는 산업들과 밀접히 연관되어 있기 때문에 이기적이 되어 지기 쉬울 것입니다.   **568.** 식단 제한이 있는 사람들이 주문할 요리가 알레르기 반응을 유발할 수 있는 성분을 가지고 있는지 아닌지 종업원에게 물어보는 일은 종종 필요합니다.

569 **vacation**
[veikéiʃən]

= break
= holiday

GRAMMAR POINT

intend는 to부정사와 동명사를 모두 목적어로 쓰는 표현이 있지만 지텔프에서는 동명사가 아닌 to부정사(현대 영어)가 정답이 되는 문제를 출제합니다.

◻ 휴가, 방학 ◼ 휴가를 보내다

의미 암기용 표현과 문장

• the Christmas[Easter/summer] vacation 크리스마스[부활절/여름] 방학[휴가]
• They are currently vacationing in Florida. 그들은 현재 플로리다에서 휴가를 보내고 있다.

G-TELP 문법패턴훈련

Ms. Wu intends _____ her vacation in September after the project is completed.
(a) to take   (b) having taken

---

570 **disappoint**
[dìsəpɔ́int]

= dismay

◼ 실망시키다

의미 암기용 표현과 문장

• I hate to disappoint you, but I'm just not interested. 네게 실망을 주긴 싫지만 난 그냥 흥미가 없어.

G-TELP 구문독해훈련

An initial company-conducted survey on brand popularity produced disappointing results.

---

571 **remain**
[riméin]

= stay

◼ 남다, 머무르다

의미 암기용 표현과 문장

• remain silent[standing/seated/motionless] 계속 침묵을 지키다[서 있다/앉아 있다/꼼짝하지 않다]

G-TELP 구문독해훈련

All resumes submitted to our human resources department will remain on record.

---

572 **method**
[méθəd]

= way

◻ 방법, 방식

의미 암기용 표현과 문장

• a reliable[an effective/a scientific] method of data analysis 믿을 수 있는[효과적인/과학적인] 데이터 분석 방법

G-TELP 구문독해훈련

These methods are quite effective in accelerating the process.

---

569. (a) 우양은 프로젝트가 끝난 후 **9월**에 휴가를 갈 예정이다.　**570.** 브랜드 평판에 대한 초기 회사 실시 설문 조사는 실망스러운 결과를 낳았다.　**571.** 우리의 인사 부서에 제출된 모든 이력서들은 기록을 위해 보관될 것입니다.　**572.** 이러한 방법들은 과정을 가속화하는데 있어 매우 효과적입니다.

573 luxury
[lʌkʃəri]

= fancy

🇳 고급, 호화스러움   🇦 호화로운

의미 암기용 표현과 문장
- Now we'll be able to live in luxury for the rest of our lives. 이제 우리는 여생을 호화롭게 살 수가 있을 것이다.
- a luxury car 고급차

G-TELP 구문독해훈련
The luxury cruise liner, Crystal Cruises, received the highest score in the 2015 Readers' Choice survey of Traveler magazine.

---

574 consistent
[kənsistənt]

= constant
= steady

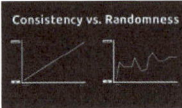

🇦 일관된, 일치하는

의미 암기용 표현과 문장
- We must be consistent in applying the rules. 규칙들을 적용할 때는 일관성이 있어야 한다.

G-TELP 구문독해훈련
The quality of the furniture designed at Oak Valley Company has remained remarkably consistent for the 100 years that the firm has operated.

---

575 confirm
[kənfə́ːrm]

= prove
= verify

GRAMMAR POINT
be ready는 to부정사를 뒤에 쓰는 형용사 표현입니다.

🇻 확인하다, 확증하다

의미 암기용 표현과 문장
- Please write to confirm your reservation. 서면으로 예약을 확인해 주세요.

G-TELP 문법패턴훈련
Executives from the two firms may soon be ready _____ the terms of the proposed merger.
(a) to confirm   (b) confirming

---

576 satisfy
[sǽtisfài]

= please
= gratify

🇻 만족시키다

의미 암기용 표현과 문장
- Nothing satisfies him — he's always complaining. 그 무엇도 그를 만족시킬 수는 없어. 그는 항상 불평을 해.

G-TELP 구문독해훈련
We strongly believe that we have a responsibility for the overall enjoyment our guests have as well as a satisfying meal.

---

573. 럭셔리 크루즈 여객선인, 크리스탈 크루즈는 여행 잡지의 **2015**년 독자 선택 설문 조사에서 가장 높은 점수를 받았습니다.   **574.** 오크 밸리 컴퍼니에서 디자인된 가구의 품질은 회사가 운영되어 온 **100**년간 놀라울 정도의 일관성을 유지하고 있습니다.   **575. (a)** 두 회사에서 온 임원들은 제안된 합병의 조건들을 곧 확정지을 것입니다.   **576.** 우리는 손님들이 만족할 수 있는 식사뿐만 아니라 고객들이 갖게 되는 전반적인 즐거움에 대해서도 책임이 있다고 강력히 믿습니다.

577 **inform**
[infɔ́ːrm]

= notify

☑ 알리다, 통보하다

의미 암기용 표현과 문장

- **Please inform us of any changes of address.** 주소가 조금이라도 변경될 경우에는 저희에게 알려 주십시오.

G-TELP 구문독해훈련

The manager of the Red Top Grill called to inform the groom's parents that the dinner reservation had been confirmed.

---

578 **genius**
[dʒíːnjəs]

= prodigy

GRAMMAR POINT

토익과는 다르게 지텔프에서 since가 "~한 이후로"의 의미로 쓰일 땐, 보통 현재완료진행시제가 답이 됩니다.

🅽 천재(성)

의미 암기용 표현과 문장

- **the genius of Shakespeare** 셰익스피어의 천재성

G-TELP 문법패턴훈련

Considered a genius by many, he _____ award-winning films for more than 35 years since he was twelve.
(a) has been producing   **(b) will have been producing**

---

579 **depend**
[dipénd]

= count
= rely

☑ 신뢰하다, 믿다, 의존하다

의미 암기용 표현과 문장

- **I depend on your word.** 당신의 말을 믿는다.
- **He depended upon his uncle for school expenses.** 그는 학비를 숙부에게 의존했다.

G-TELP 구문독해훈련

For Dell, the technology company, profitability depends on selecting the right customers.

---

580 **instead**
[instéd]

= alternatively

GRAMMAR POINT

선택문항에 조동사 4개, 접속사 4개, 접속부사 4개가 나오는 문제는 해석으로 풀어야 하는 고난이도 문제입니다.

🆎 대신에

의미 암기용 표현과 문장

- **He didn't reply. Instead, he turned on his heel and left the room.** 그는 대답을 하지 않았다. 대신 홱 돌아서더니 방을 나가 버렸다.

G-TELP 문법패턴훈련

When I started living alone, I _____ normally eat at an expensive restaurant instead of cook.
(a) will   **(b) would**

---

577. 레드 탑 그릴의 관리자는 신랑의 부모에게 저녁 식사 예약이 확정되었음을 알리기 위해 전화를 했다.   **578. (a)** 많은 사람들에게 천재라고 여겨지는, 그는 **12**세 이후 **35**년이 넘는 기간 동안 상을 받을 정도의 좋은 작품들을 제작해 오고 있다.   **579.** 과학기술 회사인 델사에게, 수익성은 적합한 고객을 선택하는데 달려 있습니다.   **580. (b)** 내가 혼자 살기 시작했을 때, 나는 요리를 하는 대신에 값비싼 식당에서 일상적으로 식사를 하곤 했습니다.

DAY 01
DAY 02
DAY 03
DAY 04
DAY 05
DAY 06
DAY 07
DAY 08
DAY 09
DAY 10
DAY 11
DAY 12
DAY 13
DAY 14
DAY 15
DAY 16
DAY 17
DAY 18
DAY 19
DAY 20

581 feminine
[fémənin]

= womanly

🅰 여성스러운

의미 암기용 표현과 문장

• That dress makes you look very feminine. 그 드레스를 입으니 너 정말 여성스러워 보여.

G-TELP 구문독해훈련

In most languages adjectives have slightly different spellings for masculine and feminine.

---

582 suggest
[səgdʒést]

= propose
= imply

GRAMMAR POINT

지텔프에서 suggest는 to부정사 대신 동명사를 목적어로 쓰는 동사로 출제되거나 ARSID that절 속에 동사 원형을 물어보는 문제로 출제됩니다.

🆅 제안하다, 암시[시사]하다

의미 암기용 표현과 문장

• I suggested going in my car. 내가 내 차로 가자고 제안했다.
• The symptoms suggest a minor heart attack. 그 증상들은 약간의 심장 발작이 있음을 시사한다.

G-TELP 문법패턴훈련

Human resources has suggested _____ semi-annual performance reviews for all newly hired employees.
(a) to conduct   (b) conducting

---

583 provide
[prəváid]

= supply

🆅 제공하다, 공급하다

의미 암기용 표현과 문장

• We are here to provide a service for the public. 우리는 대중들에게 서비스를 제공하기 위해 여기 있는 것입니다.

G-TELP 구문독해훈련

For your own safety, please keep your eyes covered with the safety glasses, which have been provided, while touring the laboratory.

---

584 generous
[dʒénərəs]

= tolerant

🅰 관대한, 너그러운

의미 암기용 표현과 문장

• a generous benefactor 후한 기부자

G-TELP 구문독해훈련

A generous donation towards the construction of a new community center was made by local business owners and residents.

---

581. 대부분의 언어에서 형용사는 남성과 여성에 대해 약간 다른 철자를 가집니다. **582. (b)** 인사과는 모든 새롭게 채용된 직원들을 대상으로 연 2회 성과평가를 실시할 것을 제안하고 있습니다. **583.** 여러분 자신의 안전을 위하여, 실험실을 둘러보는 동안 제공되는 보안경으로 눈을 가리시기 바랍니다. **584.** 새로운 동사무소의 건설을 위한 관대한 기부는 지역 사업자들과 거주민들에 의해서 이루어졌습니다.

585 **follow**
[fάlou]

= escort
= accompany

ⓥ 따르다

의미 암기용 표현과 문장

• **Follow me please. I'll show you the way.** 따라오세요. 길을 알려 드릴게요.

G-TELP 구문독해훈련

Read the following instructions carefully before using your new refrigerator.

586 **lonely**
[lóunli]

= solitary

GRAMMAR POINT

선택문항에 조동사 4개, 접속사 4개, 접속부사 4개가 나오는 문제는 해석으로 풀어야 하는 고난이도 문제입니다.

ⓐ 고독한, 외로운

의미 암기용 표현과 문장

• **She lives alone and often feels lonely.** 그녀는 혼자 살고 자주 외로움을 느낀다.

G-TELP 문법패턴훈련

_____ **you feel lonely, what do you do and who do you talk to?**
(a) Even if   **(b) When**

587 **drift**
[drift]

= wander

ⓥ 표류하다   **ⓝ 표류, 이동**

의미 암기용 표현과 문장

• **The empty boat drifted out to sea.** 그 빈 보트는 바다로 떠내려갔다.
• **a population drift away from rural areas** 농촌 지역들로부터의 인구 이동

G-TELP 구문독해훈련

There are currently about 18,000 broken satellites and satellite parts drifting around the Earth.

588 **review**
[rivjúː]

= critique
= commentary

ⓝ 검토, 재조사, 평론, 비평, 복습   **ⓥ 검토[재조사/평론/비평/복습]하다**

의미 암기용 표현과 문장

• **The case is subject to judicial review.** 그 사례는 사법부의 심리를 받아야 한다.
• **good[bad/mixed/rave] reviews** 좋은[나쁜/엇갈린/극찬의] 논평[평가]
• **The government will review the situation later in the year.** 정부가 올 후반기에 그 상황을 재검토할 것이다.

G-TELP 구문독해훈련

You can also find reviews posted by patrons of the restaurant on the Web site.

---

585. 새로운 냉장고를 사용하기 전에 다음 지시 사항들을 주의 깊게 읽어 주십시오.   **586. (b)** 외로움을 느낄 때, 당신은 무엇을 하고 그리고 누구와 이야기를 나눕니까?   **587.** 현재 대략 **18,000**개의 망가진 위성과 위성의 부품들이 지구 주위를 떠돌고 있습니다.   **588.** 당신은 또한 웹사이트에서 레스토랑을 이용한 고객들이 올린 리뷰를 찾을 수도 있을 것입니다.

589 cosmetic
[kazmétik]

= superficial
= nonessential

ⁿ 화장품 **a** 미용의, 성형의

의미 암기용 표현과 문장

- **the cosmetics industry** 화장품 산업
- **cosmetic surgery** 성형 수술

G-TELP 구문독해훈련

She and her team of chemists have already begun developing a new line of high-profit cosmetics.

---

590 concern
[kənsəˈrn]

= interest
= worry

GRAMMAR POINT

선택문항에 조동사 4개, 접속사 4개, 접속부사 4개가 나오는 문제는 해석으로 풀어야 하는 고난이도 문제입니다.

ⁿ 관계, 관심, 걱정 **ᵛ** 관계하다, 걱정하다

의미 암기용 표현과 문장

- **What are your main concerns as a writer?** 작가로서 당신의 주된 관심사들은 무엇인가요?
- **Where our children's education is concerned, no compromise is acceptable.** 우리 아이들의 교육이 관련된 곳에서는 어떤 타협도 받아들일 수 없다.

G-TELP 문법패턴훈련

Mr. Lee is concerned _____ there has been no response from the client about the changes made in the contract.
(a) because   (b) until

---

591 haste
[heist]

= hurry

ⁿ 서두름, 급함

의미 암기용 표현과 문장

- **The letter had clearly been written in haste.** 그 편지는 분명히 급히 쓴 것이었다.

G-TELP 구문독해훈련

In their haste to escape the rising water, they dropped some expensive equipment.

---

592 own
[oun]

= possess
= personal

ᵛ 소유하다 **a** 자기 자신의

의미 암기용 표현과 문장

- **Do you own your house or do you rent it?** 당신은 집을 소유하고 계세요 아니면 세를 들어 사세요?
- **Is this your own car?** 이 차가 당신 차예요?

G-TELP 구문독해훈련

APM Corp's estimate of discharge rates is confirmed by our own in-house analysis.

---

589. 그녀와 그녀의 화학자 팀은 이미 고수익 화장품의 신규 제품군을 개발하기 시작했습니다.　**590. (a)** 리씨는 계약서의 변경사항에 대한 고객으로부터의 반응이 없었기 때문에 걱정하고 있다.　**591.** 차오르는 물로부터 탈출하려고 서두르다가, 그들은 몇몇 값비싼 장비들을 떨어 뜨렸다.　**592. APM**사의 예상 이탈률은 우리 회사 자체의 내부 분석에 의해 확인되고 있다.

600 layer
[léiər]

= level

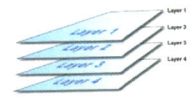

☐ 층[겹], 막   ☑ 층으로 쌓다

의미 암기용 표현과 문장

- **How many layers of clothing are you wearing?** 넌 옷을 몇 겹을 입고 있는 거니?
- **Her hair had been layered.** 그녀의 머리는 층이 나게 잘라져 있었다.

G-TELP 구문독해훈련

Our shipping company has had far fewer problems with damaged goods now that they regularly ship packages with an extra layer of packaging material.

---

594 propose
[prəpóuz]

= suggest

GRAMMAR POINT

지텔프에서 **propose**는 ARSID 동사로 **that**절 속에 동사원형을 물어보는 문제로 출제됩니다.

☑ 제안하다, 청혼하다

의미 암기용 표현과 문장

- **The government proposed changes to the voting system.** 정부가 투표 제도의 개정을 제의했다.
- **He was afraid that if he proposed she might refuse.** 그는 자기가 청혼을 하면 그녀가 거절할까 봐 두려웠다.

G-TELP 문법패턴훈련

Mr. Rauren, one of the temporary workers in the accounting department, proposed that our accounting system _____ to the newest version.
(a) is updated   (b) be updated

---

595 debt
[det]

= obligation
= liability

☐ 빚, 부채

의미 암기용 표현과 문장

- **I need to pay off all my debts before I leave the country.** 나는 이 나라를 떠나기 전에 모든 부채를 청산해야 한다.

G-TELP 구문독해훈련

In a general partnership, all partners are equally responsible for both the business debt and its liabilities.

---

596 blame
[bleim]

= accuse
= responsibility

☑ 비난하다, 탓하다   ☐ 비난, 책임

의미 암기용 표현과 문장

- **She doesn't blame anyone for her father's death.** 그녀는 아버지의 죽음에 대해 아무도 탓하지 않는다.
- **The government will have to take the blame for the riots.** 그 소요 사태에 대한 책임은 정부가 져야 할 것이다.

G-TELP 구문독해훈련

The improper monitoring of safety regulations is widely blamed for the bridge's collapse.

---

593. 우리의 현재 지금 선적 회사는 추가적인 포장 재료들로 상품을 감싸서 정기적으로 배송하기 때문에 손상된 상품으로부터 생기는 문제들을 훨씬 더 적게 가지고 있습니다.   **594. (b)** 회계 부서의 임시 직원 중 한 명인 로렌은 우리의 회계 시스템이 최신 버전으로 업그레이드되어야 한다고 제안했다.   **595.** 일반적인 동업관계에서는, 모든 동업자들이 동일하게 사업상의 채무와 부채에 대해서 책임을 진다.   **596.** 안전 규정에 대한 부적절한 감독이 다리 붕괴의 원인으로 비난되어지고 있다.

어휘 · 문법 · 독해까지 한가번에 끝내는 **G-TELP VOCABULARY LEVEL** 기본

597 **accident**
[ǽksidənt]

= calamity

n 사고

의미 암기용 표현과 문장
• a car[road/traffic] accident 교통[차] 사고

G-TELP 구문독해훈련
According to the study, this year had the highest number of reported alcohol-related traffic accidents.

---

598 **expert**
[ékspə:rt]

= authority

n 전문가

의미 암기용 표현과 문장
• a computer[medical] expert 컴퓨터[의학] 전문가

G-TELP 구문독해훈련
The team will consist of several security experts from participating institutions.

---

599 **wealth**
[welθ]

= affluence
= property

n 재산, 부

의미 암기용 표현과 문장
• His personal wealth is estimated at around $100 million. 그의 개인 재산은 1억 달러 정도 되는 것으로 추산된다.

G-TELP 구문독해훈련
They believe that it will equalize the country's distribution of wealth.

---

600 **purchase**
[pə́:rtʃəs]

= buy

GRAMMAR POINT

지텔프에서 가정법 과거완료의 짝찾기는 무조건 맞춰야 하는 5초짜리 문제입니다.

v 구입하다 n 구입, 구매

의미 암기용 표현과 문장
• They purchased the land for $1 million. 그들은 그 땅을 100만 달러에 매입했다.
• Keep your receipt as proof of purchase. 구입 증거물로 영수증을 보관하라.

G-TELP 문법패턴훈련
If he hadn't purchased it, he _____ enough money to pay his bills.
(a) would have had   (b) would have

DAY 11

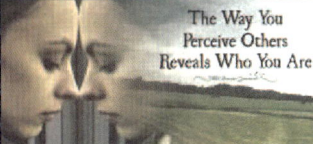

SOLID

territory

legacy

disguise

601 budget
[bʌ́dʒit]

= resources
= means

ⁿ 예산, 비용 ⱽ 예산을 세우다

의미 암기용 표현과 문장

- **the education[defence] budget** 교육비[방위비] (예산)
- **If we budget carefully we'll be able to afford the trip.** 우리가 신경 써서 예산을 짜면 그 여행비를 마련할 수 있을 거예요.

G-TELP 구문독해훈련

Ben Davis, our new purchasing director, approved the budget for new office computers.

602 antique
[æntíːk]

= bygone
= relic

ⁿ 골동품인 ⱽ 골동품

의미 암기용 표현과 문장

- **an antique mahogany desk** 골동품 마호가니 책상
- **Priceless antiques were destroyed in the fire.** 그 화재로 대단히 귀중한 골동품들이 소실되었다.

G-TELP 구문독해훈련

She travels throughout Asia to look for antique furniture and rare paintings.

603 utilize
[júːtəlàiz]

= employ
= use

GRAMMAR POINT

be able 뒤에는 to부정사가 와야 합니다.

ⱽ 이용하다

의미 암기용 표현과 문장

- **The Romans were the first to utilize concrete as a building material.** 로마인들이 최초로 콘크리트를 건축 재료로 이용했다.

G-TELP 문법패턴훈련

The tribes that possessed horses were better able _____ the resources of the land, trade with distant tribes, and wage war with less mobile neighbors.
(a) to utilize   (b) utilizing

604 distribute
[distríbjuːt]

= spread

ⱽ 분배하다

의미 암기용 표현과 문장

- **The organization distributed food to the earthquake victims.** 그 단체에서 지진 피해자들에게 먹을 것을 나눠 주었다.

G-TELP 구문독해훈련

The Produce Growers Association has distributed a pamphlet to area supermarkets that lists fruits and vegetables with the highest concentrations of vitamins.

---

601. 우리의 새로운 구매 담당 이사인 벤 데이비스는 새로운 사무용 컴퓨터에 대한 예산을 승인했습니다. **602.** 그녀는 골동품 가구와 희귀한 그림을 찾기 위해 아시아 전역을 여행합니다. **603.** (a) 말을 소유한 종족들은 그 땅의 자원을 더 잘 이용할 수 있었고, 먼 부족들과 교역을 하고, 그리고 이동성이 떨어지는 종족들과의 전쟁을 더 잘 수행할 수 있었습니다. **604.** 농산물 생산자 조합은 비타민 함유량이 가장 높은 과일과 채소의 명단을 담은 팸플릿을 지역 슈퍼마켓에 배포했습니다.

005 species

[spíːʃiːz]

= breed

The Dog Species

n [생물학] 종

의미 암기용 표현과 문장

• a conservation area for endangered species 멸종 위기에 처한 종을 위한 보호 구역

G-TELP 구문독해훈련

We have karaoke, a 10,000 square foot arcade, a cinema with 12 screening rooms and a saltwater aquarium with over 30 species of sea life.

---

606 forsake

[fərséik]

x

GRAMMAR POINT

관계대명사 who는 선행사가 사람일 때 사용하는 것이 원칙입니다.

v 저버리다, 버리다

의미 암기용 표현과 문장

• He had made it clear to his wife that he would never forsake her. 그는 아내에게 그녀를 버리는 일은 절대 없을 것임을 분명히 했었다.

G-TELP 문법패턴훈련

Markers, _____ are already devaluing the pound, will forsake it completely.

(a) who   **(b) which**

---

607 vacant

[véikənt]

= empty
= unoccupied

a 공석인, 비어있는

의미 암기용 표현과 문장

• The seat next to him was vacant. 그의 옆에 있는 의자가 비어 있었다.

G-TELP 구문독해훈련

My boss is still uncertain about whom to hire for the vacant sales representative position that opened up in Tucson, Arizona.

---

608 elaborate

[ilǽbərət]

= detailed

a 공들인, 정교한   v 공들여 만들다, 공들여 설명[상술]하다

의미 암기용 표현과 문장

• elaborate designs 정교한 디자인
• She went on to elaborate her argument. 그녀는 계속해서 자기주장을 자세히 설명했다.

G-TELP 구문독해훈련

He repeated the statement four times but did not elaborate.

---

605. 우리는 가라오케, **10,000**제곱 피트의 쇼핑 공간, **12**개의 상영관이 있는 영화관, **30**종 이상의 해양 생물이 서식하는 바다 수족관을 갖추고 있습니다. **606. (b)** 이미 파운드화를 평가절하하고 있는 시장은 이것을 완전히 포기해 버릴 것입니다. **607.** 사장은 애리조나 투산 지역에 공석으로 비어있는 영업 담당자 직책에 누구를 고용할지에 대해 아직도 확신을 못하고 있다. **608.** 그는 진술을 **4**번이나 반복했지만 정교하게 설명하지는 못했다.

609 **patent**

[pǽtnt]

= copyright
= registered

GRAMMAR POINT

지텔프에서 **decide**는 **to**부정사를 목적어로 쓰는 동사로 출제됩니다.

n 특허(권) **a** 특허의

의미 암기용 표현과 문장

• **to apply for[obtain] a patent on an invention** 발명품에 대해 특허권을 신청[확득]하기 위해서는
• **patent applications[laws]** 특허 신청[특허법]

G-TELP 문법패턴훈련

In an effort to protect its intellectual property, Johnson & Lloyd decided _____ a law firm specializing in patent laws.
(a) to hire   **(b) hiring**

610 **miserable**

[mízərəbl]

= sad
= depressed

a 비참한, 끔찍한

의미 암기용 표현과 문장

• **We were cold, wet and thoroughly miserable.** 우리는 춥고 비에 젖어 정말 비참했다.

G-TELP 구문독해훈련

All in all, I lead such a miserable life.

611 **secondhand**

[sékəndhænd]

= used

SECOND HAND CAMPAIGN

a 중고의, 간접의 **ad** 중고로, 간접적으로

의미 암기용 표현과 문장

• **a secondhand car** 중고차
• **I heard the news secondhand.** 나는 그 소식을 전해 들었다.

G-TELP 구문독해훈련

Secondhand smoke is a known risk factor for lung cancer.

612 **exclusive**

[iksklúːsiv]

= restricted

EXCLUSIVE

Get the Most Exclusive Samsung News for CES 2014

a 독점적인, 배타적인

의미 암기용 표현과 문장

• **exclusive rights to televise the World Cup** 월드컵 텔레비전 중계 독점권

G-TELP 구문독해훈련

In appreciation of your continued business with us, we would like to invite you to an exclusive dinner at the Merriott Hotel.

---

609. (a) 지적 재산권을 보호하기 위해서, 존슨 앤 로이드사는 특허법을 전문으로 하는 법률 회사를 고용하기로 결정했습니다. **610.** 결국, 나는 이런 비참한 삶을 살고 있습니다. **611.** 간접흡연은 폐암의 알려진 위험 요소이다. **612.** 저희와의 지속적인 거래에 감사를 드리며, 저희는 귀하를 메리어트 호텔에서 독점적으로 귀하만 모시는 저녁 식사에 귀하를 초대하고 싶습니다.

610 infinite
[ínfənət]

= limitless
= unlimited

GRAMMAR POINT

지텔프에서 nowadays가 보이면 현재진행시제가 답이 됩니다.

⚊ 무한한

의미 암기용 표현과 문장

• **a teacher with infinite patience** 무한한 인내심을 지닌 교사

G-TELP 문법패턴훈련

We _____ infinite advances in fighting disease and in prolonging life **nowadays.**
(a) are making   (b) made

---

614 output
[áutpùt]

= production

⚊ 생산(량), 출력

의미 암기용 표현과 문장

• **Manufacturing output has increased by 8%.** 제조업 부문의 생산량이 8% 증가했다.
• **an output device** 출력 장치

G-TELP 구문독해훈련

Our overall output increased by 3 percent this past year due to less time lost from injuries and sick days.

---

615 magnificent
[mægnífəsnt]

= impressive
= splendid

⚊ 아름다운, 감명 깊은

의미 암기용 표현과 문장

• **She looked magnificent in her wedding dress.** 그녀는 웨딩드레스를 입은 모습이 참으로 아름다웠다.

G-TELP 구문독해훈련

After seeing the magnificent costumes at the Armory Museum, he became so inspired that he finished the article while he was still in Moscow.

---

616 blank
[blæŋk]

= empty
= void

BLANK SPACE

⚊ 비어 있는   ⚊ 빈 칸, 여백

의미 암기용 표현과 문장

• **Sign your name in the blank space below.** 아래 빈 칸에 서명을 하시오.
• **Please fill in the blanks.** 빈칸을 채우시오.

G-TELP 구문독해훈련

I went blank when I read the math exam questions.

---

613. (a) 우리는 요즘 질병 퇴치와 생명 연장의 분야에서 무한한 발전을 이루고 있습니다.   **614.** 우리의 전반적인 생산량은 상해 및 병가로 인해 손실되는 시간이 적기 때문에 대략 **3%**정도 증가했다.   **615.** 병기 박물관에서 멋진 복장을 보고 난 이후, 그는 너무 큰 영감을 받아서 그는 그가 모스크바에 있는 그 동안에 기사를 모두 끝냈다.   **616.** 나는 수학 시험 문제의 질문을 보았을 때 머리가 하얘졌다.

REVIEW
1
2
3
4
5

617 liquid
[líkwid]

= fluid

ⓝ 액체 ⓐ 액체의

의미 암기용 표현과 문장
- She poured the dark brown liquid down the sink. 그녀는 그 진갈색 액체를 싱크대에 부어 버렸다.
- liquid soap 액상 비누[물비누]

G-TELP 구문독해훈련
Wash the surface with a soft, lint-free cloth dampened with warm water and a mild liquid detergent.

---

618 territory
[térətɔ̀ːri]

= area
= land

GRAMMAR POINT

지텔프에서 in + 명확한 과거 시점이 나오면 과거진행시제가 답이 됩니다.

ⓝ 영토, 영역

의미 암기용 표현과 문장
- enemy[disputed/foreign] territory 적의[분쟁 중인/외국의] 영토

G-TELP 문법패턴훈련
In 490 B.C., the Persian Empire _____ its territory.
(a) is expanding   (b) was expanding

---

619 terrain
[təréin]

= ground

ⓝ 지형

의미 암기용 표현과 문장
- difficult[rough/mountainous] terrain 험난한[울퉁불퉁한/산악] 지형

G-TELP 구문독해훈련
Check out the unearthly terrain of nearby Canyon lands.

---

620 valid
[vǽlid]

= reasonable
= sound

ⓐ 유효한, 타당한

의미 암기용 표현과 문장
- a valid passport 유효한 여권
- The point you make is perfectly valid. 당신이 제시하는 주장은 전적으로 타당하다.

G-TELP 구문독해훈련
In order to pass through a security check at the airport, you must provide a valid form of identification and your airline ticket.

---

617. 표면을 따뜻한 물과 중성의 액체 세제를 적신 부드럽고, 보푸라기가 안 나는 천으로 닦으십시오. 618. (b) 기원전 490년에, 페르시아 제국은 자신의 영토를 확장하고 있었다. 619. 인근의 그랜드캐넌 지역의 이 세상 같지 않는 특이한 지형을 보시기 바랍니다. 620. 공항의 보안 검색대를 통과하려면, 유효한 신분증과 항공권을 제시하셔야 합니다.

621 **term**
[təːrm]

= period

□ 기간, 용어, 조건

의미 암기용 표현과 문장

- **during the president's first term of[in] office** 대통령의 첫 임기 중에
- **a technical[legal/scientific] term** 전문[법률/과학] 용어
- **reasonable terms** 타당한 조건

G-TELP 구문독해훈련

It is important for you to review the terms of the contract carefully.

---

622 **profession**
[prəféʃən]

= career

GRAMMAR POINT

rather는 would rather 형태로 쓰이는 조동사의 관용표현입니다.

□ 직업, 직종

의미 암기용 표현과 문장

- **the medical[legal/teaching] profession** 의료직[법률직/교직]

G-TELP 문법패턴훈련

He says there is no other profession he _____ rather be in.

(a) will   (b) would

---

623 **solid**
[sάlid]

= hard

SOLID

a 고체의, 단단한   □ 고체

의미 암기용 표현과 문장

- **She had refused all solid food.** 그녀는 모든 고형 음식물을 거부했었다.
- **liquids and solids** 액체와 고체

G-TELP 구문독해훈련

Instead of buying our tools separately, customers can purchase them together in a professional toolbox designed especially by Solid Tools, Inc.

---

624 **patrol**
[pətróul]

= guard

v 순찰을 돌다   □ 순찰(대)

의미 암기용 표현과 문장

- **Troops patrolled the border day and night.** 군인들이 밤낮으로 국경에서 순찰을 돌았다.
- **a police car on patrol** 순찰 중인 경찰차

G-TELP 구문독해훈련

Parking enforcement officers patrol to ensure compliance with company regulations.

---

621. 귀하가 계약의 조건들을 신중하게 검토하는 것이 중요합니다.   **622. (b)** 그는 (이 직업 외에) 하고 싶은 다른 직업은 없다고 말하고 있습니다.   **623.** 저희의 연장들을 개별적으로 구매하는 대신에, 고객 여러분들께서는 솔리드 툴즈사가 특별히 디자인한 전문가용 도구 상자에 있는 세트를 구입하실 수도 있습니다.   **624.** 주차 질서 관리관들은 회사 규정의 준수를 확실히 하기 위해 순찰을 합니다.

01 02 03 04 05 06 07 08 09 10 11 12 13 14 15 16 17 18 19 20 DAY

REVIEW
1
2
3
4
5

625 **portray**
[pɔːrtréi]

= describe

v 묘사하다, 그리다

의미 암기용 표현과 문장
- **Throughout the trial, he portrayed himself as the victim.** 그 재판 내내 그는 자신을 피해자라고 했다.

G-TELP 구문독해훈련

He then worked with acclaimed director Terrence Malick in the 2005 film, *"The New World"*, portraying another historical figure, John Smith.

---

626 **surface**
[sə́ːrfis]

= facade
= face

GRAMMAR POINT

지텔프에서 suggest는 to부정사 대신 동명사를 목적어로 쓰는 동사로 출제되거나 ARSID that절 속에 동사원형을 물어보는 문제로 출제됩니다.

n 표면

의미 암기용 표현과 문장
- **an uneven road surface** 고르지 않은 도로 표면

G-TELP 문법패턴훈련

Aside from personal hygiene, health agencies also **suggest that** common surfaces such as doorknobs, light switches, and telephones _____ and kept clean at all times.
(a) are disinfected   (b) be disinfected

---

627 **pave**
[peiv]

= cover
= surface

v (도로를) 포장하다, 길을 닦다[상황을 조성하다]

의미 암기용 표현과 문장
- **pave a street with asphalt** 아스팔트로 도로를 포장하다

G-TELP 구문독해훈련

Such efforts will pave the way for the ongoing economic reforms.

---

628 **exceed**
[iksíːd]

= outpace

v 초과하다, 넘어서다

의미 암기용 표현과 문장
- **His achievements have exceeded expectations.** 그의 성과는 예상을 초월했다.

G-TELP 구문독해훈련

Representatives for the upcoming Pharmaceutical Convention have said that the length of speeches must not exceed 20 minutes.

---

625. 그는 그러고 나서 **2005**년에 존 스미스라는 또 다른 역사적 인물을 묘사하는 **"신세계"**라는 영화를 유명한 감독인 터렌스 말리크와 함께 작업했습니다.
626. (b) 개인적인 위생 외에도, 보건 당국은 또한 문손잡이나, 전등 스위치, 그리고 전화기와 같은 흔한 것들의 표면들도 소독 처리해야 하며 항상 깨끗하게 관리되어지게 해야 한다고 제안하고 있습니다.   **627.** 이러한 노력들은 지속적인 경제 개혁을 위한 길을 열어 줄 것입니다.   **628.** 다가오는 제약회사 행사의 담당자들은 연설의 길이가 **20**분을 초과해서는 안 된다고 말했습니다.

629 track
[træk]

= follow
= trace

☑ 추적하다 ☐ 자취, 흔적, 선로, 경주로, 음반의 곡

의미 암기용 표현과 문장

- **We continued tracking the plane on our radar.** 우리는 레이더로 그 비행기를 계속 추적했다.
- **We followed the bear's tracks in the snow.** 우리는 눈 속에 남아 있는 곰의 발자국을 따라갔다.

G-TELP 구문독해훈련

Every department is required to keep track of and reduce any extra waste they might have on a week to week basis.

630 discipline
[dɪsəplɪn]

= training
= practice

GRAMMAR POINT

선택문항에 조동사 4개, 접속사 4개, 접속부사 4개가 나오는 문제는 해석으로 풀어야 하는 고난이도 문제입니다.

☐ 훈련, 교육, 단련 ☑ 훈련[단련/훈육/징계]하다

의미 암기용 표현과 문장

- **Strict discipline is imposed on army recruits.** 육군 신병들에게는 엄격한 규율이 부과된다.
- **a guide to the best ways of disciplining your child** 최고의 자녀 훈육법을 보여주는 안내서

G-TELP 문법패턴훈련

_____ **his authoritarian style of government was often criticized internationally, Lee's leadership brought discipline, unity, and prosperity to Singapore.**
(a) Although   **(b) Because**

631 perceive
[pərsíːv]

= notice

☑ 인지하다, 알아채다, ~로 여기다

의미 암기용 표현과 문장

- **I perceived a change in his behaviour.** 나는 그의 행동에 변화가 있음을 감지했다.
- **This discovery was perceived as a major breakthrough.** 이 발견은 주요한 돌파구로 여겨졌다.

G-TELP 구문독해훈련

You will not perceive her even if she stands before you.

632 legacy
[légəsi]

= inheritance

☐ (문화적/재산적) 유산

의미 암기용 표현과 문장

- **Future generations will be left with a legacy of pollution and destruction.** 미래 세대는 공해와 파괴라는 유산을 물려받게 될 것이다.

G-TELP 구문독해훈련

Charlie Chaplin died on Christmas Day in 1977, leaving a legacy that lives on today.

---

629. 모든 부서는 매주 주 단위로 추가적인 낭비를 추적하고 줄여야합니다.   **630. (a)** 비록 그의 독재 정치 스타일이 종종 국제적으로 비판을 받기는 했지만, 리의 지도력은 규율, 단합 그리고 번영을 싱가포르에 가져왔다.   **631.** 그녀가 당신 앞에 서 있더라도 당신은 그녀가 누구인지 알아채지 못할 것입니다.   **632.** 찰리 채플린은 **1977**년 크리스마스에 사망했고, 오늘날까지 살아있는 유산을 남기고 있다.

어휘·문법·독해까지 한꺼번에 끝내는 **G-TELP VOCABULARY LEVEL** 심화

633 gravity
[grǽvəti]

= seriousness
= importance

GRAMMAR POINT
지텔프에서 가정법 과거의 짝찾기는 무조건 맞춰야 하는 5초짜리 문제입니다.

n 중력, 중대함, 끌림

의미 암기용 표현과 문장
• **Newton's law of gravity** 뉴턴의 중력 법칙

G-TELP 문법패턴훈련
Of course, it _____ if you **could defy** gravity.
(a) helps   (b) would help

---

634 assure
[əʃúər]

= convince

v 확신[확언/확약]하다[시키다], 보장[보증]하다

의미 암기용 표현과 문장
• **She's perfectly safe, I can assure you.** 그녀는 전적으로 안전해. 내가 장담할 수 있어.
• **Victory would assure a place in the finals.** 승리하면 결승전 진출이 보장될 것이다.

G-TELP 구문독해훈련
First City Bank assured its customers that it will maintain exceptional service in spite of the ongoing renovations in several branches.

---

635 skip
[skip]

= hop
= bounce

v 건너뛰다

의미 암기용 표현과 문장
• **I skipped over the last part of the book.** 나는 그 책의 마지막 부분은 생략했다[안 읽었다].

G-TELP 구문독해훈련
The coach believes that this is because his players are skipping a lot of practices.

---

636 diminish
[dimíniʃ]

= decrease
= reduce

v 줄다, 감소하다

의미 암기용 표현과 문장
• **The world's resources are rapidly diminishing.** 세계의 자원이 급속히 줄어들고 있다.

G-TELP 구문독해훈련
The environment in which people take a test may diminish its validity.

---

633. (b) 물론, 당신이 중력을 무시할 수만 있다면 이것은 도움이 될 것입니다.   **634.** 퍼스트 시티 은행은 몇몇 지점에서의 계속적인 개보수 공사에도 불구하고 탁월한 서비스를 계속할 것이라고 고객들에게 확신시켜주었다.   **635.** 그 코치는 이것이 자신의 선수들이 많은 연습을 건너뛰고 하지 않고 있기 때문이라고 믿고 있다.   **636.** 사람들이 시험을 보는 환경은 시험의 타당성을 줄일지도 모릅니다.

00T ap.o.lo.gize
[əpɑ́ɪədʒɑ̀iz]

X

GRAMMAR POINT

선택문항에 조동사 4개, 접속사 4개, 접속부사 4개가 나오는 문제는 해석으로 풀어야 하는 고난이도 문제입니다.

☑ 사과하다

의미 암기용 표현과 문장
• **Why should I apologize?** 왜 내가 사과해야 돼?

G-TELP 문법패턴훈련

We apologize for this delay and hope that it _____ not cause any problems with your schedule.

(a) will   (b) can

---

638 **liberate**
[líbərèit]

= free

☑ 해방시키다

의미 암기용 표현과 문장
• **The city was liberated by the advancing army.** 그 도시는 진군하던 군대에 의해 해방되었다.

G-TELP 구문독해훈련

We need to liberate our people and bring freedom to our people.

---

639 **deplete**
[diplíːt]

= reduce

☑ 고갈시키다, 감소시키다

의미 암기용 표현과 문장
• **Food supplies were severely depleted.** 식량 공급량이 심하게 격감되었다.

G-TELP 구문독해훈련

Sugar, in particular, depletes the immune system by slowing white blood cell action.

---

640 **transact**
[trænsǽkt]

= deal
= trade

☑ 거래하다

의미 암기용 표현과 문장
• **He transacts business with a large number of stores.** 많은 가게와 거래를 하고 있다.

G-TELP 구문독해훈련

We transact business with stores all over the country.

---

637. (a) 우리는 이러한 지연에 대해 사과를 드리는 바이며 이것이 귀하의 일정에 문제를 발생시키지 않기를 바랍니다. **638.** 우리는 우리의 인민들을 해방시키고 우리의 인민들에게 자유를 가져다주어야 합니다. **639.** 특히, 설탕은 백혈구의 활동을 늦춤으로써 면역 체계를 고갈시켜 버립니다. **640.** 저희는 전국적으로 상점들과 사업 거래를 합니다.

01 DAY
02 DAY
03 DAY
04 DAY
05 DAY
06 DAY
07 DAY
08 DAY
09 DAY
10 DAY
11 DAY
12 DAY
13 DAY
14 DAY
15 DAY
16 DAY
17 DAY
18 DAY
19 DAY
20 DAY

어휘·문법·독해까지 한권만에 끝내는 **G-TELP VOCABULARY LEVEL** 심화

641 detach

[ditǽtʃ]

= separate
= divide

☑ 분리하다, 떼어놓다

의미 암기용 표현과 문장

• **Detach the coupon and return it as soon as possible.** 쿠폰을 떼어 내어 가능한 한 빨리 발송해 주세요.

G-TELP 구문독해훈련

Do not detach the first part of the form from the second.

---

642 oppose

[əpóuz]

= disagree

GRAMMAR POINT

관계대명사 who는 선행사가 사람일 경우에 쓰이는 것이 원칙입니다.

☑ 반대하다

의미 암기용 표현과 문장

• **I would oppose changing the law.** 나는 그 법률 개정에 반대하겠다.

G-TELP 문법패턴훈련

Housing in the suburbs of Chicago is affordable, as opposed to most of the housing downtown _____ is way too expensive.
(a) who   (b) which

---

643 disguise

[disgáiz]

= camouflage

☑ 위장[변장/가장]하다 ⬛ 위장, 변장

의미 암기용 표현과 문장

• **She disguised herself as a boy.** 그녀는 소년으로 변장을 했다.

G-TELP 구문독해훈련

The customer, who was in fact the CEO in disguise, gave her a hug afterward and promoted her on the spot.

---

644 phase

[feiz]

= stage

⬛ 단계, 시기 ☑ 단계적으로 ~하다

의미 암기용 표현과 문장

• **during the first[next/last] phase** 첫[다음/마지막] 단계 동안

G-TELP 구문독해훈련

Since the design of the Tokyo Towers is still in the initial planning phase, the blueprints have not yet been prepared.

---

641. 이 양식의 첫 번째 부분을 두 번째 부분에서 분리하지 마십시오. **642. (b)** 너무나도 비싼 도심의 대부분 주택들과는 반대로, 시카고 교외의 주택들은 저렴한 편입니다. **643.** 실제로 변장한 대표이사였던, 한 고객은 그 이후에 그녀를 안아 주었고 그 자리에서 그녀를 승진시켜 주었습니다. **644.** 도쿄 타워의 설계가 아직 초기 계획 단계이기 때문에, 청사진은 아직 준비가 되어 있지 않습니다.

645 expedition

[èkspədíʃən]

= journey
= voyage

GRAMMAR POINT

관계대명사 that은 전치사 뒤에서 쓰
이지 않습니다.

🅝 탐험, 원정(대)

의미 암기용 표현과 문장

• plan[lead/go on] an expedition to the North Pole 북극 탐험을 계획하다[인솔하다/떠나다]

G-TELP 문법패턴훈련

The remains of _____ is believed to be a prehistoric
"walking seal" were recently discovered by accident during
an expedition in the Canadian Arctic.
(a) that   (b) what

646 transform

[trænsfɔ́rm]

= alter
= change

🅥 변형시키다

의미 암기용 표현과 문장

• It was an event that would transform my life. 그것은 내 삶을 완전히 바꿔 놓을 사건이었다.

G-TELP 구문독해훈련

When he served as president of Delvan Manufacturing,
Pierre Dunn instituted several policies that transformed the
company.

647 scold

[skould]

= reprimand

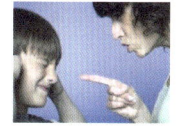

🅥 꾸짖다, 야단치다

의미 암기용 표현과 문장

• He scolded them for arriving late. 그가 그들을 늦게 왔다고 꾸짖었다.

G-TELP 구문독해훈련

Mrs. Miller scolded her six-year-old son after witnessing him
tease a kid with a physical disability.

648 dispose

[dispóuz]

= arrange

🅥 배치하다, 배열하다, ~의 경향을 갖게 하다

의미 암기용 표현과 문장

• dispose books in order 책을 정돈하다
• a drug that disposes the patient towards sleep 환자를 자꾸 졸리게 만드는 약물

G-TELP 구문독해훈련

Tissue paper should also be used when sneezing or coughing,
and then disposed of properly.

---

645. (b) 선사 시대의 "걷는 물개"라고 믿겨지는 잔해 유골이 최근에 우연에 의해 캐나다의 북극지역을 탐험하던 탐험대에 의해 발견되었다.   **646.** 그가 델반 메뉴
팩처링사의 사장으로 근무했을 때, 피에르 듄은 회사를 변화시킨 몇몇 정책들을 실시했다.   **647.** 밀러 여사는 **6**살짜리 그녀의 아들이 육체적 장애가 있는 아이를 괴
롭히는 것을 목격한 이후 아들을 혼냈다.   **648.** 재채기나 기침을 할 때에는 티슈페이퍼를 사용해야 하며, 그러고 나서 적절히 폐기해야 합니다.

DAY 01 02 03 04 05 06 07 08 09 10 11 12 13 14 15 16 17 18 19 20

어휘 · 문법 · 독해까지 한권에 끝내는 G-TELP VOCABULARY LEVEL 심화

649 **tremendous**
[triméndəs]

= enormous
= huge

🄰 엄청난

의미 암기용 표현과 문장
• a tremendous explosion 엄청난 폭발

G-TELP 구문독해훈련
Some of the critics invited to attend the premiere have rated our latest movie, *The Tremendous*, as poor.

---

650 **substitute**
[sʌ́bstətjùːt]

= replace
= exchange

GRAMMAR POINT
선택문항에 조동사 4개, 접속사 4개, 접속부사 4개가 나오는 문제는 해석으로 풀어야 하는 고난이도 문제입니다.

🅅 대신하다 🄽 대리인, 대용품

의미 암기용 표현과 문장
• Margarine can be substituted for butter in this recipe. 이 조리법에서는 마가린을 버터 대용으로 쓸 수 있다.
• a meat substitute 고기 대용품

G-TELP 문법패턴훈련
Instead of using butter, Sunkist Foods states that you _____ substitute corn oil for it for a healthier meal.
(a) will   (b) can

---

651 **resent**
[rizént]

= dislike

GRAMMAR POINT
cannot help ~ing는 지텔프에 진짜 자주 출제되는 표현입니다.

🅅 화내다, 분개하다

의미 암기용 표현과 문장
• I deeply resented her criticism. 나는 그녀의 비판에 깊이[몹시] 분개했다.

G-TELP 문법패턴훈련
Through her teenage years, she couldn't help _____ people who could walk normally.
(a) to resent   (b) resenting

---

652 **bankrupt**
[bǽŋkrʌpt]

= broke

GRAMMAR POINT
before 뒤에 과거시제가 나왔기 때문에 과거 이전의 시제가 필요하며 for years를 통해 과거완료진행시제가 필요함을 알 수 있습니다.

🄰 파산한 🄽 파산자, 파탄자

의미 암기용 표현과 문장
• They went bankrupt in 1993. 그들은 1993년에 파산했다.
• a moral bankrupt 도덕적 파탄자

G-TELP 문법패턴훈련
Patriot Sports Apparel _____ clothing for the US track team for years before it went bankrupt last March.
(a) is designing   (b) had been designing

---

649. 시사회에 참석을 초대받은 평론가들 중 일부는 우리의 최신의 영화 더 트리맨더스를 형평 없다고 평가했습니다. **650. (b)** 버터를 사용하는 대신에, 썬키스트 푸즈사는 당신이 더 건강한 식단을 위해 버터 대신에 옥수수 오일을 대신 사용할 수 있다고 말하고 있다. **651. (b)** 그녀의 **10**대 시기를 통해 죽, 그녀는 정상적으로 걸을 수 있는 사람들에게 분개하지 않을 수 없었다. **652. (b)** 패트리어트 스포츠 어패럴사는 지난 **3**월에 파산하기 전까지 수년간 미국의 육상 팀을 위해서 의류를 디자인해오고 있었다.

653 **bargain**

[báːrgən]

= haggle

ⓥ 흥정하다 ⋒ 저렴한 물건, 흥정

의미 암기용 표현과 문장

- He said he wasn't prepared to bargain. 그는 협상을 할 준비가 안 되어 있다고 말했다.
- The car was a bargain at that price. 그 가격이면 그 차는 싼 것이었다.

G-TELP 구문독해훈련

A fanatical bargain hunter, Lisa is excited that a flea market has opened near her house.

---

654 **alert**

[ələ́ːrt]

= agile

GRAMMAR POINT

지텔프에서는 특정한 표현이 아닌 한 일반적인 수동태 표현 뒤에는 to부정사를 씁니다.

ⓐ 경계하는, 민첩한 ⋒ 경보 ⓥ 알리다, 경고하다, 주의하다

의미 암기용 표현과 문장

- We must be alert to the possibility of danger. 우리는 위험의 가능성을 경계해야 한다.
- a bomb[fire] alert 폭탄[화재] 경계경보
- Neighbours quickly alerted the emergency services. 이웃들이 신속히 구급대에 알렸다.

G-TELP 문법패턴훈련

An all-clear announcement will be made _____ you when it is safe to re-enter the building.

(a) to alert   (b) alerting

---

655 **stock**

[stak]

= inventory
= supply

⋒ 재고, 주식 ⓥ 비축하다, 저장하다

의미 암기용 표현과 문장

- That particular model is not currently in stock. 그 특정 모델은 현재 재고가 없습니다.
- stock prices 주가
- Do you stock green tea? 녹차 있나요?

G-TELP 구문독해훈련

Semiconductor companies around the world have had to contend with increasingly lower demand and plummeting values on the stock exchange.

---

656 **intense**

[inténs]

= acute
= extreme

ⓐ 강렬한, 격렬한

의미 암기용 표현과 문장

- intense heat[cold/pain] 극심한 더위[추위/고통]

G-TELP 구문독해훈련

After three years of intense negotiation, Megali Corporation and Liggman Industries have finally agreed on the terms of their merger.

DAY 01 / DAY 02 / DAY 03 / DAY 04 / DAY 05 / DAY 06 / DAY 07 / DAY 08 / DAY 09 / DAY 10 / DAY 11 / DAY 12 / DAY 13 / DAY 14 / DAY 15 / DAY 16 / DAY 17 / DAY 18 / DAY 19 / DAY 20

어휘·문법·독해까지 한 권만에 끝내는 G-TELP VOCABULARY LEVEL 실전

657 incline
[inkláin]

= slope

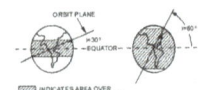

ORBIT PLANE
INDICATES AREA OVER
WHICH SATELLITE PASSES

v (마음이) 기울다, 경사지다 **n** 경사

의미 암기용 표현과 문장

- **Lack of money inclines many young people towards crime.** 많은 청소년들이 돈이 없어서 범죄 쪽으로 기울어진다.
- **a steep[slight] incline** 가파른[완만한] 경사

G-TELP 구문독해훈련

The gentle slope has suddenly changed into a steep incline.

658 rehearse
[rihə́ːrs]

= practise
= prepare

v 예행연습을 하다

의미 암기용 표현과 문장

- **Today, we'll just be rehearsing the final scene.** 오늘 우리는 그냥 마지막 장을 예행연습하고 있을 겁니다.

G-TELP 구문독해훈련

Anticipate any tough questions and rehearse your answers.

659 outreach
[au'tri:tʃ]

X

n 자원봉사활동, 원조[지원]활동

의미 암기용 표현과 문장

- **an outreach and education program** 원조 및 교육 프로그램

G-TELP 구문독해훈련

Louisiana University students today participating in outreach programs will be eligible for a credit waiver.

660 peer
[piər]

= colleague
= stare

GRAMMAR POINT
동명사가 주어로 쓰이는 문제입니다.

n 동료, 친구 **v** 자세히 보다

의미 암기용 표현과 문장

- **Peer pressure is strong among young people.** 청소년들 사이에서는 또래 집단에게서 받는 압박감이 강하다.
- **He peered closely at the photograph.** 그는 그 사진을 꼼꼼히 눈여겨보았다.

G-TELP 문법패턴훈련

Simply _____ children with and without disabilities in the same classroom will not lead to peer acceptance or friendships.
(a) place   (b) placing

---

657. 완만한 경사가 갑자기 가파른 경사로 바뀌었다.   **658.** 모든 대답하기 어려운 질문들을 미리 예상하고 당신의 대답들을 예행연습 하십시오.   **659.** 오늘 봉사활동 프로그램에 참여한 루이지애나 대학교 학생들은 학점 면제의 자격이 주어집니다.   **660. (b)** 장애가 있는 아이들과 장애가 없는 아이들을 같은 교실에 단순히 같이 놓는 것은 동료수용이나 우정관계로 이어지지 못할 것입니다.

DAY 12

pioneer

EDUCATION REFORM

intimate

peculiar

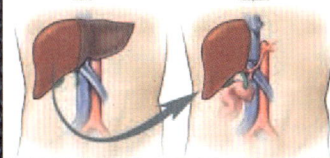

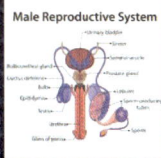

REVIEW 1 2 3 4 5

661 worship
[wə́ːrʃip]

= praise
= revere

🇳 예배, 숭배 🇻 예배를 드리다

의미 암기용 표현과 문장
- **an act[a place] of worship** 예배 행위[장소]
- **We worship at St Mary's.** 우리는 세인트 메리 성당에 예배를 드리러 간다.

G-TELP 구문독해훈련
I wanted to worship God and to go on the hajj before I die.

---

662 harsh
[haːrʃ]

= severe

🇦 가혹한, 혹독한

의미 암기용 표현과 문장
- **The punishment was harsh and unfair.** 그 처벌은 가혹하고 부당했다.

G-TELP 구문독해훈련
Do not use excessive liquid or harsh cleansers.

---

663 appetite
[ǽpətàit]

= hunger
= desire

GRAMMAR POINT
선택지문항에 조동사 4개, 접속사 4개, 접속부사 4개가 나오는 문제는 해석으로 풀어야 하는 고난이도 문제입니다.

🇳 식욕

의미 암기용 표현과 문장
- **He suffered from headaches and loss of appetite.** 그는 두통과 식욕 감퇴에 시달렸다.

G-TELP 문법패턴훈련
Michael had no appetite; _____ they had to coax him to eat.
(a) however　　　　　　　　**(b) so**

---

664 pioneer
[pàiəníər]

= explorer
= explore

🇳 개척자 🇻 개척하다

의미 암기용 표현과 문장
- **a pioneer in the field of microsurgery** 현미 수술 분야의 개척자
- **pioneer a market** 판로를 개척하다

G-TELP 구문독해훈련
A pioneer in sustainable design, the firm has led advances in energy-efficient and environmentally responsive design.

---

661. 나는 죽기 전에 신에게 경배하고 싶었고 그래서 메카 순례에 가고 싶었다.　**662.** 과도한 액체나 강한 성분의 세제를 사용하지 마십시오.　**663. (b)** 마이클은 식욕이 없었다. 그래서 그들은 그를 어르고 달래서 먹게 해야만 했다.　**664.** 지속 가능한 디자인의 개척자인, 이 회사는 에너지 효율적이고 환경 친화적인 디자인의 발전을 주도해 왔습니다.

665 recover

[rikʌvər]

= recuperate
= restore

☑ 회복하나

의미 암기용 표현과 문장

• He's still recovering from his operation. 그는 아직 수술한 것에서 회복 중이다.

G-TELP 구문독해훈련

Ms. Guillmor will have been absent for six weeks by the time she recovers from her accident.

666 alternative

[ɔːltə́ːrnətiv]

= option
= substitute

Alternative Route →

ⓝ 대안 **ⓐ** 대안의

의미 암기용 표현과 문장

• We had no alternative but to fire Gibson. 우리는 깁슨을 해고할 밖에 다른 대안이 없었다.
• Do you have an alternative solution? 대안이 될 다른 해결책이 있나요?

G-TELP 구문독해훈련

The keynote speaker was Garry Arnold, whose research on wind power has helped shape the alternative energy industry.

667 tolerate

[tɑ́lərèit]

= endure

GRAMMAR POINT

지텔프에서 tolerate는 to부정사 대신 동명사를 목적어로 쓰는 동사로 출제됩니다.

☑ 참다, 용인하다

의미 암기용 표현과 문장

• She refused to tolerate being called a liar. 그녀는 거짓말쟁이라고 불리는 것을 용인하지 않으려고 했다.

G-TELP 문법패턴훈련

I couldn't tolerate _____ for their call anymore and went out for dinner.
(a) to wait   (b) waiting

668 discriminate

[diskrímənèit]

= distinguish

AVOID

DISCRIMINATION

☑ 구별하다, 차별하다

의미 암기용 표현과 문장

• The computer program was unable to discriminate between letters and numbers. 그 컴퓨터 프로그램은 문자와 숫자를 식별하지 못했다.

G-TELP 구문독해훈련

Markets, according to the text books, are famously amoral if they are functioning properly; they do not discriminate.

01 DAY / 02 DAY / 03 DAY / 04 DAY / 05 DAY / 06 DAY / 07 DAY / 08 DAY / 09 DAY / 10 DAY / 11 DAY / **12 DAY** / 13 DAY / 14 DAY / 15 DAY / 16 DAY / 17 DAY / 18 DAY / 19 DAY / 20 DAY

어휘·문법·독해까지 한꺼번에 끝내는 **G-TELP VOCABULARY LEVEL** 심화

---

665. 길모어양은 사고로부터 그녀가 회복될 때 즈음이면 **6**주간 결근하고 있는 것이 될 것이다.   **666.** 기조 연설자는 풍력 발전의 연구로 대체 에너지 산업의 형성을 이끈 게리 아놀드였다.   **667. (b)** 나는 더 이상 그들의 전화를 기다릴 수가 없어서 저녁을 먹으러 나갔다.   **668.** 교과서에 따르면, 시장은 적절하게 기능만한다면 비도덕적인 것으로 유명하다고 한다. 즉 시장은 차별하지 않는다고 한다.

REVIEW 1 2 3 4 5

669 aspect
[ǽspekt]

= feature

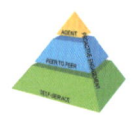

n 측면, 양상, 관점

의미 암기용 표현과 문장
- the most important aspect of the debate 그 토론의 가장 중요한 측면

G-TELP 구문독해훈련

Before starting a business, entrepreneurs should understand every aspect of their chosen industry.

---

670 compound
[kámpaund]

= combination
= mixture

GRAMMAR POINT
선택문항에 조동사 4개, 접속사 4개, 접속부사 4개가 나오는 문제는 해석으로 풀어야 하는 고난이도 문제입니다.

n 화합물 a 합성의

의미 암기용 표현과 문장
- Common salt is a compound of sodium and chlorine. 일반 소금은 나트륨과 염소의 혼합물이다.
- A compound sentence contains two or more clauses. 복문에는 두 개 이상의 절이 들어 있다.

G-TELP 문법패턴훈련

Cleaning products typically contain varying amounts of irritants, dangerous chemicals, or explosive compounds that _____ affect our health and the environment.
(a) shall   (b) may

---

671 trail
[treil]

= chase

n 자국, 자취 v 추적하다

의미 암기용 표현과 문장
- a trail of blood 길게 나 있는 핏자국
- The police trailed Dale for days. 경찰이 데일을 며칠 동안 뒤쫓았다.

G-TELP 구문독해훈련

That's why inexperienced climbers should train properly before attempting to scale steep or difficult trails.

---

672 breed
[bri:d]

= species
= raise

n 품종 v 번식하다, 교배하다, 사육하다

의미 암기용 표현과 문장
- Labradors and other large breeds of dog 래브라도와 다른 큰 품종의 개들
- Many animals breed only at certain times of the year. 많은 동물들이 일 년 중에 특정 시기에만 새끼를 낳는다.

G-TELP 구문독해훈련

When green turtles are ready to breed, they tend to return to the islands where they hatched.

---

669. 사업을 시작하기 전에, 기업가들은 그들이 선택한 산업의 모든 측면을 이해해야 합니다. **670. (b)** 청소 제품들은 전형적으로 우리의 건강과 환경에 영향을 끼칠지 모르는 다양한 양의 자극 물질, 위험한 화학 물질, 또는 폭발성 화합물들을 함유하고 있다. **671.** 그것이 경험이 부족한 등반가가 가파르거나 어려운 등반을 시도하기 전에 적절한 훈련을 받아야 하는 이유이다. **672.** 녹색 거북이는 번식할 준비가 되면, 그들이 부화한 섬들로 돌아가는 경향이 있습니다.

673 diagnose
[dáiəgnóus]

= identify

GRAMMAR POINT
지텔프에서 가정법 과거완료의 짝찾기는 매회 가장 많이 출제되는 최다 빈출 문법패턴입니다.

v 진단하다

의미 암기용 표현과 문장
• **The test is used to diagnose a variety of diseases.** 그 테스트는 다양한 질병들을 진단하는 데 이용된다.

G-TELP 문법패턴훈련

In 2017, he was diagnosed with having a blood clot in his lung, which could have been deadly if he _____ playing.
(a) continued   (b) had continued

---

674 soar
[sɔːr]

= increase
= rise

v 치솟다, 날아오르다

의미 암기용 표현과 문장
• **Unemployment rate has soared to 18%.** 실업률이 18%로 급증했다.

G-TELP 구문독해훈련

Hershey's stepped in, and the sales of Reese's Pieces soared to 65%.

---

675 intimate
[íntəmət]

= close

a 친밀한

의미 암기용 표현과 문장
• **intimate friends** 친한 친구들

G-TELP 구문독해훈련

After exchanging our intimate opinions we became friendlier.

---

676 decay
[dikéi]

= rot
= decompose

n 부패, 부식   **v** 부패하다, 썩다

의미 암기용 표현과 문장
• **The smell of death and decay hung over the town.** 그 소도시에는 죽음과 부패의 냄새가 감돌았다.
• **Our teeth will decay if they are not taken care of.** 이를 돌보지 않으면 충치가 된다.

G-TELP 구문독해훈련

Keep in mind that almost anything that's biodegradable — meaning it can decay — can be used.

---

673. (b) 2017년에, 그는 자신의 폐에 혈전이 있는 것으로 진단 받았는데, 이것은 그가 계속 경기를 한다면 치명적일 수도 있었던 것이었다.   674. 허쉬사가 진입을 했고, 그러자 (허쉬의) 리세스 피세스(유명한 바둑알 모양의 초콜렛)의 판매량은 65%로 치솟았다.   675. 친밀한 의견을 교환한 후에 우리는 더 우호적이 되었다.   676. 분해될 수 있음을 의미하는 생분해성의 거의 모든 것이 사용될 수 있다는 사실을 명심해 주십시오.

677 **mainstream**
[méinstrìːm]

= prevailing

GRAMMAR POINT
sure는 to부정사를 뒤에 쓰는 형용사
이며, be sure to부정사 표현으로 지
텔프 시험에 나옵니다.

🔳 주류 🔳 주류의

의미 암기용 표현과 문장
- His radical views place him outside the mainstream of American politics. 그
  는 과격한 견해 때문에 미국 정치의 주류 밖에 위치해 있다[주류에 들지 못한다].
- **mainstream culture** 주류 문화

G-TELP 문법패턴훈련
**Be sure _____ by and see what's going on outside the
boundaries of the mainstream art world.**
(a) to stop   **(b) stopping**

---

678 **peculiar**
[pikjúːljər]

= odd
= strange

🔳 기이한, 특이한

의미 암기용 표현과 문장
- **a peculiar smell[taste]** 이상한 냄새[맛]

G-TELP 구문독해훈련
**Because of its peculiar taste, it does not appeal to everyone,
but it is highly nutritious and easily digestible.**

---

679 **scatter**
[skǽtər]

= spread

GRAMMAR POINT
지텔프에서 가정법 과거의 짝찾기는
무조건 맞춰야 하는 5초짜리 문제입
니다.

🔳 뿌리다, 흩어지다

의미 암기용 표현과 문장
- **Scatter the grass seed over the lawn.** 잔디밭에 잔디 씨를 흩뿌려라.

G-TELP 문법패턴훈련
**If the sun _____ to suddenly disappear, the planets would
just scatter about freely through outer space.**
(a) is   **(b) were**

---

680 **prompt**
[prampt]

= immediate
= cause

C:\>prompt

🔳 즉각적인, 빠른 🔳 촉발[유도]하다

의미 암기용 표현과 문장
- **Prompt action was required as the fire spread.** 불길이 번져 가자 즉각적인 조치가 필요했다.
- **His speech prompted an angry outburst from a man in the crowd.** 그의 연설이 군중
  속에 있던 한 남자의 분노를 촉발시켰다.

G-TELP 구문독해훈련
**The meeting will begin at precisely 8:00 A.M. so please be
prompt.**

---

677. (a) 반드시 들러서서 주류 예술계의 경계 밖에서 무슨 일이 진행되고 있는지 봐주시기를 바랍니다. **678.** 독특한 맛 때문에, 이것은 모든 사람의 흥미를 끌
수는 없지만, 이것은 매우 영양가가 풍부하고 쉽게 소화될 수 있습니다. **679. (b)** 태양이 갑자기 사라지면 행성은 우주 공간을 통해 자유롭게 흩어질 것입니다.
680. 회의는 정확히 오전 8시에 시작되니 서둘러 주시기 바랍니다.

681 pose
[pouz]

= cause

v 사세를 취하다, (위협 등을) 가하다, 제기하다

의미 암기용 표현과 문장
- **pose a threat[challenge/danger/risk]** 위협[도전/위험/위험]을 제기하다

G-TELP 구문독해훈련
We also believe that these old machines may pose a safety risk.

---

682 interval
[íntərvəl]

= intermission
= pause

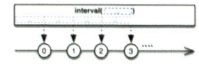

n 사이, 간격, 중간 휴식 시간

의미 암기용 표현과 문장
- **There will be an interval of 20 minutes after the second act.** 2막이 끝나고 나면 20분 간의 중간 휴식 시간이 있다.

G-TELP 구문독해훈련
This academic journal is published four times a year in three month intervals.

---

683 provoke
[prəvóuk]

= infuriate
= rouse

v 자극하다, 도발하다, 반응을 유발하다

의미 암기용 표현과 문장
- **The announcement provoked a storm of protest.** 그 발표는 거센 항의를 유발했다.

G-TELP 구문독해훈련
Don't provoke or tease the animals in the cage.

---

684 convey
[kənvéi]

= carry
= communicate

GRAMMAR POINT
동명사 주어의 용법을 물어 보는 문제 입니다.

v 전달하다

의미 암기용 표현과 문장
- **Colors like red convey a sense of energy and strength.** 빨간색 같은 색깔은 에너지와 강 렬함을 전달한다.

G-TELP 문법패턴훈련
_____ your photo in your brochures or mailings conveys friendliness and builds confidence in your company.
(a) Put   (b) Putting

REVIEW

1
2
3
4
5

685 **transplant**
[trænsplǽnt]

= implant
= relocate

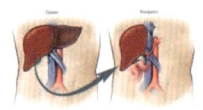

ⓥ 옮겨 심다, 이식하다 ⓝ 이식, 옮겨 심음

의미 암기용 표현과 문장
- He was recovering from a heart transplant operation. 그는 심장이식 수술을 받고 회복 중이었다.
- There is always a chance that the body will reject the transplant. 인체가 이식에 거부 반응을 보일 가능성은 항상 있다.

G-TELP 구문독해훈련
Surgeons have successfully transplanted a liver into a four-year-old boy.

---

686 **interpret**
[intə́ːrprit]

= understand
= translate

ⓥ 해석[이해]하다

의미 암기용 표현과 문장
- I didn't know whether to interpret her silence as acceptance or refusal. 나는 그녀의 침묵을 승낙으로 이해해야 할지 거절로 이해해야 할지 알 수가 없었다.

G-TELP 구문독해훈련
She can't interpret the hidden meaning of Amy's action.

---

687 **prescribe**
[priskráib]

= order
= stipulate

GRAMMAR POINT
be capable of ~ing는 동명사 관용
표현입니다.

ⓥ 처방하다

의미 암기용 표현과 문장
- He may be able to prescribe you something for that cough. 그가 네 그 기침에 대해 뭔가 처방을 내려 줄 수 있을 거야.

G-TELP 문법패턴훈련
Educators have long prescribed second language learning at an early age because infants are capable of _____ the consonants and vowels of every language in the world.
(a) recognize   (b) recognizing

---

688 **abolish**
[əbáliʃ]

= eliminate

ⓥ 폐지하다

의미 암기용 표현과 문장
- This tax should be abolished. 이 세금은 폐지되어야 한다.

G-TELP 구문독해훈련
The government will abolish free and subsidized parking for federal workers.

---

685. 외과 의사들이 **4**살짜리 소년에게 간을 성공적으로 이식했다.   **686.** 그녀는 에이미의 행동에 숨겨진 의미를 이해할 수 없습니다.   **687. (b)** 교육자들은 유아들이 전 세계의 모든 언어들의 자음과 모음을 인식할 능력[학습할 능력]이 있기 때문에 오래 전부터 조기 외국어 교육을 처방[추천]해 오고 있습니다.   **688.** 정부는 연방 근로자들을 위한 무료 주차 및 주차 보조금을 폐지할 것입니다.

005 **protest**
[próutest]

= demonstrate

☑ 시위하나, 항의하나　🔲 시위, 항의

의미 암기용 표현과 문장
- **Students took to the streets to protest against the decision.** 학생들이 그 결정에 항의하여 거리로 나왔다.
- **The director resigned in protest at the decision.** 그 이사는[국장은] 그 결정에 항의하여 사직했다.

GRAMMAR POINT

While절에 과거진행시제가 나오고, 주절은 과거시제인 시험문제가 지텔프 시제 문제로 자주 출제됩니다.

G-TELP 문법패턴훈련

While the Dean _____ his speech, they stood up and raised banners to protest tuition increase.
(a) was giving　　　　　　**(b) will give**

---

690 **depict**
[dipíkt]

= illustrate

☑ 그리다, 묘사하다

의미 암기용 표현과 문장
- **The artist had depicted her lying on a bed.** 화가는 침대 위에 누워 있는 그녀를 그렸었다.

G-TELP 구문독해훈련

Many scholars believe that these marks depict the days between phases of the moon.

---

691 **absolute**
[ǽbsəlù:t]

= complete

🔲 절대적인, 완전한

의미 암기용 표현과 문장
- **absolute confidence[trust/silence/truth]** 완벽한 확신[신뢰/침묵/진실]

G-TELP 구문독해훈련

If I have to choose only one place for seafood, however, Cerea's is the absolute winner.

---

692 **litter**
[lítər]

= rubbish
= waste

☑ (쓰레기 등을) 버리다　🔲 쓰레기

의미 암기용 표현과 문장
- **The floor was littered with papers.** 바닥에는 지저분하게 휴지가 (버려져) 널려 있었다.
- **There will be fines for people who drop litter.** 쓰레기를 버리는 사람들에게는 벌금을 물릴 것이다.

G-TELP 구문독해훈련

Please don't litter with your cigarette butts.

---

689. (a) 학장이 연설을 하는 동안, 그들은 일어섰고 수업료 인상에 항의하기 위해 배너들을 들어 올렸다.　**690.** 많은 학자들은 이러한 표시가 달의 위상변화 사이의 날들을 묘사한다고 믿고 있습니다.　**691.** 그러나, 만약 내가 해산물을 먹을 단 하나의 장소를 선택해야한다면, 세리에즈 식당이 단연 절대적인 승자입니다.　**692.** 담배꽁초를 버리지 마십시오.

693 **contaminate**

[kəntǽmənèit]

= pollute

☑ 오염시키다

의미 암기용 표현과 문장

• **The drinking water has become contaminated with lead.** 그 식수는 납에 오염되었다.

G-TELP 구문독해훈련

Plastics in the microwave can contaminate food.

---

694 **persist**

[pərsíst]

= continue

☑ 고집하다, 주장하다, 계속되다

의미 암기용 표현과 문장

• **She persisted in her search for the truth.** 그녀는 집요하게 진실 찾기를 계속했다.

G-TELP 구문독해훈련

In some cases, these problems may persist beyond childhood.

---

695 **reproductive**

[ríprədəˈktiv]

X

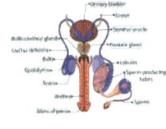

Male Reproductive System

🅰 번식의, 생식의

의미 암기용 표현과 문장

• **reproductive organs** 생식 기관

G-TELP 구문독해훈련

Persistent organic pollutants may cause cancer and reproductive troubles and damage normal infant and child development.

---

696 **depart**

[dipá:rt]

= leave

GRAMMAR POINT

선택문항에 조동사 4개, 접속사 4개, 접속부사 4개가 나오는 문제는 해석으로 풀어야 하는 고난이도 문제입니다.

☑ 떠나다, 출발하다

의미 암기용 표현과 문장

• **Flights for Rome depart from Terminal 3.** 로마행 비행기는 3번 터미널에서 출발한다.

G-TELP 문법패턴훈련

_____ **inclement weather is anticipated**, Flight 453 to New York will depart on schedule.

(a) Although   (b) Because

---

693. 전자레인지에 넣은 플라스틱들은 음식물을 오염시킬 수 있습니다.   **694.** 몇몇 경우에, 이러한 문제들은 유아기를 지나도 계속 지속될지 모릅니다.   **695.** 잔류성 유기 오염 물질들은 암과 생식 문제를 발생시킬지 모르고 정상적인 영유아의 발달에 손상을 가져올 수도 있습니다.   **696. (a)** 비록 악천후가 예상되기는 하지만, 뉴욕 행 **453** 항공편은 시간표대로 정상 출발할 것입니다.

---

007 ## assume

[əsúːm]

= presume
= believe

V 가정하나, 추정하나

의미 암기용 표현과 문장

- It is reasonable to assume (that) the economy will continue to improve. 경제가 계속 개선될 것으로 추정하는 것은 타당하다.

G-TELP 구문독해훈련

Therefore, we are happy to announce that effective June 15th, Ms. Hwang will assume her new role as assistant manager of the Calabassas Store.

---

698 ## absorb

[æbsɔ́ːrb]

= receive

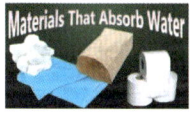

V 흡수하다

의미 암기용 표현과 문장

- The cream is easily absorbed into the skin. 이 크림은 피부에 잘 흡수된다.

G-TELP 구문독해훈련

These mice also absorbed more calcium, and their thigh bones became significantly bigger.

---

699 ## inhabit

[inhǽbit]

= live

V ~에 거주하다, 살다, 서식하다

의미 암기용 표현과 문장

- Only artists inhabit the region. 그 지역에는 예술가들만이 살고 있다.

G-TELP 구문독해훈련

Somewhere between three and a half to five million people inhabit the country of Papua New Guinea.

---

700 ## stem

[stem]

= derive

GRAMMAR POINT

관계대명사 which는 뒤 문장이 불완전해야 합니다.

N 줄기   V 기인하다, 막다[저지하다]

의미 암기용 표현과 문장

- A cactus has a thick stem to store a lot of water inside. 선인장은 두꺼운 줄기 안에 많은 물을 저장합니다.
- The new regulation stems from their petition. 새로운 규약은 그들의 탄원[청원]에 의하여 생긴 것이다.
- The cut was bandaged to stem the bleeding. 그 베인 상처에는 피가 흐르는 것을 막으려고 붕대가 감겨져 있었다.

G-TELP 문법패턴훈련

A cactus is a prickly plant _____ stem stores water.
(a) which   (b) whose

---

697. 따라서, 저희는 6월 15일부터, 황양이 칼라바사스 스토어의 부점장의 직책을 맡게 될 것이라는 것을 알려드리게 되어서 기쁩니다.   **698.** 이러한 쥐들은 또한 더 많은 칼슘을 흡수했으며, 그래서 그 쥐들의 허벅지 뼈는 상당히 더 커졌습니다.   **699.** 파푸아 뉴기니 전역에 350만에서 500만 명의 사람들이 살고 있습니다.   **700. (b)** 선인장은 줄기에 물을 저장하는 가시가 많은 식물이다.

701 flourish
[fləːriʃ]

= prosper
= thrive

V 번창하다

의미 암기용 표현과 문장

• Few businesses are flourishing in the present economic climate. 현 경제 상황에서는 번창하는 사업체가 별로 없다.

G-TELP 구문독해훈련

I hope this special restaurant will continue flourishing for many years to come.

---

702 vast
[væst]

= enormous
= massive

GRAMMAR POINT

관계부사 where는 부사의 역할을 하므로 뒤 문장은 완전합니다.

a 어마어마한

의미 암기용 표현과 문장

• a vast area of forest 방대한 삼림 지대

G-TELP 문법패턴훈련

He then sailed to Peru, _____ he captured two more ships and seized vast amounts of treasure.
(a) which   (b) where

---

703 dormant
[dɔ́ːrmənt]

= inactive

a 휴면의, 동면의

의미 암기용 표현과 문장

• a dormant volcano 휴화산

G-TELP 구문독해훈련

The virus lies dormant in the body for a couple days.

---

704 digest
[didʒést]

= absorb
= dissolve

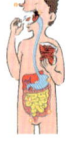

V 소화하다, 소화시키다   **n** 요약[판]

의미 암기용 표현과 문장

• Humans cannot digest plants such as grass. 인간은 잔디와 같은 식물은 소화를 시키지 못한다.

G-TELP 구문독해훈련

The price of yearly subscription to Bloomberg Digest will increase by $3.00 next month.

---

701. 저는 이 특별한 식당이 앞으로도 계속 번성할 수 있기를 바랍니다.   **702. (b)** 그는 그 다음에 페루로 항해했고, 그곳에서 그는 추가로 두 척의 배를 더 붙잡고 엄청난 양의 보물을 차지했다.   **703.** 이 바이러스는 2틀 동안 몸속에 잠복합니다.   **704.** 블룸버그 다이제스트 잡지의 연간 구독료는 다음 달에 3달러 정도 인상될 것입니다.

705 **rotate**
[róuteit]

= shift
= revolve

☑ 교내하다, 회전하다

의미 암기용 표현과 문장
- **The seasons rotate.** 사철은 돌고 돈다.

G-TELP 구문독해훈련

Your images will be auto-rotated for the best fit in this template.

706 **migrate**
[máigreit]

= move

☑ 이주하다, 이동하다

의미 암기용 표현과 문장
- **Thousands were forced to migrate from rural to urban areas in search of work.** 수천 명의 사람들이 일자리를 찾아 농촌에서 도회지로 이주해야만 했다.

G-TELP 구문독해훈련

Scientists speculate that when freshwater lakes froze during the winter, Puijila migrated over land to the sea to hunt for food.

707 **eliminate**
[ilímənèit]

= remove

☑ 제거하다, 없애다

의미 암기용 표현과 문장
- **Credit cards eliminate the need to carry a lot of cash.** 신용 카드 때문에 많은 현금을 가지고 다닐 필요가 없다.

G-TELP 구문독해훈련

One of the most promising candidates was eliminated when it was discovered that he was associated closely with the company's competitors.

708 **verify**
[vérəfài]

= confirm
= prove

GRAMMAR POINT

require는 목적격보어로 to부정사를 쓰는 단어이기 때문에 수동태형이 되면 to부정사가 남게 됩니다.

☑ 확증하다

의미 암기용 표현과 문장
- **We have no way of verifying his story.** 우리는 그의 이야기를 확인할 길이 없다.

G-TELP 문법패턴훈련

Whoever visits our company is required _____ their identification.
(a) to verify   (b) verifying

---

705. 당신의 이미지들은 이 템플릿에 맞는 가장 최적의 형태로 자동 회전될 것입니다.　**706.** 과학자들은 겨울동안 민물 호수가 얼어붙었을 때, 푸이질라가 육지를 넘어 바다로 먹을 것을 찾기 위해 이동했다고 추측하고 있습니다.　**707.** 가장 유망한 후보자들 중 한 명이 그가 회사의 경쟁사와 밀접하게 연관되어 있음이 발견된 이후 제거되었습니다.　**708. (a)** 회사를 방문하는 모든 사람은 신분을 확인해주셔야 합니다.

REVIEW
1
2
3
4
5

709 reform
[rifɔ́ːrm]

= improve

v 개혁하다, 개선하다 **n** 개혁, 개선

의미 암기용 표현과 문장

• **The law needs to be reformed.** 그 법은 개선이 필요하다.
• **economic[electoral/constitutional] reform** 경제[선거/헌법] 개혁

G-TELP 구문독해훈련

We have been forced to increase the tax on most of our items due to new governmental reform.

---

710 retain
[ritéin]

= maintain
= preserve

v 유지하다

의미 암기용 표현과 문장

• **He struggled to retain control of the situation.** 그는 상황에 대한 통제권을 유지하기 위해 발버둥을 쳤다.

G-TELP 구문독해훈련

All new home buyers should retain at least one copy of their mortgages for their own records.

---

711 blur
[bləːr]

= haze

v 흐릿해지다, 흐리게 하다 **n** 흐릿한 상태, 모호

의미 암기용 표현과 문장

• **Tears blurred her eyes.** 그녀의 두 눈이 눈물로 흐려졌다.
• **Everything is a blur when I take my glasses off.** 난 안경을 벗으면 모든 게 흐릿하다.

G-TELP 구문독해훈련

But to avoid shakiness that leads to blurred photos, find a way to support yourself.

---

712 grab
[græb]

= catch
= seize

GRAMMAR POINT

"~하기 위해서"나 "~하기 위한"의 의미로 쓰이는 to부정사의 쓰임에도 익숙해져야 합니다.

v 붙잡다 **n** 붙잡음

의미 암기용 표현과 문장

• **She grabbed the child's hand and ran.** 그녀가 그 아이의 손을 움켜잡고 달렸다.
• **He made a grab for her bag.** 그가 그녀의 가방을 와락 잡아채려고 했다.

G-TELP 문법패턴훈련

She flew to "The Square Mile" _____ the opportunity.
(a) grab　　　　　　　　**(b) to grab**

---

709. 우리는 새로운 정부 세제 개혁 때문에 대부분의 품목에 대해 세금을 인상해야했습니다.　**710.** 모든 신규 주택 구매자들은 자신의 기록을 위해 최소 **1**부의 주택저당대출 계약서 사본을 보유하고 계셔야 합니다.　**711.** 하지만 흐리게 번진 사진으로 이어지는 흔들림을 피하려면, 자신의 자세를 지탱할 수 있는 방법을 찾아야 합니다.　**712. (b)** 그녀는 그 기회를 잡기 위해서 "더 스퀘어 마일"로 날아갔습니다.

713 **represent**
[rèprizént]

= symbolize

☑ 대표하다, 대변하다, 의미하다, 상징하다

의미 암기용 표현과 문장
- **The union represents over 200,000 teachers.** 그 노조는 20만 명이 넘는 교사들을 대변한다.

G-TELP 구문독해훈련
One of the crucial roles of an entrepreneur is to represent the interests of shareholders.

714 **classify**
[klǽsəfài]

= sort
= categorize

☑ 분류하다

의미 암기용 표현과 문장
- **The books in the library are classified according to subject.** 도서관의 책들은 주제별로 분류되어 있다.

G-TELP 구문독해훈련
I am responding to your advertisement for a Software Engineer, posted in last Sunday's "Metro Times" classified section.

715 **suspend**
[saspénd]

= interrupt
= hang

☑ 중단하다, 매달다, 정학[정직]시키다

의미 암기용 표현과 문장
- **Production has been suspended while safety checks are carried out.** 생산은 안전 점검이 실시되는 동안 중단되었다.
- **A lamp was suspended from the ceiling.** 천장에 램프 하나가 매달려[걸려] 있었다.
- **The police officer was suspended while the complaint was investigated.** 그 경찰관은 그 민원 사항이 조사되는 동안 정직되었다.

G-TELP 구문독해훈련
Nokia Electronics Inc. made the decision to suspend production of their latest mobile phone due to design flaws.

716 **deficient**
[dɪfɪʃənt]

= insufficient
= lacking

GRAMMAR POINT
선택문항에 조동사 4개, 접속사 4개, 접속부사 4개가 나오는 문제는 해석으로 풀어야 하는 고난이도 문제입니다.

☑ 부족한, 불충분한

의미 암기용 표현과 문장
- **be mentally[bodily/morally] deficient** 정신적[신체적/도덕적]으로 결함이 있다

G-TELP 문법패턴훈련
A diet deficient in vitamin D _____ cause the disease rickets.
(a) shall
(b) may

---

713. 기업가의 중요한 역할들 중 하나는 주주의 이익을 대변하는 것입니다.   **714.** 저는 지난 주 일요일 "메트로 타임즈"의 구인광고란에 올라온 소프트웨어 엔지니어 자리를 찾는 광고를 보고 연락을 드립니다.   **715.** 노키아 일렉트릭스사는 설계상의 결함 때문에 그들의 최신 휴대폰 기종의 생산을 중지하기로 결정했다.   **716. (b)** 비타민 **D**가 결핍된 식단은 구루병을 유발할지도 모릅니다.

717 **surroundings**

[səráundiŋs]

= environment
= setting

n 주변 환경, 주위 상황

의미 암기용 표현과 문장

• **to work in pleasant surroundings** 쾌적한 환경에서 일하기 위해서는

G-TELP 구문독해훈련

Dogs rely on their sense of smell to deal with their surroundings the same way humans use their sight.

---

718 **sturdy**

[stə́ːrdi]

= solid
= strong

a 튼튼한

의미 암기용 표현과 문장

• **a sturdy table** 튼튼한 식탁

G-TELP 구문독해훈련

The new packing material seems to be as sturdy as the previous one was.

---

719 **cuisine**

[kwizíːn]

= food
= dish

n 고급 요리(법)

의미 암기용 표현과 문장

• **Italian cuisine** 이탈리아 요리

G-TELP 구문독해훈련

We specialize in the very best Korean cuisine but we also offer both Japanese and Vietnamese style noodles on our menu as well.

---

720 **subside**

[səbsáid]

= decrease
= diminish

GRAMMAR POINT

cause는 목적격보어로 to부정사를 쓰는 동사로 출제됩니다.

v 가라앉다, 진정되다

의미 암기용 표현과 문장

• **She waited nervously for his anger to subside.** 그녀는 그의 화가 가라앉기를 초조하게 기다렸다.

G-TELP 문법패턴훈련

Weak foundations caused the house _____ into the earth.

(a) to subside　　　　**(b) subsiding**

---

717. 개들은 인간들이 시력을 사용하는 것과 같은 방법으로 주변 환경에 대처하기 위해 냄새 감각에 의존합니다.　718. 새로운 포장 재료는 이전 포장재만큼 튼튼한 것 같아 보입니다.　719. 우리는 최고의 한국 요리를 전문으로 하는 식당이지만 메뉴에 일본식 면 요리와 베트남식 면 요리 또한 제공합니다.　720. (a) 약한 기초 때문에 집이 침하되었다.

DAY 13

어휘·문법·독해까지 한꺼번에 끝내는
ALL-IN-ONE 우선순위 G-TELP

20 days

VOCABULARY LEVEL 심화

genuine

triumph

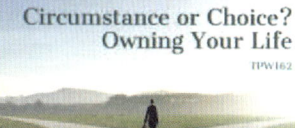

reference

721 **attribute**
[ətríbjuːt]

= quality
= feature

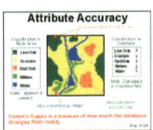

ⁿ 자질, 속성　ᵛ ~의 탓으로 돌리다

의미 암기용 표현과 문장

- **Patience is one of the most important attributes in a teacher.** 인내는 교사의 가장 중요한 자질 중 하나이다.
- **She attributes her success to hard work and a little luck.** 그녀는 자신의 성공을 성실한 노력에 약간의 행운이 따른 결과로 본다.

G-TELP 구문독해훈련

An Oracle press release attributes the market advance to their platform, which is more lightweight, secure, and inexpensive.

---

722 **origin**
[ɔ́ːrədʒin]

= beginning
= birth

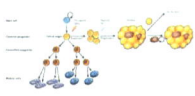

ⁿ 근원, 기원

의미 암기용 표현과 문장

- **the origins of life on earth** 지구 생명의 기원

G-TELP 구문독해훈련

Charles Darwin's book, On the Origin of Species, is considered the foundation of evolutionary biology.

---

723 **pause**
[pɔːz]

= stop
= break

PAUSE

ᵛ 잠시 멈추다　ⁿ 멈춤

의미 암기용 표현과 문장

- **Anita paused for a moment, then said: 'All right'.** 아니타가 잠시 멈추었다가 다시 말했다. "좋아요."
- **There was a long pause before she answered.** 한참 뒤에 그녀가 대답을 했다.

G-TELP 구문독해훈련

The former defense minister accepted responsibility for the scandal without pause.

---

724 **fragile**
[frǽdʒəl]

= vulnerable
= weak

GRAMMAR POINT

선택문항에 조동사 4개, 접속사 4개, 접속부사 4개가 나오는 문제는 해석으로 풀어야 하는 고난이도 문제입니다.

ᵃ 깨지기 쉬운, 손상되기 쉬운

의미 암기용 표현과 문장

- **fragile china[glass/bones]** 깨지기 쉬운 도자기[유리/부러지기 쉬운 뼈]

G-TELP 문법패턴훈련

When handling some fragile objects, you need to cautiously move them _____ you don't accidentally break them.
(a) so that **(b) as long as**

---

721. 오라클사의 언론 보도 자료는 회사의 시장 진출을 그들의 더 가볍고, 안전하며, 그리고 비싸지 않은 플랫폼의 탓이라고 돌리고 있다. **722.** 찰스 다윈의 저서 '종의 기원'은 진화 생물학의 기초로 간주됩니다. **723.** 그 전 국방부 장관은 잠깐 멈추지도 않고 스캔들에 대한 책임을 인정했다. **724.** (a) 깨지기 쉬운 물건을 취급 할 때는, 실수로 물건이 손상되지 않게 하기 위해 조심스럽게 물건을 옮겨야합니다.

725 **wrap**
[ræp]

= cover
= pack

ⅴ 싸나, 포장하다 **n** 포장지

의미 암기용 표현과 문장

- **He spent the evening wrapping up the Christmas presents.** 그는 크리스마스 선물들을 포장하면서 저녁 시간을 보냈다.
- **We stock a wide range of cards and gift wrap.** 저희는 아주 다양한 카드와 선물 포장지를 갖추고 있습니다.

G-TELP 구문독해훈련

The defective product should be placed in a box with plastic bubble wrap in order to avoid any possible damage.

726 **trace**
[treis]

= track

GRAMMAR POINT

지텔프에서 hope는 that절을 목적어로 쓰거나 to부정사를 목적어로 쓰는 형태로 출제됩니다.

ⅴ 추적하다 **n** 자취, 흔적

의미 암기용 표현과 문장

- **We finally traced him to an address in Chicago.** 우리는 마침내 시카고의 한 주소지까지 그를 추적했다.
- **It's exciting to discover traces of earlier civilizations.** 초기 문명의 자취를 발견하는 것은 흥분되는 일이다.

G-TELP 문법패턴훈련

By analyzing the amounts and kinds of trace minerals found in ancient Native American beads, Dr. Miller hopes _____ which mines they are likely to have come from, and thus gain a better understanding of early trading patterns.
(a) to learn   (b) learning

727 **inventory**
[ínvəntɔ́ːri]

= stock

n 재고 목록, 재고(품)

의미 암기용 표현과 문장

- **The inventory will be disposed of over the next twelve weeks.** 재고품은 다음 12주에 걸쳐 처분될 것이다.

G-TELP 구문독해훈련

Ms. Kimberly has performed a complete inventory of the electronic equipment in the corporate office.

728 **stink**
[stiŋk]

= stench
= reek

n 악취 **ⅴ** 악취가 풍기다

의미 암기용 표현과 문장

- **the stink of sweat and urine** 오줌과 땀의 악취
- **Her breath stank of garlic.** 그녀의 입에서는 마늘 냄새가 났다.

G-TELP 구문독해훈련

The worst part of gingivitis is that it really stinks.

---

725. 손상된 제품은 추가적인 손상을 방지하기 위해 비닐 발포제로 제품을 감싼 후 박스에 넣어야 합니다.   **726. (a)** 고대 아메리카 원주민의 구슬에서 발견된 미량 무기물의 양과 종류를 분석함으로써, 밀러 박사는 그것들이 어떤 광산에서 온 것인지 알고 싶어 하며, 그럼으로써 초기 무역 패턴에 대한 더 높은 이해를 얻기를 바라고 있다.   **727.** 킴벌리양은 회사 사무실에 있는 전자장비의 전체 재고목록 확인 작업을 수행해 오고 있습니다.   **728.** 치은염의 최악은 진짜로 악취가 심하다는 것입니다.

01 DAY / 02 DAY / 03 DAY / 04 DAY / 05 DAY / 06 DAY / 07 DAY / 08 DAY / 09 DAY / 10 DAY / 11 DAY / 12 DAY / 13 DAY / 14 DAY / 15 DAY / 16 DAY / 17 DAY / 18 DAY / 19 DAY / 20 DAY

어휘·문법·독해까지 한 개년에 끝내는 **G-TELP VOCABULARY LEVEL** 심화

729 **appreciate**
[əpríːʃièit]

= understand
= thank

GRAMMAR POINT

지텔프에서 appreciate는 to부정사 대신 동명사를 목적어로 쓰는 동사로 출제되거나, 가정법 과거 구문 속에 자주 출제됩니다.

☑ 진가를 이해하다, 감상하다, 고마워하다

의미 암기용 표현과 문장

• His talents are not fully appreciated in that company. 그 회사에서는 그의 재능이 충분히 그 진가를 인정받지 못하고 있다.
• Thanks for coming. I appreciate it. 와 줘서 고마워. 정말 고마워.

G-TELP 문법패턴훈련

We _____ it if you **would bring** this announcement to the notice of your accounting department.
(a) had appreciated   (b) would appreciate

---

730 **mischief**
[místʃif]

= prank

🅝 장난꾸러기, 짓궂은 장난

의미 암기용 표현과 문장

• Those children are always getting into mischief. 저 아이들은 항상 못된 짓을 꾸며.

G-TELP 구문독해훈련

She must have thought that Greg would not retaliate, but he will file a lawsuit against her for mischief.

---

731 **stain**
[stein]

= mark

🅝 얼룩, 때 ☑ 얼룩지게 하다

의미 암기용 표현과 문장

• a blood[a coffee/an ink] stain 피[커피/잉크] 얼룩
• I hope it doesn't stain the carpet. 카펫에 얼룩이 안 졌으면 좋겠어요.

G-TELP 구문독해훈련

Some foods can stain the teeth, as of course can smoking.

---

732 **solicit**
[səlísit]

= ask

☑ 간청하다, 요청하다

의미 암기용 표현과 문장

• They were planning to solicit funds from a number of organizations. 그들은 여러 기관들로부터 기금을 얻으려고 계획하고 있었다.

G-TELP 구문독해훈련

Mr. Adams has organized fund-raising events and actively solicited large corporate donations to support the Arts Center.

---

729. (b) 이 안내문을 귀사의 회계부서에 통보 전달해 주신다면 저희는 매우 감사할 것입니다.   **730.** 그녀는 그렉이 보복하지 않을 것이라고 생각했던 게 틀림없겠지만, 그는 분명히 장난에 대해 그녀를 상대로 소송을 제기할 거야.   **731.** 몇몇 음식들은 흡연이 그러는 것처럼 치아를 얼룩지게 할 수 있습니다.   **732.** 아담스씨는 예술 센터를 지원하기 위해 기금 모금 행사를 조직하고 적극적으로 대규모 기업 기부금을 모금하고 있다.

700 hazard
[hǽzərd]

= danger
= risk

GRAMMAR POINT

지텔프에서 spend는 spend + 시
간[돈] + ~ing 형태로 출제됩니다.

⑪ 위험 (요소), 위험한 물건

의미 암기용 표현과 문장
- a fire[safety] hazard 화재[안전] 위험 요소

G-TELP 문법패턴훈련

He has **spent** the last four decades _____ on a cane that uses three laser beams to detect such hazards.
(a) work   (b) working

734 genuine
[dʒénjuin]

= authentic
= real

ⓐ 진짜의, 진품의

의미 암기용 표현과 문장
- Is the painting a genuine Picasso? 그 그림이 피카소 진품인가요?

G-TELP 구문독해훈련

People sometimes spend too much money on pieces of art that are not genuine.

735 appropriate
[əpróupriət]

= proper
= steal

ⓐ 적합한, 알맞은 ⓥ 도용하다, 횡령하다

의미 암기용 표현과 문장
- an appropriate response[measure/method] 적절한 반응[조치/방법]
- He was accused of appropriating club funds. 그는 클럽 기금을 전용했다는 비난을 받았다.

G-TELP 구문독해훈련

Ms. Salivido would like to find a dress that is elegant as well as appropriate for the Investors' Gala this weekend.

736 hostile
[hástl]

= adversarial

ⓐ 적대적인

의미 암기용 표현과 문장
- She was openly hostile towards her parents. 그녀는 부모님께 드러내 놓고 적대적으로 굴었다.

G-TELP 구문독해훈련

Drinking may make a person feel relaxed and happy, or it may make a person hostile, violent, or depressed.

---

733. (b) 그는 지난 **40**년을 그러한 위험을 감지하기 위해 **3**개의 레이저 빔을 사용하는 지팡이 연구에 썼습니다. **734.** 사람들은 때로는 진짜가 아닌 예술 작품들에 너무 많은 돈을 씁니다. **735.** 살리비도양은 이번 주말에 있을 투자자 축하연에 알맞은 우아할 뿐만 아니라 적절한 드레스를 찾고 싶어 한다. **736.** 음주는 편안함을 느끼거나 행복함을 느끼게 해줄지도 모르지만, 또한 음주는 적대적이거나, 폭력적이거나, 또는 우울하게 만들 수도 있습니다.

737 vital
[váitl]

= crucial
= essential

GRAMMAR POINT

지텔프에서 vital은 It is vital that 절 속에 동사원형을 물어보는 문제로 출제됩니다.

a 필수적인, 생명의, 중요한

의미 암기용 표현과 문장

• It is vital that you keep accurate records when you are self-employed. 자영업을 하는 경우에는 정확한 기록을 해 나가는 것이 필수적이다.

G-TELP 문법패턴훈련

It is vital that all prospective employees _____ extensive knowledge of every product and service offered by our firm.
(a) have   (b) will have

738 mammal
[mǽmal]

= animal

n 포유동물

의미 암기용 표현과 문장

• Bats are a type of mammal. 박쥐는 포유류의 일종이다.

G-TELP 구문독해훈련

They named the species *Puijila darwini*, from the Inuit word *puijila*, meaning "young sea mammal," and *darwini*, in reference to Charles Darwin.

739 vice
[vais]

= evil

a 차석의 **n** 악덕, 나쁜 버릇

의미 암기용 표현과 문장

• I would like to bring him up for vice president. 그를 부회장 후보로 내세우고 싶어.
• Greed is a terrible vice. 탐욕은 끔찍한 악이다.

G-TELP 구문독해훈련

Damian resigned from his post as vice president for research at Brown University because he missed lecturing in the classroom.

740 plummet
[plʌ́mit]

= crash
= fall

v 급락하다

의미 암기용 표현과 문장

• Share prices plummeted to an all-time low. 주가가 사상 최저치로 곤두박질쳤다.

G-TELP 구문독해훈련

Unemployment rates have plummeted to an all-time low.

---

737. (a) 모든 잠재적인 직원들은 우리 회사가 제공하는 모든 제품과 서비스에 대해 광범위한 지식을 확보하는 것이 중요합니다.   **738.** 그들은 "어린 바다 포유동물"을 의미하는 이누이트족의 단어 푸이질라와 찰스 다윈을 참조한 다위니라는 단어로 그 종을 푸이질라 다위니라고 명명했습니다.   **739.** 데미안은 강단에서의 강의가 그리웠기 때문에 브라운 대학교의 연구 담당 부학장 자리를 사임했다.   **740.** 실업률이 사상 최저 수준으로 급락했다.

711 compact
[kəmpǽkt]

= condensed
= small

GRAMMAR POINT

whom은 선행사가 사람일 때 쓸 수 있지만 뒤 문장에서 사람 목적어가 빠져 있어야 합니다.

③ 소형의, 작은

의미 암기용 표현과 문장

• **a compact camera** 소형 카메라

G-TELP 문법패턴훈련

Walmart Store has a new line of compact appliances for those customers _____ reside in smaller apartments.
(a) that   (b) whom

742 retail
[ríːteil]

= sell

☑ 소매하다 ⋒ 소매

의미 암기용 표현과 문장

• **The firm manufactures and retails its own range of sportswear.** 그 회사는 일련의 자체 스포츠웨어를 제작해서 소매한다.
• **The recommended retail price is £9.99.** 권장 소매가는 9.99파운드이다.

G-TELP 구문독해훈련

These instruments will be liquidated at prices below their regular retail market value.

743 invoice
[ínvɔis]

= bill

INVOICE

⋒ 송장, 청구서

의미 암기용 표현과 문장

• **send[issue/settle] an invoice for the goods** 물품 대금 청구서를 보내다[발송하다/청구서대로 계산해 주다]

G-TELP 구문독해훈련

Please note that payment for this shipment is due within 14 days of receipt of this invoice.

744 execute
[éksikjùːt]

= kill

☑ 처형하다

의미 암기용 표현과 문장

• **He was executed for treason.** 그는 반역죄로 처형되었다.

G-TELP 구문독해훈련

Regional travel is expected during which you will execute programs and engage with the Singaporean audience through public speaking.

---

741. (a) 월마트 스토어는 소규모 아파트에 거주하는 고객들을 위한 소형 가전제품 신규 라인을 갖추고 있습니다. **742.** 이 기구들은 정상 소매 시장 가격보다 낮은 가격에 청산처리 될 것입니다. **743.** 이 발송물에 대한 지불은 이 송장을 수령한 후 **14**일 이내에 이루어져야합니다. **744.** 프로그램들을 실행하고 대중 강연을 통해 싱가포르 청중들과 교류하게 될 지역 출장이 예상됩니다.

745 **tablet**

[tǽblit]

= pill

GRAMMAR POINT

선택문항에 조동사 4개, 접속사 4개, 접속부사 4개가 나오는 문제는 해석으로 풀어야 하는 고난이도 문제입니다.

n 알약, 태블릿 컴퓨터

의미 암기용 표현과 문장

• Take two tablets with water before meals. 정제 두 알을 식사 전에 물과 함께 복용하라.

G-TELP 문법패턴훈련

_____ **many people still read traditional books, more and more people choose to read on their tablets or other electronic devices.**
(a) After   (b) While

---

746 **register**

[rédʒistər]

= enroll

v 등록[기재]하다

의미 암기용 표현과 문장

• register a birth[marriage/death] 출생[혼인/사망] 신고를 하다

G-TELP 구문독해훈련

You can only invite one more guest when you register online.

---

747 **institute**

[ínstətjùːt]

= establishment
= school

n 교육 기관   v 설립하다, 실시하다

의미 암기용 표현과 문장

• institutes of higher education 고등 교육 기관들
• The new management intends to institute a number of changes. 새 경영진에서 많은 변화를 도입할 작정이다.

G-TELP 구문독해훈련

In 1977, Goodall established the Jane Goodall Institute for wildlife research and ecological conservation.

---

748 **authentic**

[ɔːθéntik]

= genuine
= real

a 진짜의, 진품의

의미 암기용 표현과 문장

• I don't know if the painting is authentic. 그 그림이 진품인지 아닌지는 모른다.

G-TELP 구문독해훈련

We at Lidia's Kitchen serve authentic dishes made of fresh organic ingredients that are grown and bought locally.

---

745. (b) 비록 많은 사람들이 여전히 전통적인 서적을 읽고 있기는 하지만, 점점 더 많은 사람들이 자신의 태블릿이나 기타 전자 장치를 통해 독서하는 것을 선택하고 있습니다.   **746.** 귀하가 온라인으로 신청을 하실 때 오직 추가 한 명을 더 초대할 수 있습니다.   **747.** 1977년에, 구달은 야생동물 연구와 생태 보존을 위해 제인 구달 연구소를 설립했다.   **748.** 리디아의 부엌은 이 지역에서 재배되고 구입된 신선한 유기농 재료들로 만들어진 진짜 정통 요리를 제공합니다.

740 **fade**
[feid]

= bleach
= dim

ν 바래나, 희미해지다

의미 암기용 표현과 문장
- **The curtains had faded in the sun.** 커튼은 햇볕에 색이 바래져 있었다.

G-TELP 구문독해훈련

If the toner nearly runs out, white streaks appear on the output, or the output is partially faded.

750 **browse**
[brauz]

= skim

ν 훑어보다, 둘러보다

의미 암기용 표현과 문장
- **You are welcome to come in and browse.** 들어 오셔서 마음껏 둘러보세요.

G-TELP 구문독해훈련

Please browse the resources below for information on making your visit to New York Spa as enjoyable as possible.

751 **abuse**
[əbjúːz]

= maltreatment
= harm

n 학대, 남용 **ν** 학대하다, 남용하다

의미 암기용 표현과 문장
- **alcohol[drug/solvent] abuse** 지나친 음주[약물 남용/본드 흡입]
- **She abused her position as principal by giving jobs to her friends.** 그녀는 친구들에게 일자리를 줌으로써 학교장이란 직책을 남용했다.

G-TELP 구문독해훈련

In January, 32 cases of physical injury and verbal abuse were recorded in Lima, Peru.

752 **addict**
[ædikt]

= lover
= fan

GRAMMAR POINT

선택문항에 조동사 4개, 접속사 4개, 접속부사 4개가 나오는 문제는 해석으로 풀어야 하는 고난이도 문제입니다.

n 중독자 **ν** 중독되다

의미 암기용 표현과 문장
- **a heroin[drug/nicotine] addict** 헤로인[약물/니코틴] 중독자
- **addict oneself to gambling** 도박에 빠지다

G-TELP 문법패턴훈련

People such as drug addicts have brought their sufferings on themselves and _____ be left to their own fate.
(a) can   (b) should

---

749. 만약 토너가 거의 소모되면, 출력물에 흰색 줄무늬가 나타나거나 출력물이 부분적으로 바래져 출력됩니다.   **750.** 가능한 한 즐거운 뉴욕 온천 방문이 될 수 있도록 해주는 자세한 정보는 아래 자료를 찾아보십시오.   **751. 1**월만 해도, 페루의 리마에서 **32**건의 신체 상해 및 언어폭력이 신고 되었습니다.   **752. (b)** 마약 중독자와 같은 사람들은 그들 스스로 자신의 고통을 가져온 것이기 때문에 그들 자신의 운명대로 살도록 내버려 둬야 한다.

01 DAY / 02 DAY / 03 DAY / 04 DAY / 05 DAY / 06 DAY / 07 DAY / 08 DAY / 09 DAY / 10 DAY / 11 DAY / 12 DAY / **13 DAY** / 14 DAY / 15 DAY / 16 DAY / 17 DAY / 18 DAY / 19 DAY / 20 DAY

753 **enhance**
[inhǽns]

= improve
= strengthen

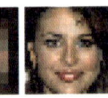

☑ 높이다, 강화하다

의미 암기용 표현과 문장

• **This is an opportunity to enhance the reputation of the company.** 이것은 회사의 명성을 높일 기회입니다.

G-TELP 구문독해훈련

This acquisition will serve to enhance the products and services that Samsung Ltd. provides at over 2,000 locations nationwide.

---

754 **pretend**
[priténd]

= feign

GRAMMAR POINT

지텔프에서 pretend는 동명사 대신 to부정사를 목적어로 쓰는 동사로 출제됩니다.

☑ ~인 척하다

의미 암기용 표현과 문장

• **He pretended to his family that everything was fine.** 그는 가족들에게는 모든 일이 괜찮은 척했다.

G-TELP 문법패턴훈련

I do not pretend _____ a work without mistakes.
(a) producing　　　　　　**(b) to have produced**

---

755 **retrieve**
[ritríːv]

= regain

☑ 회수하다, 만회하다　　ⓝ 회수

의미 암기용 표현과 문장

• **The police have managed to retrieve some of the stolen money.** 경찰은 간신히 도난당한 그 돈의 일부를 되찾았다.
• **beyond[past] retrieve** 회복할 가망이 없는, 수습할 수 없는

G-TELP 구문독해훈련

Mr. Lee's computer was destroyed by water damage and therefore he was unable to retrieve a single file from the hard drive.

---

756 **sustain**
[sastéin]

= continue
= maintain

☑ 유지하다, 살아가게[존재하게/지탱하게] 하다, 피해 등을 입다[당하다]

의미 암기용 표현과 문장

• **The love and support of his family sustained him during his time in prison.** 그가 교도소에서 형기를 사는 동안 가족의 사랑과 지지가 그를 지탱해 주었다.

G-TELP 구문독해훈련

Several offshore oil-drilling platforms were reported to have sustained heavy damage from high seas kicked up by the hurricane's winds.

---

753. 이번 인수는 전국적으로 **2,000**여 곳에서 삼성이 제공하는 제품들과 서비스들을 향상시키는데 도움을 줄 것입니다. **754. (b)** 나는 오류 없이 이 작품을 만들어 낸 척을 하는 것이 아닙니다. **755.** 이씨의 컴퓨터는 물에 의해 파괴되었기 때문에 하드 드라이브에서 단 하나의 파일도 복구할 수가 없었다. **756.** 몇 군데 근해 석유 시추 시설들이 그 허리케인의 바람에 의해 생긴 높은 파도에 의해 심한 손상을 입었다고 보고되었다.

757 **relative**
[rélativ]

= relevant
= kin

GRAMMAR POINT

지텔프에서 가정법 과거완료의 짝찾
기는 무조건 맞춰야 하는 5초짜리 문
제입니다.

ⓐ 상대적인, 관련 있는   ⓝ 친척

의미 암기용 표현과 문장

• the relative merits of the two plans 그 두 가지 계획의 상대적인 장점들
• a close[distant] relative 가까운[먼] 친척

G-TELP 문법패턴훈련

If she _____ pregnant, he would not have married her, at least not this quickly.
(a) did not get   (b) had not gotten

---

758 **associate**
[əsóuʃièit]

= connect
= join

ⓥ 연상하다, 참가시키다, 어울리다   ⓐ 제휴한, 준(準)[조]   ⓝ 제휴사

의미 암기용 표현과 문장

• He is closely associated in the public mind with horror movies. 그는 대중들의 마음
  속에서 공포 영화와 밀접하게 결부되어 있다.
• an associate company in Japan 일본에 있는 제휴 회사

G-TELP 구문독해훈련

Several of our financial associates have asked for information concerning any new government regulations which might be enforced this year.

---

759 **triumph**
[tráiəmf]

= victory
= win

ⓝ 승리, 대성공   ⓥ 승리하다

의미 암기용 표현과 문장

• It was a personal triumph over her old rival. 그것은 그녀의 오랜 경쟁자를 이긴 개인적인 승
  리였다.
• As is usual in this kind of movie, good triumphs over evil in the end. 이런 종류의
  영화에서 보통 그렇듯, 결국에는 선이 악을 이긴다.

G-TELP 구문독해훈련

In my youth, the Triumph Nokia mobile phone was already a top-of-the-line model.

---

760 **mess**
[mes]

= disorder
= confusion

ⓝ 엉망진창, 혼잡   ⓥ 지저분하게 하다

의미 암기용 표현과 문장

• The room was in a mess. 방은 엉망이었다.
• Careful — you're messing my hair. 조심해. 내 머리 헝클어지잖아.

G-TELP 구문독해훈련

Given that we have suffered more losses this quarter, I see no other way out of this mess than to start making drastic cuts across the board.

---

757. (b) 그녀가 임신을 하지 않았었다면, 그는 그녀와 적어도 이렇게 급하게, 결혼을 하지는 않았었을 것이다.   **758.** 우리 재무 제휴사들 중 몇몇 곳이 올 해 실시
될지도 모르는 새로운 정부 규정에 관한 정보를 요청해 왔다.   **759.** 내가 젊었었을 때, 트라이엄프 노키아의 휴대폰은 이미 최고급 모델이었습니다.   **760.** 우리가
이번 분기에도 추가 손실을 겪었다는 것을 감안해 볼 때, 저는 전사적으로 과감한 삭감을 시작하는 것보다 이 난관을 극복하는 더 좋은 방법이 있다고 보지 않습니다.

C1 02 03 04 05 06 07 08 09 10 11 12 **13** 14 15 16 17 18 19 20

어휘·문법·독해까지 한권으로 끝내는 G-TELP VOCABULARY LEVEL 심화

761 venue
[vénjuː]

= location

GRAMMAR POINT
지텔프에서 enough는 뒤에 to부정
사를 쓰는 형용사로 출제됩니다.

ⁿ (행사 등의) 장소, 범행지

의미 암기용 표현과 문장

• **Please note the change of venue for this event.** 이번 행사의 장소 변경에 유념해 주십시오.

G-TELP 문법패턴훈련
**Mr. Charleston has been unable to find a venue for the awards
ceremony because none of the ballrooms at any of the local
hotels have** enough **capacity _____ all of the attendees.**
(a) to accommodate   (b) accommodating

762 reference
[réfərəns]

= recommendation

ⁿ 추천서, 추천인, 참조, 언급

의미 암기용 표현과 문장

• **We will take up references after the interview.** 추천서는 면접을 본 후에 받습니다.
• **She made no reference to her illness but only to her future plans.** 그녀는 자신의 병
은 언급하지 않고 미래의 계획들에 대해서만 말했다.

G-TELP 구문독해훈련
**You will be required to enter your name and employee number
as the payment reference when making a payment.**

763 ornament
[ɔ́ːrnəmənt]

= decoration

ⁿ 장식(품)   **ⁿ** 장식하다

의미 암기용 표현과 문장

• **a china[glass] ornament** 도자기[유리(로 된)] 장식품
• **ornament a room with flowers** 방을 꽃으로 장식하다

G-TELP 구문독해훈련
**Being a soft, easily-shaped metal, silver was usually
fashioned into jewelry and other ornaments.**

764 circumstance
[sə́ːrkəmstæns]

= situation

Circumstance or Choice?
Owning Your Life
TPW162

ⁿ 상황, 환경

의미 암기용 표현과 문장

• **I can trust her in any circumstance.** 나는 어떤 상황에서도 그녀를 신뢰할 수 있다.

G-TELP 구문독해훈련
**Complete Block, the sunscreen spray, provides superior sun
protection in any circumstance.**

---

761. (a) 찰스톤씨는 지역 호텔들의 연회장들 중 어떤 곳도 모든 참석자들을 수용할 수 있을 정도로 크지 않기 때문에 시상식을 위한 장소를 찾지 못하고 있다.
762. 당신이 지불을 할 때 지불 참조사항으로 당신의 이름과 직원번호를 입력해 넣어야 합니다.   **763.** 부드럽고 쉽게 성형이 가능한 금속이기 때문에, 은은 보통 보
석류나 다른 장식품들을 만드는데 사용되어져 왔다.   **764.** 자외선 차단 스프레이인, 컴플리트 블록은 어떤 상황에서도 우수한 태양 자외선 차단 효과를 제공합니다.

765 strict
[strikt]

= severe
= stern

a 엄격한, 엄한

의미 암기용 표현과 문장
- **strict rules[regulations/discipline]** 엄격한 규칙[규정/규율]

G-TELP 구문독해훈련

The management has decided to take more strict security measures to protect its tangible and intangible assets.

766 reverse
[rivə́:rs]

= change
= overturn

v 뒤바꾸다 **n** 반대 **a** 반대의

의미 암기용 표현과 문장
- **reverse a procedure[process/trend]** 절차를[과정을/흐름을] 뒤바꾸다
- **This problem is the reverse of the previous one.** 이 문제는 이전 것과 정반대이다.
- **The winners were announced in reverse order.** 우승자들은 역순으로 발표되었다.

G-TELP 구문독해훈련

Please refer to the list of deductions on the reverse side of this form and choose the deductions that you want added to your payroll profile.

767 soak
[souk]

= damp
= steep

v 담그다, 적시다

의미 암기용 표현과 문장
- **Soak your body in the bathtub filled with warm water.** 따뜻한 물을 채운 욕조에 몸을 푹 담그세요.

G-TELP 구문독해훈련

If you soak the tablecloth before you wash it, the stains should come out.

768 vessel
[vésəl]

= boat
= ship

GRAMMAR POINT

"~하기 위해서"나 "~하기 위한"의 의미로 쓰이는 **to**부정사의 쓰임에도 익숙해져야 합니다.

n 선박

의미 암기용 표현과 문장
- **a war vessel** 군함

G-TELP 문법패턴훈련

Please take a few moments _____ the following emergency escape guideline while aboard the ferry vessel.
(a) to read   (b) reading

---

765. 경영진은 유형 자산과 무형 자산을 보호하기 위해 보다 엄격한 보안 조치를 취하기로 결정했습니다. **766.** 이 양식의 뒷면에 있는 공제 목록을 참조하시고 급여 프로파일에 추가하기를 원하는 공제항목을 선택하시기 바랍니다. **767.** 씻기 전에 식탁보를 담가두신다면, 얼룩이 빠져 나올 것입니다. **768. (a)** 잠시 시간을 내서 여객선에 탑승하시는 동안 지켜야할 다음의 응급 탈출 지침을 읽어 주시기 바랍니다.

REVIEW 1 2 3 4 5

769 minimize
[mínəmàiz]

= decrease
= reduce

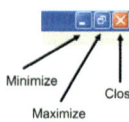

Minimize / Maximize / Close

Ⅴ 최소화하다, 축소하다

의미 암기용 표현과 문장

• Good hygiene helps to minimize the risk of infection. 청결한 위생 상태는 감염의 위험을 최소화하는 데 도움이 된다.

G-TELP 구문독해훈련

In order to minimize any disruption, all network servers and databases are regularly examined on the last Sunday night of each month.

770 vehicle
[víːikl]

= car

GRAMMAR POINT

선택문항에 조동사 4개, 접속사 4개, 접속부사 4개가 나오는 문제는 해석으로 풀어야 하는 고난이도 문제입니다.

ⓝ 차량, 운송수단

의미 암기용 표현과 문장

• motor vehicles 자동차

G-TELP 문법패턴훈련

Please keep your arms and legs inside the vehicle _____ it is moving at all times.
(a) even if   (b) when

771 conscious
[kánʃəs]

= aware

... eat consciously

ⓐ 의식하는

의미 암기용 표현과 문장

• She's very conscious of the problems involved. 그녀는 관련된 문제들을 아주 잘 의식하고 있다.

G-TELP 구문독해훈련

For this reason, more and more people have started engaging in environmentally conscious practices when it comes to cleaning, like using natural products and specialized equipment.

772 transparent
[trænspέərənt]

= clear

ⓐ 투명한

의미 암기용 표현과 문장

• The insect's wings are almost transparent. 그 곤충의 날개는 거의 투명하다.

G-TELP 구문독해훈련

The cover is transparent and offers a clear view at the filter, especially the date of expiry.

---

769. 갑작스런 중단을 최소화하기 위해, 모든 네트워크 서버들과 데이터베이스들은 매월 마지막 일요일 밤에 정기적으로 점검됩니다.   **770. (b)** 항상 움직이는 차 안에서는 팔과 다리를 밖으로 내밀지 마십시오.   **771.** 이러한 이유로, 점점 더 많은 사람들이 천연 제품이나 특수 장비 사용과 같은 환경 의식적 관행들을 청소와 관련하여 하기 시작하고 있습니다.   **772.** 뚜껑이 투명하기 때문에 특히 필터의 교체시기 같은 것을 명확히 보실 수 있습니다.

773 **steadfast**
[ste'dfæst]

= constant

GRAMMAR POINT

선택문항에 조동사 4개, 접속사 4개, 접속부사 4개가 나오는 문제는 해석으로 풀어야 하는 고난이도 문제입니다.

▣ 변함없는

의미 암기용 표현과 문장
• steadfast loyalty 변함없는 충성심

G-TELP 문법패턴훈련

And we must stand together absolutely steadfast, saying these terrorists _____ never win.
(a) will (b) shall

---

774 **vanish**
[væniʃ]

= disappear

▣ 사라지다

의미 암기용 표현과 문장
• He vanished without trace. 그는 흔적도 없이 사라져 버렸다.

G-TELP 구문독해훈련

About 15,000 years ago, horses vanished from North and South America in a wave of extinctions that occurred near the end of the Pleistocene Era.

---

775 **vertical**
[vəˈrtikəl]

= erect
= perpendicular

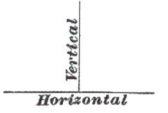

▣ 수직의

의미 암기용 표현과 문장
• The cliff was almost vertical. 그 절벽은 거의 수직이었다.

G-TELP 구문독해훈련

The information is displayed in a vertical bar chart.

---

776 **deem**
[diːm]

= consider

▣ 생각하다, 여기다

의미 암기용 표현과 문장
• She deemed it prudent not to say anything. 그녀는 아무 말도 하지 않는 것이 신중한 처사라고 생각했다.

G-TELP 구문독해훈련

With the issuing of this manual, all previous revisions of the manual are deemed invalid.

---

773. (a) 그리고 우리는 이러한 테러리스트들이 결코 이길 수 없다고 말하며, 모두 함께 절대적으로 확고부동한 자세를 취해야 합니다. **774.** 대략 1만 5천 년 전에, 홍적세 시대가 끝날 무렵에 발생했던 멸종의 물결 속에서 북미와 남미에서 말들이 사라졌습니다. **775.** 정보는 수직 막대형 차트에 표시가 됩니다. **776.** 이 지침서의 발행과 함께, 모든 이전에 개정된 지침들은 유효하지 않은 것으로 간주됩니다.

REVIEW 1 2 3 4 5

777 submit
[səbmít]

= surrender

☑ 제출하다

의미 암기용 표현과 문장
• **submit an application[a claim/a complaint]** 지원서[청구서/항의서]를 제출하다

G-TELP 구문독해훈련
Applications for driver's licenses must be submitted with two forms of identification.

778 mandate
[mǽndeit]

= command
= order

GRAMMAR POINT
동사 mandate는 ARSID에 속하는 동사로 that절 속에 동사원형이 옵니다.

☑ 명령[지시]하다 ☑ 명령, 권한, 재임기간

의미 암기용 표현과 문장
• **Current business challenges mandate a new approach.** 현재의 비즈니스 과제는 새로운 접근방식을 필요로 합니다.
• **The bank had no mandate to honour the cheque.** 그 은행에서는 그 수표를 수락하라는 지시가 없었다.

G-TELP 문법패턴훈련
The law mandates that imported goods _____ as such.
(a) are identified   (b) be identified

779 session
[séʃən]

= period

INTERACTIVE SESSION

☑ 기간, 회기

의미 암기용 표현과 문장
• **a photo[recording/training] session** 사진 촬영 시간[녹화 시간/훈련 기간]

G-TELP 구문독해훈련
I understand that you are also interested in leading some of the exercise sessions yourself.

780 weird
[wiərd]

= unusual
= queer

☑ 이상한, 기이한

의미 암기용 표현과 문장
• **a weird dream** 기이한 꿈

G-TELP 구문독해훈련
Something weird happened at school the other day.

---

777. 운전 면허증 신청서는 두 가지 신분증과 함께 제출되어야 합니다. **778. (b)** 법은 수입 품목들이 그런식으로 분류되어지도록 규정하고 있습니다. **779.** 저는 귀하가 직접 스스로 몇몇 운동 수업을 지도해 나가는데 관심이 있다는 것을 알고 있습니다. **780.** 이상한 일이 그 다음날 학교에서 발생했습니다.

assemble

IF YOU HAVE ROOM IN YOUR **HEART & HOME** BECOME A FOSTER

mentor

DEAR BOSS I QUIT!

income

BID BID

Distort Distort Distort Distor

PREVIOUS

AMPLE HILLS CREAMERY

amuse

INTRIGUE

SUPERIOR? or inferior?

Do I Qualify?

781 **bid**
[bid]

= offer

ⓥ 값을 부르다 ⓝ 호가, 입찰

의미 암기용 표현과 문장
- I bid £2,000 for the painting. 나는 그 그림 값으로 2,000파운드를 불렀다.
- At the auction, the highest bid for the picture was £200. 그 경매에서 그 그림에 대한 최고 호가는 200파운드였다.

G-TELP 구문독해훈련
Shanghai Construction Corporation is expected to bid on the NXP Office Park project by Monday.

---

782 **ambitious**
[æmbíʃəs]

= daring
= eager

GRAMMAR POINT

선택문항에 조동사 4개, 접속사 4개, 접속부사 4개가 나오는 문제는 해석으로 풀어야 하는 고난이도 문제입니다.

ⓐ 야심 있는

의미 암기용 표현과 문장
- a fiercely ambitious young manager 무섭게 야심만만한 젊은 매니저

G-TELP 문법패턴훈련
Our sales goals _____ seem too ambitious, but we believe they can be met as long as we work as a team.
(a) may   (b) must

---

783 **assemble**
[əsémbl]

= collect
= gather

ⓥ 모으다, 모이다, 조립하다

의미 암기용 표현과 문장
- All the students were asked to assemble in the main hall. 모든 학생들을 중앙 홀에 모이게 했다.

G-TELP 구문독해훈련
The instruction manual includes how to assemble your chair as well as to keep it clean.

---

784 **pedestrian**
[pədéstriən]

= walker

ⓝ 보행자

의미 암기용 표현과 문장
- Pedestrian accidents are down by 5%. 보행자 사고가 5% 감소했다.

G-TELP 구문독해훈련
Pedestrians should look around to check whether any cars are coming before walking across the street.

---

781. 상하이 건설 회사는 월요일까지 **NXP** 오피스 파크 프로젝트에 입찰할 것으로 예상이 됩니다. **782. (a)** 우리의 판매 목표가 너무 야심적인 것으로 보일지 모르지만, 우리는 우리가 하나의 팀으로 일한다면 목표가 충족될 수도 있다고 믿습니다. **783.** 사용 설명서는 의자를 조립하는 방법뿐만 아니라 의자를 깨끗하게 유지하는 방법을 포함하고 있습니다. **784.** 보행자들은 거리를 가로 질러 건너기 전에 차가 오고 있는지 확인하기 위해 주위를 둘러봐야 합니다.

785 previous
[príːvias]

= former

a 이전의

의미 암기용 표현과 문장

• **No previous experience is necessary for this job.** 이 업무에는 이전의 경험이 전혀 필요 없다.

G-TELP 구문독해훈련

Unlike previous entries, the most recent online edition of Travel Luster includes backpacker-budgeted trips.

---

786 immigrant
[ímigrant]

= migrant
= foreigner

n 이민자

의미 암기용 표현과 문장

• **immigrant communities[families/workers]** 이민 사회[가족/이주 노동자]

G-TELP 구문독해훈련

Irving David Breger was born on April 15, 1908, in Chicago, Illinois, to Russian immigrants.

---

787 mentor
[méntɔːr]

= teacher
= adviser

n 조언자, 선생님, 멘토

의미 암기용 표현과 문장

• **I meet with my mentor once a week.** 나는 일주일에 한 번 멘토와 만남을 갖는다.

G-TELP 구문독해훈련

There are both natural and unnatural ways to find a mentor and there's no one "best way to find a mentor."

---

788 patron
[péitrən]

= supporter

GRAMMAR POINT

지텔프에서 **ARSID** 동사 뒤에 **that**절이 나오면 **that**절 속엔 동사원형을 골라야 합니다.

n 후원자, 단골, 고객

의미 암기용 표현과 문장

• **Patrons are requested not to smoke.** 고객 분들께서는 금연해 주시기 바랍니다.

G-TELP 문법패턴훈련

The theater requests that every patron _____ their phones **before entering the performance hall.**
(a) silence   **(b) silences**

DAY 01
DAY 02
DAY 03
DAY 04
DAY 05
DAY 06
DAY 07
DAY 08
DAY 09
DAY 10
DAY 11
DAY 12
DAY 13
DAY 14
DAY 15
DAY 16
DAY 17
DAY 18
DAY 19
DAY 20

어휘·문법·독해까지 한가번에 끝내는 G-TELP VOCABULARY LEVEL 심화

---

785. 이전 출시작들과는 달리, 트레블 러스터의 가장 최신의 온라인 버전은 배낭여행 예산으로 갈 수 있는 저렴한 여행을 포함하고 있습니다.   **786.** 어빙 데이비드 브레거는 **1908**년 **4**월 **15**일 일리노이 주 시카고에서 러시아 이민자의 아들로 태어났습니다.   **787.** 자연스러운 방법이건 부자연스러운 방법이건 멘토를 찾을 수 있는 방법은 있습니다만 **"**멘토를 찾는 가장 좋은 하나의 유일한 방법**"**이란 없습니다.   **788. (a)** 그 극장은 모든 손님들에게 공연장에 입장하기 전에 휴대폰을 무음으로 만들 것을 요청하고 있다.

789 inferior
[infíəriər]

= lower

🅰 열등한, 하급의

의미 암기용 표현과 문장
- **inferior quality** 낮은 품질

G-TELP 구문독해훈련
They taught their children that black people were inferior.

---

790 senior
[síːnjər]

= major
= superior

GRAMMAR POINT
be busy 뒤에는 ~ing가 필요합니다.

🅰 고위의, 상위의 🅝 연장자, 상급자

의미 암기용 표현과 문장
- **a senior officer[manager/lecturer]** 고급 장교[고위 경영자/조교수급 교수]
- **My brother is my senior by two years.** 우리 형은 나보다 두 살 위이다[더 많다].

G-TELP 문법패턴훈련
The director **is busy** _____ the monthly meeting at headquarters, so Mr. Richmond, the senior account manager, will have to meet with the client from Malaysia.
(a) to attend   (b) attending

---

791 bully
[búli]

= oppressor

🅥 괴롭히다, 못살게 굴다 🅝 불량배

의미 암기용 표현과 문장
- **My son is being bullied at school.** 우리 아들이 학교에서 괴롭힘을 당하고 있어요.
- **the school bully** 학교에서 아이들을 괴롭히는 학생

G-TELP 구문독해훈련
Children are no longer free from the bully when removed from the physical space or presence of the bully themselves.

---

792 district
[dístrikt]

= region
= sector

🅝 구역, 지구

의미 암기용 표현과 문장
- **the City of London's financial district** 런던 시티 지역의 금융 지구

G-TELP 구문독해훈련
Frazier's Department Stores are located in the usually crowded shopping districts.

---

789. 그들은 그들의 자녀들에게 흑인들은 열등하다고 가르쳤었다.   790. (b) 그 임원은 본사에서 열리는 월례 회의에 바쁘기 때문에 수석 총무 관리자인 리치몬드 씨가 말레이시아에서 오시는 고객을 만나야 할 것입니다.   791. 아이들은 그들 자신들이 불량아들이 존재하는 곳에서 떨어져 있거나 물리적인 공간을 두고 있다고 해도 불량아들로부터 더 이상 자유롭게 되는 것이 아닙니다.   792. 프레이저 백화점들은 일반적으로 사람들로 붐비는 번화한 쇼핑 지구들에 위치해 있습니다.

793 attire
[ətáiər]

= clothes

n 의상 **v** 의상 등을 입히나

의미 암기용 표현과 문장

- **female attire** 여장
- **She was attired in gray.** 그녀는 회색 옷을 차려입고 있었다.

G-TELP 구문독해훈련

Workplace attire has become more casual, particularly among new start-up companies.

---

794 sequence
[síːkwəns]

= order
= series

n 순서, 차례

의미 암기용 표현과 문장

- **He described the sequence of events leading up to the robbery.** 그가 결국 그 강도 사건으로 귀결된 연속적인 사건들을 기술했다.

G-TELP 구문독해훈련

In preparation for the event, those participating must attend the scheduled graduation rehearsals in order to become familiar with the proper sequence of the program.

---

795 income
[ínkʌm]

= revenue
= earnings

GRAMMAR POINT
지텔프에서 **manage**는 to부정사를 목적어로 쓰는 동사로 출제됩니다.

n 수입, 소득

의미 암기용 표현과 문장

- **a weekly disposable income of £200** 주간 200파운드의 실소득

G-TELP 문법패턴훈련

Despite her limited income, Melissa still manages _____ to charity every month.
(a) to donate　　　　**(b) donating**

---

796 wholesale
[houˈlseiɭ]

= extensive
= mass

a 도매의, 대량의, 대규모의

의미 암기용 표현과 문장

- **wholesale prices** 도매가격

G-TELP 구문독해훈련

The surprising element was how abruptly it happened after the wholesale markets froze at the end of 2007.

---

793. 직장 내 근무 복장들은 새로운 창업 기업들 내에서 특히 더욱 더 캐주얼해지고 있다.　**794.** 행사를 준비하기 위해서, 참여하는 사람들은 프로그램의 적절한 순서를 익숙하게 만들 예정된 졸업식 리허설에 참여해야 합니다.　**795. (a)** 그녀의 제한된 수입에도 불구하고, 멜리사는 여전히 매달 자선 단체에 기부금을 내고 있다. **796.** 놀랄만한 요소는 도매 시장이 **2007**년 말에 얼어붙은 후 놀랄 만큼 갑자기 이것이 일어났다는 것이었다.

797 **estimate**
[éstəmèit]

= calculate
= guess

v 추정하다 **n** 추정, 추산, 견적서

의미 암기용 표현과 문장
- **Police estimate the crowd at 30,000.** 경찰은 그 군중을 3만 명으로 추산하고 있다.
- **At least 5,000 people were killed, and that's a conservative estimate.** 최소한 5,000명의 사람들이 목숨을 잃었다. 그런데 그것도 보수적인[약간 적게 잡은] 추정치가 그렇다.

G-TELP 구문독해훈련
We just received two more estimates from two contractors for the upcoming building project we are starting next year.

---

798 **severe**
[siviər]

= serious

a 극심한

의미 암기용 표현과 문장
- **His injuries are severe.** 그의 부상은 심각하다.

G-TELP 구문독해훈련
Due to a severe and unusual drought, fruit and vegetable prices are as expensive as they have ever been.

---

799 **apparent**
[əpǽrənt]

= obvious

GRAMMAR POINT
선택문항에 조동사 4개, 접속사 4개, 접속부사 4개가 나오는 문제는 해석으로 풀어야 하는 고난이도 문제입니다.

a 분명한, 명백한

의미 암기용 표현과 문장
- **It was apparent from her face that she was really upset.** 그녀가 정말 마음이 불편하다는 것이 얼굴에 분명히 드러났다.

G-TELP 문법패턴훈련
_____ it became apparent that Ms. Billingsley would be joining the company in Los Angeles, human resources started interviewing applicants to be her personal assistant.
(a) If   **(b) As soon as**

---

800 **divorce**
[divɔ́ːrs]

= separate

n 이혼 **v** 이혼하다

의미 암기용 표현과 문장
- **The marriage ended in divorce in 2018.** 그 결혼은 2018년에 이혼으로 끝이 났다.
- **They're getting divorced.** 그들은 이혼을 한다[할 것이다].

G-TELP 구문독해훈련
Nationwide, about half of all marriages end in divorce.

---

797. 우리는 내년에 우리가 시작할 다가오는 건물 공사를 위해 **2**군데의 건설업자들로부터 추가로 **2**개의 견적서를 받았다.   **798.** 심각하고 평범하지 않은 가뭄 때문에, 과일과 야채의 가격이 그래왔던 것과 마찬가지로 비쌉니다.   **799. (b)** 빌링슬리양이 로스앤젤레스에 있는 회사에 합류할 것이라는 것이 명확히 지자마자, 인사과는 그녀의 개인 조수가 될 지원자들을 인터뷰하기 시작했다.   **800.** 전국적으로, 대략 모든 결혼의 약 절반이 이혼으로 끝납니다.

801 Intrigue
[íntríːg]

= scheme
= attract

n 모의, 음모 **v** 흥미를 끌다

의미 암기용 표현과 문장

- **political intrigue** 정치적 모의
- **You've really intrigued me — tell me more!** 자네 정말 호기심 동하게 만드는군. 더 얘기해 줘!

G-TELP 구문독해훈련

Yet there is so much more to the fascinating species of octopuses that never ceases to intrigue scientists.

---

802 amuse
[əmjúːz]

= entertain
= delight

v 즐겁게 하다

의미 암기용 표현과 문장

- **My funny drawings amused the kids.** 내가 그린 웃기는 그림들을 보고 그 아이들이 즐거워했다.

G-TELP 구문독해훈련

When Burton was young, he was amused watching Roger Corman's horror films, and that inspired him to make his own short films.

---

803 revise
[riváiz]

= edit

GRAMMAR POINT

지텔프에서 가정법 과거의 짝찾기는 무조건 맞춰야 하는 5초짜리 문제입니다.

v 수정하다, 검토하다

의미 암기용 표현과 문장

- **The government may need to revise its policy in the light of this report.** 정부가 이 보고서에 비추어 정책을 변경할 필요가 있을 수도 있다.

G-TELP 문법패턴훈련

If only the producers **revised** its format, the program _____ much more entertaining.

(a) would be   (b) would have been

---

804 peak
[piːk]

= climax
= summit

n 절정, 최고조, 정상 **v** 절정에 달하다

의미 암기용 표현과 문장

- **Traffic reaches its peak between 8 and 9 in the morning.** 교통량이 아침 8시에서 9시 사이에 최고조에 달한다.
- **Unemployment peaked at 17%.** 실업이 17%로 절정에 달했다.

G-TELP 구문독해훈련

Childhood obesity had reached its peak between 1996 and 1999, and it finally declined during the early 2000s after most high schools adopted healthy eating programs.

---

801. 그럼에도 불구하고 여전히 문어의 매력적인 종들에게는 과학자들의 흥미를 끊임없이 끄는 더 많은 것들이 있습니다. **802.** 버튼이 어렸을 때, 그는 로저 콜먼의 공포 영화를 보면서 즐거워했고, 그것은 그가 자신의 단편 영화를 제작하도록 영감을 불어 넣어주었습니다. **803. (a)** 만약 제작자들이 형식 정도만이라도 수정한다면, 그 프로그램은 더욱 더 재미있어 질 것이다. **804.** 유년기의 비만은 **1996**년과 **1999**년 사이에 절정에 이르렀는데, 그 후 마침내 대부분의 고등학교들이 건전한 식단 프로그램을 채택한 **2000**대 초에 감소하게 되었다.

C1 / DAY 02 / DAY 03 / DAY 04 / DAY 05 / DAY 06 / DAY 07 / DAY 08 / DAY 09 / DAY 10 / DAY 11 / DAY 12 / DAY 13 / DAY 14 / DAY 15 / DAY 16 / DAY 17 / DAY 18 / DAY 19 / DAY 20

어휘·문법·독해까지 한 권으로 끝내는 G-TELP VOCABULARY LEVEL 심화

805 **resign**

[rizáin]

= quit

🔽 사직하다

의미 암기용 표현과 문장

• **He resigned as manager after eight years.** 그는 8년 후에 매니저[감독]직을 사직했다.

G-TELP 구문독해훈련

Some employees are contractually prevented from working for a competitor, for a certain period of time, if they resign from a company.

---

806 **ample**

[æmpl]

= abundant

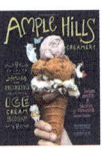

🔲 풍부한, 충분한

의미 암기용 표현과 문장

• **ample opportunity[evidence/space/proof]** 충분한 기회[증거/공간/증거]

G-TELP 구문독해훈련

The first product will come out on September 19, giving us ample time to get it to the distribution centers and into the stores by the October 1 launch date.

---

807 **immediate**

[imíːdiət]

= instant

GRAMMAR POINT

지텔프에서 **now**가 나오면 현재진행 시제가 답이 됩니다.

🔲 즉각적인, 당장의

의미 암기용 표현과 문장

• **an immediate reaction[response]** 즉각적인 반응[응답]

G-TELP 문법패턴훈련

Sensing immediate danger ahead, he _____ his men on their best course of action now.

(a) is briefing   (b) briefed

---

808 **vague**

[veig]

= ambiguous
= unclear

GRAMMAR POINT

have no[little] choice but to부정 사 표현은 지텔프 빈출 문제입니다.

🔲 희미한, 모호한, 어렴풋한

의미 암기용 표현과 문장

• **a vague impression[memory/recollection]** 어렴풋한 인상[기억/회상]

G-TELP 문법패턴훈련

These criteria were, however, so vague that candidates had little choice but _____ to detect the literary preferences of the examiners.

(a) to try   (b) trying

---

805. 일부 직원들은 회사에서 사직한다면, 특정 기간 동안 경쟁회사에서 일하지 못하게 계약서상에 되어 있다.   **806.** 첫 번째 작품은 유통 센터에 도달하고 **10**월 **1**일 출시까지 점포에 들어갈 수 있는 충분한 시간을 허용해 주면서 **9**월 **19**일에 나올 것입니다.   **807. (a)** 앞에 있는 즉각적인 위험을 미리 감지하고, 그는 그의 부하들에게 지금 최선의 행동 지침들에 대해 간략히 설명을 하고 있다.   **808. (a)** 그러나, 이 기준들은 너무나 모호해서 후보자들은 시험 평가자들의 문학적인 취향을 간파하기 위해 노력을 할 수 밖에 없었다.

809 **permanent**
[pə́ːrmənənt]

= constant

a 영구적인

의미 암기용 표현과 문장
- **permanent staff** 상임 직원들

G-TELP 구문독해훈련
If you are interested in applying for a permanent position, please use our online application form.

---

810 **urge**
[ə́ːrdʒ]

= implore
= beg

GRAMMAR POINT

urge는 ARSID that절 속 동사원형을 물어보는 문제로 출제되거나, 목적어 다음에 목적격보어로 to부정사를 쓰는 동사로 출제됩니다.

v 촉구하다

의미 암기용 표현과 문장
- **The report urged that all children be taught to swim.** 그 보고서는 모든 아동에게 수영을 가르칠 것을 충고했다.

G-TELP 문법패턴훈련
Recently, economics professors from prominent local universities urged the government _____ the new value-added tax bill.
(a) to pass   (b) passing

---

811 **plenty**
[plénti]

= abundant
= sufficient

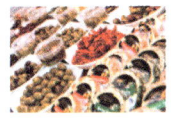

n 많음, 풍부함   **ad** 풍부하게, 많이, 충분히

의미 암기용 표현과 문장
- **plenty of eggs[money/time]** 풍부한 달걀[돈/시간]
- **The rope was plenty long enough to reach the ground.** 그 밧줄은 길이가 땅에 충분히 닿을 정도로 길었다.

G-TELP 구문독해훈련
Everyone appeared satisfied because there were plenty of tasteful dishes to go around at the banquet.

---

812 **incentive**
[inséntiv]

= encouragement

n 장려책

의미 암기용 표현과 문장
- **There is no incentive for people to save fuel.** 사람들이 연료를 아끼게 하는 장려 정책이 없다.

G-TELP 구문독해훈련
The International Student Affairs Office provides an array of incentives to support volunteers during the International Culture Week, including a partial tuition waiver.

---

809. 만약 당신이 정규직 지원에 관심이 있으시다면, 온라인 신청서를 이용해 주시기를 바랍니다. **810. (a)** 최근, 저명한 대학들의 경제학 교수들은 정부가 새로운 부가가치세 법안을 통과시켜야 한다고 촉구하고 있다. **811.** 연회장에 충분하게 많은 맛있는 음식이 있었기 때문에 모든 사람들이 만족해하는 것처럼 보였다.
812. 국제학생협력실은 국제 문화 주간에 자원봉사를 한 자원봉사자들에게 부분 수업료 면제와 같은 일련의 인센티브를 제공하고 있습니다.

813 component

[kəmpóunənt]

= part
= element

■ 요소, 성분 ■ 구성하는

의미 암기용 표현과 문장

- **the components of a machine** 기계 부품들
- **component parts** 구성 요소, 성분

G-TELP 구문독해훈련

These days new cars are mainly designed to have worn-out or damaged components easily replaced.

---

814 embrace

[imbréis]

= hug
= accept

■ 포옹하다, 받아들이다

의미 암기용 표현과 문장

- **They embraced and promised to keep in touch.** 그들은 서로 껴안으며 계속 연락하기로 약속했다.

G-TELP 구문독해훈련

These included the chimpanzees performing social gestures such as embraces, eating both animals and plants, and having the capacity for tool-making, a skill that was previously thought to be exclusively human.

---

815 endeavor

[indévər]

= effort

GRAMMAR POINT

지텔프에서 endeavor는 동명사 대신 to부정사를 목적어로 쓰는 동사로 출제됩니다.

■ 노력 ■ 노력하다

의미 암기용 표현과 문장

- **All his endeavors were (in) vain.** 그의 모든 노력은 수포로 돌아갔다.
- **Anyhow, he is endeavoring.** 여하튼 그는 노력하고 있다.

G-TELP 문법패턴훈련

The way to gain a good reputation is to endeavor _____ what you desire to appear. (Socrates)
(a) to be   (b) being

---

816 thrive

[θraiv]

= flourish

GRAMMAR POINT

주절이 현재시제일 때 while절 속 시제는 현재진행시제가 될 수 있습니다.

■ 번영하다, 자라다

의미 암기용 표현과 문장

- **New businesses thrive in this area.** 이 지역에서는 새 사업체들이 번창하고 있다.

G-TELP 문법패턴훈련

While many dot-coms _____, BHL continues to thrive, adding new clients and increasing staff.
(a) are failing   (b) were failing

---

813. 요즘은 신차들이 마모되었거나 손상된 부품을 쉽게 교체할 수 있도록 주로 설계되어 진다. **814.** 이것들은 포옹, 육식과 채식을 동시에 하기, 이전에는 인간만의 유일한 기술이라고 생각되었던 도구 만들기를 할 수 있는 능력과 같은 사회적 표현을 수행하는 침팬지들을 포함했다. **815. (a)** 좋은 평판을 얻는 길은 당신이 그렇게 보이기를 원하는 모습이 되도록 열심히 노력하는 것입니다. (소크라테스) **816. (a)** 많은 인터넷 기업들이 지금 망하고 있지만, **BHL**은 많은 신규 고객들을 확보하고 직원 수를 늘려가면서 계속해서 번성하고 있다.

01 DAY
02 DAY
03 DAY
04 DAY
05 DAY
06 DAY
07 DAY
08 DAY
09 DAY
10 DAY
11 DAY
12 DAY
13 DAY
14 DAY
15 DAY
16 DAY
17 DAY
18 DAY
19 DAY
20 DAY

817 advocate
[ǽdvəkèit]

= support

GRAMMAR POINT

advocate는 ARSID 동사로 쓰이는 동사의 일종입니다.

ⓥ 옹호하다, 지지하다 **ⓝ** 옹호(자), 지지(자), 변호사

의미 암기용 표현과 문장

• The group does not advocate the use of violence. 그 단체는 폭력 사용을 지지하지 않는다.
• an advocate for hospital workers 병원 노동자들의 옹호자

G-TELP 문법패턴훈련

This is why environmental activists **advocate that** everyone _____ a little green cleaning into their lives.
(a) instill　　　　　　　　**(b) instills**

---

818 corrupt
[kərʌ́pt]

= dishonest

ⓐ 부패한, 타락한 **ⓥ** 타락시키다

의미 암기용 표현과 문장

• a corrupt regime 부패 정권
• He was corrupted by power and ambition. 그는 권력과 야망으로 타락해 있었다.

G-TELP 구문독해훈련

It has become easier for corrupt politicians and businessmen to create slush funds with this high-denominated bank note.

---

819 assert
[əsə́ːrt]

= argue
= insist

ⓥ 주장하다

의미 암기용 표현과 문장

• She continued to assert that she was innocent. 그녀는 계속해서 자기가 무죄라고 주장했다.

G-TELP 구문독해훈련

Even a questionable statement can seem valid if the person who is asserting the statement is trusted and respected by the listener.

---

820 distort
[distɔ́ːrt]

= twist

Distort Distort
Distort Distort

ⓥ 왜곡하다

의미 암기용 표현과 문장

• The loudspeaker seemed to distort his voice. 스피커로 들리는 그의 목소리가 이상하게 들렸다.

G-TELP 구문독해훈련

Yellow journalism often distorts facts with suggestive pictures.

---

817. (a) 이것이 환경 운동가들이 모든 사람들이 자신의 삶에 작은 친환경 청소를 도입해야 한다고 주장하는 이유입니다. **818.** 부패한 정치인들과 사업가들이 이 고액권 지폐를 통해 비자금을 만드는 일이 쉬워지고 있습니다. **819.** 만약 이러한 진술을 주장하는 사람이 청자들에 의해 신뢰 받고 존중받는다면 심지어 의심스러운 진술도 유효하게 보일 수 있습니다. **820.** 황색 저널리즘은 종종 선정적인 사진들로 사실을 왜곡시킨다.

어휘·문법·독해까지 한가번에 끝내는 **G-TELP VOCABULARY LEVEL** 심화

821 observe
[əbzə́ːrv]

= watch
= view

☑ 보다, 관찰하다, (법규 등을) 준수하다

의미 암기용 표현과 문장

- **Have you observed any changes lately?** 최근에 무슨 변화가 보였나요?
- **Will the rebels observe the cease fire?** 반군들이 휴전 명령을 준수할까요?

G-TELP 구문독해훈련

Many observers were disappointed that the senate postponed the approval of an energy bill.

---

822 reluctant
[rilʌ́ktənt]

= hesitant
= unwilling

GRAMMAR POINT

지텔프에서 reluctant는 be reluctant to부정사 형태(마지못해 ~하다)로 출제됩니다.

🅰 마음이 내키지 않는

의미 암기용 표현과 문장

- **She was reluctant to admit she was wrong.** 그녀는 자신이 틀렸다는 것을 인정하기를 꺼렸다.

G-TELP 문법패턴훈련

Abusing personal information on websites is a salient reason why the internet users are still reluctant _____ to making transactions on the Web.
(a) to commit   (b) committing

---

823 influx
[ínflʌks]

= flow

🅝 유입

의미 암기용 표현과 문장

- **a massive[sudden] influx of visitors** 대대적으로[갑자기] 밀어닥치는 방문객들

G-TELP 구문독해훈련

We have been very surprised by the huge influx of people.

---

824 polish
[pɑ́liʃ]

= rub
= wax

☑ 광을 내다   🅝 광택(제)

의미 암기용 표현과 문장

- **Polish shoes regularly to protect the leather.** 가죽을 보호하려면 신발에 정기적으로 광을 내 주어야 한다.
- **furniture[floor/shoe/silver] polish** 가구[바닥/구두/은 (제품)] 광택제

G-TELP 구문독해훈련

All household chemicals, such as cleaners or polishes, should be kept out of reach of small children.

---

821. 상원이 에너지 법안의 승인을 연기한 것에 대해 많은 참관인들이 실망을 했다.   822. (a) 웹사이트에서 개인정보를 남용하는 것이 인터넷 사용자들이 여전히 인터넷 상에서 거래하는 것을 꺼리게 만드는 핵심적인 이유입니다.   823. 우리는 거대한 사람들의 유입에 매우 놀랐습니다.   824. 세척제나 광택제와 같은 모든 가정용 화학 약품은 어린이의 손이 닿지 않는 곳에 보관해야합니다.

825 **intricate**
[íntrikət]

= complicated
= complex

GRAMMAR POINT
지텔프에서 **now**가 나오면 현재진행
시제가 답이 됩니다.

a 복잡한

의미 암기용 표현과 문장
• **intricate patterns** 복잡한 무늬

G-TELP 문법패턴훈련
The baby _____ better after intricate surgery to put the
heart back in place at the hospital in Chicago.
(a) is **now** slowly getting   (b) will be now slowly getting

---

826 **heritage**
[héritidʒ]

= inheritance
= legacy

n (역사적 또는 문화적) 유산

의미 암기용 표현과 문장
• **The building is part of our national heritage.** 그 건물은 우리의 국가적 유산의 일부이다.

G-TELP 구문독해훈련
Jeju Island is a Natural Heritage Site which contains
hundreds of limestone caves needing protection.

---

827 **stable**
[stéibl]

= reliable
= steady

a 안정적인   **n** 마구간, 말 훈련소

의미 암기용 표현과 문장
• **stable prices** 안정된 물가
• **riding[racing] stables** 승마용 말[경주마] 훈련소들

G-TELP 구문독해훈련
In this step, mix the brown and green materials in equal parts
in order to make the compost stable.

---

828 **alter**
[ɔ́:ltər]

= change
= modify

GRAMMAR POINT
지텔프에서 **ARSID** 동사 뒤에 **that**
절이 나오면 **that**절 속엔 동사원형을
골라야 합니다.

v 바꾸다, 변하다

의미 암기용 표현과 문장
• **Prices did not alter significantly during 2014.** 2014년에는 물가가 큰 변동이 없었다.

G-TELP 문법패턴훈련
The client was satisfied with the new curtains, but she
requested that the length _____ so that they would not
touch the floor.
(a) is altered   (b) be altered

---

825. **(a)** 시카고의 병원에서 심장을 다시 제 자리에 넣는 복잡한 수술을 한 후 그 아이는 지금 점점 회복되고 있습니다.   826. 제주도는 보호를 필요로 하는 수
백 개의 석회암 동굴들을 가진 세계 자연 문화 유산지입니다.   827. 이 단계에서, 퇴비를 안정화시키기 위해 갈색과 녹색 재료들을 동일한 양으로 혼합하십시오.
828. **(b)** 그 고객은 새 커튼에 만족했지만, 그녀는 커튼이 바닥에 닿지 않도록 길이가 수선되어야 한다고 요청했습니다.

01 DAY 02 DAY 03 DAY 04 DAY 05 DAY 06 DAY 07 DAY 08 DAY 09 DAY 10 DAY 11 DAY 12 DAY 13 DAY **14** DAY 15 DAY 16 DAY 17 DAY 18 DAY 19 DAY 20

어휘·문법·독해까지 한권만에 끝내는 **G-TELP VOCABULARY LEVEL** 심화

REVIEW 1 2 3 4 5

829 **foster**
[fɔ́:stər]

= raise

IF YOU HAVE ROOM IN YOUR **HEART & HOME** BECOME A FOSTER

☑ 양육하다, 수양하다, 조장하다

의미 암기용 표현과 문장

- **They have fostered over 60 children during the past ten years.** 그들은 지난 10년 동안 60여 명의 아이들을 맡아 길렀다.
- **The club's aim is to foster better relations within the community.** 그 클럽의 목적은 지역 사회 내에 더 나은 관계를 조성하는 것이다.

G-TELP 구문독해훈련

A supervisor is expected to foster a close relationship between his subordinates and himself.

830 **qualify**
[kwάləfài]

= certify

Do I Qualify?

☑ 자격을 갖추다

의미 암기용 표현과 문장

- **How long does it take to qualify?** 자격증을 따려면 얼마나 걸리나요?

G-TELP 구문독해훈련

James was disappointed upon learning that he didn't qualify as an intern in the Callahan Law Office.

831 **vigor**
[vígər]

= energy

🄝 활력, 힘

의미 암기용 표현과 문장

- **a graphic vigor in the description** 묘사의 박진성

G-TELP 구문독해훈련

Since 2010 is the Year of the Tiger according to Chinese astrology, fortunetellers believe it will be full of fortune and vigor.

832 **routine**
[ruːtíːn]

= usual
= daily

GRAMMAR POINT

선택문항에 조동사 4개, 접속사 4개, 접속부사 4개가 나오는 문제는 해석으로 풀어야 하는 고난이도 문제입니다.

🄝 판에 박힌 일, 일상 🄐 일상적인

의미 암기용 표현과 문장

- **Make exercise a part of your daily routine.** 운동을 일과의 한 부분이 되도록 하라.
- **The fault was discovered during a routine check.** 그 결함은 정기 점검 때 발견되었다.

G-TELP 문법패턴훈련

The elevator _____ not be available between 11 P.M. and 1 A.M. on November 10 due to routine maintenance.
(a) will   (b) must

---

829. 직장 상사는 부하들과 자신과의 긴밀한 관계를 조성해야만 한다.   **830.** 제임스는 칼라한 법률 회사의 인턴 자격을 취득하지 못했다는 사실에 실망해 했다. **831.** 2010년은 중국의 점성술에 따르면 호랑이의 해이기 때문에, 점성술사들은 올 해가 행운과 활력이 가득 찬 해가 될 것이라고 믿는다.   **832. (a)** 엘리베이터는 오후 **11**시부터 오후 **1**시까지 일상적인 관리 작업 때문에 이용가능하지 않게 될 것입니다.

833 approximately
[əprάksəmətli]

= nearly

GRAMMAR POINT

시작 날짜나 시간이 정해진 명확한 미래에는 조동사 will을 사용합니다.

ad 거의 (대략하게), 대략, 가까이

의미 암기용 표현과 문장
- The journey took approximately seven hours. 그 여정은 7시간 가까이 걸렸다.

G-TELP 문법패턴훈련

The Florence Orchestra's summer concert _____ begin **at**
7:00 P.M. and last approximately two hours.
(a) will **(b) would**

---

834 annual
[ǽnjuəl]

= yearly

a 연례의, 연간의

의미 암기용 표현과 문장
- an annual meeting[event/report] 연례 회의[행사/보고]

G-TELP 구문독해훈련

On behalf of the Creson Ballet Company, we appreciate your
continuous contribution to supporting our annual fundraising
dinner.

---

835 scarcely
[skέərsli]

= insufficiently

ad 부족하게, 드물게, 거의 ~하지 않다

의미 암기용 표현과 문장
- I can scarcely believe it. 나는 그것을 거의 믿을 수가 없다.

G-TELP 구문독해훈련

You have grown so much that I scarcely recognized you.

---

836 conquer
[kάŋkər]

= acquire
= occupy

v 정복하다

의미 암기용 표현과 문장
- The Normans conquered England in 1066. 노르만족은 1066년에 잉글랜드를 정복했다.

G-TELP 구문독해훈련

Drake got his chance in 1577 when he received a fleet of five
ships and 164 men, and was ordered by Queen Elizabeth I to
conquer the Spanish colonies occupying the American Pacific
Coast.

---

833. (a) 플로렌스 오케스트라의 여름 콘서트는 오후 7시에 시작되고 대략 2시간 정도 지속될 것입니다.   834. 크레손 발레단을 대표하여, 우리는 우리의 연례 기금 모금 저녁 식사를 후원해주신 귀사의 계속적인 헌신에 감사를 드리는 바입니다.   835. 너무 커버려서 너를 알아보지도 못할 뻔 했어.   836. 드레이크는 그가 5대의 배와 164명의 선원들로 구성된 선단을 받고, 아메리카 대륙의 태평양 연안을 점령하고 있는 스페인 식민지들을 정복하라는 엘리자베스 1세의 명령을 받은 1577년에 기회를 얻었다.

837 elementary
[èləméntəri]

= rudimentary

GRAMMAR POINT
관계대명사 which는 뒤에 불완전한
문장이 옵니다.

a 초급의, 기본적인

의미 암기용 표현과 문장
• an elementary English course 초급 영어 강좌

G-TELP 문법패턴훈련
Her family moved in 1875 from the Italian town of Chiaravalle
to Rome _____ she entered a public elementary school.
(a) which　　　　　　　(b) where

---

838 prominent
[prominent]

= famous
= important

a 중요한, 유명한, 현저한

의미 암기용 표현과 문장
• He played a prominent part in the campaign. 그는 그 캠페인에서 중요한 역할을 했다.

G-TELP 구문독해훈련
The Wellington Herald announced its top 10 list of the
nation's most prominent entrepreneurs which gets much
attention from the media.

---

839 impulsive
[impʌlsiv]

x

a 충동적인

의미 암기용 표현과 문장
• an impulsive decision[gesture] 충동적인 결정[몸짓]

G-TELP 구문독해훈련
Media reports say it was an impulsive decision the star made
due to distress from his entertainment company and his
father's illness.

---

840 distract
[distrǽkt]

= disturb

v 집중을 방해하다

의미 암기용 표현과 문장
• You're distracting me from my work. 너 때문에 내가 일에 집중이 안 돼.

G-TELP 구문독해훈련
A new computer game is seriously distracting students
from their studies, resulting in poor attendance and poor
performance in class.

---

837. (b) 그녀의 가족은 **1875**년에 키아라발레의 이탈리아 마을에서 그녀가 공립 초등학교에 들어가게 된 로마로 이사를 왔다.　**838.** 웰링턴 헤럴드지는 언론으로부터 많은 관심을 받은 국내에서 가장 전도유망한 기업가들 **10**명의 리스트를 발표했다.　**839.** 언론 보도에 따르면 그 스타가 한 결정은 그의 연예계와 아버지의 병환에서 온 고통 때문에 저지른 충동적인 결정이었다고 말하고 있다.　**840.** 새로운 컴퓨터 게임은 학생들의 학습을 심각하게 방해해서, 낮은 수업 출석률과 저조한 학업성적을 초래한다.

DAY 15

어휘·문법·독해까지 한꺼번에 끝내는
ALL-IN-ONE 우선순위 G-TELP

20 days

VOCABULARY LEVEL 심화

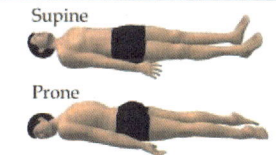

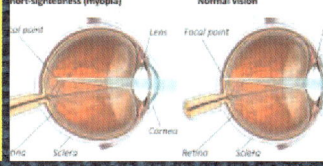

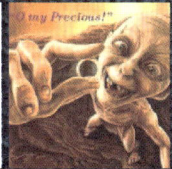

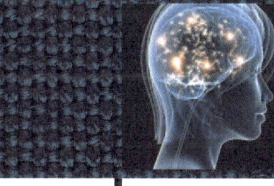

841 **particular**
[pərtíkjulər]

= certain
= specific

Particular
customized material

☑ 특별한, 특정한 ☐ 세부 특정, 세부적으로 특정한 것

의미 암기용 표현과 문장
• Is there a particular type of book he enjoys? 그가 즐기는 특정한 종류의 책이 있나요?
• I did not mean anyone in particular. 나는 특별히 누구를 가리켜 말한 것은 아니었다.

G-TELP 구문독해훈련
Lending funds to this new software company is probably not a sound idea until we read the particulars of its business plans.

---

842 **mass**
[mæs]

= public

GRAMMAR POINT
지텔프에서 가정법 과거의 짝찾기는 무조건 맞춰야 하는 5초짜리 문제입니다.

☑ 대중의, 대량의 ☐ 대중, 무리

의미 암기용 표현과 문장
• mass unemployment[production] 대량 실업[생산]
• a mass of snow and rocks falling down the mountain 산에서 떨어져 내리는 눈덩이와 암석들

G-TELP 문법패턴훈련
If I were him, I _____ on selling unique, locally-made handcrafted wooden figurines rather than giving in to mass production.
(a) would focus   (b) focused

---

843 **epidemic**
[èpədémik]

= plague
= pandemic

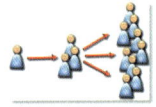

☐ 전염병, 유행병 ☑ 유행성의

의미 암기용 표현과 문장
• the outbreak of a flu epidemic 유행성 독감 발발
• an epidemic disease 유행병

G-TELP 구문독해훈련
The Center for Disease Control (CDC) assured the public that the deadly epidemic had been contained.

---

844 **hectic**
[héktik]

= busy
= chaotic

☑ 매우 바쁜, 정신없는

의미 암기용 표현과 문장
• a hectic schedule 빡빡한 일정

G-TELP 구문독해훈련
The hectic days of the holidays will soon overwhelm us.

---

841. 이 새로운 소프트웨어 회사에 자금을 빌려주는 것은 사업 계획의 세부 사항들을 검토할 때까지 좋은 생각이 아마도 아닙니다. **842. (a)** 내가 그 사람이라면, 나는 대량 생산에 굴복하는 대신에 지역 특유의 손으로 직접 만든 나무 수공예품 인형의 판매에 집중을 할 텐데. **843.** 질병 통제 센터는 대중들에게 그 치명적인 전염병을 방지했다고 확신시켜 주었다. **844.** 휴가철의 바쁜 날들이 곧 우리를 압도할 것입니다.

845 **avid**
[ǽvid]

= enthusiastic

형 열심인

의미 암기용 표현과 문장
• **an avid reader[collector]** 열렬한 독자[수집가]

G-TELP 구문독해훈련
Joe has been an avid, long-time fan of video games.

---

846 **urban**
[ə́ːrbən]

= civic

형 도시의

의미 암기용 표현과 문장
• **urban areas** 도시 지역

G-TELP 구문독해훈련
The energy commission has suggested that constructing roofs in a lighter, more reflective color will significantly reduce the amount of heat in urban areas.

---

847 **eligible**
[élidʒəbl]

= qualified

GRAMMAR POINT
지텔프에서 eligible은 be eligible to부정사 형태(~할 자격이 있다)로 출제됩니다.

형 자격이 있는

의미 암기용 표현과 문장
• **Only those over 70 are eligible for the special payment.** 70세가 넘는 사람들만이 그 특별 수당을 받을 수 있다.

G-TELP 문법패턴훈련
The company regulations clearly state that one is eligible _____ to be a regular employee after six months of a probationary period.
(a) to be promoted   (b) being promoted

---

848 **prone**
[proun]

= inclined

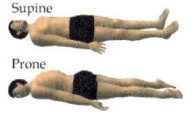

형 ~의 경향이 있는, 엎드려 있는

의미 암기용 표현과 문장
• **Working without a break makes you more prone to error.** 휴식을 취하지 않고 일을 하면 실수를 하기가 더 쉽다.
• **The victim lay prone without moving.** 그 희생자는 엎드린 자세로 움직이지 않았다.

G-TELP 구문독해훈련
The process is necessary for keeping the bone healthy even in the presence of osteoporosis, a bone disease in which the bones become weak, more porous, and prone to breaking.

---

845. 조는 오랫동안 열렬한 비디오 게임의 팬이었습니다. 846. 에너지위원회는 가볍고 반사되는 색으로 지붕을 만드는 것이 도시 지역의 열의 양을 크게 줄일 것이라고 제안했습니다. 847. (a) 회사 규정은 분명하게 모든 사람은 6개월간의 수습 기간을 거친 후 정규 직원으로 승진할 자격을 가진다고 명시하고 있습니다. 848. 이 과정은 뼈가 약해지고, 속에 구멍이 생기며, 부러지기 쉬워지는 뼈 질환인 골다공증이 심지어 있는 상황에서도 뼈를 건강하게 유지하는데 필요합니다.

849 indifferent

[indífərənt]

= unconcerned

🔲 무관심한

의미 암기용 표현과 문장

• **The government cannot afford to be indifferent to public opinion.** 정부로서는 여론에 무관심할 수가 없다.

G-TELP 구문독해훈련

I cannot remain indifferent when so many people are suffering.

850 relevant

[rélavant]

= related

🔲 관련 있는, 적절한

의미 암기용 표현과 문장

• **a relevant suggestion[question/point]** 적절한 제안[질문/포인트]

G-TELP 구문독해훈련

The requested change in information will take effect directly upon completion of the relevant procedure.

851 intensive

[inténsiv]

= concentrated

GRAMMAR POINT

토익과는 다르게 지텔프에서 **since** 가 나오면 보통 현재완료진행시제가 답이 됩니다.

🔲 집중적인

의미 암기용 표현과 문장

• **an intensive language course** 집중 어학 코스

G-TELP 문법패턴훈련

I _____ intensive judo training everyday since Monday, so I don't have much time to read.
(a) will undergo   (b) have been undergoing

852 shortsighted

[ʃɔ́ːrtsáitid]

= nearsighted

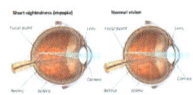

🔲 근시안적인

의미 암기용 표현과 문장

• **a shortsighted policy** 근시안적 정책

G-TELP 구문독해훈련

He can't read anything on the board without glasses because he is shortsighted.

---

849. 저는 많은 사람들이 고난을 겪고 있는 이때 무관심하게만 있을 수는 없습니다.   **850.** 요청된 정보수정은 관련 절차가 완료되자마자 바로 적용될 것입니다.
851. (b) 나는 월요일 이후 매일 집중적인 유도 훈련을 해오고 있다, 따라서 나는 독서를 할 시간이 없다.   **852.** 그는 근시이기 때문에 안경 없이는 칠판에 있는 것을 아무것도 읽을 수 없습니다.

000 headquarters
[ˈhedkwɔːrtərz]

= HD

⋂ 본부, 본사

의미 암기용 표현과 문장

- **Several companies have their headquarters in the area.** 여러 회사가 본사를 그 지역에 두고 있다.

G-TELP 구문독해훈련

Since an overseas architecture firm has bought out the company that Tom & Bender's Firm was working for, the project to design a new headquarters has been postponed.

---

854 surrender
[səréndər]

= yield

⋁ 항복하다, 포기하다 ⋂ 항복

의미 암기용 표현과 문장

- **The rebel soldiers were forced to surrender.** 반란군들은 어쩔 수 없이 항복해야 했다.
- **They demanded an unconditional surrender.** 그들은 무조건 항복을 요구했다.

G-TELP 구문독해훈련

The ruling class will not easily surrender wealth and power.

---

855 request
[rikwést]

= demand

GRAMMAR POINT

지텔프에서 **request**는 목적격보어로 to부정사를 쓰는 동사로 출제되거나 ARSID that절 속에 동사원형을 물어보는 문제로 출제됩니다.

⋁ 요청하다 ⋂ 요청

의미 암기용 표현과 문장

- **She requested that no one be told of her decision until the next meeting.** 그녀는 다음 회의 때까지 자기 결정을 아무에게도 알리지 말 것을 요청했다.
- **They made a request for further aid.** 그들은 추가 원조를 요청했다.

G-TELP 문법패턴훈련

Kris Lorenzo, the office manager, requests that all staff _____ directly with him about new supply orders.
(a) communicate   (b) communicarted

---

856 modify
[mάdəfài]

= change

⋁ 수정하다, 변경하다

의미 암기용 표현과 문장

- **Patients are taught how to modify their diet.** 환자들에게 식습관을 바꾸는 법을 가르친다.

G-TELP 구문독해훈련

The selection committee has objected to modifying the evaluation criteria to attract more proposals.

---

853. 해외 건축 회사가 탐 앤 벤더즈사가 일 해왔던 회사를 매입했기 때문에, 새로운 본사를 설계하는 프로젝트가 연기 되었다. **854.** 지배 계급은 쉽게 부와 권력을 포기하지 않을 것이다. **855. (a)** 사무실 관리인인 크리스 로렌조는 새로운 사무용품 주문에 대해서는 모든 직원들이 그에게 직접 연락해야 한다고 요청하고 있다. **856.** 선정위원회는 더 많은 제안을 끌어들이기 위해 평가 기준들을 수정하는 것에 반대했다.

01 DAY / 02 DAY / 03 DAY / 04 DAY / 05 DAY / 06 DAY / 07 DAY / 08 DAY / 09 DAY / 10 DAY / 11 DAY / 12 DAY / 13 DAY / 14 DAY / 15 DAY / 16 DAY / 17 DAY / 18 DAY / 19 DAY / 20 DAY

어휘·문법·독해까지 한꺼번에 끝내는 G-TELP VOCABULARY LEVEL 심화

REVIEW 1 2 3 4 5

857 **comprehend**
[kὰmprihénd]

= understand

☑ 이해하다

의미 암기용 표현과 문장

• The infinite distances of space are too great for the human mind to comprehend. 우주의 무한한 거리는 너무 방대해서 인간의 정신으로는 이해할 수 없다.

G-TELP 구문독해훈련

Deciding what to read and learning how to read are both equally important when trying to better comprehend another language.

---

858 **cognitive**
[kάgnitiv]

X

GRAMMAR POINT

선택문항에 조동사 4개, 접속사 4개, 접속부사 4개가 나오는 문제는 해석으로 풀어야 하는 고난이도 문제입니다.

☑ 인지의

의미 암기용 표현과 문장

• a child's cognitive development 아동의 인지 발달

G-TELP 문법패턴훈련

_____ **long-term stress impairs** learning, memory, and other cognitive skills, there are ways to manage the effects of stress.
(a) After   (b) Though

---

859 **concrete**
[kάnkriːt]

= specific

☑ 구체적인, 명확한 ☐ [건축] 콘크리트

의미 암기용 표현과 문장

• concrete evidence[proposals/proof] 구체적인 증거[제안/입증]
• a concrete pavement 콘크리트 포장도로

G-TELP 구문독해훈련

The lack of concrete evidence is a problem in this matter.

---

860 **expire**
[ikspáiar]

= end

☑ 만료되다, 만기가 되다

의미 암기용 표현과 문장

• When does your driving licence expire? 당신 운전 면허증의 유효 기한이 언제예요?

G-TELP 구문독해훈련

The office refrigerator's warranty expires on March 15th.

---

857. 무엇을 읽을까를 결정하고 읽는 방법 자체를 배우는 것은 다른 언어를 더 잘 이해하려고 노력할 때 동일하게 모두 중요하다. 858. (b) 비록 장기적인 스트레스가 학습, 기억력, 그리고 다른 인지 능력을 손상시키기는 하지만, 이러한 스트레스의 영향을 관리할 수 있는 방법들이 있습니다. 859. 구체적인 증거의 부족이 이 사안의 문제점이다. 860. 사무실 냉장고의 보증 기간은 3월 15일에 만료가 된다.

861 outrage
[áutreidʒ]

= fury
= offend

n 격노, 분개 **v** 격노하게 하나

의미 암기용 표현과 문장

- **The judge's remarks caused public outrage.** 그 심판의 발언은 대중의 격분을 불러일으켰다.
- **He was outraged at the way he had been treated.** 그는 자기가 받은 처우에 대해 격분했다.

G-TELP 구문독해훈련

She was so outraged at the poor service she received at the restaurant that she vowed never to return.

---

862 expand
[ikspǽnd]

= extend

GRAMMAR POINT

지텔프에서 these days가 나오면 현재진행시제가 답이 됩니다.

v 확장하다

의미 암기용 표현과 문장

- **Metals expand when they are heated.** 금속은 열을 받으면 팽창한다.

G-TELP 문법패턴훈련

Also, these days we _____ to expand our inventory including shoes, accessories, hats and perfumes.
(a) are planning   (b) were planning

---

863 insult
[insʌ́lt]

= offend
= wound

v 모욕하다 **n** 모욕

의미 암기용 표현과 문장

- **I have never been so insulted in my life!** 내 평생 그런 모욕은 당해 본 적이 없어요!
- **The questions were an insult to our intelligence.** 그 문제들은 (너무 쉬워서) 우리의 지능에 대한 모욕이었다.

G-TELP 구문독해훈련

The survey found that 57.7 percent of the respondents have used insulting words to other Internet users during online chatting.

---

864 tenure
[ténjər]

= term
= period

n 재임 기간

의미 암기용 표현과 문장

- **his four-year tenure as President** 그의 4년간의 대통령 재임

G-TELP 구문독해훈련

A dinner took place last night for Roland Jason, whose tenure as CEO of Santiago Securities lasted two decades.

---

861. 그녀는 그 레스토랑에서 그녀가 받은 형편없는 서비스들에 분개해서 다시는 가지 않겠다고 맹세했다. **862. (a)** 또한, 요즈음 우리는 신발, 액세서리, 모자 그리고 향수를 포함해서 우리의 재고 상품을 확장할 것을 계획하고 있습니다. **863.** 설문 조사에 따르면 응답자의 **57.7%**가 온라인 채팅 중에 다른 인터넷 사용자에게 모욕적인 말을 사용했다고 한다. **864.** 지난밤에 산티아고 증권사의 최고 경영자로 **20년**을 일한 롤렌드 제이슨을 위해 저녁 식사가 열렸다.

865 dismiss

[dismís]

= fire
= disregard

☑ 해고하다, 일축하다, 묵살하다

의미 암기용 표현과 문장
- **I think we can safely dismiss their objections.** 나는 우리가 그들의 반대를 묵살해도 무방하다고 생각한다.

G-TELP 구문독해훈련

The company can dismiss its employees in case of misconduct.

---

866 embark

[imbáːrk]

= board

GRAMMAR POINT

관계대명사 whom은 뒤 문장에 사람 목적어가 없어야 합니다.

☑ 승선하다, 착수하다

의미 암기용 표현과 문장
- **We stood on the pier and watched as they embarked.** 우리는 부두에 서서 그들이 승선하는 것을 지켜보았다.

G-TELP 문법패턴훈련

All cruise passengers _____ are scheduled to embark on a cruise out of the Port of Miami on Monday, June 24 should allow plenty of extra time to arrive at the port.
(a) who   (b) whom

---

867 precaution

[prikɔ́ːʃən]

= safeguard

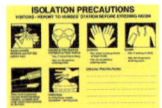

ⓝ 예방책, 사전 대책

의미 암기용 표현과 문장
- **safety precautions** 안전 예방책

G-TELP 구문독해훈련

Safety precautions must be taken by all laboratory employees while working with chemicals that are potentially harmful.

---

868 grant

[grænt]

= award

☑ 수여하다, 승인하다   ⓝ 보조금

의미 암기용 표현과 문장
- **The bank finally granted me a £500 loan.** 은행에서 마침내 나에게 500파운드의 융자를 승인했다.
- **He has been awarded a research grant.** 그는 연구비를 받았다.

G-TELP 구문독해훈련

The research committee granted Ms. Slovski the deadline extension request for her research proposal due to her health problems.

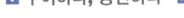

865. 회사는 부정행위가 발생할 경우 직원들을 해고 할 수 있습니다.   **866.** (a) 6월 24일 월요일에 마이애미 항에서 유람선을 탈 예정인 모든 유람선 승객들은 충분한 여유시간을 가지고 항구에 도착해야 합니다.   **867.** 모든 실험실 직원들은 잠재적으로 유해한 화학 물질을 가지고 작업하는 동안 안전 사전조치를 취해야 한다.   **868.** 연구위원회는 건강 문제 때문에 연구 제안서에 대한 마감기한을 연장해 달라는 슬로브스키양의 요청에 승인을 해 주었다.

009 **deposit**
[dipázit]

= put
= place

n 보증금, 예금 **v** 예금을 맡기나

의미 암기용 표현과 문장
- **We've put down a 5% deposit on the house.** 우리는 그 집에 5%의 보증금을 걸었다.
- **Millions were deposited in Swiss bank accounts.** 수백만 달러[파운드]의 돈이 스위스 은행 계좌들에 예치되어 있었다.

G-TELP 구문독해훈련
Top Sail Rentals does not refund any deposits, nor does it promise that their rental choice will be available on the exact date selected.

870 **bias**
[báias]

= prejudice

GRAMMAR POINT
문장의 기본 시제가 현재시제이므로 과거완료진행시제는 어색합니다.

n 편견, 편향 **v** 편견[선입견]을 갖게 하다

의미 암기용 표현과 문장
- **Employers must consider all candidates impartially and without bias.** 고용주들은 모든 취업 후보자들을 공평하게 편견 없이 보아야 한다.
- **The newspapers have biased people against her.** 신문이 사람들에게 그녀에 안 좋은 선입견을 심어 주었다.

G-TELP 문법패턴훈련
Even technology companies, which are considered modern and progressive, _____ a long history of gender bias.
(a) are confronting   (b) had been confronting

871 **gadget**
[gǽdʒit]

= device

n 장치, 기구, 도구, 장비

의미 암기용 표현과 문장
- **a useful gadget** 유용한 장치

G-TELP 구문독해훈련
The FDA-approved gadget is a band that can be worn across the forehead, and uses electrodes to stimulate certain nerves in the head and ease the pain.

872 **offset**
[ɔ́ːfsèt]

= balance

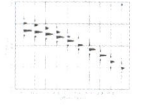

v 상쇄하다

의미 암기용 표현과 문장
- **Prices have risen in order to offset the increased cost of materials.** 늘어난 원자재 값을 벌충하기 위해 가격이 인상되었다.

G-TELP 구문독해훈련
Growth in its new media revenues last year helped offset a decrease in television advertising.

---

869. 탑 세일 렌탈즈는 보증금을 환불해 드리지 않으며, 또한 선택하신 정확한 날짜에 선택하신 렌트 물건이 이용 가능할 것이라고 약속해 드리지도 않습니다.
870. (a) 심지어 현대적이고 진보적이라고 여겨지는 기술 회사들조차도 성편견의 오랜 역사에 직면해 있습니다.   **871.** 이 식품의약청이 승인한 장치는 이마에 착용될 수 있는 띠로, 머리에 특정 세포를 자극해 통증을 완화시키기 위해 전극을 이용합니다.   **872.** 작년 뉴미디어의 매출 증가는 텔레비전 광고의 매출 감소를 상쇄시키는 데 도움이 되었다.

어휘·문법·독해까지 한꺼번에 끝내는 G-TELP VOCABULARY LEVEL 실화

873 context

[kántekst]

= circumstance

CONTEXT
Remember:
A single statistic
doesn't tell the
whole story.

n 맥락, 문맥

의미 암기용 표현과 문장

• **His decision can only be understood in context.** 그의 결정은 전후 사정을 알아야만 이해할 수 있다.

G-TELP 구문독해훈련

It's all pretty straightforward when you focus on context.

---

874 quota

[kwóutə]

= share
= allowance

GRAMMAR POINT

선택문항에 조동사 4개, 접속사 4개, 접속부사 4개가 나오는 문제는 해석으로 풀어야 하는 고난이도 문제입니다.

n 할당(량)

의미 암기용 표현과 문장

• **I'm going home now — I've done my quota of work for the day.** 전 이제 집에 가겠어요. 오늘 제가 해야 할 할당량은 다 했어요.

G-TELP 문법패턴훈련

Our subsidiary can meet its monthly production quota this month _____ its assembly line works productively.
(a) as long as   (b) before

---

875 undergo

[ʌndərgóu]

= endure
= experience

v 경험하다, 겪다, 견디다

의미 암기용 표현과 문장

• **undergo tests[trials/repairs]** 검사를[재판을/수리를] 받다

G-TELP 구문독해훈련

The company is undergoing negotiations with some manufacturers in an effort to search for new suppliers.

---

876 condemn

[kəndém]

= sentence
= denounce

GRAMMAR POINT

지텔프에서 가정법 과거의 짝찾기는 무조건 맞춰야 하는 5초짜리 문제입니다.

v 선고를 내리다, 규탄하다, 비난하다

의미 암기용 표현과 문장

• **He was condemned to death for murder and later hanged.** 그는 살인죄로 사형 선고를 받고 후에 교수형을 당했다.
• **The editor of the newspaper was condemned as lacking integrity.** 그 신문의 편집자는 진실성이 부족하다는 비난을 받았다.

G-TELP 문법패턴훈련

If you _____ him, you wouldn't be so quick to condemn him.
(a) know   (b) knew

---

873. 내용에 당신이 집중할 때에는 모두 간단합니다.   **874. (a)** 우리의 자회사는 조립 라인이 생산적으로 작동되는 한 이번 달 월간 생산 할당량을 충족시킬 수 있을 것입니다.   **875.** 회사는 새로운 공급 업체를 찾기 위해 일부 제조업체와 협상을 진행하고 있습니다.   **876. (b)** 당신이 그를 안다면, 그렇게 빨리 그를 비난하지는 않을 텐데.

877 **declare**
[dikléər]

= announce

v 선언하다, 공표하다

의미 암기용 표현과 문장

- **The government has declared a state of emergency.** 정부가 비상사태를 선포했다.

G-TELP 구문독해훈련

Yesterday, our plant supervisor solemnly announced that our company had declared bankruptcy.

878 **decline**
[dikláin]

= reduce

v 감소하다, 하락하다, 거절하다, 사양하다 **n** 쇠퇴, 감소

의미 암기용 표현과 문장

- **The number of tourists to the resort declined by 10% last year.** 작년에 그 휴양지를 찾은 관광객의 수가 10% 감소했다.
- **Their spokesman declined to comment on the allegations.** 그들의 대변인은 그 혐의에 대한 논평을 거절했다.
- **a rapid[sharp/gradual] decline** 급속한[급격한/완만한] 감소[하락]

G-TELP 구문독해훈련

Dr. John Williamson was offered a top position in a huge pharmaceutical company, but he declined the offer for personal reasons.

879 **conceal**
[kənsíːl]

= cover
= hide

v 감추다, 숨기다

의미 암기용 표현과 문장

- **For a long time his death was concealed from her.** 오랜 시간 동안 그의 사망 사실을 그녀에게 숨기고 있었다.

G-TELP 구문독해훈련

This cleverly concealed steel safe is guaranteed to remain fully functional in both extremely hot and cold conditions.

880 **erupt**
[irʌ́pt]

= explode

GRAMMAR POINT

토익과는 다르게 지텔프에서 since가 나오면 보통 현재완료진행시제가 답이 됩니다.

v 분출하다, 폭발하다

의미 암기용 표현과 문장

- **The volcano could erupt at any time.** 그 화산은 언제든지 분출할 수 있을 것이다.

G-TELP 문법패턴훈련

More than 500 volcanoes ________ on the earth's surface since ancient times.

(a) have been erupting **(b) erupted**

877. 어제, 우리 공장 감독관은 우리 회사가 파산을 선언했다고 엄숙히 발표했습니다. **878.** 존 윌리엄슨 박사는 거대 제약 회사의 고위직 직책을 제안 받았지만, 그는 개인적인 이유로 그 제안을 거절했다. **879.** 이 독창적으로 봉인된 철제 금고는 극도의 고온 및 저온 환경에서도 완벽하게 기능하는 것이 보증됩니다. **880. (a)** 고대부터 지구 표면에 500개 이상의 화산이 분출되어지고 있습니다.

881 translate

[trænsléit]

= interpret
= decode

ⓥ 번역하다

의미 암기용 표현과 문장

• He translated the letter into English. 그는 그 편지를 영어로 번역했다.

G-TELP 구문독해훈련

Drew's books were very popular all over the world, being translated and sold in many different countries.

---

882 dwell

[dwel]

= live
= reside

ⓥ 살다, 거주하다

의미 암기용 표현과 문장

• For ten years she dwelled among the nomads of North America. 그녀는 10년 동안 북미의 유목민 사이에서 살았다.

G-TELP 구문독해훈련

Some crawled out from the seas and began to dwell on land.

---

883 dwindle

[dwíndl]

= lessen
= reduce

ⓥ 점점 줄어들다

의미 암기용 표현과 문장

• Support for the party has dwindled away to nothing. 이 정당에 대한 지지가 점점 줄어들어 완전히 없어지게 되었다.

G-TELP 구문독해훈련

Cities and urban areas will need to provide more community and public services for seniors even as their tax bases dwindle.

---

884 consent

[kənsént]

= permit
= agree

GRAMMAR POINT

지텔프에서 consent는 동명사 대신 to부정사를 목적어로 쓰는 동사로 출제됩니다.

ⓝ 허가, 동의 ⓥ 허가하다, 동의하다

의미 암기용 표현과 문장

• Children under 16 cannot give consent to medical treatment. 16세 이하의 아동은 의학적 치료에 동의할 수가 없다.
• When she told them what she intended, they readily consented. 그녀가 하려던 일을 그들에게 말하자 그들은 선뜻 동의했다.

G-TELP 문법패턴훈련

Japan has consented _____ U.S. beef imports, which had been suspended due to concerns about mad cow disease.

(a) to resume   (b) resuming

---

881. 드루의 책들은 전 세계적으로 인기가 있었고, 많은 다른 나라들에서 번역되고 판매되었습니다.　**882.** 일부는 바다에서 기어 나와 땅에 거주하기 시작했습니다.　**883.** 도시와 도심 지역은 심지어 세금 기반이 줄어드는 상태에서도 노년층을 위한 더 많은 공동 및 공공 서비스를 제공해야 합니다.　**884.** (a) 일본은 광우병에 대한 우려로 중단된 미국산 쇠고기 수입의 재개에 동의했다.

885 **warranty**
[wɔ́ːrənti]

= guarantee

GRAMMAR POINT
지텔프에서 whenever나 whichever와 같은 복합관계사 문제는 접속사 문제로 간주하고 해석으로 풀어야 합니다.

🇳 품질 보증

의미 암기용 표현과 문장
• The television comes with a full two-year warranty. 그 텔레비전은 만 2년의 품질 보증서가 따라 나온다.

G-TELP 문법패턴훈련
Pick-up trucks from Ford Motors come with a warranty lasting 48 months or 80,000 kilometers, _____ comes first.
(a) whenever   (b) whichever

---

886 **pregnant**
[prégnənt]

= expectant

GRAMMAR POINT
지텔프에서 가정법 과거완료의 짝찾기는 무조건 맞춰야 하는 **5초짜리** 문제입니다.

🇦 임신한

의미 암기용 표현과 문장
• I was pregnant with our third child at the time. 나는 그 당시에 셋째 아이를 임신 중이었다.

G-TELP 문법패턴훈련
If they _____ his advice, Helen would probably not have been able to become pregnant.
(a) didn't take   (b) had not taken

---

887 **stimulate**
[stímjulèit]

= encourage

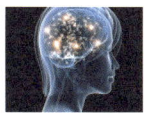

🇻 자극하다

의미 암기용 표현과 문장
• The exhibition has stimulated interest in her work. 그 전시회가 그녀의 작품에 대한 관심을 자극했다.

G-TELP 구문독해훈련
Exercise regularly to stimulate your immune system, which is your body's natural protector against diseases.

---

888 **convert**
[kənvə́ːrt]

= change

🇻 전환시키다

의미 암기용 표현과 문장
• The hotel is going to be converted into a nursing home. 이 호텔은 양로원으로 개조될 것이다.

G-TELP 구문독해훈련
Whistler's Kitchen was originally a deli, but it was converted into a full-service restaurant ten years ago.

---

885. (b) 포드 모터스의 픽업트럭들은 어떤 것이 먼저 오든, 48개월 또는 80,000km의 보증 기간이 주어집니다.   886. (b) 만약 그들이 그의 조언을 듣지 않았다면, 헬렌은 아마도 임신할 수 없었을 것이다.   887. 질병에 대처하는 신체의 자연스러운 보호자인 당신의 면역 체계를 자극하기 위해 정기적으로 운동하십시오.
888. 휘슬러의 키친은 원래 분식집이었지만 10년 전에 완전한 서비스를 제공하는 식당으로 전환되었다.

REVIEW 1 2 3 4 5

889 **enormous**
[inɔ́ːrməs]

= huge

a 거대한, 막대한

의미 암기용 표현과 문장

• **an enormous amount of time** 막대한 시간

G-TELP 구문독해훈련

The samurai class was officially dissolved during the Meiji Restoration, a period from 1866 to 1869 during which enormous changes in Japan's political and social structure were made.

---

890 **procedure**
[prəsíːdʒər]

= method
= course

GRAMMAR POINT

지텔프에서 **at this (very) moment** 가 나오면 현재진행시제가 답이 됩니다.

n 절차, 진행, 순서

의미 암기용 표현과 문장

• **emergency[safety/disciplinary] procedures** 응급[안전/징계] 절차

G-TELP 문법패턴훈련

At this very moment, the shuttle _____ docking procedures in outer space.
(a) is initiating   **(b) initiated**

---

891 **accuse**
[əkjúːz]

= charge

v 고소하다, 비난하다

의미 암기용 표현과 문장

• **The government was accused of incompetence.** 그 정부는 무능하다는 비난을 받았다.

G-TELP 구문독해훈련

The plaintiff and the accused came to an agreement out of court.

---

892 **synthetic**
[sinθétik]

= artificial
= fake

a 합성의, 인조의

의미 암기용 표현과 문장

• **synthetic drugs[fabrics]** 합성 약물[인조 직물]

G-TELP 구문독해훈련

Made of 100% cotton, our inner wear is specially processed for those with allergic reaction to the synthetic fabric.

---

889. 사무라이 계급은 공식적으로 일본의 정치적 그리고 사회적 구조가 거대하게 바뀐 **1866**년에서 **1869**년 사이의 메이지 유신기간 동안 해체되었다.   **890. (a)** 지금 이 순간, 우주 왕복선이 우주 공간에서 도킹 절차를 수행하고 있습니다.   **891.** 원고와 피고는 법정 밖에서 합의에 도달했다.   **892. 100%** 면으로 제작된, 우리의 속옷은 합성 섬유에 알레르기 반응이 있는 사람들을 위해 특별히 가공 처리되어 있습니다.

893 inevitable
[inévətəbl]

= unavoidable

📖 피할 수 없는, 필연적인

의미 암기용 표현과 문장
- It was an inevitable consequence of the decision. 그것은 그 결정의 필연적인 결과였다.

G-TELP 구문독해훈련

It is inevitable that the immigration authorities, immigration officers, local authorities and social workers will continue to handle these cases.

894 notable
[nóutəbl]

= remarkable

GRAMMAR POINT

관계대명사 that은 컴마와 함께 계속
적용법으로 쓰일 수 없습니다.

📖 주목할 만한, 중요한

의미 암기용 표현과 문장
- a notable success[achievement/example] 주목할 만한 성공[업적/사례]

G-TELP 문법패턴훈련

Employees express admiration for their manager, Mr. Harrison, _____ achieved notable results in the reorganization of the department.
(a) that   (b) who

895 competent
[kάmpətənt]

= capable

📖 유능한, 능숙한

의미 암기용 표현과 문장
- He's very competent in his work. 그는 자기 업무에 아주 능숙하다.

G-TELP 구문독해훈련

The SK Business Leaders program is offering a summer internship conducted by competent business professionals working with some of the most successful companies in the country.

896 controversial
[kὰntrəvə́ːrʃəl]

= contentious
= debatable

📖 논란이 많은, 논쟁의 여지가 있는

의미 암기용 표현과 문장
- a highly controversial topic 대단히 논란이 많은 주제

G-TELP 구문독해훈련

The controversial issue of additional vacation time for first-year employees was settled at yesterday's managers' meeting.

---

893. 이민 당국, 이민 관리관, 지방 당국 그리고 사회 복지사가 이러한 사례들을 계속해서 다루어야 할 것이라는 것은 피할 수 없는 일이다.　**894. (b)** 직원들은 부서의 구조 조정에 있어 괄목할 만한 성과를 달성한 그들의 관리자인 해리슨씨에게 감탄을 표하고 있다.　**895.** SK 비즈니스 리더즈 프로그램은 국내에서 가장 성공적인 몇몇 회사에서 일하는 유능한 비즈니스 전문가들에 의해 진행되는 여름 인턴십 과정을 제공하고 있습니다.　**896.** 1년차 직원들의 추가 휴가 기간에 대한 논쟁적인 문제가 어제 관리자 회의에서 해결되었다.

DAY 01 02 03 04 05 06 07 08 09 10 11 12 13 14 **15** 16 17 18 19 20

어휘·문법·독해까지 한꺼번에 끝내는 G-TELP VOCABULARY LEVEL 심화

897 **precious**
[préʃəs]

= valuable

a 귀중한

의미 암기용 표현과 문장
• **Clean water is a precious commodity in that part of the world.** 이 세상의 그 지역에서는 깨끗한 물이 귀한 생필품이다.

G-TELP 구문독해훈련
He ruled Egypt 3,500 years ago, collecting astonishing amounts of gold and precious stone treasures.

---

898 **contribute**
[kəntríbjuːt]

= provide
= supply

Contribute your ideas

v 공헌하다, 기여하다

의미 암기용 표현과 문장
• **We contributed £5,000 to the earthquake fund.** 우리는 그 지진 사태에 대한 성금으로 5천 파운드를 기부했다.

G-TELP 구문독해훈련
Julie Main and her co-presenter, Kevin Jennings, contributed equally to preparing their presentation for the National Agriculture Technology Seminar.

---

899 **potential**
[pəténʃəl]

= possible

GRAMMAR POINT

scheduled는 be scheduled to부정사 형태로 지텔프에 나옵니다.

a 잠재적인, 가능성이 있는

의미 암기용 표현과 문장
• **potential customers** 잠재 고객들

G-TELP 문법패턴훈련
The first class is not scheduled _____ until August 8 so there is still plenty of time for us to meet and discuss your potential role at Bold's Gym.
(a) to begin   **(b) beginning**

---

900 **stiff**
[stif]

= inflexible

a 뻣뻣한, 뻑뻑한

의미 암기용 표현과 문장
• **a stiff brush** 뻣뻣한 솔

G-TELP 구문독해훈련
The mountain scenery in Banff Park is so grand that if you try to look at the whole mountain, you might get a stiff neck!

---

897. 그는 **3,500**년 전에 이집트를 통치하면서 엄청난 양의 금과 귀중한 보석석들을 모았다. **898.** 줄리 메인과 그녀의 공동 발표자인 케빈 제닝스는 국가 농업 기술 세미나를 위한 그들의 발표 준비를 위해 동일하게 공헌했다. **899. (a)** 첫 번째 수업은 **8**월 **8**일 이후 시작될 것이므로 따라서 우리가 만나서 볼드 체육관에서 할 당신의 잠재적인 역할에 대해 논의하고 토론할 시간은 아직 충분히 남아 있습니다. **900.** 밴프 공원의 산 경치는 너무 웅장해서 만약 당신이 전체 산을 한 번에 보려고 한다면, 당신은 목이 뻣뻣해질 수도 있습니다!

amaze

strive

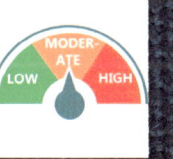

exhibit

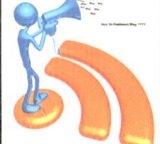

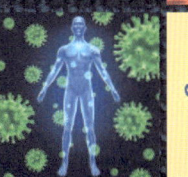

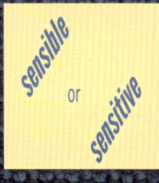

REVIEW 1 2 3 4 5

901 **exhibit**
[igzíbit]

= display

GRAMMAR POINT

선택문항에 조동사 4개, 접속사 4개, 접속부사 4개가 나오는 문제는 해석으로 풀어야 하는 고난이도 문제입니다.

☑ 전시하다

의미 암기용 표현과 문장

• They will be exhibiting their new designs at the trade fairs. 그들은 무역 박람회에서 새 디자인을 전시할 것이다.

G-TELP 문법패턴훈련

Clocks dating from the eighteenth century _____ be exhibited at the Copenhagen History Museum from May to September.

(a) will   (b) can

---

902 **interfere**
[ìntərfíər]

= intervene
= meddle

☑ 간섭하다, 개입하다

의미 암기용 표현과 문장

• The police are very unwilling to interfere in family problems. 경찰은 남의 집안 문제에 대해서는 개입하기를 무척 꺼린다.

G-TELP 구문독해훈련

The Federal Aviation Administration warned the public about using devices that might interfere with the aircraft's electronic system during flights.

---

903 **moderate**
[mádərət]

= middle

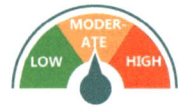

🔲 중도의, 적당한   ☑ 완화되다

의미 암기용 표현과 문장

• Even moderate amounts of the drug can be fatal. 그 약물은 보통 정도의 양이라도 치명적일 수가 있다.
• By evening the wind had moderated slightly. 저녁 무렵에는 바람이 약간 잠잠해져 있었다.

G-TELP 구문독해훈련

The Ospreys was a 1950s band that only achieved moderate success.

---

904 **clash**
[klæʃ]

= conflict

☑ 충돌하다, 격돌하다   🔲 충돌

의미 암기용 표현과 문장

• The two teams clash in tomorrow's final. 그 두 팀은 내일 있을 결승전에서 맞붙는다.
• Clashes broke out between police and demonstrators. 경찰과 시위대 사이에 충돌이 발생했다.

G-TELP 구문독해훈련

A clash between protestors and the police in Moscow last month left six people dead and 17 injured.

---

901. (a) 18세기부터 만들어진 시계들이 5월에서 9월까지 코펜하겐 역사박물관에서 전시될 것입니다. **902.** 연방항공국은 비행 중에 항공기의 전자 시스템을 방해할 수 있는 장치의 사용에 대해 사람들에게 경고했습니다. **903.** 오스프리스는 그저 그런 성공만을 달성했던 1950년대 밴드였다. **904.** 지난달 모스크바에서 시위자들과 경찰 사이의 충돌로 6명이 사망하고 17명이 부상당했다.

905 strive

[straiv]

= struggle

GRAMMAR POINT

지텔프에서 **strive**나 **struggle**은 동명사 대신 **to**부정사를 목적어로 쓰는 동사로 출제됩니다.

☑ 노력하다, 힘쓰다

의미 암기용 표현과 문장

• **Newspaper editors all strive to be first with a story.** 신문 편집자들은 모두 어떤 기사를 맨 처음 싣기 위해 분투한다.

G-TELP 문법패턴훈련

We also *strive* _____ the sessions as convenient as possible for our clients, allowing them to train on a schedule that suits them.
(a) to make (b) making

906 specimen

[spésəmən]

= sample
= example

☑ 견본, 표본

의미 암기용 표현과 문장

• **Astronauts have brought back specimens of rock from the moon.** 우주 비행사들이 달에서 암석 샘플들을 가지고 돌아왔다.

G-TELP 구문독해훈련

With over 65% of it intact, the researchers collected and examined the skeleton, and learned that the specimen was at least 20 million years old.

907 delicate

[délikət]

= fragile
= subtle

☑ 여린, 연약한, 섬세한, 우아한

의미 암기용 표현과 문장

• **The eye is one of the most delicate organs of the body.** 눈은 신체에서 가장 연약한 기관 중 하나이다.
• **his delicate hands** 그의 섬세한 손

G-TELP 구문독해훈련

Thomas Moore received the account from the manager since he has the most experience in the delicate contract negotiation.

908 dominate

[dámənèit]

= control
= rule

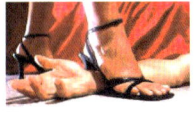

☑ 지배하다, 장악하다

의미 암기용 표현과 문장

• **He tended to dominate the conversation.** 그는 대화를 지배하는 경향이 있었다.

G-TELP 구문독해훈련

The music business was dominated by rap, R&B and hard rock.

---

905. (a) 우리는 또한 이 교육들이 고객에게 가능한 한 편리할 수 있도록 고객들에게 맞는 스케줄에 따라 운동할 수 있도록 하기 위한 노력을 하고 있습니다.
906. 65% 이상이 손상되지 않은 상태의 해골들을 연구자들은 수집했고 분석했으며, 그래서 그 견본이 적어도 2,000만 년이 된 사실을 알게 되었습니다.
907. 토마스 무어는 미묘한 계약 협상 분야에서 가장 많은 경험을 가지고 있었기 때문에 관리자로부터 그 거래를 받았습니다. **908.** 음악 사업은 랩, 알앤비 그리고 하드 록에 의해 주도되었습니다.

REVIEW

1
2
3
4
5

909 reputation
[rèpjutéiʃən]

= name

ⓝ 평판, 명성

의미 암기용 표현과 문장
• **earn[establish/build] a reputation** 평판[명성]을 얻다[확립하다/쌓다]

G-TELP 구문독해훈련
During her time at the university, Dr. LeFleur built a solid reputation for leadership among both students and faculty.

910 radical
[rǽdikəl]

= fundamental
= extreme

ⓐ 근본적인, 급진적인

의미 암기용 표현과 문장
• **the need for radical changes in education** 교육 부문에서 근본적인 변화의 필요성
• **radical ideas** 급진적인 사상

G-TELP 구문독해훈련
He witnessed both the French and American revolutions in his lifetime, and developed radical political ideas.

911 outfit
[áutfìt]

= costume

ⓝ 의상, 복장

의미 암기용 표현과 문장
• **She was wearing an expensive new outfit.** 그녀는 값비싼 새 옷을 입고 있었다.

G-TELP 구문독해훈련
In keeping with university tradition, the dean will wear a Santa Claus outfit for the entire week prior to Christmas.

912 symptom
[símptəm]

= indication

GRAMMAR POINT
지텔프에서 일반적인 수동태 뒤에는 to부정사가 옵니다.

ⓝ 증상

의미 암기용 표현과 문장
• **Symptoms include a headache and sore throat.** 증상에는 두통, 목 따가움 등이 있다.

G-TELP 문법패턴훈련
A single dose of the new medicine is said _____ symptoms for up to 72 hours.
(a) to relieve   (b) relieving

---

909. 대학에서 근무하는 동안, 르플뤼 박사는 학생과 교수진 양자의 사이에서 지도력에 대한 확고한 평판을 쌓았습니다.　**910.** 그는 일생 동안 프랑스 혁명과 미국 혁명을 목격했으며 급진적인 정치사상을 확립했습니다.　**911.** 학교의 전통에 따라, 학장은 크리스마스 전 1주일 동안 산타클로스 복장을 입을 것입니다.　**912. (a)** 이 신약 한 번이면 최대 72시간 동안 증상이 완화된다고 합니다.

913 **merge**
[məːrdʒ]

= combine

GRAMMAR POINT

"~하기 위해서"나 "~하기 위한"의 의미로 쓰이는 **to**부정사의 쓰임에도 익숙해져야 합니다.

☑ 합병하나

의미 암기용 표현과 문장
• **The two groups have merged to form a new party.** 그 두 단체가 병합하여 새로운 정당을 구성했다.

G-TELP 문법패턴훈련

On Thursday, the CEO held a press conference concerning plans _____ with Verisk Financial Services.
(a) to merge **(b) merging**

---

914 **conceive**
[kənsíːv]

= imagine

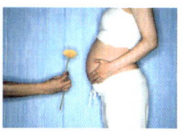

☑ 생각하다, (아이를) 가지다

의미 암기용 표현과 문장
• **He conceived the idea of transforming the old power station into an arts centre.** 그는 그 옛날 발전소 건물을 아트센터로 바꾸는 생각을 하고 있었다.
• **She is unable to conceive.** 그녀는 아이를 가질 수 없다.

G-TELP 구문독해훈련

Critics of the trend have also pointed out that these parents are not only too old to conceive, but will be too old to raise their children properly.

---

915 **appliance**
[əpláiəns]

= device
= machine

Ⓝ 가전제품, 가정용 기기

의미 암기용 표현과 문장
• **electrical[household] appliances** 가전제품[가정용 기기]

G-TELP 구문독해훈련

Make sure that you have turned off your computer and unplugged all your electrical appliances before leaving the office after work.

---

916 **perish**
[périʃ]

= die
= decline

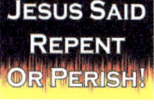

☑ 죽다, 사라지다

의미 암기용 표현과 문장
• **A family of four perished in the fire.** 그 화재로 4인 가족이 목숨을 잃었다.

G-TELP 구문독해훈련

Just last week, about 100 people perished due to heavy floods in Southeast Asia.

---

913. (a) 목요일에, 대표이사는 베리스크 파이낸셜 서비시즈사와 합병하는 계획에 관련된 기자회견을 열었다.　**914.** 이러한 경향을 비난하는 사람들은 또한 이러한 부모들이 너무 나이가 많아서 임신하지 못하게 될 뿐만 아니라 너무 늙어서 아이들을 적절하게 키우지 못하게 될 것이라는 점을 지적한다.　**915.** 근무 후 퇴근하기 전에 컴퓨터를 모두 끄고 모든 전자 제품들의 플러그를 뽑았는지 확실히 확인하기 바랍니다.　**916.** 바로 지난주에, 대략 **100**명의 사람들이 동남아시아의 홍수 때문에 사망했습니다.

917 **rare**
[rɛər]

= underdone

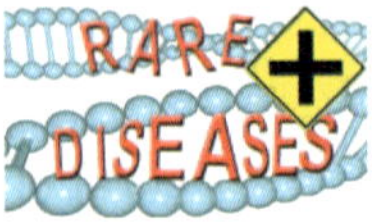

ⓐ 보기 드문, 설익은, 덜 구워진

의미 암기용 표현과 문장
- **a rare disease[occurrence/sight]** 희귀 질환[드문 일/보기 힘든 광경]
- **rare steak** 설익은 스테이크

G-TELP 구문독해훈련

Ewing's sarcoma is an extremely rare cancerous tumor of the bone or soft tissue.

---

918 **trap**
[træp]

= snare

GRAMMAR POINT
관계대명사 **that**은 컴마와 함께 계속 적용법으로 사용되지 않습니다.

ⓥ 가두다, 함정에 빠뜨리다 ⓝ 함정, 덫

의미 암기용 표현과 문장
- **Help! I'm trapped!** 도와줘요! 내가 갇혔어요!
- **Some women see marriage as a trap.** 어떤 여성들은 결혼을 덫으로 본다.

G-TELP 문법패턴훈련

People can also buy a vacuum cleaner with high efficiency particulate air (HEPA) filters, ________ trap smaller particles that ordinary filters miss.

(a) that **(b) which**

---

919 **vivid**
[vívid]

= bright
= clear

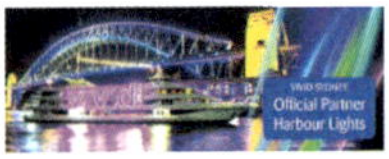

ⓐ 생생한, 선명한

의미 암기용 표현과 문장
- **vivid memories** 생생한 기억

G-TELP 구문독해훈련

Neon signs give off bright, vivid colors.

---

920 **desperate**
[déspərət]

= dire

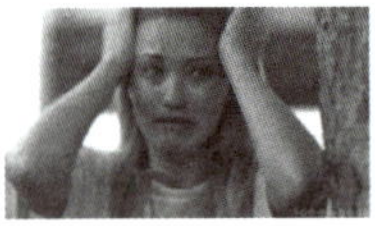

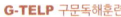

ⓐ 자포자기한, 필사적인, 간절히 필요로 하는, 절박한

의미 암기용 표현과 문장
- **The prisoners grew increasingly desperate.** 죄수들은 갈수록 점점 더 될 대로 되라는 식이 되어 갔다.
- **She clung to the edge in a desperate attempt to save herself.** 그녀는 죽지 않기 위해 필사적으로 가장자리에 매달렸다.
- **I was absolutely desperate to see her.** 나는 정말 너무도 간절히 그녀가 보고 싶었다.

G-TELP 구문독해훈련

A quarter of the world's population live in terrible, desperate poverty.

---

917. 유잉 육종은 뼈 또는 연조직에 생기는 매우 드문 암성 종양입니다. **918. (b)** 사람들은 일반적인 필터들이 놓치게 되는 더 작은 입자들도 잡아내는 고효율 미립자 공기 필터를 가진 진공청소기도 또한 구입할 수 있습니다. **919.** 네온사인들은 밝고, 생생한 색깔들을 발산합니다. **920.** 세계 인구의 **4**분의 **1**은 끔찍하고, 절망적인 빈곤상태 속에서 살고 있다.

921 oblige
[əbláidʒ]

= obligate
= require

☑ 의무를 부과하다, 강요하다

의미 암기용 표현과 문장

• **Parents are obliged by law to send their children to school.** 부모들은 법에 따라 자녀를 학교에 보낼 의무가 있다.

G-TELP 구문독해훈련

Therefore, we are not obliged to pay high interest rates to the banks.

---

922 trait
[treit]

= feature

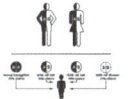

◼ 특성

의미 암기용 표현과 문장

• **personality traits** 성격적 특성

G-TELP 구문독해훈련

One of the most significant personality traits that recruiting managers are seeking in applicants is dependability.

---

923 ripe
[raip]

= mature

◼ 익은

의미 암기용 표현과 문장

• **Ripe apples fell off the tree.** 익은 사과가 나무에서 떨어졌다.

G-TELP 구문독해훈련

The smart primates quickly learn to recognize fully ripe coconuts and pick them up to 10 times faster than human workers.

---

924 emit
[imít]

= release

GRAMMAR POINT

관계대명사 who는 선행사가 사람일 경우에 사용합니다.

☑ 내뿜다, 방출하다

의미 암기용 표현과 문장

• **The metal container began to emit a clicking sound.** 그 금속 통에서 딸그락거리는 소리가 나기 시작했다.

G-TELP 문법패턴훈련

However, these modes of transportation emit harmful elements and greenhouse gases, _____ lead to air pollution and global warming.
(a) who   (b) which

---

921. 따라서, 우리는 은행에 높은 이자율을 지불할 의무가 없습니다.　**922.** 채용 담당자들이 지원자에게 요구하는 가장 중요한 성격 특성 중 하나는 신뢰성입니다.　**923.** 똑똑한 영장류는 빠르게 익은 코코넛을 분간하는 방법을 배우고 인간 노동자들보다 **10**배 더 빠르게 그것들을 따옵니다.　**924. (b)** 그러나, 이러한 종류의 교통수단은 대기 오염과 지구 온난화로 이어지는 해로운 요소와 온실 가스를 배출합니다.

925 shrink
[ʃriŋk]

= decrease

☑ 감소하다, 줄어들다

의미 암기용 표현과 문장
- **My sweater shrank in the wash.** 내 스웨터가 물에 빨았더니 줄어들었다.

G-TELP 구문독해훈련
Glaciologists have found that some glaciers have shrunk by as much as 25 percent in just ten years.

926 inflation
[infléiʃən]

= increase

GRAMMAR POINT
지텔프에서 **permit**는 목적어로 동명사를 쓰거나 목적격보어로 **to**부정사를 쓰는 동사로 출제됩니다.

Ⓝ 물가 상승(률), 팽창

의미 암기용 표현과 문장
- **control[curb] inflation** 인플레이션을 잡다

G-TELP 문법패턴훈련
Gains in productivity allow companies to pay workers more without raising prices, permitting the economy _____ faster without triggering inflation.
(a) to grow   (b) growing

927 undertake
[ʌndərteik]

= commence
= promise

GRAMMAR POINT
동명사가 주어로 사용되는 문장입니다.

☑ 착수하다, 약속하다

의미 암기용 표현과 문장
- **to undertake a task[project]** 과제[프로젝트]에 착수하기 위해서
- **He undertook to finish the job by Friday.** 그는 그 일을 금요일까지 마치기로 약속했다.

G-TELP 문법패턴훈련
_____ a newsletter every Sunday on the company's Web site was the most time-consuming task I have ever undertaken.
(a) Publish   (b) Publishing

928 scorn
[skɔːrn]

= contempt
= despise

Ⓝ 경멸 ☑ 경멸하다

의미 암기용 표현과 문장
- **They had nothing but scorn for his political views.** 그들은 그의 정치적 견해에 대해 멸시감밖에 갖지 않았다.
- **She scorned their views as old-fashioned.** 그녀는 그들의 견해를 구식이라고 멸시했다.

G-TELP 구문독해훈련
It's all very well for the trendy urban middle class to pour scorn on factory farming, but without it, the poor will have an even worse diet.

---

925. 빙하학자들은 불과 **10**년 만에 몇몇 빙하들이 **25** 퍼센트나 감소했다는 것을 발견했습니다. **926. (a)** 생산성 향상은 기업들이 가격들을 올리지 않고도 직원들에게 돈을 더 줄 수 있도록 해주며, 인플레이션을 유발하지 않고도 경제가 더 빠르게 성장할 수 있도록 해 줍니다. **927. (b)** 매주 일요일 회사의 웹사이트에 뉴스레터를 올리는 것은 내가 수행해 온 작업 중 가장 시간을 많이 낭비하는 일이었다. **928.** 시대의 흐름을 타는 중산층 도시 가정이 공장식 농업에 경멸을 쏟아 붙는 것은 당연한 일이지만, 그것조차 없다면 가난한 사람들은 더욱 더 안 좋은 식단을 가지게 될 것이다.

929 amaze
[əméiz]

= astonish
= surprise

GRAMMAR POINT

be able 뒤에는 to부정사가 와야 합니다.

☑ 놀라게 하다

의미 암기용 표현과 문장

• **Just the size of the place amazed her.** 그 장소의 크기만 해도 그녀에겐 너무 놀라웠다.

G-TELP 문법패턴훈련

**Everyone was amazed at how a nine-year old boy was able
_____ his siblings from a recent home fire.**
(a) to save   (b) saving

930 sensible
[sénsəbl]

= practical
= wise

◪ 합리적인

의미 암기용 표현과 문장

• **I think that's a very sensible idea.** 난 그것이 아주 양식 있는 생각이라고 본다.

G-TELP 구문독해훈련

**There are sensible and economic ways of removing carbon
dioxide from the furnace gas at the power station.**

931 adopt
[ədápt]

= foster
= choose

☑ 입양하다, 채택하다

의미 암기용 표현과 문장

• **She was forced to have her baby adopted.** 그녀는 자기 아기를 입양 보낼 수밖에 없었다.

G-TELP 구문독해훈련

**To promote clean air initiatives, the city just adopted new tax
legislation on all vehicle purchases.**

932 subscribe
[səbskráib]

= support
= endorse

☑ 구독하다, 가입하다

의미 암기용 표현과 문장

• **We subscribe to several sports channels.** 우리는 몇 개의 스포츠 채널을 시청한다.

G-TELP 구문독해훈련

**What benefit do members who subscribe one year
membership receive?**

---

929. (a) 모든 사람들은 **9**살짜리 소년이 최근 집 화재로부터 그의 형제들을 어떻게 구해낼 수 있었는지에 대해 놀랐다.   **930.** 전력 발전소에서 용광로 가스로부터 이산화탄소를 제거하는 현명하고도 경제적인 방법이 있다.   **931.** 청정 공기 정책을 추진하기 위해, 이 도시는 모든 차량 구입 시에 새로운 세금을 부과하는 법안을 채택했습니다.   **932. 1**년 회원권에 가입하는 회원들은 어떤 혜택을 받습니까**?**

DAY
01
02
03
04
05
06
07
08
09
10
11
12
13
14
15
16
17
18
19
20

REVIEW 1 2 3 4 5

933 **trigger**
[trígər]

= cause

🔲 방아쇠 🔳 유발하다

의미 암기용 표현과 문장

- He kept his finger on the trigger. 그는 방아쇠에서 손가락을 떼지 않았다.
- Nuts can trigger off a violent allergic reaction. 견과류는 격렬한 알레르기 반응을 촉발시킬 수 있다.

G-TELP 구문독해훈련

The mice's ovaries were removed to trigger osteoporosis.

---

934 **reject**
[ridʒékt]

= refuse

GRAMMAR POINT

지텔프에서 suggest는 동명사를 목적어로 쓰는 동사로 출제되거나 ARSID that절 속에 동사원형을 물어보는 문제로 출제됩니다.

🔳 거부하다

의미 암기용 표현과 문장

- reject an argument[a claim/a decision/an offer/a suggestion] 주장을[요구를/결정을/제의를/제안을] 거부하다[받아들이지 않다]

G-TELP 문법패턴훈련

However, when the manuscript was first presented to a publisher, he rejected it and suggested that Darwin _____ a more "interesting book."
(a) write   (b) wrote

---

935 **embarrass**
[imbǽrəs]

= confuse

🔳 당황하게 하다, 난처하게 하다

의미 암기용 표현과 문장

- Her questions about my private life embarrassed me. 나의 사생활에 대한 그녀의 질문은 나를 당황스럽게 만들었다.

G-TELP 구문독해훈련

In the middle of the Southville University graduation ceremonies, a group of students made an embarrassing scene.

---

936 **assign**
[əsáin]

= appoint

GRAMMAR POINT

지텔프에서 assign은 목적격보어로 to부정사를 쓰는 동사로 출제됩니다.

🔳 배정하다, 지정하다

의미 암기용 표현과 문장

- The two large classrooms have been assigned to us. 큰 교실 두 개가 우리에게 배정되었다.

G-TELP 문법패턴훈련

Because her boss unexpectedly assigned her _____ an important media event, Bridget couldn't attend an important writing workshop.
(a) to cover   (b) covering

---

933. 그 쥐들의 난소는 골다공증을 유발하게 하기 위해 제거되었습니다. **934**. (a) 그러나, 원고가 출판사에게 처음 제시되었을 때, 그는 그것을 거절하고 다원이 좀 더 "재미있는 책"을 써야한다고 제안했다. **935**. 사우스빌 대학의 졸업식 중반에, 한 무리의 학생들이 당황스럽게 하는 장면을 만들었다. **936**. (a) 그녀의 사장이 예기치 않게 중요한 미디어 행사를 그녀에게 보도하라고 할당했기 때문에, 브리짓은 중요한 작문 워크숍에 참석할 수 없었다.

937 **devote**

[divóut]

= dedicate

🔲 헌신하다, 바치다

의미 암기용 표현과 문장

• He intends to devote his life to curing the sick in India. 그는 자기의 생애를 인도에서 병자의 치료에 바칠 생각이다.

G-TELP 구문독해훈련

The remainder of the first day will be devoted to poetry readings and performances by renowned jazz artists.

---

938 **restrict**

[ristríkt]

= limit
= regulate

GRAMMAR POINT

구체적인 장소명사가 앞에 나오고 있으며 빈칸 뒤에 있는 문장이 완벽합니다.

🔲 제한하다

의미 암기용 표현과 문장

• Speed is restricted to 30 mph in towns. 시내에서는 속도가 시속 30마일로 제한되어 있다.

G-TELP 문법패턴훈련

All the laboratories located on the third floor are in restricted areas _____ only authorized employees are allowed.
(a) which   (b) where

---

939 **prevail**

[privéil]

= dominate

🔲 우세하다, 지배적이다

의미 암기용 표현과 문장

• Those beliefs still prevail among certain social groups. 그러한 믿음이 특정 사회 집단들 사이에서는 아직도 팽배해 있다.

G-TELP 구문독해훈련

The welfare of the community must prevail and must be safeguarded from the abuse of power by sectional interests.

---

940 **stubborn**

[stʌ́bərn]

= obstinate

🔲 고집스러운, 완강한

의미 암기용 표현과 문장

• He was too stubborn to admit that he was wrong. 그는 너무 완고해서 자기 잘못을 인정하지 않았다.

G-TELP 구문독해훈련

There's nothing wrong with holding to principles, but when you get too stubborn it only brings criticism all around.

---

937. 첫날의 나머지 부분은 시낭송과 유명한 재즈 연주자들의 공연에 사용될 것입니다.   **938. (b)** 3층에 위치한 모든 실험실들은 오직 허가받은 직원들에게만 허용된 제한 구역 내에 있다.   **939.** 공동체의 복지는 우선시 되어야 하며, 당파적 이익에 의한 권력 남용으로부터 보호되어야 합니다.   **940.** 원칙을 고수하는 데는 아무런 문제가 없지만, 그러나 너무 완고해지면 비판이 전역에서 발생합니다.

어휘·문법·독해까지 한 권만에 끝내는 **G-TELP VOCABULARY LEVEL** 신유형

941 split
[split]

= divide
= separate

☑ 나누다, 쪼개다 ⬛ 분열

의미 암기용 표현과 문장
- **The committee split over government subsidies.** 그 위원회는 정부 보조금 문제를 두고 의견이 갈렸다.
- **a split in the cabinet** 내각의 분열

G-TELP 구문독해훈련
The profits will be evenly split among the participants.

942 souvenir
[sù:vəníər]

= goods

⬛ 기념품

의미 암기용 표현과 문장
- **I bought the ring as a souvenir of Greece.** 나는 그리스 방문 기념품으로 그 반지를 샀다.

G-TELP 구문독해훈련
Key West has the highest concentration of shops selling souvenirs on 5th Street due to its popularity of tourism.

943 immense
[iméns]

= enormous

🅰 거대한, 막대한

의미 암기용 표현과 문장
- **There is still an immense amount of work to be done.** 아직도 해야 할 일의 양이 엄청나다.

G-TELP 구문독해훈련
An immense ice shelf measuring 66 square kilometers broke away from the Canadian Artic last year.

944 temper
[témpər]

= anger
= moderate

GRAMMAR POINT
사람과 사물 모두 관계대명사 **that**의 선행사가 될 수 있습니다.

⬛ 성질, 기분, 화 ☑ 누그러뜨리다

의미 암기용 표현과 문장
- **a violent[short/quick] temper** 폭력적인[성마른/성급한] 성질
- **Justice must be tempered with mercy.** 법의 심판은 연민으로 완화시켜야 한다.

G-TELP 문법패턴훈련
The berries are sour, but after a few frosts, they acquire a tempering sweetness _____ makes **them delectable.**
(a) that   (b) who

---

941. 이윤은 참가자들 간에 균등하게 분배될 것입니다.   **942.** 키웨스트는 관광의 인기 때문에 **5**번가에서 기념품을 판매하는 상점들이 가장 많이 밀집해 있습니다.
943. 66 제곱킬로미터의 거대한 빙붕이 작년에 캐나다의 극지방에서 떨어져 나왔다.   **944. (a)** 그 열매들은 신맛이 강하지만, 몇 차례의 서리를 맞고 난 후에는, 맛 좋게 만드는 달달한 맛을 얻게 됩니다.

945 **collaborate**
[kəlǽbərèit]

= cooperate

V 협력하나, 협동하나

의미 암기용 표현과 문장

• **We have collaborated on many projects over the years.** 우리는 여러 해 동안 많은 프로젝트에서 협력해 왔다.

G-TELP 구문독해훈련

Software Mode and a top Japanese electronics manufacturer will collaborate on the design and production of a new hand-held device.

946 **urgent**
[ə́ːrdʒənt]

= desperate

a 긴급한, 다급한

의미 암기용 표현과 문장

• **Mark the message 'urgent', please.** 그 메시지에 '긴급'이라는 표시를 해 주세요.

G-TELP 구문독해훈련

The law school library found the rearrangement of law material resources more urgent than other issues.

947 **precise**
[prisáis]

= accurate

a 정확한

의미 암기용 표현과 문장

• **precise details[instructions/measurements]** 정확한 세부 내용[지시/정밀한 측정]

G-TELP 구문독해훈련

He called drones the most precise weapons available.

948 **ruin**
[rúːin]

= destroy
= devastate

GRAMMAR POINT

지텔프에서 **right now**가 나오면 현재진행시제가 답이 됩니다.

n 유적, 폐허 **V** 파괴하다

의미 암기용 표현과 문장

• **The old mill is now little more than a ruin.** 그 낡은 방앗간은 이제 폐허나 다름없다.
• **If she loses the court case, it will ruin her.** 그녀는 그 소송에서 지면 파산하게 될 것이다.

G-TELP 문법패턴훈련

She _____ pictures of the ancient ruins of Greece right now.

(a) took   **(b) is taking**

---

945. 소프트웨어 모드사와 일본의 한 일류 전자기기 제조업체는 새로운 손으로 들 수 있는 장치의 설계와 생산에 있어 협력할 예정입니다.   **946.** 그 법학대학은 법률 자료의 재정리가 다른 어떤 문제들보다도 더 긴급을 요하는 일이라고 느끼고 있다.   **947.** 그는 드론을 지금까지 이용 가능한 가장 정확한 무기라고 불렀습니다. **948. (b)** 그녀는 지금 그리스의 고대 유물들의 사진을 찍고 있습니다.

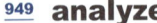

949 **analyze**
[ǽnəlàiz]

= inspect

GRAMMAR POINT

관계대명사 who의 선행사는 사람입니다.

v 분석하다

의미 암기용 표현과 문장

- **Let us analyze the cause of the victory.** 승리의 원인을 꼼꼼히 살펴보자.

G-TELP 문법패턴훈련

To analyze the survey responses, Ms. Dorothy created a chart ________ sorted each comment into one of three categories.

(a) that **(b) who**

---

950 **fascinate**
[fǽsənèit]

= captivate

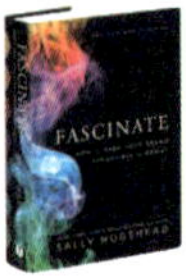

v 매혹하다

의미 암기용 표현과 문장

- **It was a question that had fascinated him since he was a boy.** 그것은 그가 어린 아이일 때부터 그의 마음을 사로잡았던 질문이었다.

G-TELP 구문독해훈련

Famed local photographer Richard Dawson, best known for his color photos of the Cambodian jungle, has returned once again with a fascinating pictorial history of the Yangtze River done entirely in black and white.

---

951 **exhaust**
[igzɔ́ːst]

= weary
= deplete

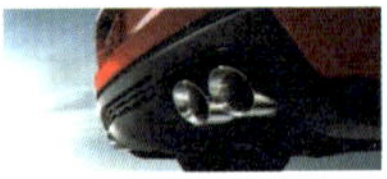

v 지치게 하다, 고갈시키다 **n** 배기가스, 배기관

의미 암기용 표현과 문장

- **Even a short walk exhausted her.** 그녀는 잠깐만 걸어도 기진맥진했다.
- **My car needs a new exhaust.** 내 차에 배기관을 새로 교체해야 한다.

G-TELP 구문독해훈련

In a recent survey of airport use, many travelers stated that they found the long waiting time at customs exhausting.

---

952 **reconcile**
[rékənsàil]

= reunite

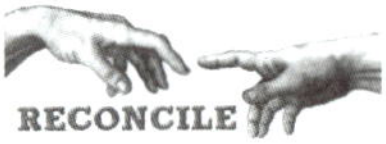

v 화해하다

의미 암기용 표현과 문장

- **He has recently been reconciled with his wife.** 그는 최근에 아내와 화해를 했다.

G-TELP 구문독해훈련

The deep, calm, and warm sounds of cello have the power to reconcile people and heal their hearts.

---

949. (a) 설문 조사의 응답을 분석하기 위해, 도로시양은 각각의 논평을 세 가지 범주 중 하나에 분류에 넣는 차트를 만들었다. **950.** 캄보디아 정글의 컬러사진으로 가장 잘 알려진, 유명한 지역 사진작가인 리처드 도슨이 흑백사진으로 작업한 양쯔강의 매혹적인 사진들을 가지고 돌아 왔습니다. **951.** 최근 공항 이용에 대한 설문 조사에서, 많은 여행자들은 통관수속에서 오래 대기하는 것이 사람을 지치게 한다고 진술했다. **952.** 깊고 차분하고 따뜻한 첼로의 선율은 사람들을 화해시키고 마음을 치유하는 힘이 있습니다.

953 **publicize**
[pʌ́bləsàiz]

= promote

Ⅴ 홍보하다, 알리다

의미 암기용 표현과 문장
• **They flew to Europe to publicize the plight of the refugees.** 그들은 난민들의 곤경을 널리 알리기 위해 유럽으로 날아갔다.

G-TELP 구문독해훈련
To publicize the opening of his new hardware store, Mr. Frye is holding a ribbon-cutting ceremony.

---

954 **cite**
[sait]

= quote

GRAMMAR POINT

지텔프에서 **enough**는 to부정사를 뒤에 쓰는 형용사로 출제됩니다.

Ⅴ 인용하다, 예로 들다

의미 암기용 표현과 문장
• **The devil can cite Scripture for his purpose.** 악마도 자신의 목적을 위하여 성경을 인용할 수 있다.

G-TELP 문법패턴훈련
Most of the information from the internet is not considered reliable enough _____ in any news article or academic paper.
(a) to be cited　　　　**(b) be cited**

---

955 **dedicate**
[dédikèit]

= devote

Ⅴ 바치다, 헌신하다, 전념하다

의미 암기용 표현과 문장
• **She dedicates herself to her work.** 그녀는 자기 일에 전념하고 있다.

G-TELP 구문독해훈련
At Jimmy's Sausages, we are dedicated to upholding our reputation for quality.

---

956 **investigate**
[invéstəgèit]

= inspect

Ⅴ 조사하다, 수사하다

의미 암기용 표현과 문장
• **The FBI has been called in to investigate.** 연방수사국이 수사에 투입되었다.

G-TELP 구문독해훈련
The Federal Aviation & Transportation Department will investigate the causes of the plane crash.

---

953. 새로운 하드웨어 가게의 개점을 알리기 위해, 프라이씨는 리본 커팅 행사를 열 것입니다.　**954. (a)** 인터넷에서 얻은 대부분의 정보는 뉴스 기사나 학술지에 인용될 정도로 충분히 신뢰할만한 것으로 간주되지는 않습니다.　**955.** 지미의 소시지 가게의 전 직원은 품질에 대한 우리의 명성을 지키기 위해 헌신하고 있습니다.
956. 연방 항공 교통국은 그 비행기 추락의 원인을 조사할 것입니다.

957 infect
[infékt]

= contaminate
= pollute

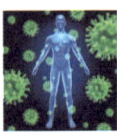

ⓥ 감염시키다

의미 암기용 표현과 문장

• It is not possible to infect another person through kissing. 키스를 통해 다른 사람을 감염시키는 것은 가능하지 않다.

G-TELP 구문독해훈련

Later tests revealed that H1N1 is composed of several genes from different flu viruses that normally infect pigs, birds, and humans.

---

958 withstand
[wiðstǽnd]

= endure

ⓥ 견디다

의미 암기용 표현과 문장

• The materials used have to be able to withstand high temperatures. 사용되는 재료는 고온을 견뎌 낼 수 있어야 한다.

G-TELP 구문독해훈련

This week, scientists claimed to have developed a GM plant that can withstand drought.

---

959 compose
[kəmpóuz]

= constitute

ⓥ 구성하다, 작곡하다

의미 암기용 표현과 문장

• Ten men compose the committee. 열 명의 남자들이 그 위원회를 구성하고 있다.
• Mozart composed his last opera shortly before he died. 모차르트는 죽기 얼마 전에 마지막 오페라를 작곡했다.

G-TELP 구문독해훈련

Mr. Woo has not yet signed the agreement composed by our lawyer.

---

960 resume
[rizúːm]

= continue

GRAMMAR POINT

선택문항에 조동사 4개, 접속사 4개, 접속부사 4개가 나오는 문제는 해석으로 풀어야 하는 고난이도 문제입니다.

ⓝ 이력서 ⓥ 재개하다

의미 암기용 표현과 문장

• submit a resume 이력서를 넣다
• She resumed her career after an interval of six years. 그녀는 6년이라는 기간[공백] 뒤에 직장[사회] 생활을 재개했다.

G-TELP 문법패턴훈련

Please put your contact information right under your name on your resume _____ we can easily reach you.

(a) so that   (b) because

---

957. 나중에 테스트는 **H1N1** 바이러스가 일반적으로 돼지나 새 그리고 인간에게 영향을 끼치는 다른 인플루엔자 바이러스에서 온 여러 가지 유전자들로 구성되어 있음을 밝혀냈습니다.   **958.** 이번 주, 과학자들은 가뭄을 견딜 수 있는 유전자 조작 식물을 개발했다고 주장했다.   **959.** 우씨는 우리 변호사가 작성한 계약서에 아직 서명을 하고 있지 않습니다.   **960. (a)** 우리가 쉽게 연락 할 수 있도록 하기 위해 이력서의 귀하 이름 바로 아래에 연락처 정보를 넣어주십시오.

DAY 17

20 days

VOCABULARY LEVEL 심화

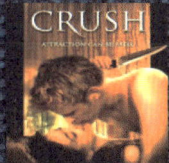
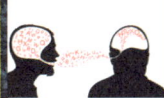

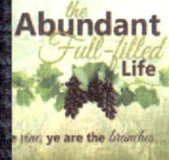

961 interrupt
[ìntərʌ́pt]

= discontinue

GRAMMAR POINT

지텔프에서 주절이 과거시제일 땐 **while**절 속은 과거진행시제가 답이 됩니다.

☑ 방해하다, 중단하다

의미 암기용 표현과 문장

• **Sorry to interrupt, but there's someone to see you.** 방해해서 죄송해요. 어떤 분이 찾아 왔어요.

G-TELP 문법패턴훈련

Joel **interrupted** the manager **while** he _____ a meeting with the regional vice president.

(a) is having　　　　　(b) was having

962 distinctive
[distíŋktiv]

= unique

GRAMMAR POINT

선택문항에 조동사 **4**개, 접속사 **4**개, 접속부사 **4**개가 나오는 문제는 해석으로 풀어야 하는 고난이도 문제입니다.

☐ 독특한

의미 암기용 표현과 문장

• **the distinctive call of the cuckoo** 뻐꾸기의 두드러지는 울음소리

G-TELP 문법패턴훈련

However, Dr. Janet Testa **wondered** _____ different types of books affect the popularity of two distinctive formats.

(a) while　　　　　(b) whether

963 circulate
[sə́ːrkjulèit]

= distribute
= issue

GRAMMAR POINT

지텔프에서 가정법 과거완료의 짝찾기는 매회 가장 많이 출제되는 최다 빈출 문법패턴입니다.

☑ 순환하다

의미 암기용 표현과 문장

• **The condition prevents the blood from circulating freely.** 그 질환은 자유로운 혈액 순환을 방해한다.

G-TELP 문법패턴훈련

If he **had not circulated** a memo about the dress code earlier, he _____ her for coming to work in casual clothes.

(a) would have excused　　　(b) would excuse

964 sculpture
[skʌ́lptʃər]

= statue

☐ 조각(품)

의미 암기용 표현과 문장

• **He collects modern sculpture.** 그는 현대 조각품을 수집한다.

G-TELP 구문독해훈련

A well-known art conservator was tasked with the restoration of an ancient Greek sculpture.

---

961. (b) 매니저가 지역 부사장과 회의를 하고 있던 중에 조엘이 매니저를 방해했다.　**962. (b)** 그러나, 자넷 테스타 박사는 책의 다른 종류들이 두 가지 구별되는 형식의 인기도에 영향을 끼치는지 아닌지에 대해 궁금해 했다.　**963. (a)** 만약 복장규정에 대한 회람을 좀 더 일찍 공유하지 않았었다면, 그는 캐주얼한 옷을 입고 직장에 온 그녀를 용서했었을 것이다.　**964.** 어떤 잘 알려진 예술작품 보존가가 고대 그리스의 조각상에 대한 복원작업의 일을 맡았습니다.

965 **ohcat**
[tʃiːt]

= deceive

☑ 시기 치디, **☐** 이디 **☐** 시기

의미 암기용 표현과 문장
- **She is accused of attempting to cheat the taxman.** 그녀는 세무당국을 속이려 했다는 혐의를 받고 있다.
- **It's really a cheat, but you can use ready-made pastry if you want.** 사실 편법이기는 하지만 원하면 이미 만들어져 있는 반죽을 (사서) 쓸 수도 있어요.

GRAMMAR POINT

지텔프에서 **seem**은 뒤에 단순to부정사나 완료to부정사가 오는 형태로 출제됩니다. 완료to부정사가 정답이 되는 함정 문제는 기본서를 참조하세요.

G-TELP 문법패턴훈련

Having been cheated on for the third time, Trish seems _____ all trust in men.
(a) to have lost   **(b) having lost**

---

966 **propel**
[prəpél]

= drive

☑ 추진하다

의미 암기용 표현과 문장
- **Fury propelled her into action.** 그녀는 격분에 못 이겨 행동을 했다.

G-TELP 구문독해훈련

Boats propelled only by oars or paddles are exempt from state licensing requirements for motor-driven watercraft.

---

967 **prosper**
[práspər]

= thrive

☑ 번영하다, 성공하다

의미 암기용 표현과 문장
- **My business is prospering.** 내 사업은 잘 되어가고 있다.

G-TELP 구문독해훈련

This enabled the communities to grow larger, gain material wealth, and prosper with larger households.

---

968 **aggressive**
[əgrésiv]

= offensive

☐ 공격적인

의미 암기용 표현과 문장
- **He gets aggressive when he's drunk.** 그는 술이 취하면 공격적이 된다.

G-TELP 구문독해훈련

The earnings from the new tablet PC were not recovered even after the aggressive promotion event had been held last quarter.

---

965. (a) 세 번이나 남자에게 배신당한, 트리쉬는 남자들에 대한 모든 믿음을 잃어버린 것처럼 보인다.   **966.** 오직 노나 패들에 의해서 추진되는 보트들은 동력으로 작동되는 선박용으로 요구되는 주 면허 요구사항이 면제됩니다.   **967.** 이것은 지역 사회들이 더 크게 성장하고, 물질적인 부를 더 가지며, 그리고 더 큰 가정으로 번영할 수 있도록 해 줍니다.   **968.** 새로운 태블릿 **PC**의 수익은 지난 분기 공격적인 홍보 행사가 열린 이후에도 회복되지 못했다.

DAY 0- / 02 / 03 / 04 / 05 / 06 / 07 / 08 / 09 / 10 / 11 / 12 / 13 / 14 / 15 / 16 / 17 / 18 / 19 / 20

969 liberal
[líbərəl]

= progressive

a 진보적인, 교양의 **n** 진보주의자

의미 암기용 표현과 문장

- **Some politicians want more liberal trade relations with Europe.** 일부 정치인들은 유럽과의 더 진보적인 무역 관계를 원한다.
- **a liberal education** 교양 교육
- **Reform is popular with middle-class liberals.** 개혁은 중산층 진보주의자들에게 인기가 있다.

G-TELP 구문독해훈련

Walter Munroe and Ryan Lars, whose play is showing this evening, both graduated from a liberal arts college and majored in theater performance.

970 executive
[igzékjutiv]

= administrator
= administrative

GRAMMAR POINT

지텔프에서 **agree**는 **to**부정사를 목적어로 쓰는 동사로 출제됩니다.

n 이사, 경영진 **a** 경영의

의미 암기용 표현과 문장

- **advertising[business/sales] executives** 홍보[영업/판매] 이사
- **She has an executive position in a finance company.** 그녀는 한 금융 회사의 경영진 지위에 있다.

G-TELP 문법패턴훈련

The Mont Blanc Hotel agreed _____ the executive suite at a reduced rate to all business executives.
(a) to offer   (b) offering

971 passive
[pǽsiv]

= inactive

a 수동적인, 소극적인

의미 암기용 표현과 문장

- **He played a passive role in the relationship.** 그는 그 관계에서 수동적인 역할을 했다.

G-TELP 구문독해훈련

The device has two modes: active and passive.

972 fertile
[fə́ːrtl]

= productive

a 비옥한, 생식력이 있는

의미 암기용 표현과 문장

- **a fertile region** 비옥한 지역
- **The treatment has been tested on healthy fertile women under the age of 35.** 그 치료법은 35세 미만의 건강한 가임 여성들에게 테스트를 한 것이다.

G-TELP 구문독해훈련

Civilizations from the Bronze Age to the Ottoman Empire have left their cultural detritus strewn over the fertile coastline.

---

969. 오늘 저녁에 공연되는 연극의 월터 먼로와 라이언 라스는 둘 다 모두 인문대학을 졸업했고 연극 연출을 전공했다. **970. (a)** 몽블랑 호텔은 모든 기업체 임원들에게 할인된 가격에 최고급 객실을 제공하는데 동의해 주었습니다. **971.** 이 장치에는 능동 모드와 수동 모드의 두 가지 모드가 있습니다. **972.** 청동기 시대부터 오스만 제국에 이르는 문명들은 이 비옥한 해안 지역 위에 그들의 문화적 잔재를 여기저기 남겼습니다.

973 **obsess**
[əbsés]

x

☑ 집착하나, (마음을) 사로잡나

의미 암기용 표현과 문장
• **She's completely obsessed with him.** 그녀의 머릿속은 온통 그 사람[남자] 생각뿐이다.

G-TELP 구문독해훈련
Doctors say Americans' computer-obsessed, couch-potato lifestyle contributes to both obesity and diabetes.

974 **resolve**
[rizάlv]

= settle
= solve

☑ 해결하다, 결심하다   ⓝ 결심

의미 암기용 표현과 문장
• **resolve an issue[a dispute/a conflict/a crisis]** 쟁점을[분쟁을/갈등을/위기를] 해결하다
• **He resolved not to tell her the truth.** 그는 그녀에게 진실을 말하지 않기로 다짐했다.
• **The government reiterated its resolve to uncover the truth.** 정부는 그 진실을 밝혀내겠다는 의지를 거듭 강조했다.

G-TELP 구문독해훈련
The major problem we had on the main assembly line belt at the new factory has since been resolved and we will be fully operational in the next week.

975 **impress**
[imprés]

= inspire
= move

☑ 인상을 남기다, 감명을 주다

의미 암기용 표현과 문장
• **He impressed her with his sincerity.** 그는 성실성으로 그녀에게 감명을 주었다.

G-TELP 구문독해훈련
All audience was impressed with Mr. Sharman's success story.

976 **refine**
[rifάin]

= purify
= improve

GRAMMAR POINT
"~하기 위해서"나 "~하기 위한"의 의미로 쓰이는 to부정사의 쓰임에도 익숙해져야 합니다.

☑ 정제하다, 개선하다

의미 암기용 표현과 문장
• **Sugar, oil, and metals are refined before being used.** 설탕, 기름, 금속은 사용하기 전에 정제된다.

G-TELP 문법패턴훈련
Use the search filters _____ **the search and find the quarantined items that are of interest to you.**
(a) to refine   **(b) refine**

977 **assent**
[əsént]

= agree
= approve

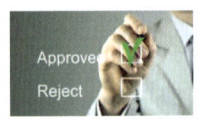

■ 동의, 찬성   ☑ 동의하다, 찬성하다

의미 암기용 표현과 문장
- **The director has given her assent to the proposals.** 이사가 그 제안들을 승인했다.
- **Nobody would assent to the terms they proposed.** 그들이 제안한 조건에 찬성할 사람은 아무도 없을 것이다.

G-TELP 구문독해훈련
Many of those involved assented and signed the agreement in order to avoid imprisonment and further prosecutions.

---

978 **witness**
[wítnis]

= observer
= observe

■ 목격자, 증인   ☑ 목격하다, 증언하다

의미 암기용 표현과 문장
- **a defence[prosecution] witness** 피고 측[검찰 측] 증인
- **She was shocked by the violent scenes she had witnessed.** 그녀는 자기가 목격한 폭력적인 광경에 충격을 받았다.

G-TELP 구문독해훈련
Many witnesses insisted that the accident had taken place on the crosswalk.

---

979 **entitle**
[intáitl]

= authorize

☑ 자격을 주다, 제목을 붙이다

의미 암기용 표현과 문장
- **You will be entitled to your pension when you reach 65.** 65세가 되면 연금을 받을 자격이 주어진다.

G-TELP 구문독해훈련
Whoever volunteers to organize the new product demonstration will be entitled to an additional week of paid vacation.

---

980 **supervisor**
[súːpərvàizər]

= boss
= chief

GRAMMAR POINT
선택지문항에 조동사 4개, 접속사 4개, 접속부사 4개가 나오는 문제는 해석으로 풀어야 하는 고난이도 문제입니다.

■ 관리자, 감독관

의미 암기용 표현과 문장
- **I have a meeting with my supervisor about my research topic.** 나는 내 연구 주제에 대해 지도교수와 면담이 있다.

G-TELP 문법패턴훈련
Applicants for the retail supervisor's position _____ have experience with a large retail chain and at least three years of management experience.
(a) should   (b) will

---

977. 관련자 중 많은 사람들이 투옥과 추가적인 기소를 피하기 위해서 협약에 동의하고 서명했습니다.   **978.** 많은 목격자들은 그 사고가 횡단보도에서 발생한 것이라고 주장했다.   **979.** 신제품 시연회를 조직하는데 자원하는 사람은 추가 **1**주일의 유급휴가를 받게 될 자격을 가지게 될 것입니다.   **980. (a)** 소매 관리자의 직책에 지원하는 신청자들은 대형 소매점 제안에서 일한 경험과 최소 **3**년의 관리직 경험을 가지고 있어야 합니다.

981 boast
[boust]

= brag

v 자랑하다

의미 암기용 표현과 문장

• I don't want to boast, but I can actually speak six languages. 뽐내고 싶진 않지만 난 사실 6개 언어를 할 줄 알아요.

G-TELP 구문독해훈련

Instead of having rooms in the traditional sense, Winter Retreat boasts 12 individual cabins decorated in one of four styles: Ancient Greece, Anciet Egypt, Medieval India, and Renaissance England.

---

982 abundant
[əbʌndənt]

= ample
= sufficient

a 풍부한

의미 암기용 표현과 문장

• We have abundant evidence to prove his guilt. 우리에겐 그의 유죄를 입증할 증거가 풍부하다.

G-TELP 구문독해훈련

Commercial fishing has begun to threaten their future by depleting the once abundant schools of fish they feed on.

---

983 insight
[ínsàit]

= understanding

GRAMMAR POINT

관계대명사 who는 선행사가 사람일 경우에 사용합니다.

n 통찰력, 이해, 간파

의미 암기용 표현과 문장

• The book gives us fascinating insights into life in Mexico. 그 책은 우리에게 멕시코의 삶에 대한 매혹적인 통찰을[이해를] 안겨 준다.

G-TELP 문법패턴훈련

This experience gave her the insight into child education _____ formed the foundation of the teaching method she would develop.
(a) that   (b) who

---

984 remarkable
[rimάːrkəbl]

= extraordinary
= outstanding

a 주목할 만한, 놀라운

의미 암기용 표현과 문장

• a remarkable achievement[career/talent] 놀랄 만한 성취[경력/재능]

G-TELP 구문독해훈련

The R&D team will receive an award at the product launch ceremony for their remarkable accomplishments in development.

---

981. 전통적인 감각으로 객실을 보유하는 대신에, 윈터 리트리트는 고대 그리스, 고대 이집트, 중세 인도, 그리고 르네상스 시대의 영국 등의 4가지 스타일 중 하나로 장식된 12개의 개별적인 객실을 자랑합니다.   **982.** 상업적 어업은 그들이 주식으로 먹어온 한 때 풍부했던 고기 떼들을 고갈시킴으로서 그들의 미래에 위협을 가하기 시작했습니다.   **983. (a)** 이 경험은 그녀에게 그녀가 개발하려고 했던 교육 방법에 대한 기초를 형성시켜 준 아동 교육에 대한 통찰력을 주었습니다.   **984.** 연구개발팀은 제품 개발에 있어서 그들의 뛰어난 업적 때문에 제품 출시식에서 상을 받게 될 것입니다.

985 **nurture**

[náːrtʃər]

= foster
= upbringing

☑ 양육하다, 키우다 🔲 교육, 양성

의미 암기용 표현과 문장

- It's important to nurture a good working relationship. 좋은 업무 관계를 육성하는 것은 중요하다.
- the nurture of creative scientists 창조적인 과학자의 양성

G-TELP 구문독해훈련

Film directors often nurture long-standing working relationships with certain actors and actresses.

---

986 **tragic**

[trǽdʒik]

= heartbreaking

GRAMMAR POINT

지텔프에서 가정법 과거완료의 짝찾기는 무조건 맞춰야 하는 5초짜리 문제입니다.

🔲 비극적인

의미 암기용 표현과 문장

- He was killed in a tragic accident at the age of 24. 그는 24세의 나이에 비극적인 사고로 목숨을 잃었다.

G-TELP 문법패턴훈련

If people _____ more careful with the environment, this tragic incident would not have happened.
(a) had been   (b) are

---

987 **voyage**

[vɔ́iidʒ]

= journey
= sailing

🔲 항해, 긴 여행 ☑ 항해하다

의미 암기용 표현과 문장

- The Titanic sank on its maiden voyage. 타이타닉 호는 처녀항해에서 침몰했다.
- voyage through the Pacific Ocean 태평양을 항해하다

G-TELP 구문독해훈련

Voyage Publishing Corporation is inviting all booklovers to participate in International Book Day.

---

988 **rot**

[rat]

= decay
= decompose

GRAMMAR POINT

before절이 과거시제이기 때문에 과거 이전의 시제표현이 필요합니다.

☑ 썩다

의미 암기용 표현과 문장

- The window frame had rotted away completely. 창틀이 완전히 부식되고 없었다.

G-TELP 문법패턴훈련

Before it was finished, construction _____ some setbacks due to structural problems, including a crumbling limestone foundation and wood rot in the roof rafters.
(a) had been facing   (b) has been facing

---

985. 영화감독들은 종종 특정 배우들이나 여배우들과 오랫동안 지속되는 협력 관계를 유지합니다. **986. (a)** 만약 사람들이 환경에 보다 주의를 기울였었다면, 이러한 비극적인 사건은 발생하지 않았었을 것입니다. **987.** 보이지 출판사는 모든 책 애호가들을 국제 책의 날의 참석에 초대하는 바입니다. **988. (a)** 이것이 끝나기 전에, 건설은 부서지기 쉬운 석회암 기초와 지붕 서까래의 썩은 나무 등을 포함하는 구조적인 문제들 때문에 약간의 차질을 겪었습니다.

989 **notion**
[nóuʃən]

= opinion
= view

n 개념, 관념, 생각

의미 암기용 표현과 문장
- **Such is the common notion.** 통설이란 그런 것이다.

G-TELP 구문독해훈련

The notion that a plant-based diet improves athletic performance is arguably the most valuable finding of this research.

990 **premiere**
[primíər]

= opening

n 개봉, 초연 **v** 개봉하다, 초연하다

의미 암기용 표현과 문장
- **The movie will have its premiere in July.** 그 영화는 7월에 개봉된다.
- **His new movie premieres in New York this week.** 그의 새 영화는 이번 주에 뉴욕에서 개봉된다.

G-TELP 구문독해훈련

Many historic Hollywood theaters are used as venues to premiere major theatrical releases and host the Academy Awards.

991 **distress**
[distrés]

= suffering

GRAMMAR POINT

선택문항에 조동사 4개, 접속사 4개, 접속부사 4개가 나오는 문제는 해석으로 풀어야 하는 고난이도 문제입니다.

n 고통, 고민 **v** 괴롭히다

의미 암기용 표현과 문장
- **economic[financial] distress** 경제적[재정적] 곤경
- **It was clear that the letter had deeply distressed her.** 그 편지가 그녀를 몹시 고통스럽게 만든 것이 분명했다.

G-TELP 문법패턴훈련

If this alarm is not deactivated within 20 seconds, the phone _____ send a distress signal informing five emergency numbers of the user's current location, make a phone call to one of them, and even start recording audio.
(a) will   (b) must

992 **contrary**
[kántreri]

= opposing

a 반대되는

의미 암기용 표현과 문장
- **Contrary to popular belief, many cats dislike milk.** 일반적인 믿음과는 반대로 많은 고양이들이 우유를 싫어한다.

G-TELP 구문독해훈련

Contrary to the hypothesis, the results of the study showed that there was no significant difference in total sleep time between the two groups.

---

989. 식물에 기초한 식단이 운동 능력을 향상시켜 준다는 관념이 단언코 이 연구의 가장 귀중한 발견 결과일 것입니다. **990.** 많은 역사적인 할리우드의 영화관들이 메이저 영화의 배포를 위한 시사회 공간이나 아카데미 시상식들을 주최하기 위한 장소로 사용되어지고 있습니다. **991. (a)** 만약 이 알람이 **20**초 이내에 비활성화 되지 않는다면, 전화기는 사용자의 현재 위치를 **5**개의 긴급 번호에 알려주는 구조신호를 보내고, 그 중 하나에 전화를 하며, 그리고 심지어 음향 녹음을 시작합니다. **992.** 가설과는 반대로, 이 연구의 결과는 두 집단 간에 총 수면 시간에 있어서 의미 있는 차이가 존재하지 않는다는 것을 보여주었습니다.

C1
DAY 02
DAY 03
DAY 04
DAY 05
DAY 06
DAY 07
DAY 08
DAY 09
DAY 10
DAY 11
DAY 12
DAY 13
DAY 14
DAY 15
DAY 16
DAY 17
DAY 18
DAY 19
DAY 20

어휘·문법·독해까지 한꺼번에 끝내는 **G-TELP VOCABULARY LEVEL** 심화

993 absent
[ǽbsant]

= missing

a 결석한, 부재한

의미 암기용 표현과 문장

• **Love was totally absent from his childhood.** 그의 어린 시절엔 애정이 완전 부재했다.

G-TELP 구문독해훈련

Otters and kingfishers have returned to stretches of river from which they were absent for many years.

---

994 subsequent
[sʌ́bsikwənt]

= following

a 그 다음의

의미 암기용 표현과 문장

• **Subsequent events confirmed our doubts.** 그 다음에 일어난 일들은 우리의 의혹이 옳았음을 증명해 주었다.

G-TELP 구문독해훈련

Any subsequent messages that you open use the same window.

---

995 access
[ǽkses]

= entry
= approach

GRAMMAR POINT

지텔프에서 now가 나오면 현재진행 시제가 답이 됩니다.

n 입장, 접근(권한) **v** 접근하다

의미 암기용 표현과 문장

• **The police gained access through a broken window.** 경찰은 깨진 유리창을 통해 들어갔다.

G-TELP 문법패턴훈련

Having learnt its lesson, Linden Homes Ltd. _____ real-time access to essential security information.
(a) is now providing   **(b) has been now providing**

---

996 correspond
[kɔ̀ːrəspάnd]

= match

v 일치하다, 부합하다

의미 암기용 표현과 문장

• **Your account of events does not correspond with hers.** 사건들에 대한 당신의 설명이 그녀의 설명과 일치하지 않는다.

G-TELP 구문독해훈련

Home prices rose 3.6% in July compared with the corresponding month a year ago.

---

993. 수달들과 물총새들이 수년간 사라졌던 강가로 다시 돌아 왔습니다. **994.** 당신이 여는 모든 후속 메시지들은 동일한 윈도우 창을 사용합니다. **995. (a)** 교훈을 얻고 나서, 린덴 홈즈사는 지금 중요한 보안 정보에 실시간 접속을 제공하고 있습니다. **996.** 1년 전 같은 달과 비교해 볼 때 주택 가격은 7월에 3.6% 상승했습니다.

001 sufficient
[səfíʃənt]

⊡ 충분한

= ample
= enough

GRAMMAR POINT
"~하기 위해서"나 "~하기 위한"의 의미로 쓰이는 **to**부정사의 쓰임에도 익숙해져야 합니다.

의미 암기용 표현과 문장
• **Allow sufficient time to get there.** 그곳까지 가는 데는 시간을 충분히 잡아라.

G-TELP 문법패턴훈련
New patients should arrive fifteen minutes before their scheduled appointment time to allow sufficient time _____ any paperwork.
(a) to complete   **(b) completing**

998 reckless
[réklis]

⊡ 무모한

= careless
= rash

의미 암기용 표현과 문장
• **She was a good rider, but reckless.** 그녀는 훌륭한 기수였지만 신중하지 못했다.

G-TELP 구문독해훈련
Several analysts predict that increasing the penalty for the first offense will have a significant impact on this reckless behavior.

999 collide
[kəláid]

⊡ 충돌하다

= crash

PLANETS COLLIDE

의미 암기용 표현과 문장
• **The car and the van collided head-on in thick fog.** 그 승용차와 밴은 짙은 안개 속에서 정면충돌을 했다.

G-TELP 구문독해훈련
Sometimes bikes collide with pedestrians on those trails, which allow both cyclists and pedestrians the "right-of-way."

1000 crush
[krʌʃ]

⊡ 눌러 부수다, 박살내다

= squash

CRUSH

의미 암기용 표현과 문장
• **The car was completely crushed under the truck.** 그 승용차는 트럭에 깔려 완전히 쭈그러졌다.

G-TELP 구문독해훈련
Scientists were warning us of the impending ice age and how glaciers would very soon come crushing down on our northern cities.

---

997. (a) 외래 환자분들께서는 서류 작업을 마칠 수 있는 충분한 시간을 가지기 위해 예정된 예약 시간보다 **15**분 일찍 도착하셔야 합니다.   **998.** 몇몇 분석가들은 첫 번째 위반에 대한 벌금을 인상하는 것이 이 무모한 행동에 중요한 영향을 미칠 것이라고 예측하고 있습니다.   **999.** 때때로 자전거들은 자전거 운전자와 보행자 양자에게 **"통행권"**을 주는 이러한 길에서 보행자들과 충돌합니다.   **1000.** 과학자들은 우리에게 빙하기가 임박했다고 경고했고 어떻게 빙하들이 곧 우리의 북부 도시들을 붕괴시킬 수 있는지에 대해 경고했습니다.

1001 endorse
[indɔ́:rs]

= back
= support

ENDORSE

v 지지하다, 보증[홍보]하다, 배서[이서]하다

의미 암기용 표현과 문장
- I wholeheartedly endorse his remarks. 저는 진심으로 그의 발언을 지지합니다.

G-TELP 구문독해훈련
The KTX China Cooperative endorses unpolluting transportation routes such as urban walking trails and bicycle lanes.

1002 extravagant
[ikstrǽvəgənt]

= lavish

a 사치스러운

의미 암기용 표현과 문장
- She's got very extravagant tastes. 그녀는 낭비벽이 심하다.

G-TELP 구문독해훈련
Each of the store's sale windows reveals extravagant gift items, culminating with a diamond-encrusted fountain pen worth $150,000.

1003 vulnerable
[vΛlnərəbl]

= weak

a 취약한, 상처받기 쉬운

의미 암기용 표현과 문장
- In cases of food poisoning, young children are especially vulnerable. 어린 아이들이 특히 식중독에 취약하다.

G-TELP 구문독해훈련
When overused or misused, these drugs make a person more vulnerable to attack by a Superbug virus.

1004 dense
[dens]

= thick

GRAMMAR POINT
be used to부정사는 "~하기 위해 사용되다"의 의미로 쓰입니다.

a 밀집한, 빽빽한

의미 암기용 표현과 문장
- areas of dense population 인구 조밀 지역

G-TELP 문법패턴훈련
For instance, vetiver was recently used _____ the 101-mile railway banks that wind through the dense Madagascar forest.
(a) to support   (b) supporting

1001. KTX 차이나 코아퍼레이티브는 도심의 산책로나 자전거 전용 도로와 같은 환경을 오염시키지 않는 교통로를 지지하고 있습니다. 1002. 그 가게의 판매 진열장 각각은 150,000 달러짜리 다이아몬드가 박힌 만년필로 정점을 이루는 화려한 선물 상품들을 드러내 보여 주고 있습니다. 1003. 남용되거나 오용이 될 경우, 이러한 약물들은 슈퍼버그 바이러스에 의한 공격 등에 사람을 취약하게 만듭니다. 1004. (a) 예를 들어, 베티베르풀은 최근에 우거진 마다가스카르 숲을 감싸는 101마일의 철로용 뚝방을 지탱하기 위해 사용되었습니다.

1005 **tease**
[tíːz]

= mock

GRAMMAR POINT
지텔프에서 가정법 과거의 짝찾기는 무조건 맞춰야 하는 5초짜리 문제입니다.

🔲 놀리다

의미 암기용 표현과 문장
• **Don't get upset — I was only teasing.** 화내지 마. 그냥 장난으로 그런 거야.

G-TELP 문법패턴훈련
You _____ to apologize **if** you **hurt** or **teased** someone.
(a) might need   (b) can need

1006 **pursue**
[pərsúː]

= seek

☑ 추구하다, 쫓다

의미 암기용 표현과 문장
• **We intend to pursue this policy with determination.** 우리는 이 정책을 단호히 밀고 나갈 작정입니다.

G-TELP 구문독해훈련
Despite encountering many obstacles, Maria Montessori pursued medicine and enrolled in the University of Rome.

1007 **manual**
[mǽnjuəl]

= physical
= handbook

GRAMMAR POINT
관계대명사 which는 선행사가 사람일 경우엔 쓰이지 않습니다.

🔲 수동의, 손으로 하는   🔲 제품 설명서

의미 암기용 표현과 문장
• **manual and non-manual workers** 육체 노동자 및 비육체 노동자들
• **a computer[car/instruction] manual** 컴퓨터[자동차/제품] 사용 설명서

G-TELP 문법패턴훈련
The doctor, _____ has published his lab manuals worldwide, is an acclaimed medical writer as well as an outstanding physician.
(a) who   (b) which

1008 **abstract**
[ǽbstrækt]

= theoretical

🔲 추상적인, 관념적인   ☑ 추출하다   🔲 요약, 개요, 발췌

의미 암기용 표현과 문장
• **abstract knowledge[principles]** 추상적인 지식[원칙들]
• **She abstracted the main points from the argument.** 그녀는 그 주장에서 주된 요소들을 끌어냈다.
• **a one-page abstract** 1페이지 요약, 1페이지 분량의 개요

G-TELP 구문독해훈련
Research grant proposals must be submitted by next Friday and should include a budget and a one-page abstract.

1005. (a) 당신이 누군가를 다치게 하거나 괴롭힌다면 당신은 사과를 해야 할지도 모릅니다.   **1006.** 많은 장애들을 겪었음에도 불구하고, 마리아 몬테소리는 의학을 추구했고 로마 대학교에 등록했습니다.   **1007. (a)** 전 세계적으로 그의 실험 설명서를 출간한, 그 의사는 유명한 의학 저술가일 뿐만 아니라 탁월한 의사이기도 합니다.   **1008.** 연구 보조금 신청서는 다음 주 금요일까지 제출되어야 하며 예산과 1페이지 분량의 초록을 포함해야 합니다.

1009 leftover
[leˈftouˌvər]

= food
= meal

🔟 남은 음식[것/유물/잔재] 🔷 남은

의미 암기용 표현과 문장

• **Also, if you have any leftover food, throw it away.** 또한, 남은 음식이 있다면, 버리세요.

G-TELP 구문독해훈련

This consists of fresh materials that are usually green in color, such as grass clippings, green leaves, and leftover food.

1010 imperial
[impíəriəl]

= regal

🔷 제국의

의미 암기용 표현과 문장

• **the imperial family[palace/army]** 황실[황궁/제국의 군대]

G-TELP 구문독해훈련

Imperial Garden guarantees that you will have a wide selection of seasonal seafood and leisurely dining in the picturesque garden.

1011 unique
[juːníːk]

= distinct
= special

GRAMMAR POINT

선택문항에 조동사 4개, 접속사 4개, 접속부사 4개가 나오는 문제는 해석으로 풀어야 하는 고난이도 문제입니다.

🔷 유일한, 독특한

의미 암기용 표현과 문장

• **Everyone's fingerprints are unique.** 사람 개개인의 지문은 유일무이하다.

G-TELP 문법패턴훈련

The Cooking Kits are designed to be both practical and fun, _____ they can be purchased for convenience, self-indulgence, or as unique gifts for any occasion.
(a) but   **(b) so**

1012 legal
[líːgəl]

= judicial

GRAMMAR POINT

지텔프에서 right now가 나오면 현재진행시제가 답이 됩니다.

🔷 합법적인, 법적인

의미 암기용 표현과 문장

• **take[seek] legal advice** 법률적 자문을 받다[구하다]

G-TELP 문법패턴훈련

Estee & Lauder Ltd. _____ qualified applicants for a legal assistant position right now.
(a) had been seeking   **(b) is seeking**

1009. 이것은 일반적으로 색깔이 녹색인 예를 들어 깎여진 잔디, 녹색 나뭇잎들, 그리고 남은 음식들과 같은 신선한 물질들로 구성이 됩니다.   **1010.** 임페리얼 가든은 여러분이 다양한 종류의 계절 해산물과 여유로운 저녁을 그림처럼 멋진 정원에서 가지실 수 있도록 보장해 드립니다.   **1011. (b)** 이 요리 키츠는 실용적이기도 하며 재미있기도 하게 디자인되었습니다, 따라서 이것들은 편리함을 위해, 그리고 자기 즐거움을 위해, 또는 모든 경우에 맞는 독특한 선물로써 구매되어 질 수 있습니다.
1012. (b) 에스티 앤 로더사는 지금 업무 보조 직책에 적합한 자질을 가진 자원자들을 찾고 있습니다.

1010 **monetary**
[mάnətèri]

= financial

a 화폐의, 금융의

의미 암기용 표현과 문장
• monetary policy[growth] 통화 정책[팽창]

G-TELP 구문독해훈련
Generally, silver coins have little monetary value because they are produced in the millions.

1014 **substance**
[sΛbstəns]

= material

n 물질, 재질

의미 암기용 표현과 문장
• a chemical[radioactive] substance 화학[방사성] 물질

G-TELP 구문독해훈련
However, some critics are suspecting that he could be using banned substances to improve his sports performance.

1015 **monument**
[mάnjumənt]

= memorial

n 기념물

의미 암기용 표현과 문장
• an ancient monument 기념비적인 고대 건축물

G-TELP 구문독해훈련
The Grand Canyon then became an official national monument in 1908 and a national park in 1919.

1016 **funeral**
[fjúːnərəl]

= burial

GRAMMAR POINT
가주어 It의 진주어가 될 수 있는 to부정사가 필요한 문장입니다.

n 장례식

의미 암기용 표현과 문장
• Hundreds of people attended the funeral. 수백 명의 사람들이 그 장례식에 참석했다.

G-TELP 문법패턴훈련
It would be rude in many countries _____ red flowers to a funeral!
(a) to bring   (b) bring

1013. 일반적으로, 은화들은 수백만 개씩 생산되기 때문에 통화로서의 가치는 별로 없습니다.   1014. 그러나, 일부 비평가들은 그가 그의 스포츠 성적을 향상시키기 위해서 금지된 약물을 사용했을지도 모른다고 의심하고 있습니다.   1015. 그랜드캐넌은 1908년에 공식적인 국가 기념물이 되었고 1919년에 국립공원이 되었습니다.   1016. (a) 많은 나라에서 장례식장에 붉은 꽃을 가지고 오는 것은 무례하게 여겨진다!

1017 **prospective**
[prəspéktiv]

= future
= potential

🔲 장래의, 기대되는

의미 암기용 표현과 문장

• **a prospective buyer** 장래의 구매자

G-TELP 구문독해훈련

Schools around the state have recently instituted a new dress code policy in order to try and offer a better image to prospective parents enrolling new students.

1018 **conservative**
[kənsə́ːrvətiv]

= traditional

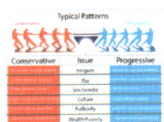

🔲 보수적인   🔳 보수주의자, 보수당원

의미 암기용 표현과 문장

• **Her style of dress was never conservative.** 그녀의 의상 스타일은 결코 보수적이지 않았다.
• **a fanatical conservative** 광신적 보수주의자

G-TELP 구문독해훈련

A study found that "left" (liberal) and "right" (conservative) political Twitter account users rarely interact with one another.

1019 **rural**
[rúərəl]

= rustic
= pastoral

GRAMMAR POINT

관계대명사 that은 컴마가 2개 나온
다고 해도, 컴마와 함께 계속적용법으
로 사용되지 않습니다.

🔲 시골의

의미 암기용 표현과 문장

• **rural areas** 시골 지역

G-TELP 문법패턴훈련

As a consequence, the railroad, _____ serves as the only means of transportation for more than a hundred thousand rural farmers, was in danger of collapsing.
(a) that   (b) which

1020 **fluent**
[flúːənt]

= natural

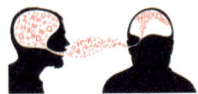

🔲 유창한, 능통한

의미 암기용 표현과 문장

• **He speaks fluent Italian.** 그는 유창한 이탈리아어를 구사한다.

G-TELP 구문독해훈련

In 1821, Champollion, who was fluent in Greek and Coptic (Egyptian), continued Young's work and completed a list of Greek translations of the Egyptian symbols.

1017. 주 전역의 학교들은 최근에 새로운 학생들을 등록시킬 잠재적인 부모들에게 더 나은 이미지를 제공하기 위해 새로운 복장 규정을 제정했다.   **1018.** 한 연구에 따르면 (자유적) "좌파"와 (보수적) "우파"의 정치적 트위터 계정 사용자들은 거의 서로 상호 작용을 하지 않는다고 한다.   **1019. (b)** 결과적으로, 십만 명 이상의 시골 농민들을 위한 유일한 교통수단으로 기능했던 그 철도가 붕괴의 위험에 처해지게 되었다.   **1020. 1821년에,** 그리스어와 콥트어(이집트어)에 능통한 샹폴리옹은 영의 작업을 이어서 이집트 상형문자의 그리스어 번역본 목록을 완성했다.

DAY 18

20 days

어휘·문법·독해까지 한꺼번에 끝내는
ALL-IN-ONE 우선순위 G-TELP

VOCABULARY LEVEL 심화

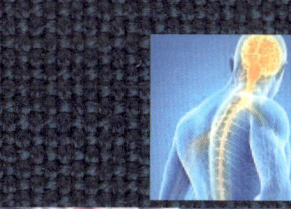

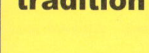

1021 crucial

[krúːʃəl]

= important
= vital

ⓐ 결정적인, 중요한

의미 암기용 표현과 문장

• a crucial factor[issue/decision] 중대한 요소[사안/결정]

G-TELP 구문독해훈련

A second foreign language is crucial for students when applying to their desired universities.

1022 counterpart

[káuntərpɑ̀ːrt]

= equal

ⓝ 상대방, 상응하는 것

의미 암기용 표현과 문장

• The Foreign Minister held talks with his Chinese counterpart. 외무 장관이 중국 외무 장관과 몇 차례 회담을 가졌다.

G-TELP 구문독해훈련

By interacting with people from different backgrounds, city people learn to be more open-minded and cooperative than their counterparts in the country.

1023 opponent

[əpóunənt]

= rival

GRAMMAR POINT

지텔프에서 가정법 과거완료의 짝찾기는 무조건 맞춰야 하는 5초짜리 문제입니다.

ⓝ 상대, 경쟁자

의미 암기용 표현과 문장

• a political opponent 정치적 상대

G-TELP 문법패턴훈련

If only Harry's campaign team _____ the damage right away, he would have gotten more votes than his opponents.
(a) had controlled   (b) controlled

1024 exile

[égzail]

= banish
= expel

ⓝ 추방, 망명(자) ⓥ 추방하다, 망명하다

의미 암기용 표현과 문장

• a place of exile 망명지[유배지]
• exile a person from his country[home] 고국에서 추방하다

G-TELP 구문독해훈련

Human rights and exile groups said yesterday that hundreds of people detained during the disturbances were still unaccounted for.

1021. 제 2 외국어는 학생들이 자신들이 원하는 대학에 지원할 때 매우 중요합니다. 1022. 서로 다른 배경을 가진 사람들과 상호 작용함으로써, 도시 사람들은 시골에서 자란 사람들보다 좀 더 개방적이고 좀 더 협동할 수 있는 법을 배우게 됩니다. 1023. (a) 만약 해리의 선거 운동팀이 즉시에서 피해를 통제했었다면, 그는 그의 적수들보다 더 많은 표를 얻었었을 것이다. 1024. 인권단체들과 망명단체들은 어제 난리 속에 억류된 수백 명의 사람들의 행방이 불명하다고 말했다.

1025 collapse
[kəlǽps]

= fall

GRAMMAR POINT

have a hard time ~ing는 동명사 관용표현입니다.

☑ 붕괴하나, 쓰러시나

의미 암기용 표현과 문장
• The roof collapsed under the weight of snow. 지붕이 눈의 무게를 못 이기고 내려앉았다.

G-TELP 문법패턴훈련

Breger **had a hard time** _____ work during the Great Depression, after the US stock market collapsed.
(a) to find　　　　　　(b) finding

1026 trivial
[trivial]

= minor
= small

GRAMMAR POINT

imperative that절 속에는 동사원형을 골라야 합니다.

☑ 사소한, 하찮은

의미 암기용 표현과 문장
• I know it sounds trivial, but I'm worried about it. 하찮게 들린다는 거 알지만 난 그게 걱정이 돼요.

G-TELP 문법패턴훈련

It is imperative that the shipment _____ on time to avoid some trivial problems.
(a) to arrive　　　　　　(b) arrive

1027 deliberate
[dilíbərət]

= intentional
= careful

☑ 의도적인, 고의의, 신중한　☑ 숙고하다

의미 암기용 표현과 문장
• She spoke in a slow and deliberate way. 그녀는 천천히 신중한 태도로 말을 했다.
• The jury deliberated for five days before finding him guilty. 배심원단은 5일간의 숙고 끝에 그의 유죄를 평결했다.

G-TELP 구문독해훈련

Ms. Kelly deliberated for three weeks about the terms and conditions of the contract.

1028 gorgeous
[gɔ́ːrdʒəs]

= beautiful

☑ 멋진, 아름다운

의미 암기용 표현과 문장
• a gorgeous girl[man] 아주 멋진 아가씨[남자]

G-TELP 구문독해훈련

Visit the incredible waterfall, and check out how gorgeous it looks.

1025. (b) 브레거는 미국의 주식시장이 붕괴된 대공황 시기에 직장을 찾는데 어려움을 겪었다.　1026. (b) 몇몇 사소한 문제들을 피하기 위해서 선적물이 제때에 도착해야하는 것이 필수적이다.　1027. 켈리양은 계약의 약관 내용에 대해서 3주간 열심히 숙고를 했다.　1028. 믿을 수 없는 폭포를 방문하시고, 이 폭포가 얼마나 멋진지 확인해 보시기를 바랍니다.

1029 marvelous
[mάːrvələs]

= amazing
= wonderful

a 멋진, 놀라운, 신기한

의미 암기용 표현과 문장
• a marvelous show 멋진 쇼

G-TELP 구문독해훈련
Many people see it as a treasure of the UAE because of its stunning and marvelous beauty.

1030 implement
[ímpləmənt]

= perform

GRAMMAR POINT
have yet to부정사는 "아직 ~하지 않다"의 의미로 쓰이는 표현입니다.

v 시행하다, 실시하다

의미 암기용 표현과 문장
• implement changes[decisions/policies/reforms] 변화를[결정을/정책을/개혁을] 시행하다

G-TELP 문법패턴훈련
The new security system has yet _____ implemented because of an internal electrical problem.
(a) to be   (b) being

1031 legitimate
[lidʒítəmət]

= lawful

a 합법의, 정당한

의미 암기용 표현과 문장
• It seemed a perfectly legitimate question. 그것은 지극히 타당한 의문 같았다.

G-TELP 구문독해훈련
Sara broke a company rule without knowing it, but the boss rejected ignorance as a legitimate excuse.

1032 spirit
[spírit]

= soul

n 정신, 영혼

의미 암기용 표현과 문장
• the power of the human spirit to overcome difficulties 역경을 극복하는 인간의 정신력

G-TELP 구문독해훈련
That kind of spirit, at the end of the day, will solve this.

1029. 많은 사람들은 놀랍고 신비스러운 아름다움 때문에 이것을 아랍 에미리트의 보석이라고 생각하고 있다.　**1030. (a)** 새로운 보안 시스템은 내부 전기 문제 때문에 아직 구현되지 못하고 있습니다.　**1031.** 사라는 모르고 회사 규칙을 어겼지만, 사장은 몰라서 그렇게 한 것을 타당한 해명으로 받아들이지 않았다.　**1032.** 하루가 끝날 무렵이면 그러한 종류의 정신이 이러한 문제를 해결해 줄 것입니다.

1033 **vote**
[vout]

= ballot

■ 투표하다 ■ 표

의미 암기용 표현과 문장
- **We voted Democrat in the last election.** 우리는 지난번 선거 때 민주당에게 투표를 했다.
- **The chairperson has the casting[deciding] vote.** 의장이 캐스팅 보트를[결정권을] 쥐고 있다.

G-TELP 구문독해훈련
The Bogota City Council voted unanimously in favor of the proposal to reorganize the parks department.

1034 **casualty**
[kǽʒuəlti]

= fatality
= victim

■ 사상자, 피해자

의미 암기용 표현과 문장
- **Both sides had suffered heavy casualties.** 양 측 다 많은 사상자가 났었다.

G-TELP 구문독해훈련
The last hurricane caused a sizable number of casualties.

1035 **tradition**
[trədíʃən]

= custom

GRAMMAR POINT
선택문항에 조동사 4개, 접속사 4개, 접속부사 4개가 나오는 문제는 해석으로 풀어야 하는 고난이도 문제입니다.

■ 전통

의미 암기용 표현과 문장
- **religious[cultural] traditions** 종교적[문화적] 전통들

G-TELP 문법패턴훈련
Priority _____ be placed on public health and security rather than on the preservation of cultural traditions.
(a) should   (b) shall

1036 **skeptical**
[sképtikəl]

= doubtful

a 회의적인

의미 암기용 표현과 문장
- **be skeptical about[of]** ~을 의심하다

G-TELP 구문독해훈련
Newton was very skeptical about publishing any of his work.

1037 **surpass**
[sərpǽs]

= exceed
= outperform

Surpass

☑ 능가하다, 뛰어넘다

의미 암기용 표현과 문장

• **Its success has surpassed all expectations.** 그것의 성공은 모든 기대를 뛰어넘었다.

G-TELP 구문독해훈련

The sales figure of Enrich Home Appliances was surpassed by that of Grand Electronics in the last quarter.

1038 **scheme**
[skíːm]

= plot
= plan

GRAMMAR POINT

관계대명사 **that**은 컴마와 함께 계속 적용법으로 쓰이지 않습니다.

ⁿ 책략, 계획   ☑ 책략을 꾸미다

의미 암기용 표현과 문장

• **a training scheme** 훈련 계획
• **His colleagues, meanwhile, were busily scheming to get rid of him.** 한편 그의 동료들은 부지런히 그를 제거할 책략을 꾸미고 있었다.

G-TELP 문법패턴훈련

The new pricing scheme, _____ reduced its prices significantly, aimed at winning back former customers.
(a) that   **(b) which**

1039 **prolong**
[prɔlɔ́ːŋ]

= lengthen

GRAMMAR POINT

in order 뒤에는 to부정사가 필요합니다.

☑ 연장하다

의미 암기용 표현과 문장

• **The operation could prolong his life by two or three years.** 그 수술은 그의 생명을 2, 3년 연장시킬 수 있을 것이다.

G-TELP 문법패턴훈련

We will prolong the meeting up to tomorrow afternoon rather than have to fly back in next month in order _____ the meeting.
(a) to conduct   **(b) conducting**

1040 **impair**
[impéər]

= damage
= worsen

☑ 손상시키다

의미 암기용 표현과 문장

• **impair one's health[usefulness]** 건강을 해치다[유용성을 줄이다]

G-TELP 구문독해훈련

Alcohol and tobacco can impair sexual function.

1037. 엔리치 가전제품의 매출액은 지난 분기에 그랜드 전자의 매출액에 의해 압도적으로 따라 잡혔다.   **1038. (b)** 상당량 가격들을 내리자는 새로운 가격 책정 계획은 이전 고객들을 다시 되찾는 것을 목적으로 하고 있다.   **1039. (a)** 우리는 회의를 하기 위해 다음 달에 다시 비행기를 타고 돌아오는 것이 아니라 내일 오후까지 회의를 연장할 것입니다.   **1040.** 알코올 및 담배는 성기능을 손상시킬 수 있습니다.

1041 **exotic**
[igzάtik]

= foreign

🎯 이국적인

의미 암기용 표현과 문장

- **She travels to all kinds of exotic locations all over the world.** 그녀는 세계 전역의 온 갖 외국 지역들로 여행을 다닌다.

G-TELP 구문독해훈련

The archeologist traveled to strange and exotic places in search of ancient objects.

1042 **allocate**
[ǽləkèit]

= assign

GRAMMAR POINT

관계대명사 who는 선행사가 사람일 경우에 사용합니다.

🔤 할당하다, 배분하다

의미 암기용 표현과 문장

- **More resources are being allocated to the project.** 더 많은 자원이 그 프로젝트에 할당되 고 있다.

G-TELP 문법패턴훈련

Ms. Michelle, our facilities manager, have allocated €4,000 for the roof repairs _____ will be needed over the next few months.
(a) who   (b) that

1043 **inhibit**
[inhíbit]

= prevent
= restrain

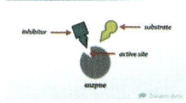

🔤 억제하다, 금지하다

의미 암기용 표현과 문장

- **A lack of oxygen may inhibit brain development in the unborn child.** 산소 부족이 태아의 두뇌 발달을 저해할 수도 있다.

G-TELP 구문독해훈련

Intake of caffeine inhibits embryonic development during pregnancy.

1044 **reap**
[ríːp]

= gain
= obtain

GRAMMAR POINT

선택문항에 조동사 4개, 접속사 4개, 접속부사 4개가 나오는 문제는 해석 으로 풀어야 하는 고난이도 문제입니 다.

🔤 수확하다, 거두다

의미 암기용 표현과 문장

- **They are now reaping the rewards of all their hard work.** 그들은 이제 그들이 한 모든 노 고에 대한 보상을 거두고 있다.

G-TELP 문법패턴훈련

_____ many of the more advanced nations have already reaped the benefits of thoroughly industrialized economies, some developing nations are only just now beginning to industrialize.
(a) While   (b) If

1041. 그 고고학자는 고대 물건을 찾아 이상하고 이국적인 장소를 여행했습니다.   **1042. (b)** 우리의 시설 관리자인 미쉘은 향후 몇 개월 동안 필요하게 될 지붕 수 리비용으로 **4,000** 유로를 할당했다.   **1043.** 카페인 섭취는 임신 중 태아의 발달을 억제합니다.   **1044. (a)** 많은 선진국들이 이미 철저하게 산업화된 경제의 수익 을 걷어오고 있지만, 일부 개발도상국들은 오직 지금에서야 산업화를 시작하고 있다.

01 DAY / 02 DAY / 03 DAY / 04 DAY / 05 DAY / 06 DAY / 07 DAY / 08 DAY / 09 DAY / 10 DAY / 11 DAY / 12 DAY / 13 DAY / 14 DAY / 15 DAY / 16 DAY / 17 DAY / 18 DAY / 19 DAY / 20 DAY

어휘·문법·독해까지 한꺼번에 끝내는 **G-TELP VOCABULARY LEVEL** 심화

1045 **refrain**
[rifrèin]

= abstain

GRAMMAR POINT

지텔프에서 ARSID 동사 뒤에 that
절이 나오면 that절 속엔 동사원형을
골라야 합니다.

ⓥ 삼가다, 자제하다

의미 암기용 표현과 문장
• **Please refrain from smoking.** 흡연을 삼가해 주십시오.

G-TELP 문법패턴훈련

He regards talking as a classroom disruption and demands
that his students _____ from unnecessary chatting while
in class.
(a) will refrain   (b) refrain

1046 **crash**
[kræʃ]

= collide
= collision

ⓥ 충돌하다, 추락하다 ⓝ 충돌, 추락

의미 암기용 표현과 문장
• **I was terrified that the plane would crash.** 나는 비행기가 추락할까 봐 몹시 겁이 났다.
• **A girl was killed yesterday in a crash involving a stolen car.** 어제 도난 차량이 연루된
자동차 충돌 사고로 여자애 한 명이 목숨을 잃었다.

G-TELP 구문독해훈련

A hot air balloon caught fire and crashed in Texas yesterday.

1047 **section**
[sékʃən]

= division

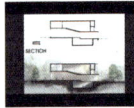

ⓝ 부분, 구역, 부서

의미 암기용 표현과 문장
• **That section of the road is still closed.** 도로의 그 구획은 아직 폐쇄되어 있다.

G-TELP 구문독해훈련

When mailing your payment, be sure to include the last
section of your invoice.

1048 **nerve**
[nɜːrv]

= anxiety
= tension

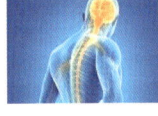

ⓝ 신경, 긴장, 불안

의미 암기용 표현과 문장
• **nerve cells** 신경 세포
• **I need something to calm my nerves.** 나는 나의 긴장을 가라앉혀 줄 뭔가가 필요하다.

G-TELP 구문독해훈련

MSDs affect muscles, nerves, joints, tendons, ligaments and
the spine.

1045. (b) 그는 떠드는 것을 수업방해로 간주하고 수업 중에 불필요한 잡담을 하는 것을 학생들이 삼가야 한다고 요구한다. **1046.** 뜨거운 공기 풍선이 어제 텍사스
에서 화재를 일으켜 추락했습니다. **1047.** 우편으로 송금할 때, 송장의 마지막 부분을 포함하십시오. **1048. MSD**들은 근육, 신경, 관절, 힘줄, 인대 그리고 척추
에 영향을 줍니다.

1049 recession

[riséʃən]

= depression

GRAMMAR POINT

지텔프에서 **tend**는 **to**부정사를 목적
어로 쓰는 동사로 출제가 됩니다.

🔟 불황, 경기 침체

의미 암기용 표현과 문장

• The economy is in deep recession. 경제가 깊은 불경기에 빠져 있다.

G-TELP 문법패턴훈련

Since people **tend** _____ their monetary donation during
economic recession, accumulation of social capital for
beneficial purposes is not quite enough.
(a) to cut   (b) cutting

1050 fuse

[fjuːz]

= combine

🔟 퓨즈, 신관[폭파 장치] 🔂 결합시키다, 융합시키다

의미 암기용 표현과 문장

• Check whether a fuse has blown. 퓨즈가 나갔는지 확인해 봐.
• Our different ideas fused into a plan. 우리의 다른 생각들이 하나의 계획으로 융합되었다.

G-TELP 구문독해훈련

The manufacturer's Web site cautions that glass with certain
coatings may not fuse completely with other glass.

1051 gratitude

[grǽtətjùːd]

= appreciation

🔟 감사, 고마움

의미 암기용 표현과 문장

• He smiled at them with gratitude. 그가 고마워하며 그들에게 웃어 보였다.

G-TELP 구문독해훈련

This short letter is to express my gratitude for the
exceptional service that I experienced at the North Hill
branch of your Germaine Bookstore.

1052 instinct

[ínstiŋkt]

= inclination

🔟 본능

의미 암기용 표현과 문장

• Even at school, he showed he had an instinct for business. 그는 학창 시절 때도 사업
에 소질을 타고났음을 보여 주었다.

G-TELP 구문독해훈련

One of the basic human instincts is to pay less and get more
in return.

1049. (a) 경기 침체기에 사람들은 금전 기부를 삭감하는 경향이 있기 때문에, 자비로운 목적의 사회적 자본의 축적이 그다지 충분하지 않습니다. **1050.** 그 제조업
체의 웹사이트는 특정 코팅이 있는 유리는 다른 유리와 완전히 융합되지 않을 수도 있다고 경고하고 있다. **1051.** 이 짧은 편지는 귀사의 저메인 책방 노쓰 힐 지점에
서 제가 경험한 뛰어난 서비스에 대한 감사를 표시하기 위함입니다. **1052.** 기본적인 인간 본능들 중 하나는 적게 지불하고 그 대가로 많은 것을 얻으려고 한다는 것
이다.

01 DAY 02 DAY 03 DAY 04 DAY 05 DAY 06 DAY 07 DAY 08 DAY 09 DAY 10 DAY 11 DAY 12 DAY 13 DAY 14 DAY 15 DAY 16 DAY 17 DAY 18 DAY 19 DAY 20 DAY

REVIEW 1 2 3 4 5

1053 **surgery**
[sə́ːrdʒəri]

= operation

🔲 수술

의미 암기용 표현과 문장

• **undergo heart surgery** 심장 수술을 받다

G-TELP 구문독해훈련

Vasiliy Lomachenko will undergo surgery to repair his injured shoulder.

1054 **hygiene**
[háidʒiːn]

= sanitation

GRAMMAR POINT
지텔프에서 **fail**은 **to**부정사를 목적어로 쓰는 동사로 출제됩니다.

🔲 위생

의미 암기용 표현과 문장

• **personal hygiene** 개인위생

G-TELP 문법패턴훈련

The government inspector from the FDA reported that the Johnson Brothers Indian Restaurant failed _____ proper standards for restaurant hygiene.
(a) to observe   (b) observing

1055 **thesis**
[θíːsis]

= dissertation

🔲 학위 논문, 명제

의미 암기용 표현과 문장

• **a graduation thesis** 졸업 논문
• **They tried to prove the truth of their favorite thesis.** 그들은 자신들의 지론이 진실임을 증명하려고 시도했다.

G-TELP 구문독해훈련

The book Kennedy wrote for his senior thesis, *Why England Slept*, was a best seller in the United States.

1056 **famine**
[fǽmin]

= hunger
= starvation

🔲 기근

의미 암기용 표현과 문장

• **disasters such as floods and famine** 홍수와 기근 같은 재난

G-TELP 구문독해훈련

At least a quarter of a million people have died in the fighting and the resultant famines.

1053. 바실리 로마첸코는 그의 부상당한 어깨를 고치기 위해서 외과수술을 받게 될 것입니다. **1054. (a)** 식품의약청에서 나온 정부 조사관은 존슨 브러더스 인디안 식당이 식당 위생에 관한 적절한 규정을 준수하는 데 실패했다고 보고했다. **1055.** 케네디가 그의 졸업 논문으로 쓴 책인 "왜 영국은 잠들었는가"는 미국에서 베스트셀러였었다. **1056.** 적어도 **25**만 명의 사람들이 전쟁과 그 후 이어진 기근에 의해 사망했다.

Day 01 Day 02 Day 03 Day 04 Day 05 Day 06 Day 07 Day 08 Day 09 Day 10 Day 11 Day 12 Day 13 Day 14 Day 15 Day 16 Day 17 **Day 18** Day 19 Day 20

1057 sector

[séktər]

= part
= section

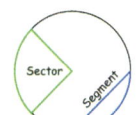

ⓝ 부문, 분야, (기하학) 부채꼴

의미 암기용 표현과 문장

• the manufacturing sector 제조업 부문

G-TELP 구문독해훈련

UK greenhouse gas emissions came from the transport sector.

1058 status

[stéitəs]

= position

ⓝ 지위, 신분

의미 암기용 표현과 문장

• They were granted refugee status. 그들은 난민 신분을 부여받았다.

G-TELP 구문독해훈련

When the technical assistant was asked about the status of the Internet outage, he explained that all of the servers had already been restored.

1059 ferment

[fə́ːrment]

= commotion

ⓥ 발효시키다 ⓝ 소동, 소란

의미 암기용 표현과 문장

• Fruit juices ferment if they are kept for too long. 과일 주스는 너무 오래 두면 발효된다.
• The country is in ferment. 온 나라가 들끓고 있다.

G-TELP 구문독해훈련

From there, the liquid extracted from the plants is fermented, distilled, tested and finally bottled.

1060 intake

[ínteik]

= absorption

GRAMMAR POINT

recommend는 목적어로는 동명사 를 쓰며, 목적격보어로는 to부정사를 씁니다. 또한 ARSID 동사로 that절 이 뒤에 나오면 that절에는 동사원형 을 답으로 골라야 합니다.

ⓝ 섭취(량)

의미 암기용 표현과 문장

• reduce your daily intake of salt 일일 염분 섭취량을 줄이다

G-TELP 문법패턴훈련

Food nutritionists recommend _____ daily caffeine intake to avoid heart disease, anxiety, and other related health problems.
(a) to minimize (b) minimizing

어휘·문법·독해까지 한권만에 끝내는 **G-TELP VOCABULARY LEVEL** 실화

1061 outbreak
[ˈaʊtbreɪk]

= eruption

GRAMMAR POINT
선행사가 사람일 경우 관계대명사 which는 사용하지 않습니다.

n 발발, 발생

의미 암기용 표현과 문장
• the outbreak of war 전쟁 발발

G-TELP 문법패턴훈련
Due to a severe outbreak of the flu, there was a sharp increase in the number of employees _____ took off sick from work.
(a) who   (b) which

1062 perspective
[pərspéktiv]

= outlook
= proportion

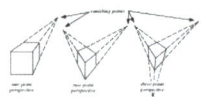

n 관점, 견해

의미 암기용 표현과 문장
• Try to see the issue from a different perspective. 그 사안을 다른 시각에서 보도록 하라.

G-TELP 구문독해훈련
Kevin is fascinated with the model's figure that he's currently painting for his Art Perspectives class.

1063 mutual
[mjúːtʃuəl]

= shared
= common

GRAMMAR POINT
지텔프에서 가정법 과거완료의 짝찾기는 무조건 맞춰야 하는 5초짜리 문제입니다.

a 서로의, 상호간의

의미 암기용 표현과 문장
• mutual respect[understanding] 상호 존중[이해]

G-TELP 문법패턴훈련
Being a cautious investor, she would have bought the agent's mutual fund package if the agent _____ a consistent return on her investment.
(a) had guaranteed   (b) guaranteed

1064 obstinate
[ábstənət]

= stubborn

GRAMMAR POINT
조동사 must(~해야 한다)와 have to는 함께 쓰는 게 어색합니다.

a 완고한, 고집 센

의미 암기용 표현과 문장
• He can be very obstinate when he wants to be! 고집을 부리려 들면 꺾기가 아주 힘들어!

G-TELP 문법패턴훈련
If he insists upon being obstinate, we _____ have to settle this in court.
(a) will   (b) must

1061. (a) 독감의 심각한 발발로 인해서, 몸이 아파 직장에 못 나오는 직원들의 수에 있어서 급격한 증가가 있었다. 1062. 케빈은 그가 현재 그의 예술 원근법 수업 동안에 그리고 있는 모델의 몸매에 매료되어 있습니다. 1063. (a) 신중한 투자자이기 때문에, 중개인이 그녀의 투자에 일정한 수익을 보장했더라면 그녀는 그 중개인의 뮤추얼 펀드 상품을 구매했었을 것이다. 1064. (a) 만약 그가 완고하게 나가기를 고집한다면, 우리는 이 문제를 법정에서 해결해야 할 것입니다.

1065 **Innate**
[inéit]

= inborn

a 타고난

의미 암기용 표현과 문장
• the innate ability to learn 타고난 학습 능력

G-TELP 구문독해훈련
They seem to posses an innate ability to get into the heads of their listeners or readers.

1066 **grieve**
[gríːv]

= lament
= mourn

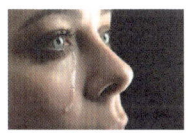

v 슬퍼하다

의미 암기용 표현과 문장
• She grieved the death of her husband. 그녀는 남편의 죽음을 비통해 했다.

G-TELP 구문독해훈련
If the wrong decision is made, there is no way to repay a grieving family or give back the life that was unjustly taken away.

1067 **excel**
[iksél]

= outdo

v 뛰어나다, 탁월하다

의미 암기용 표현과 문장
• She has always excelled in foreign languages. 그녀는 항상 외국어에 뛰어났다.

G-TELP 구문독해훈련
Our sales supervisor has a unique way of motivating us to excel in our performance.

1068 **commute**
[kəmjúːt]

= go

GRAMMAR POINT
선택문항에 조동사 4개, 접속사 4개, 접속부사 4개가 나오는 문제는 해석으로 풀어야 하는 고난이도 문제입니다.

v 통근하다 **n** 통근, 통근 거리

의미 암기용 표현과 문장
• She commutes from Oxford to London every day. 그녀는 매일 옥스퍼드에서 런던까지 통근한다.

G-TELP 문법패턴훈련
As a result of the current road construction on Route 86, it _____ take approximately 25 minutes longer to commute to an office in the downtown area.
(a) will   (b) can

1065. 그들은 청중들이나 독자들의 흥미를 끄는 타고난 능력을 가지고 있는 것처럼 보입니다. **1066.** 만약 잘못된 결정이 내려진다면, 부당하게 빼앗긴 생명을 되돌릴 수는 없으며 또한 슬퍼하는 가족들에게 보상할 수 있는 방법도 존재하지 않습니다. **1067.** 우리의 영업 감독관은 우리가 성과를 극대화하도록 만드는 독창적인 동기부여 방법을 가지고 있습니다. **1068.** (a) 86번 국도의 현재 도로 공사의 결과로, 도심 지역에 있는 사물실로 통근을 하는데 대략 **25**분이 추가적으로 더 걸릴 것입니다.

01 DAY
02 DAY
03 DAY
04 DAY
05 DAY
06 DAY
07 DAY
08 DAY
09 DAY
10 DAY
11 DAY
12 DAY
13 DAY
14 DAY
15 DAY
16 DAY
17 DAY
18 DAY
19 DAY
20 DAY

어휘 · 문법 · 독해까지 한꺼번에 끝내는 **G-TELP VOCABULARY LEVEL** 심화

1069 suffer
[sʌ́fər]

= undergo

GRAMMAR POINT

지텔프에서는 가정법 과거의 짝찾기
도 매회 3문제 정도씩 출제됩니다.

☑ 고통을 받다

의미 암기용 표현과 문장
• He suffers from asthma. 그는 천식에 시달리고 있다.

G-TELP 문법패턴훈련

If he could deliver on this particular promise, many poor
countries _____ from loss of jobs.
(a) would have suffered   (b) would suffer

1070 applaud
[əplɔ́ːd]

= clap

☑ 박수 치다

의미 암기용 표현과 문장
• They rose to applaud the speaker. 그들은 일어서서 연설자에게 박수를 보냈다.

G-TELP 구문독해훈련

Schools should be applauded for taking an active interest
in the health of their students, especially with the rate of
obesity as high as it is today.

1071 profound
[prəfáund]

= deep

Profound Pieces of Yoda Wisdom
That Could Change Your Life

ⓐ 심오한, 깊은

의미 암기용 표현과 문장
• My father's death had a profound effect on us all. 아버지의 죽음은 우리 모두에게 깊은 영
향을 주었다.

G-TELP 구문독해훈련

Goldmann Polan's short yet impressive poem gave profound
inspiration to poets of the 1920's.

1072 grasp
[græsp]

= comprehend
= grip

☑ 파악하다, 이해하다, 꽉 잡다

의미 암기용 표현과 문장
• He grasped my hand and shook it warmly. 그가 내 손을 꽉 잡고 다정하게 악수를 했다.

G-TELP 구문독해훈련

Before bat ancestors developed wings more than 80 million
years ago, the animals had arms and grasping fingers.

1069. (b) 만약 그가 이런 식의 특이한 약속을 실행할 수 있게 된다면, 많은 가난한 나라들이 일자리 박탈로부터 고통을 받을 것입니다.   **1070.** 학교들이 오늘날처
럼 특히 비만율이 높은 시점에서 학생들의 건강에 능동적인 관심을 가지고 있다는 사실에 학교들은 박수를 받아야 합니다.   **1071.** 골드만 폴란의 짧지만 인상적인 시
는 **1920**년대의 시인들에게 심오한 영감을 주었습니다.   **1072.** 박쥐의 조상들이 **8**천만 년 전 날개를 발달시키기 전에 그 동물들은 팔과 쥘 수 있는 손가락을 가지고
있었다.

1073 **exploit**
[iksplɔ́it]

= use
= develop

ⓥ 이용하다, 개발하다, 삭취하다

의미 암기용 표현과 문장
• **She realized that her youth and inexperience were being exploited.** 그녀는 자신의 젊음과 경험 미숙이 이용당하고 있음을 깨달았다.

G-TELP 구문독해훈련
This can be exploited by a malicious user to manipulate certain data.

1074 **emerge**
[imə́ːrdʒ]

= appear

GRAMMAR POINT
선택문항에 조동사 4개, 접속사 4개, 접속부사 4개가 나오는 문제는 해석으로 풀어야 하는 고난이도 문제입니다.

ⓥ 나오다

의미 암기용 표현과 문장
• **We emerged into bright sunlight.** 우리는 밝은 햇빛 속으로 나갔다.

G-TELP 문법패턴훈련
The installation of the new security software was delayed because of a technical problem that emerged _____ technicians were testing the system.
(a) while   **(b) even if**

1075 **terminate**
[tə́ːrmənèit]

= end

ⓥ 종료하다, 끝내다

의미 암기용 표현과 문장
• **Your contract of employment terminates in December.** 당신의 고용 계약은 12월에 끝난다.

G-TELP 구문독해훈련
He said our plant would be shut down, and we'd all be terminated.

1076 **yield**
[jiːld]

= produce
= surrender

ⓥ 생산하다, 이익을 내다, 산출하다, 항복하다, 양보하다, 넘겨주다 ⓝ 산출, 수익

의미 암기용 표현과 문장
• **The research has yielded useful information.** 그 실태 조사는 유용한 정보를 내놓았다.

G-TELP 구문독해훈련
However, what surprised him most was that the sickly trees actually yielded tasty and juicy fruits.

1073. 이것은 특정 정보를 조작하기 위해 악의적인 사용자에 의해 악용될 수도 있습니다. **1074. (a)** 새로운 보안 소프트웨어의 설치는 기술자들이 시스템을 점검하던 중 발생한 기술적인 문제 때문에 지연되었다. **1075.** 그는 우리 공장이 폐쇄될 것이고, 우리가 모두 해고될 것이라고 말했다. **1076.** 그러나, 그를 가장 놀라게 한 것은 그 병든 나무들이 실제로는 맛있고 육즙이 많은 과일을 산출했다는 것이었다.

1077 **keen**
[kiːn]

= sharp
= eager

🅰 날카로운, 예리한, 열렬한

의미 암기용 표현과 문장
• **We are keen that our school should get involved too.** 우리는 우리 학교도 참여하게 되기를 열망한다.

G-TELP 구문독해훈련
In suburban areas like ours, developers are keen to build large-scale shopping malls.

1078 **irritate**
[írətèit]

= annoy
= bother

GRAMMAR POINT
지텔프에서 for + 기간[시간]이 나오면 완료진행시제 3가지 중 하나가 보통 답이 됩니다.

🅥 짜증나게 하다

의미 암기용 표현과 문장
• **The way she puts on that accent really irritates me.** 그녀의 저런 말투는 날 정말 짜증나게 해.

G-TELP 문법패턴훈련
She is becoming increasingly irritated, as they _____ non-stop for the last three hours.
(a) have been partying   (b) had partied

1079 **obstacle**
[ábstəkl]

= barrier

🅜 방해, 장애

의미 암기용 표현과 문장
• **A lack of qualifications can be a major obstacle to finding a job.** 자격 부족은 직장을 구하는 데 주요한 장애가 될 수 있다.

G-TELP 구문독해훈련
The participants wore blindfolds and used sticks to avoid obstacles as they walked.

1080 **colleague**
[káliːg]

= coworker

🅜 동료

의미 암기용 표현과 문장
• **We were friends and colleagues for more than 20 years.** 우리는 20년 넘게 친구요 동료였다.

G-TELP 구문독해훈련
The secret to the Grimm Hotel's success is that employees, not only perfect what they do, but continually try to understand the role of their colleagues to better function as a team.

1077. 우리 지역과 같은 교외 지역에서 개발자들은 대규모 쇼핑몰의 건설을 열망하고 있습니다.   **1078. (a)** 그녀는 지난 3시간 동안 끊임없이 그들이 파티를 하고 있기 때문에, 점점 더 짜증이 나고 있다.   **1079.** 참가자들은 눈가리개를 착용하고 걸을 때 장애물을 피하기 위해 막대기를 사용했습니다.   **1080.** 그림 호텔의 성공 비결은 직원들이 자신이 하는 일을 완벽하게 수행할 뿐만 아니라 계속적으로 하나의 팀으로서 더 잘 기능할 수 있기 위해 다른 동료의 역할도 항상 이해하려고 노력한다는 것입니다.

DAY

19

20
days

어휘·문법·독해까지 한꺼번에 끝내는
ALL-IN-ONE 우선순위 G-TELP

VOCABULARY LEVEL 심화

recipient

range

prodigy

1081 **recipient**
[risípiənt]

= winner

GRAMMAR POINT

지텔프에서 however나 whenever 와 같은 복합관계사 문제는 접속사 문제로 간주하고 해석으로 풀어야 합니다.

🔲 수상자, 수령인, 받는 사람

의미 암기용 표현과 문장
• **the recipient of a prize** 수상자

G-TELP 문법패턴훈련
Welfare recipients are required to bring a copy of their government-issued identification card _____ they visit the welfare office.
(a) however　　　　　　**(b) whenever**

1082 **refuge**
[réfjuːʤ]

= shelter

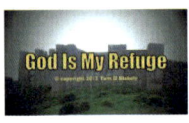

🔲 피난, 피난처

의미 암기용 표현과 문장
• **a place of refuge** 피신[도피] 장소

G-TELP 구문독해훈련
Today it is a lush green refuge in central Boston and host to concerts and public celebrations.

1083 **catastrophe**
[kətǽstrəfi]

= disaster

🔲 재앙, 참사

의미 암기용 표현과 문장
• **Early warnings of rising water levels prevented another major catastrophe.** 불어나는 수위에 대한 조기 경보로 또 하나의 대형 참사를 막았다.

G-TELP 구문독해훈련
Even if catastrophe is avoided, no one can doubt that we are in for a very rough time.

1084 **enroll**
[inróul]

= register

🔳 등록하다, 입학시키다

의미 암기용 표현과 문장
• **About 500 students were newly enrolled in the school.** 약 500명의 학생이 새로이 학적부에 등록되었다.

G-TELP 구문독해훈련
The new community college will be especially attractive to the part-time workers who want to enroll in night classes.

1081. (b) 사회 복지 수급자들은 복지 사무소를 방문할 때마다 정부 발급 신분증 사본을 가져와야 합니다.　**1082.** 오늘날 이곳은 보스턴시 중앙의 푸르른 녹색 피난처이며 콘서트와 공휴일 행사를 주최하는 장소입니다.　**1083.** 심지어 재앙을 피할 수 있더라도, 우리가 매우 힘든 시기에 처해 있다는 것을 누구도 부정하지는 못할 것이다.　**1084.** 새로운 지역 전문대학은 야간 수업에 등록하고자 하는 아르바이트 근로자들에게 특히 매력적일 것입니다.

1085 affair
[əféər]

= matter

THE AFFAIR

n 일, 시간

의미 암기용 표현과 문장

• **world[international/business] affairs** 세계[국제/재계] 문제

G-TELP 구문독해훈련

We are thrilled to have you join the U.S. Embassy in Singapore, as our new Senior Public Affairs Assistant.

1086 overwhelm
[òuvərhwélm]

= overpower

GRAMMAR POINT

관계대명사 **which**는 선행사가 사람일 경우에는 쓰지 않습니다.

v 압도하다

의미 암기용 표현과 문장

• **She was overwhelmed by feelings of guilt.** 그녀는 죄책감에 휩싸였다.

G-TELP 문법패턴훈련

I'm impressed by Jeff _____ is always happy and maintains a positive outlook on life, even when he is kept overwhelmed by work.
(a) which   (b) who

1087 acclaim
[əkléim]

= praise
= honor

v 칭송하다 n 찬사

의미 암기용 표현과 문장

• **a highly[widely] acclaimed performance** 크게[널리] 환호를 받은 공연

G-TELP 구문독해훈련

According to business sources, the critically acclaimed Dairy Farm Restaurant on Seventh Avenue will be closing after 40 years of business.

1088 prejudice
[prédʒudis]

= bias

n 편견, 선입견

의미 암기용 표현과 문장

• **a victim of racial prejudice** 인종 편견의 희생자

G-TELP 구문독해훈련

I think it's time for us to set aside our prejudice and learn to accept people of mixed ancestry as people.

1085. 우리는 우리의 대민사무 본부장으로 싱가포르에 있는 미국 대사관에 오시는 당신과 함께 하게 되어 기쁩니다.   **1086. (b)** 나는 심지어 일에 압도되어 있더라도 항상 만족해하고 삶의 긍정적인 관점을 유지하는 제프에 의해 깊은 인상을 받았습니다.   **1087.** 비즈니스 소식통에 따르면, 7번가에 있는 음식평론가들로부터 호평을 받는 데어리 팜 식당이 **40**년간의 영업을 뒤로하고 문을 닫을 것이라고 합니다.   **1088.** 나는 우리가 우리의 선입견을 버리고 인간으로서 혼합된 조상의 사람들을 받아들이는 법을 배울 때가 되었다고 생각합니다.

1089 range

[reindʒ]

= limits
= bounds

GRAMMAR POINT

관계대명사 who는 선행사가 사람이어야 하며, 뒤에 사람인 주어 명사가 없어야 합니다.

n 범위, 폭 v 범위가 ~이다

의미 암기용 표현과 문장
- **The hotel offers a wide range of facilities.** 본 호텔에서는 대단히 다양한 시설들을 제공합니다.
- **Estimates of the damage range between $1 million and $5 million.** 그 손상에 대한 추산은 100만 달러에서 500만 달러 사이이다.

G-TELP 문법패턴훈련

Taking a bath in water _____ temperature ranges between 35'C and 36'C helps calm you down when you are feeling nervous.
(a) who   (b) whose

1090 segregate

[ségrigèit]

= separate

v 격리하다, 차별하다

의미 암기용 표현과 문장
- **In all our restaurants, smoking and non-smoking areas are segregated from each other.** 저희의 모든 식당에서는 흡연 구역과 비흡연 구역이 서로 분리되어 있습니다.

G-TELP 구문독해훈련

Blacks were then subjugated to the rules and laws of Jim Crow in the south, thus being legally segregated.

1091 merchandise

[máːrtʃəndàiz]

= goods

n 상품

의미 암기용 표현과 문장
- **a wide selection of merchandise** 다양하게 엄선해 놓은 상품

G-TELP 구문독해훈련

Ms. Mitchell often teaches The Harrods Department Store trainees to use the merchandise ordering and inventory software.

1092 corpse

[kɔːrps]

= remains

n 시체, 송장

의미 암기용 표현과 문장
- **mummify a corpse** 시신을 미라로 만들다

G-TELP 구문독해훈련

Some have compared the odor of the foul-smelling corpse flower to everything from ammonia to the smell of dead crabs on the beach.

1089. (b) 온도가 **35°C**에서 **36°C** 사이의 물에서 목욕을 하는 것은 당신이 긴장감을 느낄 때 당신을 진정시키는 데 도움이 됩니다. **1090.** 흑인들은 그 때 남부 지역의 짐 크로우의 규칙 그리고 법률 하에 복종되고 있었고, 이렇게 합법이라는 이름으로 분리되었다. **1091.** 미첼양은 헤로즈 백화점의 수습생들에게 주문 확인과 재고를 점검하는 소프트웨어의 사용법을 교육합니다. **1092.** 일부 사람들은 악취가 나는 시체 꽃의 냄새를 암모니아에서 해변의 죽은 게 냄새들에 이르기까지 모든 것과 비교했습니다.

1093 **duplicate**
[djúːplikət]

= copy

GRAMMAR POINT

선택문항에 동사 4개, 접속사 4개,
접속부사 4개가 나오는 문제는 해석
으로 풀어야 하는 고난이도 문제입니
다.

🔟 사본   🖐 중복된   🔽 복사하나, 복제하나

의미 암기용 표현과 문장

- **Is this a duplicate or the original?** 이것이 사본인가요 원본인가요?
- **a duplicate invoice** 송장 사본
- **There's no point in duplicating work already done.** 이미 한 일을 중복해서 하는 것은 의
  미가 없다.

G-TELP 문법패턴훈련

If a duplicate entry is found, no action _____ be taken.
(a) would   (b) will

1094 **anonymous**
[ənánəməs]

= nameless

🔟 익명의

의미 암기용 표현과 문장

- **The money was donated by a local businessman who wishes to remain
  anonymous.** 그 돈은 익명을 원하는 한 지역 사업가가 기부한 것이었다.

G-TELP 구문독해훈련

**The majority of the legends are told around campfires or in
some other dark and spooky atmosphere, for they are usually
"ghost stories" concerning anonymous people.**

1095 **cruel**
[krúːəl]

= brutal
= ruthless

🔟 잔인한, 무자비한

의미 암기용 표현과 문장

- **a cruel dictator** 잔혹한 독재자

G-TELP 구문독해훈련

Nature can be a caring mother or a cruel enemy.

1096 **numerous**
[núːmərəs]

= many
= countless

🔟 수많은

의미 암기용 표현과 문장

- **The advantages of this system are too numerous to mention.** 이 시스템의 장점은 너
  무 많아서 언급하기가 어려울 정도이다.

G-TELP 구문독해훈련

**She has also given lectures to raise awareness of habitat
preservation, organized global conservation programs, and
published numerous books about chimpanzees.**

1093. (b) 만약 중복된 항목이 발견되면, 작동이 멈추게 될 것입니다.   **1094.** 전설의 대다수는 그것들이 익명의 사람들에 관한 유령 이야기이기 때문에, 모닥불 주
위나 다른 어둡고 무시무시한 분위기에서 전해집니다.   **1095.** 자연은 포근한 엄마가 되거나 또는 잔인한 적이 될 수도 있습니다.   **1096.** 그녀는 또한 서식지 보존에
대한 인식을 높이기 위한 강연을 했고, 지구 보전 프로그램을 조직했으며, 그리고 침팬지에 관한 수많은 책을 출간했습니다.

1097 **fatigue**
[fətíːg]

= tiredness

n 피로, 피곤

의미 암기용 표현과 문장

• **physical and mental fatigue** 신체적 및 정신적 피로

G-TELP 구문독해훈련

Studies show that a person with swine flu is most infectious one day before the onset of its symptoms, which always consist of a fever and cough, and may include a sore throat, headache, body aches, chills, and fatigue.

1098 **corporate**
[kɔ́ːrpərət]

= business

a 기업의, 회사의

의미 암기용 표현과 문장

• **corporate finance[planning/strategy]** 기업 금융[계획/전략]

G-TELP 구문독해훈련

Claire is an ambitious woman who passed up on a family life to make it in the corporate world.

1099 **suppress**
[səprés]

= oppress

v 억압하다, 억누르다

의미 암기용 표현과 문장

• **The rebellion was brutally suppressed.** 그 반란은 잔혹하게 진압 당했다.

G-TELP 구문독해훈련

The regime can suppress the people, but only in the short term.

1100 **afflict**
[əflíkt]

= distress

GRAMMAR POINT

관계대명사 **who**는 선행사가 사람일 경우에 사용합니다.

v 괴롭히다

의미 암기용 표현과 문장

• **About 40% of the country's population is afflicted with the disease.** 그 나라 인구의 40% 정도가 그 질병으로 고통 받고 있다.

G-TELP 문법패턴훈련

Type 2 diabetes mellitus is a costly and serious disease _____ afflicts 8% of adults in the United States.

(a) who   (b) that

1097. 연구에 따르면 돼지 독감에 걸린 사람은 증상들이 발발하기 하루 전에 가장 전염성이 강하다고 합니다, 그리고 증상으로는 항상 고열과 기침을 동반하며, 간혹 인후통, 두통, 몸살, 오한, 피로 등이 있을 수 있다고 합니다. **1098.** 클레어는 기업계에서 성공하기 위해 가족의 삶을 버린 야심에 찬 여성입니다. **1199.** 그 정권은 인민들을 억압할 수는 있지만, 오직 단기적으로만 가능할 것입니다. **1100. (b)** 제2형 당뇨병은 미국 성인의 **8%**를 괴롭히고 있는 비용이 많이 들고 심각한 질병입니다.

1101 **prodigy**
[prάdədʒi]

= genius

GRAMMAR POINT

관계대명사 **who**는 선행사가 사람일
경우에 사용합니다.

◼ 영재

의미 암기용 표현과 문장

• **a musical prodigy** 음악계의 영재

G-TELP 문법패턴훈련

The *Andante in C major*, _____ he wrote when he was only
five years old, was the child prodigy's very first piece.
(a) who   (b) which

1102 **religious**
[rilídʒəs]

= spiritual
= pious

◼ 종교적인, 독실한

의미 암기용 표현과 문장

• **religious beliefs[faith]** 종교적인 믿음[신앙]

G-TELP 구문독해훈련

They repackaged alcohol as "medical beer," "religious
wines," and other deceptive labels.

1103 **lavish**
[lǽviʃ]

= luxurious

◼ 사치스러운

의미 암기용 표현과 문장

• **lavish gifts[costumes/celebrations]** 풍성한 선물[호화로운 복장/풍성한 축하 행사]

G-TELP 구문독해훈련

The country estate was lavish but for Anna it was a lonely
place.

1104 **immune**
[imjúːn]

X

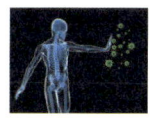

◼ 면역의

의미 암기용 표현과 문장

• **You'll eventually become immune to criticism.** 결국에는 비판에 면역이 될 것이다.

G-TELP 구문독해훈련

This is just a vitamin shot to boost your immune system.

1101. (b) 그가 **5**살 밖에 되지 않았을 때 쓴, **C**장조의 안단테는 그 어린 영재의 진짜 첫 번째 작품이었습니다.   **1102.** 그들은 술을 "의료용 맥주"나, "종교적 와인"
그리고 기타 사기성 명칭들로 재포장했습니다.   **1103.** 그 시골 지역은 호화로우나 앤에게는 그냥 외로운 곳이었습니다.   **1104.** 이것은 당신의 면역체계를 강화시키
는 비타민 주사일 뿐입니다.

01 DAY / 02 DAY / 03 DAY / 04 DAY / 05 DAY / 06 DAY / 07 DAY / 08 DAY / 09 DAY / 10 DAY / 11 DAY / 12 DAY / 13 DAY / 14 DAY / 15 DAY / 16 DAY / 17 DAY / 18 DAY / 19 DAY / 20 DAY

어휘 · 문법 · 독해까지 한가번에 끝내는 G-TELP VOCABULARY LEVEL 실전

1105 **contagious**
[kəntéidʒəs]

= infectious

GRAMMAR POINT

선택문항에 조동사 4개, 접속사 4개, 접속부사 4개가 나오는 문제는 해석으로 풀어야 하는 고난이도 문제입니다.

■ 전염성의

의미 암기용 표현과 문장

• His enthusiasm was contagious. 그의 열정은 전염성이 있었다.

G-TELP 문법패턴훈련

_____ **the viral disease is extremely contagious, there are ways to reduce the risk of infection.**
(a) Although   (b) If

1106 **jealous**
[dʒéləs]

= envious

■ 질투심이 많은, 시샘하는

의미 암기용 표현과 문장

• She's jealous of my success. 그녀는 나의 성공을 시기한다.

G-TELP 구문독해훈련

I'm sure no one in the world will go through life without feeling jealous at some time.

1107 **renowned**
[rináund]

= famous

■ 유명한

의미 암기용 표현과 문장

• It is renowned as one of the region's best restaurants. 그곳은 그 지역에서 가장 좋은 식당으로 유명하다.

G-TELP 구문독해훈련

The international film festival was such a popular event that many renowned directors attended the opening ceremony.

1108 **toxic**
[tάksik]

= poisonous

■ 유독성의

의미 암기용 표현과 문장

• toxic chemicals[fumes/gases/substances] 유독 화학 물질[연기/가스/물질]

G-TELP 구문독해훈련

The toxic chemicals require careful handling while in transit in order to prevent large-scale contamination.

1105. (a) 비록 바이러스성 질병이 매우 전염성이 강하긴 하지만, 감염의 위험을 줄일 수 있는 방법들이 있습니다.　**1106.** 세상 어느 누구도 인생에 어느 시간이건 조금도 질투심을 느끼지 않고 인생을 살아가는 사람은 없다고 저는 확신합니다.　**1107.** 그 국제 영화제는 너무나 인기 있는 행사여서 많은 유명한 감독들이 개막식에 참석했다.　**1108.** 독성 화학 물질들은 대규모 오염을 방지하기 위해 운송 중 신중한 취급이 필요합니다.

1109 **resist**
[rizíst]

= oppose
= combat

GRAMMAR POINT

선택문항에 조동사 4개, 접속사 4개, 접속부사 4개가 나오는 문제는 해석으로 풀어야 하는 고난이도 문제입니다.

☑ 저항하나

의미 암기용 표현과 문장

• He tried to pin me down, but I resisted. 그는 나를 속박하려 했지만 나는 저항했다.

G-TELP 문법패턴훈련

_____, he **could not resist** drinking five shots of tequila, although he knew it was dangerous to do so.
(a) Therefore　　　　　(b) However

1110 **suspect**
[sΛspékt]

= doubt

GRAMMAR POINT

선택문항에 조동사 4개, 접속사 4개, 접속부사 4개가 나오는 문제는 해석으로 풀어야 하는 고난이도 문제입니다.

🄽 용의자　☑ 의심하다, 혐의를 받다

의미 암기용 표현과 문장

• a murder suspect 살인 혐의자
• I suspected her motives in offering to help. 나는 도와주겠다는 그녀의 동기가 수상쩍었다.

G-TELP 문법패턴훈련

Our database indicates that these items passed inspection;
_____, **we suspect** that they were damaged in transit.
(a) however　　　　　(b) thus

1111 **legislate**
[lédʒisleit]

= enact

☑ 법률을 제정하다

의미 암기용 표현과 문장

• The government will legislate against discrimination in the workplace. 정부가 일터에서의 차별을 금하는 법률을 제정할 것이다.

G-TELP 구문독해훈련

The change of attitude cannot be forced, dictated, mandated, or legislated.

1112 **withdraw**
[wiðdrɔ́ː]

= remove
= extract

☑ 인출하다, 철수하다

의미 암기용 표현과 문장

• Government troops were forced to withdraw. 정부군은 어쩔 수 없이 철수해야 했다.

G-TELP 구문독해훈련

You need to provide your account information to withdraw or transfer your money.

1109. (b) 그러나, 그는 비록 그렇게 하는 것이 위험하다는 것을 알고 있었지만, 5잔의 데킬라를 마시는 것에 저항할 수 없었다.　**1110. (b)** 우리의 데이터베이스는 이러한 품목들이 검사를 통과했음을 나타냅니다. 따라서, 우리는 그것들이 운송 중에 손상되었던 것이라고 의심하고 있습니다.　**1111.** 태도의 변화는 강제되거나, 지시되거나, 명령되거나, 또는 입법화될 수 없다.　**1112.** 돈을 인출하거나 이체하기 위해서는 귀하의 계좌 정보를 제공해 주셔야 합니다.

1113 **flaw**
[flɔ:]

= defect

n 결점, 흠

의미 암기용 표현과 문장
- **The argument is full of fundamental flaws.** 그 주장은 많은 근본적인 결함들을 안고 있다.

G-TELP 구문독해훈련
Any merchandise returned to the store after purchase must be checked for flaws or alterations before being put back on the shelf.

1114 **theme**
[θi:m]

= motif
= subject

n 주제, 테마

의미 암기용 표현과 문장
- **North American literature is the main theme of this year's festival.** 북아메리카 문학이 올해 페스티벌의 주된 테마이다.

G-TELP 구문독해훈련
In preparation, we'll be holding a moviemaking contest that'll showcase every class's creativity in line with this year's theme: social equality.

1115 **sue**
[su:]

= prosecute

v 고소하다

의미 암기용 표현과 문장
- **They threatened to sue if the work was not completed.** 그들은 그 일이 완료되지 않으면 고소하겠다고 협박했다.

G-TELP 구문독해훈련
In the past few years, they have sued more than 26,000 people for downloading music and sharing it without having copyright permission.

1116 **scrutinize**
[skrú:tənàiz]

= inspect

GRAMMAR POINT
선택문항에 조동사 4개, 접속사 4개, 접속부사 4개가 나오는 문제는 해석으로 풀어야 하는 고난이도 문제입니다.

v 정밀히 조사하다

의미 암기용 표현과 문장
- **She leaned forward to scrutinize their faces.** 그녀가 앞으로 몸을 숙이고 그들의 얼굴을 세심히 살폈다.

G-TELP 문법패턴훈련
Every piece is closely scrutinized, and _____ there is the slightest blemish on it, it is rejected.
(a) unless   (b) if

1113. 구입 후 상점으로 반품된 모든 상품은 창고에 다시 넣어지기 전에 결함이나 변경사항이 있는지 점검해야합니다.　**1114.** 그 준비로, 우리는 올해의 주제인 사회 평등에 일치하며 모든 학급의 창의성을 보여줄 수 있는 영화제작 경연대회를 개최할 것입니다.　**1115.** 지난 몇 년 동안, 그들은 저작권자의 허락 없이 음악을 다운로드하고 공유한 **26,000**명 이상의 사람들을 고소했습니다.　**1116. (b)** 모든 부품들은 면밀히 조사되며, 만약 부품에 아주 사소한 흠집이 있어도, 이것은 거부됩니다.

1117 **assess**
[ǝsés]

= evaluate

☑ 평가하다

의미 암기용 표현과 문장

• It's difficult to assess the effects of these changes. 이들 변화의 영향을 가늠하기는 어렵다.

G-TELP 구문독해훈련

They also allow you to assess the weight and thickness of the fabric.

1118 **shelter**
[ʃéltǝr]

= refuge
= protect

🅝 피난(처), 대피(처)　☑ 보호하다, 막아주다

의미 암기용 표현과 문장

• Human beings need food, clothing and shelter. 인간에게는 의식주가 필요하다.
• Trees shelter the house from the wind. 나무들이 그 집의 바람막이가 되어 준다.

G-TELP 구문독해훈련

Mr. Albert, one of the internationally recognized cardiologists, visits the community shelter twice a month to see the homeless.

1119 **dispute**
[dispjúːt]

= argument
= conflict

🅝 논쟁, 분쟁　☑ 논쟁하다, 분쟁을 일으키다

의미 암기용 표현과 문장

• The union is in dispute with management over working hours. 조업 시간을 두고 노조가 사측과 분쟁 중이다.
• No one is disputing that there is a problem. 문제가 있다는 점에 대해서는 아무도 이의를 제기하지 않는다.

G-TELP 구문독해훈련

The Korean Consumer Organization is responsible for resolving disputes over any defective goods between retailers and customers.

1120 **lottery**
[látəri]

= raffle

GRAMMAR POINT

선택문항에 조동사 4개, 접속사 4개, 접속부사 4개가 나오는 문제는 해석으로 풀어야 하는 고난이도 문제입니다.

🅝 복권, 추첨

의미 암기용 표현과 문장

• Some people think that marriage is a lottery. 어떤 사람들은 결혼을 도박이라고 생각한다.

G-TELP 문법패턴훈련

Justin was disappointed _____ he learned that he had missed winning the lottery by only one number.
(a) when　　　　　　　　(b) where

1117. 그것들은 또한 직물의 무게나 두께 같은 것들을 당신이 평가할 수 있도록 해줍니다.　**1118.** 국제적으로 인정받는 심장 전문의인 앨버트씨는 노숙자들을 돌보기 위해 매월 두 번 공동체 보호소를 방문합니다.　**1119.** 한국 소비자 보호원은 소매 업체와 고객 간의 불량품에 관련된 분쟁을 해결할 책임이 있습니다.　**1120. (a)** 저스틴은 그가 한 개의 번호 차이로 복권에 당첨되지 못했다는 사실을 알고 실망하게 되었다.

1121 **commodity**

[kəmάdəti]

= goods
= product

🔟 원자재, 상품, 물품, 공산품

의미 암기용 표현과 문장

- **Crude oil is the world's most important commodity.** 원유는 세계에서 가장 중요한 원자재이다.

G-TELP 구문독해훈련

More than 200,000 people in urban areas are estimated to be highly or extremely food-insecure due to rising commodity prices.

1122 **hinder**

[híndər]

= block
= obstruct

🔻 방해하다, 저해하다

의미 암기용 표현과 문장

- **An injury was hindering him from playing his best.** 그는 부상으로 최고 기량을 못 내고 있었다.

G-TELP 구문독해훈련

Your environment can either help or hinder your productivity.

1123 **confidential**

[kὰnfədénʃəl]

= secret

🔳 기밀의

의미 암기용 표현과 문장

- **confidential information[documents]** 비밀 정보[기밀 서류]

G-TELP 구문독해훈련

Unauthorized personnel are not allowed to view any confidential information.

1124 **revenue**

[révənjù:]

= income
= profit

GRAMMAR POINT
지텔프에서 ask는 목적격보어로 to 부정사를 쓰는 동사로 출제됩니다.

🔟 수익

의미 암기용 표현과 문장

- **The company's annual revenues rose by 30%.** 그 기업의 연간 수익이 30% 늘었다.

G-TELP 문법패턴훈련

The director asked the team managers _____ up with ways to ensure that revenue growth would remain sustainable.
(a) to come   **(b) coming**

1121. 도시 지역의 **20**만 명이 넘는 사람들이 생필품의 가격상승 때문에 매우 또는 극심히 식량의 위협을 받고 있는 것으로 추산된다. **1122.** 당신의 주변 환경은 생산성에 도움이 되거나 당신의 생산성을 방해할 수도 있습니다. **1123.** 허가받지 않은 직원은 어떠한 기밀 정보도 볼 수 없습니다. **1124. (a)** 그 임원은 팀 관리자들에게 매출 성장을 안정적으로 유지할 수 있는 확실한 방법을 찾아내라고 요구했다.

1125 costume
[kástjuːm]

= outfit

GRAMMAR POINT
지텔프에서 tonight이 나오면 미래진행시제가 보통 답이 됩니다.

n 의상, 복장, 분장

의미 암기용 표현과 문장
• He went to the party in a giant chicken costume. 그는 거대한 닭 분장[변장]을 하고 그 파티에 갔다.

G-TELP 문법패턴훈련
The production's technical staff, including sound, lighting, costumes, and construction personnel, _____ overtime **tonight**.
(a) worked   (b) will be working

1126 batter
[bǽtər]

= beat
= hit

v 때리다, 두드리다   n (야구의) 타자, 케이크 반죽

의미 암기용 표현과 문장
• She battered at the door with her fists. 그녀는 주먹으로 문을 연방 두드렸다.
• Jim was the first batter of the game. 짐은 그 경기의 첫 타자였다.

G-TELP 구문독해훈련
Even their opponents' best batters find the pitches difficult to hit.

1127 confess
[kənfés]

= admit

v 자백하다, 고백하다

의미 암기용 표현과 문장
• After hours of questioning, the suspect confessed. 여러 시간에 걸친 심문 끝에 용의자가 자백했다.

G-TELP 구문독해훈련
People who show genuine guilt and remorse are more likely to confess.

1128 deserve
[dizɔ́ːrv]

= merit

GRAMMAR POINT
struggle은 목적어로 to부정사를 쓰는 동사로 출제됩니다.

v ~을 받을 만하다, ~을 받을 가치가 있다

의미 암기용 표현과 문장
• The report deserves careful consideration. 그 보고서는 신중히 고려해 볼 만하다.

G-TELP 문법패턴훈련
She says the family is **struggling** _____ ends meet and deserves some slack.
(a) to make   (b) making

1125. **(b)** 음향, 조명, 의상 그리고 무대장치 인력들을 포함해 작품의 기술 스텝들은 오늘밤 야근을 할 것입니다.   1126. 심지어 상대편의 최고의 타자들조차도 그 투구를 치는 것이 어렵다는 것을 알고 있다.   1127. 진정한 죄책감과 후회를 보이는 사람들은 자백할 가능성이 더 크다.   1128. **(a)** 그녀는 그 가족이 수지를 맞추기 위해 고군분투 중이라고 말하면서 약간의 상환유예의 시간을 받을 만하다고 말하고 있다.

1129 defect
[díːfekt]

= deficiency
= fault

GRAMMAR POINT
관계대명사 that은 컴마와 함께 계속
적용법으로 쓰이지 않습니다.

n 결점, 결함

의미 암기용 표현과 문장

• **a moral defect in one's nature** 성격상의 도덕적 결함

G-TELP 문법패턴훈련

If you find any defect of your Quantum Office Supplies
product during the warranty period, _____ is six months
from the purchase, we will promptly exchange the product
with a brand new one.
(a) that   (b) which

1130 awkward
[ɔ́ːkwərd]

= embarrassed
= difficult

a 어색한, 곤란한

의미 암기용 표현과 문장

• **There was an awkward silence.** 어색한 침묵이 흘렀다.

G-TELP 구문독해훈련

It is true that the Paris subway employees took awkward
actions in this urgent and dangerous situation.

1131 spare
[spɛər]

= extra
= grant

Daily use   Keep spare

a 여분의, 여가의 **v** 할애하다, 면하다

의미 암기용 표현과 문장

• **I'm afraid I haven't got any spare cash.** 제게 남아 있는 현금이 전혀 없는 것 같군요.
• **We can only spare one room for you.** 방을 하나 밖에 내어 드릴 수가 없습니다.
• **They killed the men but spared the children.** 그들이 그 남자들은 죽였지만 아이들은 살려주
었다.

G-TELP 구문독해훈련

The construction crew met their October deadline with a few
days to spare.

1132 induce
[indjúːs]

= cause
= encourage

How to
Induce
Labor
Naturally

v 유도하다

의미 암기용 표현과 문장

• **Nothing would induce me to take the job.** 그 무엇으로 유도해도 나는 그 일을 맡지 않을 것이다.

G-TELP 구문독해훈련

Some researchers claim that the cold medicine, Alcor, may
induce vomiting if taken after eating.

1129. (b) 만약 당신이 구입 후 **6**개월간인 보증 기간 동안 퀀텀 사무 용품에서 어떤 결함을 발견하신다면, 우리는 신속하게 완전히 새로운 제품으로 교환해 드릴 것입
니다.   **1130.** 파리 지하철 직원들이 이렇게 긴급하고 위험한 상황에서 약간은 어색한 행동을 취했다는 것은 사실이다.   **1131.** 건설 인부들은 **10**월 마감시한을 며칠
남겨 두고 마감기한을 맞췄다.   **1132.** 일부 연구자들은 감기약 알코르가 식사 후에 섭취되면 구토를 유발할 수도 있다고 주장한다.

1133 **resident**

[rézədnt]

= inhabitant

n 거주지 **a** 거주하는

의미 암기용 표현과 문장
- **There were confrontations between local residents and the police.** 지역 주민들과 경찰 사이에 대치 사태가 있었다.
- **She is resident at his house.** 그녀는 그의 집에 살고 있다.

G-TELP 구문독해훈련

The poll indicated that the residents of the Great Lake Apartments have considered the security system upgrade essential to improving the complex.

1134 **habitat**

[hǽbitæt]

= sanctuary

n 서식지

의미 암기용 표현과 문장
- **The panda's natural habitat is the bamboo forest.** 판다 곰의 천연 서식지는 대나무 숲이다.

G-TELP 구문독해훈련

Scientists used to carelessly observe wild animals in their natural habitats.

1135 **significant**

[signífikənt]

= important

a 중요한

의미 암기용 표현과 문장
- **a highly significant discovery** 대단히 중대한 발견

G-TELP 구문독해훈련

In conclusion, the health, financial, and environmental benefits of green cleaning are significant.

1136 **frugal**

[frú:gəl]

= prudent

GRAMMAR POINT
빈칸 뒤의 문장이 불완전한 문장이기 때문에 관계대명사가 필요합니다.

a 검소한, 절약하는

의미 암기용 표현과 문장
- **a frugal existence[life]** 절약하는 생활

G-TELP 문법패턴훈련

The smoothie is one item _____ can satisfy today's fast-paced, frugal, and health conscious citizen.
(a) that   (b) whose

1133. 여론 조사는 그레이트 레이크 아파트의 거주민들이 보안 시스템의 업그레이드를 단지를 개선하는 데 있어 필수적이라고 생각하고 있다는 것을 보여주고 있다. **1134.** 과학자들은 야생동물들의 자연 서식지에서 야생동물을 부주의하게 관찰하곤 했었다. **1135.** 결론적으로, 친환경 청소의 건강상, 재정상, 그리고 환경상의 혜택들은 중요합니다. **1136. (a)** 스무디는 오늘날의 빠르게 움직이고 검소하며 건강에 민감한 시민들을 만족시킬 수 있는 하나의 상품입니다.

1137 administration
[ədministréiʃən]

= management

n 경영, 운영, 관리, 행정

의미 암기용 표현과 문장
• **I work in the Sales Administration department.** 나는 판매 관리 부서에서 일한다.

G-TELP 구문독해훈련
Verify that the administration process is set up correctly.

1138 ingredient
[ingríːdiənt]

= component
= element

GRAMMAR POINT
선택문항에 조동사 4개, 접속사 4개, 접속부사 4개가 나오는 문제는 해석으로 풀어야 하는 고난이도 문제입니다.

n 재료, 성분

의미 암기용 표현과 문장
• **Coconut is a basic ingredient for many curries.** 코코넛은 많은 카레 요리의 기본 재료이다.

G-TELP 문법패턴훈련
All of the ingredients in these recipes are organic _____ otherwise specified.
(a) unless   (b) if

1139 expenditure
[ikspénditʃər]

= spending
= payment

n 지출, 경비

의미 암기용 표현과 문장
• **a reduction in public[government/military] expenditure** 공공 비용[정부 비용/방위비] 축소

G-TELP 구문독해훈련
JKNY's president announced a plan to reduce the firm's expenditures.

1140 eternal
[itə́ːrnəl]

= everlasting
= permanent

a 영원한

의미 암기용 표현과 문장
• **She's an eternal optimist.** 그녀는 영원한 낙천주의자이다.

G-TELP 구문독해훈련
But, the price of liberty is eternal vigilance.

1137. 관리 프로세스가 올바르게 설정되었는지 확인하십시오.   **1138. (a)** 이러한 조리법들의 모든 재료들은 다른 식으로 언급되지 않는다면 모두 유기농입니다.
1139. JKNY의 사장은 회사의 지출을 줄이기 위한 계획을 발표했습니다.   **1140.** 그러나, 자유의 댓가는 영원한 경계입니다.

DAY 20

20 days

VOCABULARY LEVEL 심화

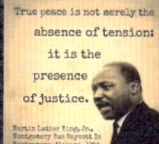

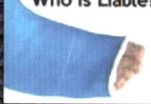

1141 prestigious
[prestídʒəs]

= prominent

a 일류의, 명망 높은

의미 암기용 표현과 문장
- **a prestigious university** 일류 대학

G-TELP 구문독해훈련
Whitfield Consulting has received the prestigious "Best Workplace in Albuquerque" award for the second consecutive year.

1142 obvious
[ábviəs]

= apparent

a 명백한, 분명한, 뻔한

의미 암기용 표현과 문장
- **It was obvious to everyone that the child had been badly treated.** 그 아이가 학대를 받아 왔다는 것은 누가 봐도 분명했다.

G-TELP 구문독해훈련
In 1918, during the height of World War I, Americans tagged Chaplin as a communist, notwithstanding his obvious support for America's war efforts.

1143 adequate
[ǽdikwət]

= competent

GRAMMAR POINT
선택문항에 조동사 4개, 접속사 4개, 접속부사 4개가 나오는 문제는 해석으로 풀어야 하는 고난이도 문제입니다.

a 적합한, 충분한

의미 암기용 표현과 문장
- **an adequate supply of hot water** 충분한 온수 공급

G-TELP 문법패턴훈련
We hope that this will be an adequate number to meet our needs but _____ be revising it as the conference date approaches.
(a) will   (b) may

1144 nominate
[námənèit]

= recommend
= appoint

v 후보에 오르다, 후보에 지명하다

의미 암기용 표현과 문장
- **He was nominated as best actor.** 그는 최우수 남자 배우(상)에 지명되었다.

G-TELP 구문독해훈련
Because of your recent best-seller, Modern Engineering Marvels, you have been nominated for an SOCE Award.

1141. 윗필드 컨설팅은 **2**년 연속으로 명성 높은 **"**앨버커키 지역의 최우수 직장**"**상을 수상했습니다.　**1142. 1918**년 제**1**차 세계 대전이 한창이던 중, 미국인들은 미국의 전쟁 승리에 지대한 노력을 했음에도 불구하고, 채플린을 공산주의자라고 낙인찍었다.　**1143. (b)** 우리는 이 정도가 우리의 요구사항을 충족시키기에 충분한 숫자가 될 것이라고 바라고 있지만 회의 날짜가 다가옴에 따라 사정에 따라 약간의 변경을 하게 될지도 모릅니다.　**1144.** 귀하의 **"**현대 공학의 마술들**"**이라는 최근 베스트셀러 때문에, 귀하는 **SOCE** 상을 수상할 수 있는 후보자 명단에 오르게 되셨습니다.

1145 **perplex**
[pərpléks]

= confuse

GRAMMAR POINT

관계대명사 **that**은 컴마와 함께 계속 적용법으로 쓰이지는 않습니다.

☑ 낭황하게 하나

의미 암기용 표현과 문장

• They were perplexed by her response. 그들은 그녀의 반응에 당혹했다.

G-TELP 문법패턴훈련

The disease, _____ affects young children of both sexes, has continued to perplex doctors and public health workers.
(a) that   (b) which

1146 **poll**
[poul]

= survey
= ballot

🅝 여론조사   ☑ 여론조사를 하다, 득표하다

의미 암기용 표현과 문장

• A recent poll suggests some surprising changes in public opinion. 최근의 한 여론조사는 여론에 놀라운 변화가 약간 있음을 시사하고 있다.
• They polled 39% of the vote in the last election. 그들은 지난 선거에서 투표수의 39%를 득표했다.

G-TELP 구문독해훈련

According to a reader's poll in the Sunday's newspaper, Denver remains the most livable big city in the country for the second successive year.

1147 **allegation**
[æligéiʃən]

= claim

🅝 의혹, 혐의

의미 암기용 표현과 문장

• Several newspapers made allegations of corruption in the city's police department. 몇몇 신문에서 그 시 경찰청에 대해 부패 혐의를 제기했다.

G-TELP 구문독해훈련

Vannatter was recalled and vehemently denied the allegation.

1148 **adjust**
[ədʒʌst]

= adapt

☑ 적응하다, 조정하다

의미 암기용 표현과 문장

• Watch out for sharp bends and adjust your speed accordingly. 급커브들을 조심하고 그에 따라 속도를 조절하라.

G-TELP 구문독해훈련

Only the authorized person can adjust the configuration of the operating software and system on the database servers.

1145. (b) 남녀 어린 아이들 모두에게 영향을 끼치고 있는 이 질병은 계속해서 의사들과 공중 보건 공무원들을 당황하게 만들고 있습니다.   **1146.** 썬데이 신문의 독자 투표 조사에 따르면, 덴버는 **2**년 연속으로 전국에서 가장 살기 좋은 대도시로 남아 있다고 합니다.   **1147.** 반나터는 소환되었는데 격렬하게 혐의 사실을 부인했다.   **1148.** 오직 권한을 부여받은 사람만이 데이터베이스 서버의 운영 소프트웨어와 시스템의 구성을 조정할 수 있습니다.

1149 **approve**
[əprúːv]

= accept

☑ 승인하다, 허락하다

의미 암기용 표현과 문장

• **Do you approve of my idea?** 내 생각 괜찮니?

G-TELP 구문독해훈련

The new TV commercial will be aired as soon as the Advertising Regulatory Authority approves it.

1150 **explode**
[iksplóud]

= burst
= erupt

GRAMMAR POINT

when절에 과거시제가 나왔고 주절에는 for + 시간이 보이기 때문에 과거완료진행시제가 답이 됩니다.

☑ 폭발하다, 터지다

의미 암기용 표현과 문장

• **Bombs were exploding all around the city.** 도시 전역에서 폭탄이 터지고 있었다.

G-TELP 문법패턴훈련

Authorities said the crowd _____ a street parade for three hours when the car bomb exploded.
(a) had been watching   (b) will be watching

1151 **disrupt**
[disrʌ́pt]

= interrupt

☑ 중단시키다, 방해하다

의미 암기용 표현과 문장

• **Demonstrators succeeded in disrupting the meeting.** 시위자들이 그 회의를 방해하는 데 성공했다.

G-TELP 구문독해훈련

Using social media, making phone calls, and exchanging text messages will also disrupt your concentration.

1152 **bribe**
[braib]

= corrupt

ⓝ 뇌물 ☑ 뇌물을 주다

의미 암기용 표현과 문장

• **She had been offered a $50,000 bribe to drop the charges.** 그녀는 그 고소를 취하하면 5만 달러의 뇌물을 주겠다는 제의를 받은 바가 있었다.
• **They bribed the guards with cigarettes.** 그들은 담배로 보초들을 매수했다.

G-TELP 구문독해훈련

Quite a few city government officials were bribed by the bus companies in return for raising bus fares as well as rearranging bus routes.

1149. 새로운 TV 광고는 광고 규제 당국이 승인을 하자마자 방영될 것입니다.   1150. (a) 당국은 차량 폭탄이 터졌을 때 군중들이 3시간 동안 거리 퍼레이드를 구경하고 있었다고 말했다.   1151. 소셜 미디어를 사용하고, 전화를 걸고, 문자 메시지를 교환하는 것들 또한 당신의 집중력을 혼란스럽게 할 것입니다.   1152. 버스 요금을 올려주고 버스 노선을 재배치해 준 댓가로 버스 회사들로부터 상당수의 시 공무원들이 뇌물을 받았다.

1153 **launch**
[lɔ:ntʃ]

= commence
= start

Ⅴ 시작하다, 게시하다, 출시하다

의미 암기용 표현과 문장

• The new model will be launched in July. 그 새 모델은 7월에 출시된다.

G-TELP 구문독해훈련

Thankfully, the product's launch was a big success.

1154 **assist**
[əsíst]

= help
= support

GRAMMAR POINT

need 다음에 동명사를 쓰는 패턴도 있지만, 지텔프에서 need는 to부정사를 목적어로 쓰는 동사로 출제됩니다.

Ⅴ 돕다

의미 암기용 표현과 문장

• We'll do all we can to assist you. 우린 당신을 돕기 위해 우리가 할 수 있는 일을 다 할 것입니다.

G-TELP 문법패턴훈련

One of the new hires needs _____ **the sales representatives in responding to technical inquiries at the company booth.**
(a) to assist   (b) assisting

1155 **transmit**
[trænsmít]

= broadcast

transmit

Ⅴ 전송하다, 송신하다

의미 암기용 표현과 문장

• At the proper time, I will transmit them. 적당한 시간에 전송해 줄게.

G-TELP 구문독해훈련

The ceremony was transmitted live by satellite to over fifty countries.

1156 **endure**
[indjúər]

= bear
= last

GRAMMAR POINT

선택문항에 조동사 4개, 접속사 4개, 접속부사 4개가 나오는 문제는 해석으로 풀어야 하는 고난이도 문제입니다.

Ⅴ 견디다, 지속되다

의미 암기용 표현과 문장

• She could not endure the thought of parting. 그녀는 헤어진다는 생각을 견딜 수가 없었다.

G-TELP 문법패턴훈련

_____ **actors are often rejected in auditions and must endure long periods of unemployment between jobs, they must have patience and total commitment to their craft.**
(a) Because   (b) If

DAY 01
02 DAY
03 DAY
04 DAY
05 DAY
06 DAY
07 DAY
08 DAY
09 DAY
10 DAY
11 DAY
12 DAY
13 DAY
14 DAY
15 DAY
16 DAY
17 DAY
18 DAY
19 DAY
20 DAY

1157 humble
[hʌmbl]

= modest

a 겸손한

의미 암기용 표현과 문장
- **my humble tribute to this great man** 이 위대한 분께 바치는 저의 보잘것없는 헌사

G-TELP 구문독해훈련
But above all he is humble and well-adjusted.

1158 indicate
[índikèit]

= show
= suggest

v 나타내다, 가리키다

의미 암기용 표현과 문장
- **Research indicates that eating habits are changing fast.** 연구가 보여주는 바에 의하면 식습관이 빠르게 바뀌고 있다.

G-TELP 구문독해훈련
Due to our error, your statement for April indicated an overcharge of $289.

1159 apprehend
[æprihénd]

= arrest

v 체포하다, 깨닫다, 이해하다

의미 암기용 표현과 문장
- **The thief was apprehended.** 도둑은 체포되었다.
- **I apprehended that the situation was serious.** 사태가 심각함을 깨달았다.

G-TELP 구문독해훈련
But police have apprehended 2 teenagers and charged them with deliberately starting one fire.

1160 trial
[tráiəl]

= test

GRAMMAR POINT

선택문항에 조동사 4개, 접속사 4개, 접속부사 4개가 나오는 문제는 해석으로 풀어야 하는 고난이도 문제입니다.

n 재판, 시험, 시도, 시련

의미 암기용 표현과 문장
- **a murder trial** 살인 사건 공판
- **The new drug is undergoing clinical trials.** 그 신약은 임상 실험 중이다.
- **the trials and tribulations of married life** 결혼 생활의 시련과 고난

G-TELP 문법패턴훈련
Potential subscribers to Global Cable Company _____ take advantage of this free trial service for a limited period of time only.
(a) must   (b) can

1157. 그러나 무엇보다 그는 겸손하고 잘 조정되어 있습니다.   1158. 우리의 과실 때문에, 귀하의 4월 청구서에 289달러의 초과징수가 나타났습니다.   1159. 그러나 경찰은 2명의 십대들을 체포했으며 고의적으로 한 군데의 불을 지른 혐의로 기소를 했습니다.   1160. (b) 글로벌 케이블 컴퍼니의 잠재적 가입자들은 오직 제한된 기간 동안만 이 무료 평가판 시범 서비스를 이용할 수 있을 것입니다.

1161 require
[rikwáiər]

= insist

GRAMMAR POINT

require는 목적어로 동명사를 쓰지 만 목적격보어로는 to부정사를 쓰는 동사로 출제되거나 ARSID that절 속에 동사원형을 물어보는 문제로 출 제됩니다.

▣ 요구하다, 필요로 하나

의미 암기용 표현과 문장

• **These pets require a lot of care and attention.** 이 애완동물은 많은 보살핌과 관심을 필요 로 한다.

G-TELP 문법패턴훈련

The manager **required that** every accountant _____ their daily report before leaving the office.
(a) will submit   (b) submit

1162 superficial
[sùːpərfíʃəl]

= shallow

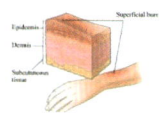

▣ 피상적인, 얄팍한, 표피상의

의미 암기용 표현과 문장

• **a superficial analysis** 깊이 없는 분석

G-TELP 구문독해훈련

We can now see that earlier investigation was somewhat superficial, and certainly incomplete.

1163 derive
[diráiv]

X

GRAMMAR POINT

지텔프에서 **enable**은 목적격보어로 to부정사를 쓰는 동사로 출제 됩니 다.

▣ ~에서 비롯되다

의미 암기용 표현과 문장

• **He derived a lot of profit from the business.** 그는 그 일에서 많은 이익을 얻었다.

G-TELP 문법패턴훈련

It can **enable** business _____ more value from both structured and unstructured information.
(a) to derive   (b) deriving

1164 gender
[dʒéndər]

= sex

▣ 성, 성별

의미 암기용 표현과 문장

• **the masculine[feminine/neuter/common] gender** 남성[여성/중성/동성]

G-TELP 구문독해훈련

We need to get people's age, gender, household income, geographic location, and education level.

1161. (b) 관리자는 모든 회계사들에게 퇴근하기 전에 일일 보고서를 제출하라고 요청했다.　**1162.** 우리는 지금 초기 조사가 다소 피상적이었으며 확실히 불완전했 다고 판단할 수 있습니다.　**1163. (a)** 이것은 구조화된 정보와 비구조화된 정보 모두에서 기업이 더 많은 가치를 추출할 수 있도록 해줄 수 있습니다.　**1164.** 우리 는 사람들의 나이, 성별, 가구 소득, 지리적 위치, 그리고 교육 수준을 얻어 내야 합니다.

G1 DAY 02 DAY 03 DAY 04 DAY 05 DAY 06 DAY 07 DAY 08 DAY 09 DAY 10 DAY 11 DAY 12 DAY 13 DAY 14 DAY 15 DAY 16 DAY 17 DAY 18 DAY 19 DAY 20

어휘 · 문법 · 독해까지 한거번에 끝내는 G-TELP VOCABULARY LEVEL 신판

1165 reflect
[riflékt]

= reveal
= display

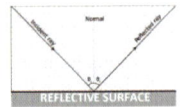

REFLECTIVE SURFACE

V 반영하다, 반사하다

의미 암기용 표현과 문장
- Our newspaper aims to reflect the views of the local community. 지희 신문은 지역 주민들의 견해를 반영하는 것을 목표로 하고 있습니다.
- The windows reflected the bright afternoon sunlight. 창문들에 밝은 오후 햇살이 반사되고 있었다.

G-TELP 구문독해훈련

The training curriculum is periodically revisited to ensure that it reflects the greenhouse gas emission standards.

1166 abandon
[əbǽndən]

= leave

GRAMMAR POINT

선택문항에 조동사 4개, 접속사 4개, 접속부사 4개가 나오는 문제는 해석으로 풀어야 하는 고난이도 문제입니다.

V 버리다, 떠나다

의미 암기용 표현과 문장
- The baby had been abandoned by its mother. 그 아기는 엄마에게 버림을 받은 것이었다.

G-TELP 문법패턴훈련

We have abandoned plans to install a revolving security door _____ our engineers determined that the design is fundamentally flawed.
(a) because   (b) while

1167 priority
[praió:rəti]

= primacy

N 우선사항

의미 암기용 표현과 문장
- a high[low] priority 우선순위가 높은[낮은] 사항

G-TELP 구문독해훈련

Our top priority is to keep our customers satisfied with our products and services.

1168 constant
[kánstənt]

= consistent
= steady

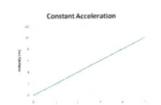

A 일정한, 끊임없는

의미 암기용 표현과 문장
- Babies need constant attention. 아기들은 끊임없이 보살펴 줘야 한다.

G-TELP 구문독해훈련

The fact is that total global ice mass is broadly constant.

1165. 교육 커리큘럼은 이것이 온실 가스 배출 기준을 반영할 수 있도록 확실히 하기 위해 주기적으로 재검토 됩니다. **1166. (a)** 우리는 우리의 엔지니어들이 디자인에 근본적으로 오류가 있다는 것을 알아냈기 때문에, 회전식 보안문의 설치 계획을 포기했습니다. **1167.** 우리의 최우선 과제는 고객이 우리의 제품과 서비스에 만족할 수 있도록 하는 것입니다. **1168.** 사실은 전 세계의 총 얼음 질량이 대체로 일정하다는 것입니다.

1169 portable
[pɔ́ːrtəbl]

= compact
= handy

n 휴대용의

의미 암기용 표현과 문장

• **a portable telephone** 휴대용 전화

G-TELP 구문독해훈련

The design team members have submitted a design proposal for a new portable audio player.

1170 violate
[váiəlèit]

= disobey

v 위반하다

의미 암기용 표현과 문장

• **She accused the press photographers of violating her privacy.** 그녀는 신문사 사진 기자들이 자기 사생활을 침해했다고 비난했다.

G-TELP 구문독해훈련

Any attempt to repair the unit ourselves, would violate the warranty agreement.

1171 exaggerate
[igzǽdʒərèit]

= amplify

GRAMMAR POINT

"~하기 위해서"나 "~하기 위한"의 의미로 쓰이는 **to**부정사의 쓰임에도 익숙해져야 합니다.

v 과장하다

의미 암기용 표현과 문장

• **The hotel was really filthy and I'm not exaggerating.** 그 호텔은 정말 더러웠어. 과장이 아냐.

G-TELP 문법패턴훈련

A debater commits this fallacy when he or she exaggerates or changes his or her opponent's argument _____ it easier to attack.
(a) to make   **(b) making**

1172 scare
[skɛər]

= frighten
= terrify

v 두렵게 하다   **n** 불안, 공포

의미 암기용 표현과 문장

• **You scared me.** (너 때문에) 놀랐잖아.
• **You gave me a scare!** 너 때문에 깜짝 놀랐잖아[어휴 깜짝이야]!

G-TELP 구문독해훈련

I was very scared because the windows rattled with the wind!

1173 fatal
[féitl]

= deadly

ⓐ 치명적인

의미 암기용 표현과 문장
• a fatal accident[blow/illness] 치명석인 사고[치명타/치명석인 실병]

G-TELP 구문독해훈련
The BMA welcomes the Government's position that it accepts the evidence that second-hand smoke causes fatal illnesses.

1174 solitary
[sɑ́lətèri]

= lonely

ⓐ 혼자의, 고독한

의미 암기용 표현과 문장
• He was a solitary child. 그는 혼자 잘 노는[혼자 자란] 아이였다.

G-TELP 구문독해훈련
In the wild, tigers are determinedly solitary creatures that actively avoid their own kind other than for mating.

1175 eventually
[ivénʧuəli]

= finally

GRAMMAR POINT
"~하기 위해서"나 "~하기 위한"의 의미로 쓰이는 to부정사의 쓰임에도 익숙해져야 합니다.

ⓐⓓ 결과적으로, 최종적으로

의미 암기용 표현과 문장
• Our flight eventually left five hours late. 우리 비행기는 결국 5시간 늦게 떠났다.

G-TELP 문법패턴훈련
Eventually, he will have to cut it down _____ causing injury to people or damaging his neighbor's property.
(a) to avoid   (b) avoiding

1176 masculine
[mǽskjulin]

= manly

ⓐ 남자다운

의미 암기용 표현과 문장
• He was handsome and strong, and very masculine. 그는 잘생기고 튼튼한데다 아주 남자다웠다.

G-TELP 구문독해훈련
He has always been one of our best screen actors: sardonic, masculine, quick-witted, but slow to reveal himself.

1173. BMA는 간접흡연이 치명적인 질병을 일으킨다는 증거를 받아들인 정부의 입장을 환영하는 바입니다. **1174.** 야생에서, 호랑이들은 분명히 짝짓기 이외에는 자신의 종을 적극적으로 피하는 혼자 지내는 동물입니다. **1175. (a)** 결국, 그는 사람들에게 상해를 입히거나 이웃의 재산에 피해를 주는 것을 피하기 위해서 이것을 줄여야 할 것입니다. **1176.** 그는 항상 우리의 가장 훌륭한 영화배우 중 하나입니다. 냉소적이고, 남성적이며, 재치 있고, 그러나 자신을 느리게 드러내는 사람입니다.

01 DAY
02 DAY
03 DAY
04 DAY
05 DAY
06 DAY
07 DAY
08 DAY
09 DAY
10 DAY
11 DAY
12 DAY
13 DAY
14 DAY
15 DAY
16 DAY
17 DAY
18 DAY
19 DAY
20 DAY

어휘·문법·독해까지 한꺼번에 끝내는 G-TELP VOCABULARY LEVEL 심화

1177 **sacred**
[séikrid]

= hallowed
= holy

🔲 성스러운

의미 암기용 표현과 문장
• **Cows are sacred to Hindus.** 소는 힌두교도들에게 성스러운 존재이다.

G-TELP 구문독해훈련
Cows have been regarded for thousands of years as sacred animals with connections to gods in India.

1178 **depression**
[dipréʃən]

= misery
= melancholy

GRAMMAR POINT
지텔프에서 단순한 now가 아니라 for quite some time now가 나오면 현재완료진행시제가 답입니다.

🔲 우울증, 우울함

의미 암기용 표현과 문장
• **She suffered from severe depression after losing her job.** 그녀는 실직을 한 후 심한 우울증에 시달렸다.

G-TELP 문법패턴훈련
Sophia _____ anxiety attacks and depression for quite some time now.
(a) has been experiencing (b) had been experiencing

1179 **respond**
[rispánd]

= react
= reply

🔲 대답하다, 응답하다, 반응하다

의미 암기용 표현과 문장
• **I asked him his name, but he didn't respond.** 내가 그에게 이름을 물어보았지만 그는 대답하지 않았다.

G-TELP 구문독해훈련
New research found that taking a deep breath increases brain activity and makes a person respond to stimulus faster.

1180 **merely**
[míərli]

= simply

🔲 한낱, 단지, 단순히

의미 암기용 표현과 문장
• **He said nothing, merely smiled and watched her.** 그는 아무 말도 하지 않고 그저 웃으며 그녀를 지켜보기만 했다.

G-TELP 구문독해훈련
It could be because the band didn't develop a unique sound and merely copied the hit-making groups of its time instead.

1177. 소들은 수천 년 동안 인도에서 신과 연결되어 있는 신성한 동물들로 간주되어 왔습니다.　**1178. (a)** 소피아는 현재까지 한 동안 불안 장애와 우울증을 경험해 오고 있다.　**1179.** 새로운 연구는 심호흡을 하는 것이 뇌 활동을 증가시키고 사람을 자극에 더 빠르게 반응하게 만든다는 사실을 발견했다.　**1180.** 이것은 그 음악 밴드가 자신만의 독특한 사운드를 개발하지 못했고 단순히 대신에 그 시대의 히트 그룹들을 모방했기 때문일 수 있습니다.

1181 nourish
[nə́ːriʃ]

= feed
= supply

☑ 영양분을 공급하다

의미 암기용 표현과 문장

- All the children were well nourished and in good physical condition. 그 아이들은 모두 영양 섭취 상태도 좋고 신체 조건도 좋았다.

G-TELP 구문독해훈련

Nourish your body, nourish your mind, and nourish your spirit.

1182 liable
[láiəbl]

= responsible

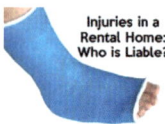

Injuries in a
Rental Home:
Who is Liable?

☑ 법적인 책임이 있는

의미 암기용 표현과 문장

- You will be liable for any damage caused. 야기되는 모든 손상에 대해서 당신이 법적 책임을 지게 됩니다.

G-TELP 구문독해훈련

Please note that the company is not liable for any damage caused by unauthorized use of company property or other employee misconduct.

1183 plot
[plɑt]

= conspire
= scheme

GRAMMAR POINT

선택문항에 조동사 4개, 접속사 4개, 접속부사 4개가 나오는 문제는 해석으로 풀어야 하는 고난이도 문제입니다.

ⓝ 구성, 줄거리 ☑ 음모를 꾸미다

의미 암기용 표현과 문장

- The book is well organized in terms of plot. 그 책은 플롯 면에서는 잘 짜여 있다.
- They were plotting to overthrow the government. 그들은 정부 전복을 모의하고 있었다.

G-TELP 문법패턴훈련

The audience became bored with the movie because of an overly simplified plot and left the cinema _____ it was even over.

(a) although   (b) before

1184 cater
[kéitər]

= supply

GRAMMAR POINT

문장의 기본 시제가 현재시제이기 때문에 과거완료시제와는 상관이 없습니다.

☑ (행사에) 음식을 제공하다

의미 암기용 표현과 문장

- Who will be catering the wedding? 결혼식에 음식은 누가 준비하죠?

G-TELP 문법패턴훈련

The catering service companies are usually busiest in December during which many awards ceremonies and employee appreciation parties _____.

(a) had been held   (b) are being held

1181. 몸을 성장시키고, 마음을 성장시키며, 그리고 정신을 성장시키십시오.   1182. 회사는 회사 재산의 무단 사용이나 기타 직원의 부정한 행위로 인해 발생한 손해에 대해서는 어떠한 책임도 지지 않음을 주목해 주시기 바랍니다.   1183. (b) 청중들은 너무 단순화된 줄거리 때문에 영화에 지루함을 느끼게 되었고 그래서 영화가 끝나기도 전에 극장을 떠났다.   1184. (b) 연회 제공 회사들은 대개 많은 시상식들과 직원 감사 파티들이 열리는 12월에 가장 바쁩니다.

1185 slIght
[slait]

= small
= tiny

🄰 약간의, 소금의

의미 암기용 표현과 문장
• **a slight increase[change/delay/difference]** 약간의 증가[변화/지연/차이]

G-TELP 구문독해훈련
These samples will help you to see the color accurately, as photos in our online catalog may have slight color variations.

1186 ritual
[rítʃual]

= ceremony

🄽 의식, 의례

의미 암기용 표현과 문장
• **She objects to the ritual of organized religion.** 그녀는 조직화된 종교의 의례를 반대한다.

G-TELP 구문독해훈련
The samurai took this code seriously, so much so that they would carry out *seppuku*, a form of ritual suicide, if they committed a shameful or dishonorable act.

1187 engage
[ingéidʒ]

= involve
= employ

🅅 관여하다, 사로잡다, 고용하다, 약혼하다

의미 암기용 표현과 문장
• **It is a movie that engages both the mind and the eye.** 그것은 마음과 눈을 모두 사로잡는 영화이다.

G-TELP 구문독해훈련
Most of the country's population engages in agricultural activities.

1188 hassle
[hǽsl]

= bother
= annoy

GRAMMAR POINT
지텔프에서 일반적인 수동태 뒤에는 to부정사가 흔히 쓰입니다. be done to부정사가 가끔 출제됩니다.

🄽 귀찮은 일, 번거로움 🅅 괴롭히다

의미 암기용 표현과 문장
• **Send them an email — it's a lot less hassle than phoning.** 그들에게 이메일을 보내요. 그게 전화를 하는 것보다 훨씬 덜 번거로워요.
• **Don't keep hassling me! I'll do it later.** 자꾸 들볶지 마! 나중에 할 거야.

G-TELP 문법패턴훈련
Self-medication is often done _____ the hassle of seeing a doctor.
(a) to avoid   (b) avoiding

1185. 온라인 카탈로그에 나온 사진들은 약간의 색상 차이가 있을 수 있기 때문에, 이러한 샘플들은 귀하가 컬러를 정확하게 보는데 도움을 줄 것입니다. 1186. 사무라이들은 이 규범을 진지하게 받아들였고, 그렇게 만약 그들이 부끄러운 짓이나 불명예스러운 행동을 했을 땐, 일종의 자살 의식의 형태인 할복을 수행하곤 했습니다. 1187. 이 나라의 대부분의 인구는 농업 활동에 종사하고 있습니다. 1188. (a) 자가 치료는 종종 의사를 보러가는 귀찮은 일을 피하기 위해 행해집니다.

REVIEW 1 2 3 4 5

1189 wreck
[rek]

= destroy

GRAMMAR POINT

토익과는 다르게 지텔프에서 since 가 나오면 현재완료진행시제가 답이 됩니다.

ⓥ 난파하다, 파괴되다   **ⓝ** 난파선, 만신창이

의미 암기용 표현과 문장

- **The building had been wrecked by the explosion.** 그 건물은 그 폭발로 파괴되었다.
- **The house was a wreck when we bought it.** 우리가 구입하던 무렵에는 그 집이 다 헐물어져 가는 상태였다.

G-TELP 문법패턴훈련

A ship _____ wrecked and abandoned on the beach since a heavy storm last March.
(a) has been lying   **(b) is lying**

1190 relic
[rélik]

= remains

ⓝ 유물, 유적

의미 암기용 표현과 문장

- **historic relics** 역사적 유물

G-TELP 구문독해훈련

It showcases a collection of 176 artworks, including sculptures, historic relics, and paintings.

1191 primary
[práimeri]

= main
= elementary

ⓐ 주된, 초등의

의미 암기용 표현과 문장

- **The primary aim of this course is to improve your spoken English.** 이 강좌의 주된 목표는 영어 말하기를 향상시키는 것이다.

G-TELP 구문독해훈련

A teacher's primary duty is to sustain student motivation to actively participate in the classroom activities.

1192 temporary
[témparèri]

= momentary

ⓐ 일시적인

의미 암기용 표현과 문장

- **temporary relief from pain** 일시적인 통증 완화

G-TELP 구문독해훈련

A plan is in place to hire temporary workers to help package outgoing products during the busy holiday season if necessary.

1189. (a) 배 한 척이 지난 3월 거센 폭풍 이후 지금까지 해변에 버려져서 난파되어 있다.   **1190.** 이곳은 조각품들, 역사적인 유물들, 그리고 회화들을 포함하는 **176**개의 예술품 전시를 보여줍니다.   **1191.** 교사의 주된 의무는 교실 활동들에 활동적으로 참여하게 하기 위해 학생들에게 동기부여를 유지하는 것이다.   **1192.** 만약 필요하다면 바쁜 휴가 기간 동안 발송되는 제품들의 포장을 돕기 위해 임시직 직원들을 채용할 계획이 진행 중입니다.

1193 **canteen**
[kæntíːn]

= cafeteria
= eatery

n ﹢내식당, 매점

의미 암기용 표현과 문장

• **Let's meet around three at the school canteen.** 학교 매점에서 3시쯤에 보자.

G-TELP 구문독해훈련

On the ferry were a number of canteens and small restaurants, as well as cool resting areas, an arcade and a duty-free shop.

1194 **mandatory**
[mǽndətɔ̀ːri]

= compulsory
= obligatory

GRAMMAR POINT

가주어 It 뒤에 진주어가 될 수 있는 to부정사가 필요한 문장입니다.

a 의무적인

의미 암기용 표현과 문장

• **It is mandatory for blood banks to test all donated blood for the virus.** 혈액은행들은 법에 정해진 대로 모든 헌혈된 혈액에 대해 그 바이러스를 검사해야 한다.

G-TELP 문법패턴훈련

It is mandatory for factory managers _____ the safety standards strictly.
(a) to follow   (b) follow

1195 **rush**
[rʌʃ]

= hurry

n 혼잡 **v** 서두르다

의미 암기용 표현과 문장

• **The evening rush was just starting.** 저녁 시간대의 혼잡이 막 시작되고 있었다.
• **Don't rush off, I haven't finished.** 너무 서둘지 마. 난 아직 안 끝났어[다 안 먹었어].

G-TELP 구문독해훈련

Bridge repairs in Augusta are most likely the cause of the delays in the delivery during this morning's rush hour traffic.

1196 **petition**
[pətíʃən]

= entreaty

v 탄원하다, 청원하다 **n** 탄원서, 청원(서)

의미 암기용 표현과 문장

• **The group intends to petition Parliament for reform of the law.** 그 단체는 의회에 그 법률을 개정해 달라는 청원을 할 작정이다.
• **The workers are getting up a petition for tighter safety standards.** 노동자들이 안전 기준 강화를 진정하고 나섰다.

G-TELP 구문독해훈련

But several environmental groups are filling petitions to reject his proposal in an effort to prevent such activity on public land.

1193. 여객선에는 많은 매점들과 작은 식당들이 있었고 또한 멋진 휴식 공간과 쇼핑 거리 그리고 면세점이 있었다.　**1194. (a)** 공장 관리자가 안전 기준을 엄격하게 따르는 것은 의무적인 일이다.　**1195.** 아우구스타에 있는 다리 수리공사가 아마도 오늘 아침 붐비는 교통 통행 중 배달을 지연시키게 된 원인일 것이다.　**1196.** 그러나 몇몇 환경 단체들은 공공 토지에서의 그러한 활동을 막기 위한 노력의 일환으로 그의 제안을 거부하기 위한 청원을 하고 있습니다.

1197 **arrogant**
[ǽrəgənt]

= haughty

a 오만한, 건방진

의미 암기용 표현과 문장

• **He is so arrogant in the way he talks.** 그는 말투가 상당히 건방져요.

G-TELP 구문독해훈련

I hate his arrogant attitude towards his classmates.

1198 **victim**
[víktim]

= casualty

n 희생자, 피해자

의미 암기용 표현과 문장

• **She was the innocent victim of an arson attack.** 그녀는 방화 사건의 무고한 희생자였다.

G-TELP 구문독해훈련

The rise in missing dog cases in the neighborhood made Sheila fear that her dog could be the next victim.

1199 **asset**
[ǽset]

= fortune
= property

GRAMMAR POINT

지텔프에서 가정법 과거완료의 짝찾기는 무조건 맞춰야 하는 5초짜리 문제입니다.

n 자산, 재산

의미 암기용 표현과 문장

• **In his job, patience is an invaluable asset.** 그가 하는 일에서는 인내가 귀중한 자산이다.

G-TELP 문법패턴훈련

If his coach had let him play more often, he _____ to be a valuable asset.
(a) would have proven   (b) would prove

1200 **impose**
[impóuz]

= levy

v 부과하다, 강요하다

의미 암기용 표현과 문장

• **A new tax was imposed on fuel.** 유류에 새로운 세금이 도입되었다.

G-TELP 구문독해훈련

It is near residential suburbs, has a bustling population of young professionals, and imposes low business taxes.

1197. 나는 그의 급우들에 대한 그의 거만한 태도를 싫어한다.　**1198.** 이웃에서 실종된 개 사례가 증가하자 쉴라는 그녀의 개가 다음 희생자가 될까봐 두려워했다.
1199. (a) 만약 그의 코치가 더 자주 그를 경기에 참가시켰었다면, 그가 귀중한 자산이라는 것이 입증되었었을 것이다.　**1200.** 이곳은 주거용 교외 근처에 있으며, 젊은 전문직 종사자가 많고, 그리고 낮은 법인세를 부과합니다.

PLUS
300

어휘·문법·독해까지 한꺼번에 끝내는
ALL-IN-ONE 우선순위 G-TELP

_____
VOCABULARY PLUS 300

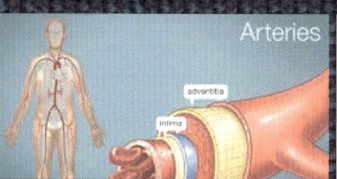

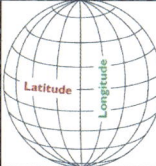
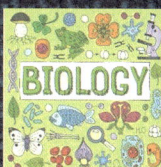

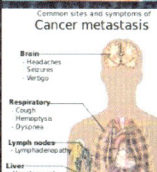

REVIEW 1 2 3 4 5

1201 abroad
[əbrɔ́ːd]

= overseas

ad 해외에[로], 국외로, 외국으로

의미 암기용 표현과 문장

• **at home and abroad** 국내에서나 국외에서나
• **go abroad** 외국으로 가다
• **travel abroad** 해외로 여행하다, 외유하다

1202 ace
[eis]

= master

v 완벽하게 하다, **A**를 받다 **n** 고수, 에이스

의미 암기용 표현과 문장

• **ace out one's competitors** 경쟁 상대를 여지없이 무찌르다
• **an ace of aces** 비할 자 없는 하늘의 용사

1203 ache
[eik]

= hurt
= pain

v 아프다 **n** 아픔

의미 암기용 표현과 문장

• **I'm aching all over.** 난 온몸이 아파.
• **muscular aches** 근육통
• **a tummy ache** 배 아픔

1204 activist
[ǽktəvist]

= militant

n 운동가, 행동주의자

의미 암기용 표현과 문장

• **a student activist** 학생 활동가, 운동권 학생

1205 activity
[ǽktivəti]

= action
= movement

n 활동, 운동

의미 암기용 표현과 문장

• **classroom[outside/outdoor] activities** 교내[과외/야외] 활동
• **social activities** 사교활동

1206 adventure
[ædvéntʃər]

= experience

n 경험, 모험

의미 암기용 표현과 문장

• **a surprising[romantic/tragic] adventure** 놀랄만한[로맨틱한/비참한] 사건[경험]
• **adventure stories** 모험담

1207 advice
[ædváis]

= guidance
= opinion

n 조언, 충고

의미 암기용 표현과 문장

• **advice on road safety** 도로 안전에 대한 조언
• **Follow your doctor's advice.** 의사의 조언을 따르시오.

01 DAY / 02 DAY / 03 DAY / 04 DAY / 05 DAY / 06 DAY / 07 DAY / 08 DAY / 09 DAY / 10 DAY / 11 DAY / 12 DAY / 13 DAY / 14 DAY / 15 DAY / 16 DAY / 17 DAY / 18 DAY / 19 DAY / 20 DAY

어휘 · 문법 · 독해까지 한꺼번에 끝내는 **G-TELP VOCABULARY PLUS 300**

1208 aerospace
[ˈɛərouspeis]

x

ⓝ 항공우주 (산업)

의미 암기용 표현과 문장
- **jobs in aerospace and defence** 항공우주 및 방위 산업 분야의 직종들
- **the aerospace industry** 항공우주 산업

1209 afterward
[ˈæftərwərd]

= later

ad 나중에, 그 다음에, 그 후에, 후에

의미 암기용 표현과 문장
- **two months afterward** 두 달 후에
- **They lived happily ever afterward.** 그 후에 그들은 행복하게 살았습니다.

1210 agency
[ˈeidʒənsi]

= company

ⓝ 회사, 대행사, 정부 기관

의미 암기용 표현과 문장
- **an advertising[employment] agency** 광고 대행사[직업소개소]
- **You can book at your local travel agency.** 당신이 사시는 지역 여행사에서 예약하실 수 있습니다.
- **the Central Intelligence Agency (CIA)** 미국 중앙 정보국

1211 agriculture
[ˈæɡrəkʌltʃər]

= cultivation
= farming

ⓝ 농업

의미 암기용 표현과 문장
- **the Ministry of Agriculture and Forestry** 농림부
- **the Department of Agriculture** [미] 농무부

1212 airport
[ˈɛərpɔrt]

x

ⓝ 공항

의미 암기용 표현과 문장
- **Incheon International Airport** 인천 국제 공항
- **airport facilities** 공항 시설

1213 alarm
[əˈlɑːrm]

= frighten
= fear

ⓥ 불안하게 만들다 ⓝ 불안, 공포, 경보기, 경고음, 알람소리

의미 암기용 표현과 문장
- **don't want to alarm the passengers** 승객들을 불안하게 만들고 싶지 않습니다
- **a burglar[fire/smoke] alarm** 도난[화재/화염] 경보기

1214 altogether
[ɔːltəˈɡeðər]

= absolutely
= completely

ad 완전히, 전적으로, 전체적으로, 모두

의미 암기용 표현과 문장
- **It was an altogether different situation.** 이것은 완전히 다른 상황이었다.
- **Altogether it was a great evening.** 전체적으로 보아 정말 멋진 저녁이었다.

REVIEW 1 2 3 4 5

1215 amateur
[ǽmətʃ ûər]

= nonprofessional

🔟 아마추어, 비전문가 🔟 아마추어의

의미 암기용 표현과 문장

- **The tournament is open to both amateurs and professionals.** 그 대회는 아마추어 선수와 프로 선수 모두에게 열려 있다.
- **an amateur photographer** 아마추어 사진작가

1216 ancestor
[ǽnsestər]

= forefather

🔟 조상, 선조

의미 암기용 표현과 문장

- **His ancestors had come to America from Ireland.** 그의 조상은 아일랜드에서 미국으로 왔다.

1217 ancient
[éinʃ ənt]

= former
= past

🔟 고대의

의미 암기용 표현과 문장

- **ancient history[civilization]** 고대 역사[문명]
- **ancient Greece** 고대 그리스

1218 anniversary
[ænəvə̀ːrsəri]

= commemoration

🔟 기념일

의미 암기용 표현과 문장

- **to celebrate your wedding anniversary** 당신의 결혼기념일을 축하하기 위하여
- **the 60th anniversary of one's birth** 환갑

1219 anthropology
[ænθrəpάlədʒi]

X

🔟 인류학

의미 암기용 표현과 문장

- **an anthropology department** 인류학과
- **physical[cultural/social] anthropology** 자연[문화/사회] 인류학

1220 archaeology
[ɑ̀ːrkiάlədʒi]

X

🔟 고고학

의미 암기용 표현과 문장

- **a course in archaeology** 고고학 강좌
- **through archaeology** 고고학을 통해서

1221 architecture
[ɑ̀ːrkɪtèktʃ ər]

= building

🔟 건축학, 건축(물), 건축 양식

의미 암기용 표현과 문장

- **the architecture of the eighteenth century** 십팔 세기 건축 양식
- **modern architecture** 현대 건축 (양식)

1222 artery
[ɑ́ːrtəri]

x

n 동맥

의미 암기용 표현과 문장
• **the main artery** 대동맥

1223 article
[ɑ́ːrtikl]

= essay
= story

n 기사, 지문, 논문, 물품, 한 개, 관사, 조항

의미 암기용 표현과 문장
• **an article on China** 중국에 관한 기사
• **articles of food[toilet]** 식료[화장]품
• **an article of clothing** 의류 한 점
• **the definite[indefinite] article** 정[부정]관사
• **article 3** 제3조

1224 astronaut
[ǽstrənɔ̀ːt]

x

n 우주비행사

의미 암기용 표현과 문장
• **I applied to NASA to enter the astronaut program.** 저는 우주비행사 프로그램에 참여하기 위해 나사에 지원했습니다.

1225 athlete
[ǽθliːt]

= player

n 운동선수

의미 암기용 표현과 문장
• **Olympic athletes** 올림픽 참가 선수
• **a world-class athlete** 세계 최상급 운동선수
• **amateur athlete** 아마추어 운동선수

1226 audition
[ɔːdíʃən]

= test

n 오디션, 심사 v 오디션을 보다

의미 암기용 표현과 문장
• **have an audition** 오디션을 받다
• **pass an audition** 오디션을 통과하다
• **She visited New York to audition for a part in a musical.** 그녀는 뮤지컬 배역의 오디션을 보기 위해 뉴욕을 방문했다.

1227 auditorium
[ɔ̀ːditɔ́ːriəm]

= hall

n 강당, 객석

의미 암기용 표현과 문장
• **in an auditorium** 강당에서
• **a main auditorium** 대강당

1228 aviation
[èiviéiʃən]

x

n 항공(술)

의미 암기용 표현과 문장
• **the aviation business[industry]** 항공 사업[산업]
• **an aviation association** 항공 협회

1229 **babysit**
[béibìsit]

x

ⓥ 아이를 봐주다

의미 암기용 표현과 문장
- **He's babysitting the neighbour's children.** 그는 이웃집 아이들을 봐 주고 있다.

1230 **bachelor**
[bǽtʃələr]

x

ⓝ 학사, 미혼남, 독신남

의미 암기용 표현과 문장
- **a Bachelor of Arts[Engineering/Science]** 문학[공학/이학] 학사
- **a bachelor's baby** 사생아
- **bachelor apartment[flat]** (남자) 독신자 아파트[숙소]

1231 **billion**
[bíljən]

x

ⓝ 10억 ⓐ 10억의

의미 암기용 표현과 문장
- **Sales reached $6 billion for the first time last year.** 매출이 작년에 처음으로 60억 달러에 이르렀다.
- **half a billion dollars** 5억 달러

1232 **biology**
[baiɑ́lədʒi]

x

ⓝ 생물학, 생명 활동

의미 암기용 표현과 문장
- **a degree in biology** 생물학 학위
- **the biology of marine animals** 해양 동물의 생명 활동

1233 **blade**
[bleid]

= edge

ⓝ 칼날, 잎 조각, 잎사귀

의미 암기용 표현과 문장
- **a razor blade** 면도날
- **a single blade of grass** 풀잎 하나

1234 **bomb**
[bam]

= explosive

ⓝ 폭탄 ⓥ 폭격하다

의미 암기용 표현과 문장
- **a bomb attack[explosion]** 폭탄 공격[폭발]
- **The city was heavily bombed in the war.** 그 도시는 전쟁 중에 심한 폭격을 당했다.

1235 **booth**
[bu:θ]

x

ⓝ 노점, 부스

의미 암기용 표현과 문장
- **a phone booth** (공중) 전화 부스
- **a broadcasting booth** 방송실

1236 born
[bɔːrn]

x

n 태어난, 타고난

의미 암기용 표현과 문장

• **a born athlete[writer/leader]** 타고난 운동선수[작가/지도자]

1237 branch
[brænʧ]

= department

n 지점, 지사, 지부, 나뭇가지

의미 암기용 표현과 문장

• **an overseas branch** 해외 지점
• **a branch manager** 지점장

1238 breathe
[briːð]

= exhale
= inhale

v 숨 쉬다

의미 암기용 표현과 문장

• **Give me a chance to breathe.** 좀 쉬도록 해주십시오.

1239 brochure
[brouʃúər]

= pamphlet

n 안내 책자

의미 암기용 표현과 문장

• **a travel brochure** 여행안내 책자

1240 business
[bíznis]

= trade
= commerce

n 사업, 일, 업무

의미 암기용 표현과 문장

• **It's been a pleasure to do business with you.** (당신과) 함께 사업을 하게 되어 기쁩니다.

1241 cancer
[kǽnsər]

= tumor

n 암

의미 암기용 표현과 문장

• **lung[breast] cancer** 폐[유방]암
• **cancer patients** 암 환자들

1242 capital
[kǽpətl]

= fund

n 자본, 수도, 대문자

의미 암기용 표현과 문장

• **capital expenditure** 자본 지출(기관이 건물장비 등을 구입하는 데 쓰는 돈)
• **the capital of Egypt** 이집트의 수도
• **Please write in capitals[in capital letters].** 대문자로 써 주십시오.

1243 carbohydrate
[kὰːrbouhάidreit]

x

🔟 탄수화물

의미 암기용 표현과 문장

- **a low-carbohydrate diet** 저탄수화물 식단
- **a high-carbohydrate diet** 고탄수화물 식단

1244 career
[kəríər]

= occupation

🔟 직업, 경력, 진로

의미 암기용 표현과 문장

- **a teaching career** 교직
- **She started her career as an English teacher.** 그녀는 영어 교사로 사회생활을 시작했다.

1245 catalogue
[kǽtəlɔ̀ːg]

= inventory
= list

🔟 목록, 카탈로그 🔻 목록을 작성하다

의미 암기용 표현과 문장

- **an online catalogue** 온라인 카탈로그
- **to consult the library catalogue** 도서 목록을 찾아보기 위해서

1246 ceiling
[síːliŋ]

= limit

🔟 천장, 한계

의미 암기용 표현과 문장

- **a large room with a high ceiling** 천장이 높은 큰 방
- **price ceilings** 가격 상한[최고 한도]

1247 cell
[sel]

= room
= compartment

🔟 세포, 독방

의미 암기용 표현과 문장

- **blood cells** 혈액 세포
- **a condemned cell** 사형수의 독방

1248 certain
[sə́ːrtn]

= sure
= particular

🔟 확실한, 어떤, 특정한

의미 암기용 표현과 문장

- **It is certain that they will agree.** 그들은 틀림없이 동의할 것이다.
- **Certain people might disagree with this.** 어떤 사람들은 이것에 동의하지 않을지도 모른다.

1249 circle
[sə́ːrkl]

= ring
= company

🔟 동그라미, 원, 무리 🔻 원을 그리다, 빙빙 돌다

의미 암기용 표현과 문장

- **Draw a circle.** 원을 하나 그려라.
- **The plane circled the airport to burn up excess fuel.** 그 비행기는 과다한 연료를 태워 없애기 위해 공항을 빙빙 돌았다.

1250 clerk
[kləːrk]

= worker

n 점원

의미 암기용 표현과 문장
- **an office clerk** 사무원
- **The clerk at the counter gave me too little change.** 계산대 직원이 나에게 거스름돈을 너무 적게 내주었다.

1251 commercial
[kəmə́ːrʃəl]

= financial
= advertisement

a 상업의, 상업적인 **n** 광고

의미 암기용 표현과 문장
- **a commercial vehicle** (여객 및 화물을 수송하는) 상업[영업]용 차량
- **He has become the most desired TV commercial actor.** 그는 CF계에서 러브 콜이 쇄도하는 광고 배우가 되었다.

1252 commission
[kəmíʃən]

= fee
= committee

n 수수료, 위원회

의미 암기용 표현과 문장
- **1% commission is charged for cashing traveller's cheques.** 여행자 수표를 현금으로 바꾸는 데는 1%의 수수료가 붙는다.
- **the European Commission** 유럽 위원회

1253 committee
[kəmíti]

= council

n 위원회

의미 암기용 표현과 문장
- **a committee meeting** 위원회 모임
- **a standing[special] committee** 상임[특별] 위원회

1254 common
[kámən]

= usual

a 흔한, 공통의, 공동의

의미 암기용 표현과 문장
- **a common spelling mistake** 흔한 철자 오류
- **common ownership of the land** 그 토지에 대한 공동 소유

1255 community
[kəmjúːnəti]

= society

n 공동체, 지역 사회

의미 암기용 표현과 문장
- **the international community** 국제 사회[세계 공동체]
- **community parks[libraries]** 지역 주민을 위한 주차장[도서관]

1256 condition
[kəndíʃən]

= situation
= circumstance

n 상태, 조건, 환경, 상황

의미 암기용 표현과 문장
- **bad[good/excellent] condition** 안 좋은[좋은/아주 좋은] 상태
- **living[housing/working] conditions** 생활[주거/작업] 환경

1257 conference
[kάnfərəns]

= meeting
= symposium

n 회의, 학회

의미 암기용 표현과 문장
- **a conference room[center/hall]** 회의실[회의센터/회의장]
- **a general conference** 총회

1258 congress
[kάŋgris]

= parliament

n 의회, 국회

의미 암기용 표현과 문장
- **a member of Congress** 국회 의원
- **Library of Congress** 국회 도서관

1259 connect
[kənékt]

= link
= join

v 연결하다

의미 암기용 표현과 문장
- **First connect the printer to the computer.** 먼저 프린터를 컴퓨터에 연결하라.

1260 consequently
[kάnsəkwèntli]

= therefore
= hence

ad 그 결과, 따라서

의미 암기용 표현과 문장
- **This poses a threat to agriculture and the food chain, and consequently to human health.** 이것은 농업과 먹이 연쇄에, 결국에는 인류 건강에 위협이 되고 있다.

1261 continent
[kάntənənt]

= land

n 대륙

의미 암기용 표현과 문장
- **the African continent** 아프리카 대륙
- **the New Continent** 신대륙

1262 convention
[kənvénʃən]

= custom
= tradition

n 관습, 대회

의미 암기용 표현과 문장
- **social conventions** 사회적 관습
- **the Democratic Party Convention** 민주당 전당 대회

1263 cost
[kɔ́ːst]

= price

n 비용, 원가, 값 **v** 비용이 들다

의미 암기용 표현과 문장
- **the high[low] cost of housing** 높은[낮은] 주거비
- **How much did it cost?** 그거 얼마 했니?

1264 course
[kɔ:rs]

= class
= route

n 강의, 과목, 진로, 방향

의미 암기용 표현과 문장

- **a course of education** 교과 과정
- **the course of life** 인생의 행로
- **the main course** 주요 요리, 메인 코스

1265 cover
[kʌvər]

= report

v 취재하다, 덮다, 가리다, 보장하다, 모창하다 n 표지

의미 암기용 표현과 문장

- **She's covering the party's annual conference.** 그녀는 그 당의 연례 총회를 취재하고 있다.
- **Snow covered the ground.** 눈이 땅바닥을 덮고 있었다.
- **the front[back] cover** 앞[뒤] 표지

1266 craft
[kræft]

= work
= skill

n 공예, 기교

의미 암기용 표현과 문장

- **arts and crafts** 미술 공예
- **the writer's craft** 작가의 기교

1267 create
[kriéit]

= cause
= make

v 창조하다, 만들어 내다

의미 암기용 표현과 문장

- **God created the heaven and the earth.** 하느님이 천지를 창조하셨다. 〈창세기〉
- **All men are created equal.** 인간은 모두 평등하게 태어났다. 〈독립선언문〉

1268 criminal
['krɪmɪnl]

= convict

n 범죄자, 범인 a 범죄의, 형사상의

의미 암기용 표현과 문장

- **a habitual criminal** 상습범
- **criminal law** 형법

1269 crop
[krɑp]

= produce
= harvest

n 농작물, 수확량 v 짧게 자르다[깎다/잘라내다], 경작하다

의미 암기용 표현과 문장

- **gather[harvest] a crop** 농작물을 거둬들이다
- **an average crop** 평년작
- **a bad[poor] crop** 흉작
- **crop one's hair close** 머리를 짧게 깎다

1270 cross
[krɔ:s]

= span
= intersect

v 건너다, 횡단하다 n 십자가 (모양)

의미 암기용 표현과 문장

- **We crossed from Dover to Calais.** 우리는 도버에서 칼레로 건너갔다.
- **the cross of Patrick** 아일랜드의 기장 (흰 바탕에 빨간색의 X형 십자)

1271 cruise
[kruːz]

= sail

n 유람선 여행   **v** 유람하다

의미 암기용 표현과 문장

- **a luxury cruise ship** 호화 유람선
- **We spent two weeks cruising the Bahamas.** 우리는 2주 동안 유람선을 타고 바하마를 돌았다.

1272 culture
[kʌ́ltʃər]

x

n 문화

의미 암기용 표현과 문장

- **European[Islamic/African/American] culture** 유럽[이슬람/아프리카/미국] 문화
- **the effect of technology on traditional cultures** 기술이 전통 문화들에 끼친 영향

1273 customer
[kʌ́stəmər]

= client

n 고객, 소비자

의미 암기용 표현과 문장

- **an awkward customer** 다루기 곤란한 손님
- **regular customer** 단골손님

1274 danger
[déindʒər]

= jeopardy

n 위험

의미 암기용 표현과 문장

- **Danger! Falling Rocks** [게시] 위험! 낙석 주의

1275 deadline
[déˈdlaiŋ]

= limit

n 마감일, 마감기간

의미 암기용 표현과 문장

- **set[impose] a deadline** 데드라인을 정하다
- **meet[make] the deadline** 마감에 맞추다

1276 dean
[diːn]

x

n 학장

의미 암기용 표현과 문장

- **a dean of students** 학생주임
- **the dean of a faculty** [대학의] 학(부)장

1277 debut
[deibjúː]

= introduction
= entrance

n 데뷔   **v** 데뷔하다

의미 암기용 표현과 문장

- **make one's debut** 데뷔하다

1070 **decade**
[dékeid]

X

◼ 10년

의미 암기용 표현과 문장

- **the third decade of the twentieth century** 20세기의 20년대(1921-30년)
- **several decades** 수십 년

1279 **deforest**
[diːfɔ́ːrist]

X

◼ 산림을 없애다, 벌채하다

의미 암기용 표현과 문장

- **Loggers deforested a valley by cutting its trees.** 벌목꾼들이 골짜기의 삼림을 벌채했다.

1280 **department**
[dipáːrtmənt]

= branch

◼ 부서, 과

의미 암기용 표현과 문장

- **the Department of Trade and Industry** 무역 산업부
- **the Treasury Department** 재무부
- **the marketing[sales] department** 마케팅[영업]부

1281 **descendant**
[diséndənt]

X

◼ 자손, 후손

의미 암기용 표현과 문장

- **a direct descendant** 직계 자손

1282 **detective**
[ditéktiv]

= investigator

◼ 형사, 탐정

의미 암기용 표현과 문장

- **a police detective** 형사
- **a detective story[novel]** 탐정[추리] 소설

1283 **detour**
[díːtuər]

X

◼ 우회로 ◼ 우회해 가다

의미 암기용 표현과 문장

- **make a detour** 우회하다
- **The President detoured to Chicago for a special meeting.** 대통령은 특별 회의가 있어서 시카고로 우회했다.

1284 **dictator**
[díkteitər]

= tyrant
= oppressor

◼ 독재자

의미 암기용 표현과 문장

- **under the rule of a dictator** 독재자의 지배하에
- **a military dictator** 군사 독재자

1285 **different**
[dífərənt]

= dissimilar
= various

◼ 다른, 여러 가지의

의미 암기용 표현과 문장

- **something different** 무언가 색다른 것
- **boys in different age groups** 여러 연령층의 소년들

1286 diligent
[dílədʒənt]

= hard-working

☑ 부지런한, 근면한

의미 암기용 표현과 문장
- **a diligent student[worker]** 성실한 학생[일꾼]
- **be diligent in study** 열심히 공부하다

1287 diploma
[diplóumə]

= certificate

🔲 졸업장, 수료증

의미 암기용 표현과 문장
- **a High School diploma** 고등학교 졸업장
- **a two-year diploma course** 2년제 과정

1288 director
[diréktər]

= head

🔲 책임자, 이사, 장

의미 암기용 표현과 문장
- **the managing director** 상무이사
- **the director of education** 교육 국장

1289 disease
[dizíːz]

= illness

🔲 질병

의미 암기용 표현과 문장
- **an infectious[a contagious] disease** 전염병[접촉성 전염병]
- **It is not known what causes the disease.** 무엇이 그 질병을 유발하는지는 알려져 있지 않다.

1290 dish
[diʃ]

= plate
= food

🔲 요리, 접시

의미 암기용 표현과 문장
- **I can recommend the chef's dish of the day.** 오늘의 주방장 특선 요리를 추천 드리고 싶어요.
- **a glass dish** 유리 접시

1291 doctoral
[dάktərəl]

x

☑ 박사의

의미 암기용 표현과 문장
- **a doctoral dissertation** 박사 학위 논문
- **a doctoral program** 박사 과정

1292 dose
[dous]

= allowance
= portion

🔲 (약 등의) 복용량

의미 암기용 표현과 문장
- **a high[low/lethal] dose** 다량의[소량의/치사량의] 복용(량)

01 DAY
02 DAY
03 DAY
04 DAY
05 DAY
06 DAY
07 DAY
08 DAY
09 DAY
10 DAY
11 DAY
12 DAY
13 DAY
14 DAY
15 DAY
16 DAY
17 DAY
18 DAY
19 DAY
20 DAY

1800 **downtown**
[daʊ'ntaʊ'n]

x

ad 시내에, 번화가에 **n** 중심가

의미 암기용 표현과 문장

- **go downtown** 시내에 가다
- **live downtown** 중심가에 살다

1294 **doze**
[doʊz]

= nap

v 졸다 **n** 낮잠

의미 암기용 표현과 문장

- **doze over one's work** 일하면서 깜빡 졸다
- **I had a doze on the train.** 나는 기차간에서 잠깐 잤다.

1295 **due**
[djuː]

= scheduled

a 지급되어야 할, ~할 예정인

의미 암기용 표현과 문장

- **When's the baby due?** 출산 예정이 언제예요?
- **The team's success was largely due to her efforts.** 그 팀의 승리는 대체로 그녀의 노력 덕분이었다.

1296 **duty**
[djúːti]

= obligation

n 의무, 관세

의미 암기용 표현과 문장

- **It is my duty to report it to the police.** 그것을 경찰에 알리는 것이 내 의무이다.
- **import duties** 수입세

1297 **earthquake**
[ə́ːrθkweik]

x

n 지진

의미 암기용 표현과 문장

- **a slight earthquake** 미진
- **a strong earthquake** 강진

1298 **ecology**
[ikɑ́lədʒi]

x

n 생태(학)

의미 암기용 표현과 문장

- **plant[animal/human] ecology** 식물[동물/인간]의 생태
- **the ecology movement** 생태계 (보존) 운동

1299 **economy**
[ikɑ́nəmi]

x

n 경제, 경기, 절약, 아끼기

의미 암기용 표현과 문장

- **the world economy** 세계 경제
- **a market economy** 시장 경제
- **fly economy (class)** 이코노미 (클래스)를 이용하다

1300 electricity
[ilektrísəti]

x

n 전기, 전력

의미 암기용 표현과 문장
- **The electricity is off.** 전기가 끊겼다.
- **a waste of electricity** 전력 낭비

1301 enemy
[énəmi]

= foe

n 적, 적군   **a** 적의

의미 암기용 표현과 문장
- **an enemy (air) plane** 적기
- **an enemy ship** 적선

1302 energetic
[ènərdʒétik]

= active

a 활력이 넘치는

의미 암기용 표현과 문장
- **become less energetic** 활력이 떨어지다
- **energetic students** 에너지 넘치는 학생

1303 engineer
[èndʒiníər]

= operator
= technician

n 기사, 기술자   **v** 수작을 부려 획책하다, (설계해서) 제작하다

의미 암기용 표현과 문장
- **the chief engineer on a cruise liner** 유람선 1등 기관사
- **She engineered a further meeting with him.** 그녀는 그와 한 번 더 만나려고 수작을 부렸다.

1304 entrance
[éntrəns]

= entry
= gate

n 입구, 입장

의미 암기용 표현과 문장
- **an entrance hall[lobby]** 입구 홀[로비]
- **an entrance fee** 입장료

1305 environment
[inváiərənmənt]

= surroundings

n 환경

의미 암기용 표현과 문장
- **a pleasant working[learning] environment** 쾌적한 업무[학습] 환경
- **the Department of the Environment** 환경부

1306 equal
[íːkwəl]

= identical
= same

a 동일한, 평등한   **v** (수 등이) 같다

의미 암기용 표현과 문장
- **equal rights[pay]** 동등한 권리[급여]
- **A meter equals 39.38 inches.** 1미터는 39.38인치와 같다[이다].

1307 **equator**
[ikwéitər]

x

п 적도

의미 암기용 표현과 문장

• **Singapore lies on the equator.** 싱가포르는 적도에 위치해 있다.

1308 **exam**
[igzǽm]

= test

п 시험

의미 암기용 표현과 문장

• **take an exam** 시험을 치다[보다]
• **pass[fail] an exam** 시험에 합격하다[떨어지다]

1309 **except**
[iksépt]

= exclude

п ~을 제외하고 v ~을 제외하다

의미 암기용 표현과 문장

• **We work every day except Sunday.** 우리는 일요일을 제외하고는 매일 일한다.
• **Children under five are excepted from the survey.** 5세 이하의 아동은 그 조사에서 제외되었다.

1310 **excuse**
[ikskjúːz]

= justify

v 용서하다, 면제하다 п 변명, 해명

의미 암기용 표현과 문장

• **Please excuse the mess.** 지저분한 걸 용서하세요.
• **There's no excuse for such behaviour.** 그런 행동에 대해서는 변명의 여지가 없다.

1311 **experience**
[ikspíəriəns]

= encounter

v 경험하다, 체험하다 п 경험, 체험

의미 암기용 표현과 문장

• **experience both joy and sorrow** 기쁨과 슬픔을 모두 경험하다
• **gain one's experience** 경험을 쌓다

1312 **experiment**
[ikspérəmənt]

= test
= trial

п 실험 v 실험하다

의미 암기용 표현과 문장

• **do[perform/conduct] an experiment** 실험을 하다
• **Some people feel that experimenting on animals is wrong.** 일부 사람들은 동물 실험은 잘못된 일이라고 생각한다.

1313 **factor**
[fǽktər]

= element
= part

п 요인, 인수, 인자, 지수

의미 암기용 표현과 문장

• **economic factors** 경제적 요인
• **a suntan lotion with a protection factor of 10** 보호 지수가 10인 자외선 차단 로션

REVIEW 1 2 3 4 5

1314 fair
[fɛər]

= carnival
= impartial

n 박람회, 축제 **a** 공정한, 공평한

의미 암기용 표현과 문장

- **a world trade fair** 세계 무역 박람회
- **We have to be fair to both players.** 우리는 양 선수에게 공정해야 한다.

1315 fall
[fɔːl]

= drop
= plunge

v 떨어지다, 넘어지다 **n** 추락, 낙하

의미 암기용 표현과 문장

- **One of the kids fell into the river.** 그 아이들 중 한 명이 강에 빠졌다.
- **a heavy fall of snow** 폭설[많이 내린 눈]

1316 fame
[feim]

= renown

n 명성, 평판

의미 암기용 표현과 문장

- **attain fame** 유명해지다
- **good fame** 호평

1317 familiar
[fəmíljər]

= friendly
= intimate

a 익숙한, 친숙한

의미 암기용 표현과 문장

- **a familiar sight** 눈에 익은 풍경
- **a familiar voice** 귀에 익은 목소리

1318 fare
[fɛər]

= charge
= price

n (교통) 요금

의미 암기용 표현과 문장

- **a railroad[taxi] fare** 철도 운임[택시 요금]
- **a single[double] fare** 편도[왕복] 운임

1319 fat
[fæt]

= obese
= overweight

a 살찐, 뚱뚱한 **n** 지방, 기름

의미 암기용 표현과 문장

- **a big fat man** 몸집이 크고 뚱뚱한 남자
- **foods which are low in fat** 지방이 적은 식품

1320 fee
[fiː]

= fare
= money

n 요금, 수수료

의미 암기용 표현과 문장

- **membership fees** (회원) 회비
- **There is no entrance fee to the gallery.** 그 미술관에는 입장료가 없다.

1321 **field**
[fiːld]

= area
= land

🔟 분야, 늘판, 밭, 경기장

의미 암기용 표현과 문장
- **famous in the field of music** 음악 분야에서 유명한
- **a field of wheat** 밀밭

1322 **final**
[fáinl]

= last

🔡 최종적인 🔟 결승전

의미 암기용 표현과 문장
- **the final product** 최종 산출물
- **the 2018 World Cup Finals** 2018년 월드컵 결승전

1323 **fine**
[fain]

= penalty
= good

🔟 벌금 🔡 좋은 🔳 벌금을 부과하다

의미 암기용 표현과 문장
- **a parking fine** 주차 위반 벌금
- **a very fine performance** 아주 멋진 공연
- **She was fined for speeding.** 그녀는 과속으로 벌금을 부과 받았다.

1324 **flood**
[flʌd]

= submerge
= deluge

🔟 홍수 🔳 범람하다

의미 암기용 표현과 문장
- **flood damage** 홍수 피해[물난리]
- **The river flooded the valley.** 그 강이 계곡을 범람시켰다.

1325 **fossil**
[fάsəl]

x

🔟 화석

의미 암기용 표현과 문장
- **hunt for fossils** 화석 찾기를 하다

1326 **frame**
[freim]

= structure

🔟 구조, 틀, 뼈대 🔳 틀을 잡다

의미 암기용 표현과 문장
- **a picture frame** 사진틀[액자]
- **frame a new constitution** 새 헌법을 입안하다

1327 **freeze**
[friːz]

= harden
= solidify

🔳 얼다, 얼리다

의미 암기용 표현과 문장
- **Water freezes at 0°C.** 물은 섭씨 0도에서 언다.
- **Two men were frozen to death on the mountain.** 두 명의 남자가 산에서 동사 당했다.

REVIEW 1 2 3 4 5

1328 fuel
[fjúːəl]

= incentive

n 연료, 자극(물)   **v** 연료를 공급하다

의미 암기용 표현과 문장

- **solid fuel** 고체 연료
- **Uranium is used to fuel nuclear plants.** 우라늄은 핵발전소에 연료를 공급하는 데 이용된다.

1329 furniture
[fə́ːrnitʃər]

= furnishings

n 가구

의미 암기용 표현과 문장

- **a piece[an article] of furniture** 가구 한 점
- **We hadn't much furniture.** 가구가 많지 않았다.

1330 garbage
[gáːrbidʒ]

= rubbish
= trash

n 쓰레기(통)

의미 암기용 표현과 문장

- **garbage collection** 쓰레기 수거
- **Throw it in the garbage.** 그거 쓰레기 있는 데에 버려.

1331 gene
[dʒíːn]

x

n 유전자

의미 암기용 표현과 문장

- **gene variation** 유전자 변형
- **a gene mutation** 유전자의 돌연변이

1332 general
[dʒénərəl]

= common
= universal

a 보편적인, 일반적인   **n** (육군) 장군

의미 암기용 표현과 문장

- **the general belief** 보편적인 믿음
- **a four-star general** 4성 장군

1333 grocery
[gróusəri]

= food
= supermarket

n 식료품 (가게)

의미 암기용 표현과 문장

- **a grocery business** 식료품 판매업
- **a corner grocery** (이웃 상대의) 골목에 있는 식료 잡화점

1334 handle
[hǽndl]

= cope
= deal

v 다루다, 처리하다   **n** 손잡이

의미 암기용 표현과 문장

- **She's very good at handling her patients.** 그녀는 자기 환자들을 다루는 데 아주 능숙하다.
- **the handle of a knife** 칼자루

1335 harbor
[háːrbər]

= port

n 항구

의미 암기용 표현과 문장
- **a harbor of refuge** 피난항
- **Pearl Harbor** (하와이의) 진주만

1336 head
[hed]

= go

v 향하다, 가다 n 머리, 부서 장

의미 암기용 표현과 문장
- **Where are we heading?** 우리 어디로 가는 거예요?
- **The driver suffered head injuries.** 그 운전자는 머리에 부상을 입었다.

1337 herb
[həːrb]

= medicine
= plant

n 약초, 허브

의미 암기용 표현과 문장
- **Laurel leaves are herbs.** 월계수 잎은 약초이다.
- **a herb garden** 허브 정원

1338 highway
[háiwèi]

= freeway

n 고속도로

의미 암기용 표현과 문장
- **an interstate highway** 주간 고속도로
- **Highway patrol officers closed the road.** 고속도로 순찰대원들이 그 도로를 폐쇄했다.

1339 history
[hístəri]

= record
= past

n 역사

의미 암기용 표현과 문장
- **a history teacher** 역사 교사
- **a patient's medical history** 환자의 병력

1340 hold
[hould]

= open
= grip

v 개회하다, 열다, 잡다

의미 암기용 표현과 문장
- **The meeting will be held in the community center.** 그 회의는 지역 문화회관에서 열릴 것이다.
- **He was holding the baby in his arms.** 그는 아기를 팔에 안고 있었다.

1341 hopeless
[hóuplis]

= desperate

a 절망적인, 가망 없는

의미 암기용 표현과 문장
- **a hopeless situation** 절망적인 상황
- **Most of the students are making good progress, but Michael is a hopeless case.** 대부분의 학생들이 좋은 진전을 보이고 있지만, 마이클은 가망 없는 경우이다.

1342 horizon
[həráizn]

x

🔳 지평선, 수평선, 시야

의미 암기용 표현과 문장
- **A ship appeared on the horizon.** 수평선 위로 배가 한 척 나타났다.
- **She wanted to travel to broaden her horizons.** 그녀는 시야를 넓히기 위해 여행을 하고 싶어 했다.

1343 horn
[hɔːrn]

x

🔳 경적, 뿔

의미 암기용 표현과 문장
- **honk your car horn** 차의 경적을 울리다
- **the devil's horn** 악마의 뿔

1344 hospitalize
[háspitəlàiz]

x

🔳 입원시키다

의미 암기용 표현과 문장
- **He was hospitalized for diagnosis and treatment.** 그는 진단과 치료를 위하여 입원했다.

1345 household
[háushòuld]

= family
= home

🔳 가정

의미 암기용 표현과 문장
- **household affairs** 가사, 가정 일
- **household goods** 가재, 가재도구

1346 ideal
[aidíːəl]

= perfect

🔳 이상적인 🔳 이상

의미 암기용 표현과 문장
- **She's the ideal candidate for the job.** 그녀는 그 일자리에 가장 알맞은 후보자이다.
- **the Ideal and the Real** 이상과 현실

1347 import
[impɔ́ːrt]

x

🔳 수입(품) 🔳 수입하다

의미 암기용 표현과 문장
- **import controls** 수입 제한
- **The country has to import most of its raw materials.** 그 나라는 원자재 대부분을 수입해야 한다.

1348 individual
[indəvídʒuəl]

= person
= independent

🔳 개인 🔳 개개인의

의미 암기용 표현과 문장
- **the rights of an individual** 개인의 권리
- **an individual locker** 개인 보관함

1349 industry
[índəstri]

= business

n 산업, 공업, 근면성

의미 암기용 표현과 문장
- **heavy[light] industry** 중공업[경공업]
- **We were impressed by their industry.** 우리는 그들의 근면성에 감명을 받았다.

1350 infant
[ínfənt]

= baby
= child

n 아기, 신생아　**a** 유아의

의미 암기용 표현과 문장
- **infants' goods** 어린이 용품
- **infant formula** 유아용 유동식

1351 information
[ìnfərméiʃən]

= fact

n 정보

의미 암기용 표현과 문장
- **a source of information** 정보의 출처

1352 input
[ínpùt]

X

n 투입, 입력

의미 암기용 표현과 문장
- **There has been a big input of resources into the project from industry.** 그 프로젝트에 대해 산업 부문으로부터 대대적인 자원 투입이 이뤄져 왔다.
- **data input** 데이터 입력

1353 installment
[instɔ́:lmənt]

X

n 할부(금)

의미 암기용 표현과 문장
- **installment buying[selling]** 할부 구입[판매]
- **pay in monthly installment** 월부로 값을 치르다

1354 insurance
[inʃúərəns]

= cover
= safeguard

n 보험

의미 암기용 표현과 문장
- **accident insurance** 상해 보험
- **insurance for life** 종신 보험
- **life insurance** 생명 보험

1355 intelligent
[intélədʒənt]

= clever
= smart

a 지적인, 영리한

의미 암기용 표현과 문장
- **a highly intelligent child** 대단히 총명한 아이
- **ask an intelligent question** 똑똑한 질문을 하다

REVIEW 1 2 3 4 5

1356 interact
[íntərækt]

x

ⓥ 상호작용하다

의미 암기용 표현과 문장

- **Teachers have a limited amount of time to interact with each child.** 교사들이 아동 개개인과 소통할 수 있는 시간의 양은 제한되어 있다.

1357 intern
[íntɜːrn]

= recruit

ⓝ 인턴, 예비 신입사원, 수련의

의미 암기용 표현과 문장

- **a summer intern at a law firm** 여름 방학 동안 법률 회사에서 일하는 인턴사원

1358 international
[ìntərnǽʃənəl]

= global

ⓐ 국제적인, 국제의

의미 암기용 표현과 문장

- **an international airport** 국제공항
- **international relations** 국제관계

1359 interview
[íntərvjùː]

= talk

ⓝ 면접, 면담 ⓥ 면접하다, 면담하다

의미 암기용 표현과 문장

- **a job interview** 취업 면접
- **We interviewed ten people for the job.** 우리는 그 자리를 두고 열 사람을 면접 보았다.

1360 introduce
[ìntrədjúːs]

= present

ⓥ 소개하다, 도입하다

의미 암기용 표현과 문장

- **Can I introduce my wife?** 제 아내를 소개할까요?
- **The new law was introduced in 2018.** 그 새 법률은 2018년에 도입되었다.

1361 juicy
[dʒúːsi]

= moist

ⓐ 즙이 많은

의미 암기용 표현과 문장

- **The meat was tender and juicy.** 그 고기는 부드럽고 육즙이 많았다.
- **a juicy pear** 과즙이 많은 배

1362 jury
[dʒúəri]

x

ⓝ 배심원단

의미 암기용 표현과 문장

- **members of the jury** 배심원단 구성원들
- **a trial by jury** 배심 재판

1000 knowledge
[nάlidʒ]

= awareness

Ⅲ 지식

의미 암기용 표현과 문장

- **practical[medical/scientific] knowledge** 실질적인[의학적/과학적] 지식
- **She was impatient in the knowledge that time was limited.** 그녀는 시간이 한정되어 있다는 것을 알고 있었기 때문에 안달이 났다.

1364 label
[léibəl]

= tag

Ⅲ 상표, 라벨 Ⅴ 라벨을 붙이다

의미 암기용 표현과 문장

- **The washing instructions are on the label.** 세탁 방법은 라벨에 나와 있다.
- **We carefully labelled each item with the contents and the date.** 우리는 각 품목에 내용물과 날짜를 조심해서 라벨에 적어 붙였다.

1365 laboratory
[lǽbərətɔ̀:ri]

x

Ⅲ 실험실

의미 암기용 표현과 문장

- **a research laboratory** 연구 실험실
- **laboratory experiments[tests]** 실험실 실험[검사]

1366 laundry
[lɔ́:ndri]

x

Ⅲ 세탁(물)

의미 암기용 표현과 문장

- **a laundry basket** 세탁물 바구니
- **a laundry room** 세탁실

1367 length
[leŋkθ]

x

Ⅲ 길이

의미 암기용 표현과 문장

- **The river is 300 miles in length.** 그 강은 길이가 300마일이다.

1368 licence
[láisəns]

= certificate

Ⅲ 자격증, 면허증

의미 암기용 표현과 문장

- **a driving licence** 운전 면허증
- **You need a licence to fish in this river.** 이 강에서는 낚시를 하려면 면허가 있어야 한다.

1369 literature
[lítərətʃər]

= writings

Ⅲ 문학, 인쇄물

의미 암기용 표현과 문장

- **French literature** 프랑스 문학
- **sales literature** 영업용 인쇄물

E.Y
01
02 DAY
03 DAY
04 DAY
05 DAY
06 DAY
07 DAY
08 DAY
09 DAY
10 DAY
11 DAY
12 DAY
13 DAY
14 DAY
15 DAY
16 DAY
17 DAY
18 DAY
19 DAY
20 DAY

어휘·문법·독해까지 한권으로 끝내는 G-TELP VOCABULARY PLUS 300

REVIEW 1 2 3 4 5

1370 **local**
[lóukəl]

= regional

a 지역의, 현지의   n 현지인(locals)

의미 암기용 표현과 문장
- **a local newspaper** 지역 신문
- **local radio** 지역 방송

1371 **logic**
[ládʒik]

= reason

n 논리(학)

의미 암기용 표현과 문장
- **the rules of logic** 논리학 법칙들

1372 **loyal**
[lɔ́iəl]

= devoted
= faithful

a 충성스러운, 충실한

의미 암기용 표현과 문장
- **a loyal supporter** 충실한 지지자
- **She has always remained loyal to her political principles.** 그녀는 자신의 정치적 원칙에 항상 변함없이 충실해 왔다.

1373 **malnutrition**
[mæ̀lnutríʃən]

X

n 영양실조

의미 암기용 표현과 문장
- **die of malnutrition** 영양실조로 죽다
- **suffer from malnutrition** 영양실조에 걸리다

1374 **mathematics**
[mæ̀θəmǽtiks]

X

n 수학

의미 암기용 표현과 문장
- **applied[mixed] mathematics** 응용 수학

1375 **mayor**
[méiər]

X

n 시장

의미 암기용 표현과 문장
- **the Mayor of New York** 뉴욕 시장
- **Mayor Bob Anderson** 밥 앤더슨 시장

1376 **media**
[míːdiə]

= press

n 대중매체, 언론

의미 암기용 표현과 문장
- **the news[broadcasting/national] media** 뉴스[방송/전국] 매체

1777 medical
[médikəl]

X

n 의학의, 의료의

의미 암기용 표현과 문장

- **medical advances[care/research]** 의학의 발달[치료/연구]
- **her medical condition[history/records]** 그녀의 건강 상태[병력/진료 기록]

1378 medieval
[mìːdiíːvəl]

X

a 중세의

의미 암기용 표현과 문장

- **medieval literature** 중세 문학
- **medieval history** 중세사

1379 meet
[miːt]

= fit
= encounter

v 만나다, 충족시키다, ~에 부응하다, 대처하다

의미 암기용 표현과 문장

- **Did you meet anyone in town?** 시내에서 누구 만났니?
- **I can't possibly meet that deadline.** 나는 그 기한을 아마 지킬 수 없을 것이다.
- **meet objections** 이의에 대해 논박하다

1380 migraine
[máigrein]

= headache

n 편두통

의미 암기용 표현과 문장

- **severe migraine** 심한 편두통

1381 minor
[máinər]

= slight
= small

a 작은, 중요하지 않은, 단음계의 n 미성년자, 부전공

의미 암기용 표현과 문장

- **minor injuries** 작은[별로 심각하지 않은] 부상
- **undergo minor surgery** 작은 수술을 받다
- **minor in history** 역사를 부전공하다

1382 modern
[mádərn]

= current
= contemporary

a 현대의, 근대의

의미 암기용 표현과 문장

- **Modern European History** 유럽 현대사[근대사]
- **modern art[architecture/drama/jazz]** 현대 미술[건축/드라마/재즈]

1383 molecule
[máləkjùːl]

X

n 분자, 입자

의미 암기용 표현과 문장

- **The atoms bond together to form a molecule.** 원자들은 함께 결합하여 분자를 형성한다.
- **They join together into one giant molecule.** 그것들은 합쳐지면서 하나의 거대한 분자가 된다.

REVIEW 1 2 3 4 5

1384 **monitor**
[mάnətər]

= screen
= watch

n 화면, 모니터 **v** 감시하다, 관찰하다

의미 암기용 표현과 문장
- **a PC with a 17-inch color monitor** 17인치 컬러 모니터가 달린 PC
- **Each student's progress is closely monitored.** 각 학생의 발전 과정은 면밀히 추적 관찰된다.

1385 **movement**
[múːvmənt]

= action
= motion

n 움직임, 이동, 운동

의미 암기용 표현과 문장
- **hand[eye] movements** 손[눈]의 움직임
- **enemy troop movements** 적군의 이동
- **the women's movement** 여성 운동

1386 **myth**
[miθ]

= legend
= saga

n 신화, 미신

의미 암기용 표현과 문장
- **ancient Greek myths** 고대 그리스 신화
- **a creation myth** 창조[천지개벽] 신화
- **the heroes of myth and legend** 신화와 전설 속의 영웅들

1387 **national**
[nǽʃənl]

= domestic
= nationwide

a 국가의, 전국의, 국영의 **n** 국민(nationals)

의미 암기용 표현과 문장
- **national and international news** 국내 및 국제 뉴스
- **a national enterprise** 국영 기업

1388 **natural**
[nǽtʃərəl]

= native

a 자연의, 천연의, 천부적인

의미 암기용 표현과 문장
- **natural disasters** 자연재해[천재지변]
- **the natural processes of language learning** 천부적인 언어 학습 과정

1389 **neighbor**
[néibər]

X

n 이웃 **a** 이웃의

의미 암기용 표현과 문장
- **a next-door neighbor** 옆집 사람
- **a good[bad] neighbor** 좋은[나쁜] 이웃

1390 **nutrient**
[njúːtriənt]

X

n 영양소, 영양분

의미 암기용 표현과 문장
- **a lack of essential nutrients** 필수 영양소 결핍
- **children suffering from a serious nutrient deficiency** 심각한 영양 결핍증[실조]에 걸린 아동들

1391 orphan
[ɔ́ːrfən]

x

🄝 고아 🅥 고아로 만들니

의미 암기용 표현과 문장

- **He was an orphan and lived with his uncle.** 그는 고아라서 삼촌과 함께 살았다.
- **She was orphaned in the war.** 그녀는 전쟁 통에 고아가 되었다.

1392 overseas
[ouˈvərsiːz]

= abroad

🄰🄳 해외로 🄰 해외의

의미 암기용 표현과 문장

- **overseas markets[trade]** 해외 시장[무역]
- **overseas students[visitors]** 외국 유학생[방문객]
- **live[work/go] overseas** 해외에 살다[해외에서 일하다/해외로 가다]

1393 oxygen
[ɑ́ksidʒən]

x

🄝 산소

의미 암기용 표현과 문장

- **an intake of oxygen** 산소 흡입
- **liquid oxygen** 액체 산소

1394 pace
[peis]

= step

🄝 속도, 걸음 🅥 서성거리다, 속도를 유지하다, 천천히 걷다

의미 암기용 표현과 문장

- **It is difficult to keep up with the rapid pace of change.** 빠른 변화 속도를 따라가기가 힘들다.
- **She paced up and down outside the room.** 그녀는 방 밖에서 이리저리 서성거렸다.

1395 package
[pǽkidʒ]

= box

🅥 포장하다 🄝 소포, 상자

의미 암기용 표현과 문장

- **We package our products in recyclable materials.** 우리는 상품을 재활용 가능 재료들로 포장한다.
- **send[mail/post] a package** 소포를 부치다[우송하다]

1396 palace
[pǽlis]

= castle

🄝 궁전

의미 암기용 표현과 문장

- **Buckingham Palace** 버킹엄 궁전
- **visit an old palace** 고궁을 찾다

1397 parliament
[pɑ́ːrləmənt]

= congress
= assembly

🄝 의회, 국회

의미 암기용 표현과 문장

- **a Member of Parliament** (영국) 의회 의원
- **The issue was debated in Parliament.** 그 쟁점은 의회에서 논의되었다.

1398 party
[pάːrti]

= group

n 정당, 파티, 무리

의미 암기용 표현과 문장
- **the ruling[opposition] party** 여당[야당]
- **Did you go to the party?** 너 그 파티에 갔었니?
- **The theater gives a 10% discount to parties of more than ten.** 극장에서 10명이 넘는 단체에 대해서는 10%를 할인해 준다.

1399 path
[pæθ]

= road
= way

n 길

의미 암기용 표현과 문장
- **Follow the path through the woods.** 숲 속에 나 있는 오솔길을 따라 가라.
- **Three men blocked her path.** 세 남자가 그녀의 길을 막아섰다.

1400 penalty
[pénəlti]

= punishment

n 처벌, 벌금

의미 암기용 표현과 문장
- **impose a penalty** 처벌을 가하다[내리다]
- **Assault carries a maximum penalty of seven years' imprisonment.** 폭행은 최고 7년의 징역형을 받을 수도 있다.

1401 phenomenon
[finάmənὰn]

= happening
= occurrence

n 현상

의미 암기용 표현과 문장
- **cultural[natural/social] phenomena** 문화[자연/사회] 현상들
- **Globalization is a phenomenon of the 21st century.** 세계화는 21세기의 현상이다.

1402 philosophy
[filάsəfi]

x

n 철학

의미 암기용 표현과 문장
- **a professor of philosophy** 철학 교수
- **a degree in philosophy** 철학 학위

1403 physical
[fízikəl]

= bodily
= fleshly

a 육체적인, 신체의, 물리학의, 자연법칙상의

의미 암기용 표현과 문장
- **physical fitness** 육체적 건강
- **physical appearance** 신체적 외모
- **physical laws** 물리학 법칙들

1404 physician
[fizíʃən]

= doctor

n 의사, 내과 전문의

의미 암기용 표현과 문장
- **one's family physician** 단골 의사
- **consult a physician** 의사에게 보이다

1405 pill
[pil]

= capsule
= tablet

n 알약, 정제

의미 암기용 표현과 문장
• **a vitamin pill** 비타민 정제
• **the contraceptive pill** 경구 피임약

1406 plant
[plænt]

= vegetable
= factory

n 식물, 공장 v 심다

의미 암기용 표현과 문장
• **All plants need light and water.** 모든 식물은 빛과 물을 필요로 한다.
• **a nuclear reprocessing plant** 핵 재처리 공장
• **plant and harvest rice** 벼를 심고 수확하다

1407 poison
[pɔ́izn]

= toxin

n 독, 독약 v 독살하다, 오염시키다

의미 암기용 표현과 문장
• **Some mushrooms contain a deadly poison.** 일부 버섯에는 치명적인 독이 있다.
• **Large sections of the river have been poisoned by toxic waste from factories.** 그 강의 많은 부분이 공장들에서 나오는 유독 폐수로 오염되었다.

1408 political
[pəlítikəl]

x

a 정치적인, 정치의

의미 암기용 표현과 문장
• **a political party[leader]** 정당[정당 대표]

1409 position
[pəzíʃən]

= place
= stance

n 지위, 자리, 입장

의미 암기용 표현과 문장
• **He took up his position by the door.** 그는 문 옆에 자리를 잡았다.
• **What would you do in my position?** 당신이 내 처지라면 어떻게 하겠는가?

1410 predator
[prédətər]

= carnivore

n 포식자

의미 암기용 표현과 문장
• **the relationship between predator and prey** 포식자와 먹이 사이의 관계
• **What is the biggest predator in the sea?** 바다의 가장 큰 약탈자는 무엇일까요?

1411 prehistoric
[prìːhistɔ́rik]

x

a 선사 시대의

의미 암기용 표현과 문장
• **in prehistoric times** 선사 시대에
• **prehistoric man[remains/animals]** 선사 시대 인간[유적/동물]

REVIEW 1 2 3 4 5

1412 **president**
[prézədənt]

= boss
= chairman

n 대통령, 사장, 회장

의미 암기용 표현과 문장

- **the President of the United States** 미국 대통령
- **the bank president** 은행장
- **the president of Columbia Pictures** 컬럼비아 영화사 회장

1413 **press**
[pres]

= media
= push

n (신문) 언론 **v** 누르다, 압박하다

의미 암기용 표현과 문장

- **the local[national/foreign] press** 지역[전국/외국] 신문
- **Press here to open.** 이곳을 누르면 열립니다.

1414 **principal**
[prínsəpal]

= headmaster
= major

n 교장, (재무나 금융에서) 원금 **a** 주요한

의미 암기용 표현과 문장

- **Principal Ray Smith** 레이 스미스 교장
- **New roads will link the principal cities of the area.** 신설 도로가 이 지역의 주요 도시들을 연결하게 될 것이다.

1415 **principle**
[prínsəpl]

= standard

n 원칙

의미 암기용 표현과 문장

- **He has high moral principles.** 그는 높은 도덕적 원칙을 지니고 있다.
- **the principles and practice of writing reports** 리포트 쓰기의 원칙과 실제

1416 **prison**
[prízn]

= jail

n 감옥

의미 암기용 표현과 문장

- **He is in prison, awaiting trial.** 그는 수감되어 재판을 기다리고 있다.

1417 **prize**
[praiz]

= award
= value

n 상 **v** 귀하게 여기다

의미 암기용 표현과 문장

- **He was awarded the Nobel Peace prize.** 그는 노벨 평화상을 수상했다.
- **Oil of cedarwood is highly prized for its use in perfumery.** 삼목나무의 오일은 향료 제조에서 사용되기 때문에 대단히 귀하게 여겨진다.

1418 **proof**
[pruːf]

= evidence

n 증거(물)

의미 암기용 표현과 문장

- **Can you provide any proof of identity?** 당신의 신분을 증명할 뭔가를 제시할 수 있습니까?
- **Keep the receipt as proof of purchase.** 영수증을 구매 증거물로 갖고 있으세요.

1419 **protein**
[próutì:n]

x

n 난백실

의미 암기용 표현과 문장

- **essential proteins and vitamins** 필수 단백질과 비타민
- **protein deficiency** 단백질 결핍

1420 **prove**
[pru:v]

= verify

v 입증하다, 증명하다, 판명되다

의미 암기용 표현과 문장

- **Just give me a chance and I'll prove it to you.** 제게 기회만 주시면 그걸 입증해 보이겠습니다.
- **The opposition proved too strong for him.** 그에 대한 반대가 너무 강한 것으로 드러났다.

1421 **psychology**
[saikάlədʒi]

x

n 심리학, 심리

의미 암기용 표현과 문장

- **social[educational/child] psychology** 사회[교육/아동] 심리학
- **the psychology of small boys** 어린 소년들의 심리

1422 **public**
[pΛblik]

= popular
= mass

a 대중의, 공공의 **n** 대중, 사람들

의미 암기용 표현과 문장

- **a public education system** 공공 교육 제도
- **The palace is now open to the public.** 그 궁전은 이제 일반인들에게 공개된다.

1423 **pupil**
[pjú:pl]

= student

n 학생, 동공

의미 암기용 표현과 문장

- **How many pupils does the school have?** 그 학교에는 학생이 몇 명인가요?
- **Her pupils were dilated.** 그녀의 눈이 휘둥그레졌다.

1424 **rank**
[ræŋk]

= level
= position

n 지위 **v** (순위를) 차지하다

의미 암기용 표현과 문장

- **She was elevated to ministerial rank.** 그녀는 장관직으로 승진되었다.
- **The tasks have been ranked in order of difficulty.** 그 과제들은 난이도순으로 등급이 매겨져 있다.

1425 **rear**
[riər]

= back

a 뒤의 **n** 뒤쪽 **v** 기르다, 양육하다

의미 암기용 표현과 문장

- **the rear entrance of the building** 그 건물의 뒤쪽 입구
- **There are toilets at both front and rear of the plane.** 비행기 앞과 뒤, 양쪽에 화장실이 있다.
- **rear cattle** 소를 사육하다

REVIEW 1 2 3 4 5

1426 **recall**
[rikɔ́ːl]

= recollect
= summon

ⓥ 회상하다, 상기하다, 소환하다, 회수하다　ⓝ 상기, 소환, 부품 회수

의미 암기용 표현과 문장
- **She could not recall his name.** 그녀는 그의 이름이 기억나지 않았다.
- **She has amazing powers of recall.** 그녀는 놀라운 기억력을 지녔다.

1427 **recipe**
[résəpi]

= instruction

ⓝ 요리법, 레시피

의미 암기용 표현과 문장
- **vegetarian recipes** 채식주의자를 위한 조리법
- **a recipe book** 요리책

1428 **record**
[rikɔ́ːrd]

= document
= file

ⓝ 기록　ⓥ 기록하다, 녹음하다

의미 암기용 표현과 문장
- **medical[dental] records** 의료[치과] 기록
- **You should record all your expenses during your trip.** 여행[출장] 기간 중에 쓰는 모든 경비는 기록을 해야 한다.

1429 **rectangular**
[rektǽŋgjulər]

x

ⓐ 직사각형의, 직각의

의미 암기용 표현과 문장
- **a rectangular shape** 직사각형
- **a rectangular table** 직사각형의 탁자

1430 **recycle**
[riːsáikl]

= reuse

ⓥ 재활용하다

의미 암기용 표현과 문장
- **recycle paper to save trees** 나무를 보존하기 위하여 종이를 재생 이용하다

1431 **refresh**
[rifréʃ]

= revive

ⓥ 상쾌하게 하다, 다시 채우다

의미 암기용 표현과 문장
- **He refreshed himself with a cool shower.** 그는 찬물 샤워로 상쾌한 기분을 되찾았다.
- **Let me refresh your glass.** 한 잔 더 줄게.

1432 **region**
[ríːdʒən]

= area

ⓝ 지방, 지역

의미 암기용 표현과 문장
- **a tropical region** 열대 지방

1433 **regular**
[régjulər]

= frequent
= common

a 규칙적인, 정기적인

의미 암기용 표현과 문장

- **regular breathing** 규칙적인 호흡
- **There is a regular bus service to the airport.** 공항까지는 정기적으로 버스가 운행한다.

1434 **relationship**
[riléiʃənʃip]

= association
= connection

n 관계

의미 암기용 표현과 문장

- **a master-servant relationship** 주종 관계
- **Are you in a relationship?** 사귀는 사람 있으세요?

1435 **relax**
[rilǽks]

= ease
= rest

v 쉬다, 이완시키다

의미 암기용 표현과 문장

- **Just relax and enjoy the movie.** 그냥 느긋하게 영화를 즐겨.
- **Allow your muscles to relax completely.** 근육의 긴장을 완전히 이완시켜라.

1436 **renew**
[rinjúː]

= extend
= resume

v 갱신하다, 재개하다

의미 암기용 표현과 문장

- **The army renewed its assault on the capital.** 군대는 그 수도에 대한 맹공을 재개했다.
- **renew a licence[lease/subscription/contract]** 자격증[차용 계약/구독/계약]을 연장하다

1437 **rent**
[rent]

= hire

n 임대료, 집세 **v** 임대하다

의미 암기용 표현과 문장

- **How much rent do you pay for this place?** 이 집에 대한 집세로 얼마나 내시나요?
- **Who do you rent the land from?** 그 토지는 누구에게서 임차하는 건가요?

1438 **report**
[ripɔ́ːrt]

= tell
= state

v 보고하다, 보도하다, 기록하다 **n** 보고(서), 보도, 기록

의미 암기용 표현과 문장

- **Call me urgently if you have anything to report.** 알릴 일이 있으면 긴급 전화를 해.
- **a police[medical] report** 경찰[진료] 기록

1439 **rescue**
[réskjuː]

= save

v 구조하다 **n** 구조

의미 암기용 표현과 문장

- **They were eventually rescued by helicopter.** 그들은 마침내 헬리콥터에 의해 구조되었다.
- **rescue workers[boats/helicopters]** 구조대원[구조용 보트/구조용 헬리콥터]

1440 research
[rísə́:rtʃ]

= investigation
= examination

n 연구, 조사, 탐구　**v** 연구하다, 조사하다

의미 암기용 표현과 문장

- **medical[historical/scientific] research** 의학적[역사적/과학적] 연구
- **research a problem[topic/market]** 문제점[주제/시장] 연구[조사]를 하다

1441 rob
[rab]

= steal

v 훔치다, 도둑질하다

의미 암기용 표현과 문장

- **rob a bank** 은행을 털다
- **The tomb had been robbed of its treasures.** 그 무덤은 보석을 도굴당한 상태였다.

1442 route
[ru:t]

= course
= way

n 길, 경로

의미 암기용 표현과 문장

- **a coastal route** 해안선을 따라가는 길
- **an escape route** 도주 경로

1443 royal
[rɔ́iəl]

= kingly
= regal

a 왕실의

의미 암기용 표현과 문장

- **the royal family** 왕가[왕실]
- **the Royal Navy** 영국 해군

1444 salary
[sǽləri]

= income

n 월급, 연봉

의미 암기용 표현과 문장

- **an annual salary of $40,000** 연간 4만 달러의 급여
- **a 9% salary increase** 9%의 급여 인상

1445 sale
[seil]

= selling

n 할인, 판매량(sales)

의미 암기용 표현과 문장

- **The sale starts next week.** 세일은 다음 주에 시작한다.
- **Retail sales fell in November by 10%.** 11월에는 소매 판매량이 10% 하락했다.

1446 satellite
[sǽtəláit]

x

n 위성

의미 암기용 표현과 문장

- **a weather[communications] satellite** 기상[통신] 위성
- **The interview came live by satellite from Hollywood.** 그 인터뷰는 인공위성을 통해 할리우드에서 생중계되었다.

1447 scale
[skeil]

= size
= range

🔳 규모, 등급, 단계, 지울, 비늘, 치석

의미 암기용 표현과 문장

- **On a global scale, 77% of energy is created from fossil fuels.** 전 세계적인 범위에서 [세계적으로] 보면 에너지의 77%가 화석 연료에서 나온다.
- **bathroom[kitchen/weighing] scales** 욕실[부엌/체중] 저울

1448 schedule
[skédʒuːl]

= itinerary
= plan

🔳 일정표, 일정 🔳 일정을 잡다

의미 암기용 표현과 문장

- **a train schedule** 기차 운행 시간표
- **The meeting is scheduled for Friday afternoon.** 그 회의는 금요일 오후로 시간이 잡혀[예정되어] 있다.

1449 scholarship
[skάlərˌʃip]

= grant

🔳 장학금

의미 암기용 표현과 문장

- **award[receive/win] a scholarship** 장학금을 주다[받다]
- **study on a scholarship** 장학금을 받고 공부하다

1450 score
[skɔːr]

= goal
= point

🔳 점수 🔳 득점하다, 채점하다

의미 암기용 표현과 문장

- **The final score was 4–3.** 최종 스코어는 4대 3이었다.
- **The tests are scored by psychologists.** 그 테스트는 심리학자들이 점수를 매긴다.

1451 screen
[skriːn]

= showing

🔳 가리다, 차단[보호]하다, 상영하다 🔳 스크린, 화면

의미 암기용 표현과 문장

- **Dark glasses screened his eyes from the sun.** 짙은 색 안경이 햇살로부터 그의 눈을 가려[보호해] 주었다.
- **a monitor with a 21 inch screen** 21인치 크기의 화면이 달린 모니터

1452 secretary
[sékrətèri]

= minister

🔳 비서, 장관

의미 암기용 표현과 문장

- **a legal[medical] secretary** 법무[의료] 담당 비서
- **Secretary of the Treasury** 재무 장관

1453 semester
[siméstər]

X

🔳 학기

의미 암기용 표현과 문장

- **the spring[fall] semester** 봄[가을] 학기
- **new school semester** 신학기

1454 **senate**
[sénət]

X

n 상원

의미 암기용 표현과 문장

- **a member of the Senate** 상원 의원
- **a Senate committee** 상원 위원회

1455 **sewage**
[súːidʒ]

X

n 하수, 오물

의미 암기용 표현과 문장

- **sewage disposal** 하수 처리
- **untreated sewage** 처리되지 않은 하수

1456 **shuttle**
[ʃʌtl]

= commute

n 정기 왕복 교통편, 우주 왕복선, 학교 버스   v 실어 나르다, 왕복하다

의미 암기용 표현과 문장

- **a shuttle service between London and Edinburgh** 런던과 에든버러 간의 정기 왕복 항공기[버스/기차]
- **space shuttle** 우주 왕복선
- **A bus shuttles passengers back and forth from the station to the terminal.** 버스 한 대가 역과 터미널을 오가며 승객들을 실어 나른다.

1457 **situation**
[sìtʃuéiʃən]

= position
= state

n 상황, 환경

의미 암기용 표현과 문장

- **be in a difficult situation** 힘든 상황[곤경]에 처해 있다
- **a good situation for a camp** 야영하기에 좋은 곳[환경]

1458 **smooth**
[smuːð]

= sleek

a 매끄러운

의미 암기용 표현과 문장

- **a lotion to make your skin feel soft and smooth** 당신의 피부를 부드럽고 매끄럽게 해 주는 로션
- **The plane made a smooth landing.** 비행기는 부드럽게 착륙했다.

1459 **society**
[səsáiəti]

= community

n 사회, 협회

의미 암기용 표현과 문장

- **modern industrial societies** 현대 산업 사회
- **a member of the drama society** 드라마 협회 회원

1460 **sole**
[soul]

= only

a 유일한, 단독의   n 발바닥, 밑창

의미 암기용 표현과 문장

- **My sole reason for coming here was to see you.** 내가 여기에 온 단 한 가지 이유는 당신을 만나는 것이었어요.
- **the sole owner** 단독 소유자
- **leather soles** 가죽 밑창

1461 **speech**
[spiːtʃ]

= address

Ⅲ 연설, 언어 표현

의미 암기용 표현과 문장
- **give[make/deliver] a speech on human rights** 인권에 대한 연설을 하다
- **freedom of speech** 표현의 자유

1462 **sponsor**
[spánsər]

= fund
= patron

Ⅴ 후원하다 Ⅲ 후원자

의미 암기용 표현과 문장
- **Will you sponsor me for a charity walk I'm doing?** 제가 참가하는 자선 걷기 대회에서 제 후원자가 되어 주시겠어요?
- **I'm collecting sponsors for next week's charity run.** 저는 다음 주에 있을 자선 달리기 대회의 후원자들을 모집하고 있어요.

1463 **square**
[skwɛər]

x

Ⅲ 광장, 정사각형 Ⅲ 정사각형 모양의, 직각의, 제곱의

의미 암기용 표현과 문장
- **The floor was tiled in squares of grey and white marble.** 바닥은 회색과 흰색의 정사각형 대리석 타일이 깔려 있었다.
- **a square room** 정사각형 모양의 방
- **an area of 36 square meters** 36제곱 평방미터의 면적

1464 **stage**
[steidʒ]

= step
= phase

Ⅲ 무대, 단계

의미 암기용 표현과 문장
- **The audience threw flowers onto the stage.** 청중들이 무대 위로 꽃을 던졌다.
- **The children are at different stages of development.** 그 아동들은 서로 다른 발달 단계에 있다.

1465 **station**
[stéiʃən]

= stop
= terminal

Ⅲ 정거장, 역, 거점, 방송국, 기지

의미 암기용 표현과 문장
- **the main station** 중앙역
- **a gas station** 주유소
- **a local radio[TV] station** 지역 라디오[TV] 방송국
- **a naval station** 해군 기지

1466 **statistics**
[statístiks]

x

Ⅲ 통계(학)

의미 암기용 표현과 문장
- **mathematical statistics** 수리 통계학

1467 **stereotype**
[stériətàip]

= formula
= pattern

Ⅲ 고정관념

의미 암기용 표현과 문장
- **cultural[gender/racial] stereotypes** 문화적[성적/인종적] 고정 관념

1468 subway
[sΛbwèi]

= metro
= underground

n 지하철

의미 암기용 표현과 문장
- **the New York subway** 뉴욕 지하철
- **ride[take] the subway** 지하철을 타다

1469 succeed
[səksíːd]

= triumph
= follow

v 성공하다, 뒤를 잇다

의미 암기용 표현과 문장
- **You will have to work hard if you are to succeed.** 성공[출세]하려면 열심히 일을 해야 할 것이다.
- **Who succeeded Kennedy as President?** 대통령으로 케네디 뒤를 이은 사람이 누구였어요?

1470 success
[səksés]

= triumph

n 성공

의미 암기용 표현과 문장
- **What's the secret of your success?** 당신의 성공 비결은 뭔가요?

1471 supplement
[sΛpləmənt]

x

n 보충제, 부록, 보충판 v 보충[추가]하다

의미 암기용 표현과 문장
- **vitamin[dietary] supplements** 비타민[식품] 보충제
- **He supplements his income by giving private lessons.** 그는 개인 교습을 하여 수입을 보충한다.

1472 surf
[səːrf]

x

v 파도타기를 하다, 서핑[검색]을 하다 n (큰) 파도

의미 암기용 표현과 문장
- **surf the Internet** 인터넷 서핑을 하다
- **a heavy surf** 격랑

1473 survey
[sərvéi]

= poll

n 조사 v 조망[개관]하다, 한눈에 내려 보다, 조사하다

의미 암기용 표현과 문장
- **A recent survey showed 75% of those questioned were in favour of the plan.** 최근의 한 조사에 의하면 설문 대상자들의 75%가 그 계획에 찬성하는 것으로 나타났다.
- **We can survey the countryside from the top of the hill.** 우리는 언덕 위에서 이 지방 일대를 내려 볼 수 있다.

1474 switch
[switʃ]

= change
= shift

v 스위치를 켜다[끄다], 바꾸다 n 스위치, 전환

의미 암기용 표현과 문장
- **The dates of the last two exams have been switched.** 마지막 두 시험이 날짜가 엇바뀌었다.
- **a light switch** 전기 스위치

1475 talent
[tǽlənt]

= ability
= gift

n 재능, 재능 있는 사람

의미 암기용 표현과 문장

• **have great artistic talent** 뛰어난 예술적 재능을 지니고 있다

1476 target
[tά:rgit]

= aim
= goal

n 목표, 표적 **v** 목표하다

의미 암기용 표현과 문장

• **business goals and targets** 사업 목적과 목표들
• **The missiles were mainly targeted at the United States.** 그 미사일은 주로 미국을 겨냥하고 있었다.

1477 theater
[θí:ətər]

= cinema

n 극장, 영화관

의미 암기용 표현과 문장

• **a movie theater** 영화관

1478 theory
[θí:əri]

= assumption
= belief

n 이론, 학설

의미 암기용 표현과 문장

• **According to the theory of relativity, nothing can travel faster than light.** 상대성 이론에 따르면 빛보다 더 빨리 이동할 수 있는 것은 없다고 한다.

1479 thorough
[θə́:rou]

= complete

a 철저한, 빈틈없는

의미 암기용 표현과 문장

• **She's very thorough and conscientious.** 그녀는 아주 철저하고 양심적이다.
• **The police carried out a thorough investigation.** 경찰이 빈틈없는 수사를 수행했다.

1480 thrill
[θril]

= excite

n 전율, 두근거림 **v** 열광시키다, 오싹하게 하다

의미 암기용 표현과 문장

• **It gave me a big thrill to meet my favourite author in person.** 내가 좋아하는 작가를 직접 만난다니 나는 황홀한 기분이었다.
• **This band has thrilled audiences all over the world.** 이 밴드는 전 세계까지 청중들을 열광시켜 왔다.

1481 throw
[θrou]

= hurl
= toss

v 던지다

의미 암기용 표현과 문장

• **Can you throw me that towel?** 그 수건 좀 내게 던져 주겠니?

1482 tomb
[tuːm]

= grave

🔟 무덤

의미 암기용 표현과 문장

- **excavate a tomb** 무덤을 파헤치다
- **royal tomb** 왕릉

1483 tour
[tuər]

= sightseeing

🔟 관광, 여행 ☑ 관광하다, 여행하다

의미 암기용 표현과 문장

- **a tour guide** 관광 안내원[가이드]
- **We spent four weeks touring around Europe.** 우리는 유럽을 두루 관광하면서 4주를 보냈다.

1484 trade
[treid]

= commerce
= exchange

🔟 무역, 교환 ☑ 매매하다, 교환하다

의미 암기용 표현과 문장

- **international[foreign] trade** 국제 무역[대외 교역]
- **The firm has now ceased trading.** 그 회사는 이제 사업을 그만두었다.

1485 train
[trein]

= exercise

☑ 훈련하다 🔟 기차

의미 암기용 표현과 문장

- **He trained as a teacher before becoming an actor.** 그는 배우가 되기 전에 교사 교육을 받았다.
- **a passenger[commuter/goods/freight] train** 여객[통근/화물/화물] 열차

1486 travel
[trǽvəl]

= journey
= trip

☑ 여행하다 🔟 여행

의미 암기용 표현과 문장

- **I love travelling by train.** 나는 기차를 타고 여행하는[다니는] 것을 좋아 한다.
- **air[rail/space] travel** 비행기[철도/우주] 여행

1487 treasure
[tréʒər]

= riches

🔟 보물, 귀중한 것

의미 암기용 표현과 문장

- **national treasure** 국보

1488 trip
[trip]

= travel
= stumble

🔟 여행 ☑ 발을 헛디디다

의미 암기용 표현과 문장

- **Did you have a good trip?** 여행 잘 하셨어요?
- **She tripped and fell.** 그녀는 발을 헛디디며 넘어졌다.

1400 troop
[truːp]

= band
= company

n 군대

의미 암기용 표현과 문장

- **They announced the withdrawal of 12,000 troops from the area.**
  그들은 그 지역에서 1만 2,000명의 병력을 철수한다고 발표했다.

1490 tuition
[tjuːíʃən]

= education

n 수업(료)

의미 암기용 표현과 문장

- **She received private tuition in French.** 그녀는 프랑스어 개인 교습을 받았다.

1491 vein
[vein]

X

n 정맥

의미 암기용 표현과 문장

- **a facial vein** 안면 정맥
- **a vein of gold** 금광맥

1492 via
[váiə]

= through

p ~을 경유하여

의미 암기용 표현과 문장

- **We flew home via Dubai.** 우리는 비행기를 타고 두바이를 경유하여 집으로 왔다.

1493 village
[vílidʒ]

= town

n 마을

의미 암기용 표현과 문장

- **a fishing[mountain/seaside] village** 어촌[산촌/바닷가] 마을

1494 virus
[váiərəs]

= bacteria

n 바이러스

의미 암기용 표현과 문장

- **the flu virus** 독감 바이러스
- **a virus infection** 바이러스 감염

1495 visual
[víʒuəl]

= optical

a 시각의

의미 암기용 표현과 문장

- **the visual arts** 시각 예술

1496 volunteer
[vɑləntíər]

= offer
= serve

◻ 자원봉사자　◻ 자원하다, 봉사하다

의미 암기용 표현과 문장
- **Schools need volunteers to help children to read.** 학교들에는 아이들의 독서를 도와줄 자원 봉사자들이 필요하다.
- **Several staff members volunteered for early retirement.** 몇몇 직원들이 조기 퇴직을 자원했다.

1497 wage
[weidʒ]

= payment

◻ 임금, 급여

의미 암기용 표현과 문장
- **wages of £200 a week** 주당 200파운드의 임금[급료]
- **wage demands[claims/settlements]** 임금 요구[청구/정산]

1498 weight
[weit]

= heaviness

◻ 무게, 체중

의미 암기용 표현과 문장
- **He staggered a little under the weight of his backpack.** 그는 배낭의 무게 때문에 약간 비틀거렸다.
- **She is trying to lose weight.** 그녀는 체중을 줄이려고[살을 빼려고] 노력 중이다.

1499 wheel
[hwiːl]

= revolve
= turn

◻ 바퀴, (자동차의) 핸들　◻ 선회하다, 회전시키다, 돌리다

의미 암기용 표현과 문장
- **Do you want to take the wheel now?** 이제 당신이 운전하겠어요?
- **Birds wheeled above us in the sky.** 새들이 우리 위에 있는 하늘을 선회했다.

1500 workout
[wəːrkàut]

X

◻ 운동, 연습 경기, 워크아웃(기업의 재무 구조 개선 작업)

의미 암기용 표현과 문장
- **She does a 20-minute workout every morning.** 그녀는 매일 아침 20분씩 운동을 한다.

INDEX
1200

어휘·문법·독해까지 한꺼번에 끝내는
ALL-IN-ONE 우선순위 G-TELP

VOCABULARY INDEX

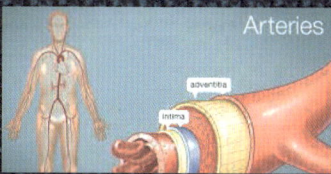

logic

myth
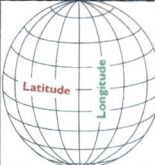
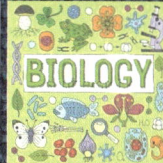

tomb
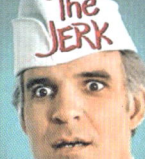

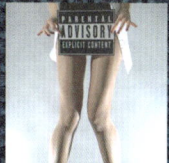
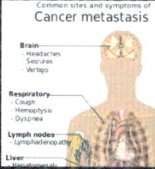

- abandon 1166
- ability 450
- abolish 688
- absent 993
- absolute 691
- absorb 698
- abstract 1008
- abundant 982
- abuse 751
- academic 393
- accept 449
- access 995
- accident 597
- acclaim 1087
- accommodation 369
- accomplish 346
- account 438
- accurate 57
- accuse 891
- achieve 376
- acknowledge 526
- acquire 440
- actual 387
- addict 752
- address 102
- adequate 1143
- adjust 1148
- administration 1137
- admire 510
- admit 490
- adopt 931
- advance 361
- advantage 345
- advertise 341
- advocate 817
- affair 1085
- affect 460
- afflict 1100
- afford 282
- aggressive 968
- agree 202
- aid 465
- aim 184
- alert 654
- allegation 1147
- allocate 1042
- allow 527
- alter 828
- alternative 666
- amaze 929
- ambitious 782
- amount 128
- ample 806
- amuse 802
- analyze 949
- announce 302
- annoy 335

- annual 834
- anonymous 1094
- anticipate 515
- antique 602
- anxious 237
- apologize 637
- apparent 799
- appeal 339
- appear 419
- appetite 663
- applaud 1070
- appliance 915
- applicant 326
- apply 64
- appoint 434
- appreciate 729
- apprehend 1159
- approach 167
- appropriate 735
- approve 1149
- approximately 833
- apt 567
- aptitude 193
- argue 80
- arrange 484
- arrest 312
- arrive 300
- arrogant 1197
- artificial 399
- ask 119
- aspect 669
- assemble 783
- assent 977
- assert 819
- assess 1117
- asset 1199
- assign 936
- assist 1154
- associate 758
- assume 697
- assure 634
- atmosphere 93
- attach 10
- attack 528
- attempt 394
- attend 187
- attire 793
- attitude 445
- attract 311
- attribute 721
- auction 414
- audience 252
- authentic 748
- author 479
- authority 541
- available 296
- avenue 182

- average 271
- avid 845
- avoid 463
- award 495
- aware 500
- awkward 1130
- balance 407
- ban 180
- bankrupt 652
- bargain 653
- barrier 115
- batter 1126
- battle 503
- beat 504
- behavior 401
- benefit 523
- beverage 514
- bias 870
- bid 781
- bill 5
- blame 596
- blank 616
- blend 344
- block 230
- blur 711
- board 280
- boast 981
- boom 553
- boost 283
- border 25
- borrow 201
- boundary 154
- breakthrough 168
- breed 672
- bribe 1152
- brief 404
- browse 750
- budget 601
- bully 791
- burn 338
- burst 275
- bury 458
- cabinet 539
- calculate 69
- campaign 197
- cancel 418
- candidate 532
- canteen 1193
- capability 558
- capture 559
- casualty 1034
- catastrophe 1083
- cater 1184
- cause 264
- cease 468
- celebrate 255
- ceremony 77

01 DAY 02 DAY 03 DAY 04 DAY 05 DAY 06 DAY 07 DAY 08 DAY 09 DAY 10 DAY 11 DAY 12 DAY 13 DAY 14 DAY 15 DAY 16 DAY 17 DAY 18 DAY 19 DAY 20 DAY

어휘·문법·독해까지 한꺼번에 끝내는 G-TELP VOCABULARY INDEX 1200

- luxury 573
- machine 30
- magnificent 615
- mainstream 677
- maintain 421
- major 190
- mammal 738
- management 451
- mandate 778
- mandatory 1194
- manual 1007
- manufacture 453
- mark 132
- marvelous 1029
- masculine 1176
- mass 842
- master 470
- match 46
- material 137
- mature 149
- meal 370
- mean 65
- meantime 43
- measure 131
- mechanical 232
- melt 214
- mental 87
- mention 33
- mentor 787
- merchandise 1091
- merely 1180
- merge 913
- merit 81
- mess 760
- method 572
- migrate 706
- minimize 769
- mischief 730
- miserable 610
- mission 4
- moderate 903
- modify 856
- moist 518
- monetary 1013
- monument 1015
- moral 111
- motivate 68
- multiple 364
- mutual 1063
- narrow 133
- native 174
- necessary 400
- neglect 51
- negotiate 436
- nerve 1048
- nominate 1144
- normal 456

- notable 894
- notice 356
- notion 989
- nourish 1181
- numerous 1096
- nurture 985
- objective 398
- oblige 921
- observe 821
- obsess 973
- obstacle 1079
- obstinate 1064
- obtain 308
- obvious 1142
- occasion 437
- occupy 36
- occur 430
- offend 517
- offer 274
- offset 872
- operate 107
- opinion 368
- opponent 1023
- opportunity 258
- oppose 642
- orbit 327
- order 561
- organization 136
- origin 722
- ornament 763
- outbreak 1061
- outcome 348
- outfit 911
- outperform 12
- output 614
- outrage 861
- outreach 659
- outstanding 540
- overthrow 205
- overwhelm 1086
- own 592
- pain 207
- participate 293
- particular 841
- passage 101
- passenger 156
- passive 971
- patent 609
- patient 534
- patrol 624
- patron 788
- pause 723
- pave 627
- peak 804
- peculiar 678
- pedestrian 784
- peel 134

- peer 660
- perceive 631
- perform 175
- period 123
- perish 916
- permanent 809
- permit 59
- perplex 1145
- persist 694
- personnel 363
- perspective 1062
- persuade 34
- petition 1196
- phase 644
- pioneer 664
- plan 297
- platform 164
- plenty 811
- plot 1183
- plummet 740
- policy 129
- polish 824
- polite 498
- poll 1146
- pollution 138
- popular 334
- population 192
- portable 1169
- portray 625
- pose 681
- possess 148
- post 410
- postpone 249
- potential 899
- poverty 408
- practice 142
- precaution 867
- precious 897
- precise 947
- predict 279
- prefer 485
- pregnant 886
- prejudice 1088
- premiere 990
- prepare 289
- prescribe 687
- presentation 216
- preserve 179
- prestigious 1141
- pretend 754
- prevail 939
- prevent 14
- previous 785
- priceless 499
- primary 1191
- primitive 226
- priority 1167

REVIEW 1 2 3 4 5

- similar 91
- sink 246
- skeptical 1036
- skip 635
- slight 1185
- soak 767
- soar 674
- solicit 732
- solid 623
- solitary 1174
- solve 353
- source 442
- souvenir 942
- spare 1131
- species 605
- specific 7
- specimen 906
- spend 60
- spirit 1032
- split 941
- spot 203
- spread 446
- stable 827
- stain 731
- state 221
- status 1058
- steadfast 773
- steady 537
- stem 700
- stiff 900
- stimulate 887
- stink 728
- stock 655
- store 83
- strange 227
- strategy 551
- stream 217
- strength 161
- strict 765
- strike 157
- strive 905
- structure 357
- stubborn 940
- sturdy 718
- subject 530
- submit 777
- subscribe 932
- subsequent 994
- subside 720
- substance 1014
- substitute 650
- sue 1115
- suffer 1069
- sufficient 997
- suggest 582
- sum 229
- superficial 1162

- superior 194
- supervisor 980
- supply 383
- support 240
- suppose 309
- suppress 1099
- surface 626
- surgery 1053
- surpass 1037
- surprise 382
- surrender 854
- surroundings 717
- suspect 1110
- suspend 715
- sustain 756
- symptom 912
- synthetic 892
- tablet 745
- task 105
- taste 486
- tax 172
- tease 1005
- technical 384
- temper 944
- temporary 1192
- tend 307
- tenure 864
- term 621
- terminate 1075
- terrain 619
- territory 618
- theme 1114
- therapy 424
- thesis 1055
- thick 319
- thin 121
- threat 212
- thrive 816
- tide 469
- tolerate 667
- topic 507
- tough 189
- toxic 1108
- trace 726
- track 629
- tradition 1035
- traffic 141
- tragic 986
- trail 671
- trait 922
- transact 640
- transfer 88
- transform 646
- translate 881
- transmit 1155
- transparent 772
- transplant 685

- transportation 206
- trap 918
- treatment 48
- tremendous 649
- trend 444
- trial 1160
- trigger 933
- triumph 759
- trivial 1026
- typical 53
- undergo 875
- undertake 927
- unique 1011
- upset 497
- urban 846
- urge 810
- urgent 946
- usage 92
- utilize 603
- vacant 607
- vacation 569
- vague 808
- valid 620
- value 328
- vanish 774
- various 550
- vast 702
- vehicle 770
- venue 761
- verify 708
- vertical 775
- vessel 768
- vice 739
- victim 1198
- vigor 831
- violate 1170
- violent 86
- vital 737
- vivid 919
- vote 1033
- voyage 987
- vulnerable 1003
- warn 556
- warranty 885
- waste 379
- weaken 304
- wealth 599
- weapon 122
- weird 780
- wholesale 796
- widen 17
- withdraw 1112
- withstand 958
- witness 978
- worship 661
- worth 342
- wound 228